普通高等教育"十五"国家级规划教材

高校工程管理专业指导委员会规划推荐教材

工程项目管理

丁士昭　主编

中国建筑工业出版社

图书在版编目（CIP）数据

工程项目管理/丁士昭主编．—北京：中国建筑工业出版社，2006

普通高等教育"十五"国家级规划教材、高校工程管理专业指导委员会规划推荐教材

ISBN 978-7-112-08580-4

Ⅰ．工… Ⅱ．丁… Ⅲ．基本建设项目-项目管理-高等学校-教材 Ⅳ．F284

中国版本图书馆 CIP 数据核字（2006）第 078160 号

普通高等教育"十五"国家级规划教材
高校工程管理专业指导委员会规划推荐教材
工程项目管理
丁士昭　主编

*

中国建筑工业出版社出版、发行(北京西郊百万庄)
各地新华书店、建筑书店经销
北京密云红光制版公司制版
北京同文印刷有限责任公司印刷

*

开本：787×960 毫米　1/16　印张：32　字数：662 千字
2006 年 5 月第一版　2014 年 1 月第十九次印刷
定价：**43.00** 元
ISBN 978-7-112- 08580-4
(15244)

版权所有　翻印必究
如有印装质量问题，可寄本社退换
（邮政编码 100037）

本社网址：http：//www.cabp.com.cn
网上书店：http：//www.china-building.com.cn

本书是普通高等教育"十五"国家级规划教材，主要用于工程管理专业的"工程项目管理"课程的教学，也可用于土建学科其他专业的"工程项目管理"课程的教学。

本书主要内容包括工程项目管理的基本理论、工作任务、工作方法以及工程管理信息化的概念、理论和方法。

本书理论性强、内容新颖、紧密联系工程管理实践，可供政府管理部门、建设单位、设计单位、工程管理咨询单位、科研单位和施工单位参考。

* * *

责任编辑：张　晶　向建国
责任设计：董建平
责任校对：张景秋　王金珠

《工程项目管理》编写委员会

主　　　编：丁士昭

副　主　编：孙继德　高　欣　曹吉鸣　乐　云

编写委员会：(按姓氏笔画为序)

　　　　　　丁士昭　丁烈云　马继伟　于钦新　王广斌
　　　　　　乐　云　孙继德　任　宏　陈建国　何清华
　　　　　　李启明　张　谦　高　欣　曹吉鸣　谭震寰

前　　言

　　本教材依据高等学校土建学科教学指导委员会和工程管理专业指导委员会所编制的"全国高等学校土建类专业本科教育培养目标和培养方案及主干课程教学基本要求——工程管理专业"编写。其中第一篇的第1章至第9章针对工程管理专业本科教学的管理平台课程"工程项目管理（一）"的基本要求编写，第二篇的第10章至第16章针对工程管理专业本科教学工程项目管理方向课程"工程项目管理（二）"的基本要求编写。

　　本教材可用于工程管理专业的"工程项目管理"课程的教学，也可用于土建学科其他专业的"工程项目管理"课程的教学。本教材用的术语"工程项目"即建设项目，或称建设工程项目，或称投资建设项目；"工程项目管理"即建设工程项目管理，或称投资建设项目管理。

　　第一篇的主要内容包括工程项目管理的基本理论和工程项目管理工作的主要任务；第二篇的主要内容包括工程项目实施的不同阶段的工程项目管理工作内容的深化和工程项目管理信息化的概念、理论和方法。

　　同济大学从1982年开始开设工程项目管理课程，承担该课程教学任务的多数教师参加了大量的工程实践，并曾在国外的学术机构进修，20余年来，同济大学在本科、硕士生和博士生课程教学中不断地完善该课程的建设，这是编写本教材的基础。

　　本教材由同济大学工程管理研究所所长丁士昭教授主持编写，编写分工如下：第一篇的第1章概论和第2章项目管理的组织理论由丁士昭编写，第3章项目策划由乐云编写，第4章建设项目目标控制原理由何清华编写，第5章建设项目采购管理由孙继德编写，第6章建设投资控制由陈建国编写，第7章网络计划技术与建设项目进度管理第8章建设项目质量和安全管理由高欣编写，第9章建设信息管理由王广斌编写，第二篇的第10章设计准备阶段的项目管理由谭震寰编写，第11章设计阶段的项目管理由乐云编写，第12章工程发包与物资采购的项目管理由孙继德编写，第13章施工阶段的项目管理由曹吉鸣编写，第14章计算机辅助建设项目管理由高欣编写，第15章建设项目管理信息化由何清华编写，第16章网络平台上的建设项目管理由马继伟编写。在以上作者群中多数是工程项目管理学科的博士。

　　感谢高等学校工程管理专业指导委员会推荐本书参评"十五"国家级规划教材。

　　限于水平，本教材谬误之处在所难免，恳请批评指正。

丁士昭
于2005年10月26日

目 录

第一篇 工程项目管理（一）

1 概论 …………………………………………………………………………… 3
   1.1 工程项目的含义和特点 ………………………………………………… 3
   1.2 工程项目管理的含义 …………………………………………………… 5
   1.3 工程项目管理的类型和任务 …………………………………………… 7
   1.4 工程项目管理的国内外背景及其发展趋势 …………………………… 10
   1.5 建设工程监理 …………………………………………………………… 12
2 项目管理的组织理论 ………………………………………………………… 19
   2.1 组织论概述 ……………………………………………………………… 19
   2.2 组织结构模式 …………………………………………………………… 21
   2.3 管理任务分工 …………………………………………………………… 26
   2.4 管理职能分工 …………………………………………………………… 29
   2.5 工作流程组织 …………………………………………………………… 35
   2.6 工程项目结构 …………………………………………………………… 42
   2.7 工程项目管理的组织结构 ……………………………………………… 47
   2.8 建设项目管理规划与建设项目组织设计 ……………………………… 55
3 项目策划 ……………………………………………………………………… 59
   3.1 项目策划的基本概念 …………………………………………………… 59
   3.2 项目环境调查与分析 …………………………………………………… 64
   3.3 项目决策策划 …………………………………………………………… 69
   3.4 项目实施策划 …………………………………………………………… 80
4 建设项目目标控制基本原理 ………………………………………………… 90
   4.1 项目目标控制基本方法论 ……………………………………………… 90
   4.2 动态控制原理在项目目标控制中的应用 ……………………………… 93
   4.3 目标控制中的纠偏措施 ………………………………………………… 96
   4.4 风险管理在项目目标控制中的应用 …………………………………… 105
5 建设项目采购管理 …………………………………………………………… 113
   5.1 概述 ……………………………………………………………………… 113
   5.2 建设项目采购的基本模式 ……………………………………………… 120

  5.3 采购方式的发展趋势 ································ 148

6 建设项目投资控制 ···································· 151
  6.1 建设项目投资控制的含义和目的 ···················· 151
  6.2 设计阶段投资控制的意义和技术方法 ················ 162
  6.3 建设项目投资规划 ································ 172

7 网络计划技术与建设项目进度管理 ······················ 190
  7.1 网络计划技术概述 ································ 190
  7.2 常用网络计划技术 ································ 195
  7.3 建设项目进度计划 ································ 223
  7.4 建设项目进度计划的检查与调整 ···················· 231
  7.5 建设项目进度控制 ································ 234

8 建设项目质量和安全管理 ······························ 239
  8.1 建设项目质量管理概述 ···························· 239
  8.2 建设参与各方的质量责任和义务 ···················· 246
  8.3 建设项目质量控制 ································ 249
  8.4 建设项目安全管理概述 ···························· 260
  8.5 建设项目施工现场安全管理 ························ 272

9 建设项目信息管理 ···································· 278
  9.1 建设项目信息管理的含义和目的 ···················· 278
  9.2 建设项目信息管理的过程和内容 ···················· 285
  9.3 建设项目文档资料管理 ···························· 290

第二篇 工程项目管理（二）

10 设计准备阶段的项目管理 ····························· 303
  10.1 项目管理工作的任务 ····························· 303
  10.2 设计前的准备工作 ······························· 305
  10.3 项目管理规划 ··································· 310

11 设计阶段的项目管理 ································· 330
  11.1 设计阶段的项目管理概述 ························· 330
  11.2 设计任务的委托及设计合同管理 ··················· 335
  11.3 设计阶段的目标控制 ····························· 346
  11.4 设计协调 ······································· 353
  11.5 设计阶段信息管理 ······························· 356

12 工程发包与物资采购的项目管理 ······················· 359
  12.1 工程发包与物资采购项目管理的任务 ··············· 359
  12.2 建设项目采购规划 ······························· 361

- 12.3 资格审查 ··· 365
- 12.4 招标文件 ··· 366
- 12.5 评标 ·· 377

13 施工阶段的项目管理 ·· 391
- 13.1 建设项目施工阶段项目管理目标和任务 ························· 391
- 13.2 建设项目工程价款结算 ·· 396
- 13.3 工程施工平面图设计 ··· 404
- 13.4 工程竣工验收 ·· 415

14 计算机辅助建设项目管理 ·· 423
- 14.1 计算机辅助建设项目管理概述 ···································· 423
- 14.2 建设项目进度管理信息系统 ······································· 426
- 14.3 建设项目合同和投资管理信息系统 ······························ 442

15 建设项目管理信息化 ··· 455
- 15.1 信息化的内涵 ·· 455
- 15.2 建设项目管理信息化的内涵 ······································· 458
- 15.3 建设项目管理信息化的实施 ······································· 464

16 网络平台上的建设项目管理 ··· 481
- 16.1 项目管理的网络平台 ··· 481
- 16.2 网络平台上的虚拟项目管理组织 ································· 487
- 16.3 网络平台上的项目信息管理 ······································· 490

参考文献 ·· 498

第一篇
工程项目管理
（一）

第一篇
工厂成品管理

(一)

1 概 论

本书用的术语"工程项目"即建设项目,或称建设工程项目,或称投资建设项目;"工程项目管理"即建设工程项目管理,或称投资建设项目管理。本章主要阐述工程项目管理的内涵、类型、背景和发展趋势,以及与工程项目管理相关的建设工程监理的概念。由于项目管理的核心任务是项目的目标控制,因此,按项目管理学(Project Management)的基本理论,没有目标的建设工程不是项目管理的对象。

1.1 工程项目的含义和特点

1.1.1 项目的含义和特点

许多制造业的生产活动往往是连续不断和周而复始的活动,它可称为作业(Operation)。而项目(Project)是一种非常规性、非重复性和一次性的任务,通常有确定的目标和确定的约束条件(时间、费用和质量等)。项目是指一个过程,而不是指过程终结后所形成的成果,例如某个住宅小区的建设过程是一个项目,而建设完成后的住宅楼及其配套设施是这个项目完成后形成的产品。

在建设领域中,建造一栋大楼、一个工厂、一座大坝、一条铁路以及开发一个油田,这都是项目。在工业生产中开发一种新产品;在科学研究中,为解决某个科学技术问题进行的课题研究;在文化体育活动中,举办一届运动会,组织一次综合文艺晚会等,也都是项目。

以项目管理的角度而言,项目作为一个专门术语,它具有如下几个基本特点:

- 一个项目必须有明确的目标;
- 任何项目都是在一定的限制条件下进行的,包括资源条件的约束(人力、财力和物力等)和人为的约束,其中质量(工作标准)、进度、费用目标是项目普遍存在的三个主要约束条件;
- 项目是一次性的任务,由于目标、环境、条件、组织和过程等方面的特殊性,不存在两个完全相同的项目,即项目不可能重复;
- 任何项目都有其明确的起点时间和终点时间,它是在一段有限的时间内存在的;
- 多数项目在其进行过程中,往往有许多不确定的因素。

一个建设工程，如建造一栋楼，总投资额可多，也可少，进度快一些，或慢一些都可以，其质量也没有明确的标准，则从项目管理学的角度分析，因为该工程没有明确的目标，就没有必要，也无法进行其目标控制，因此，正如上述，它不被项目管理学科认为是一个项目。

1.1.2 工程项目的含义和特点

《辞海》(1999年版)中"建设项目"的定义为："在一定条件约束下，以形成固定资产为目标的一次性事业。一个建设项目必须在一个总体设计或初步设计范围内，由一个或若干个互有内在联系的单项工程所组成，经济上实行统一核算，行政上实行统一管理。"一般而言，建设项目是指为了特定目标而进行的投资建设活动，以下一律简称为工程项目，其内涵如下。

(1) 工程项目是一种既有投资行为又有建设行为的项目，其目标是形成固定资产。工程项目是将投资转化为固定资产的经济活动过程。

(2) "一次性事业"即一次性任务，表示项目的一次性特征。

(3) "经济上实行统一核算，行政上实行统一管理"，表示项目是在一定的组织机构内进行，项目一般由一个组织或几个组织联合完成。

(4) 对一个工程项目范围的认定标准，是具有一个总体设计或初步设计。凡属于一个总体设计或初步设计的项目，不论是主体工程还是相应的附属配套工程，不论是由一个还是由几个施工单位施工，不论是同期建设还是分期建设，都视为一个工程项目。

工程项目除了具有一般项目的基本特点外，还有自身的特点。工程项目的特点表现在以下几个方面。

(1) 具有明确的建设任务，如建设一个住宅小区或建设一座发电厂等。

(2) 具有明确的质量、进度和费用目标。建设项目受到多方面条件的制约：时间约束，即有合理的工期时限；资源约束，即要在一定的人力、财力和物力投入条件下完成建设任务；质量约束，即要达到预期的使用功能、生产能力、技术水平、产品等级等的要求。这些约束条件形成了项目管理的主要目标，即进度目标、费用目标和质量目标。

(3) 建设成果和建设过程固定在某一地点。建筑施工和安装活动一般是在露天进行，受当地资源、气象和地质条件的制约，受当地经济、社会和文化的影响。

(4) 建设产品具有惟一性的特点。建设成果和建设过程的固定性，设计的单一性，施工的单件性，管理组织的一次性，使建设过程不同于一般商品的批量生产过程，其产品具有惟一性。即使采用同样型号标准图纸建设的两栋住宅，由于建设时间、建设地点、建设条件和施工队伍等的不同，两栋住宅也就存在差异。

(5) 建设产品具有整体性的特点。一个工程项目往往是由多个相互关联的子项目构成的系统,其中一个子项目的失败有可能影响整个项目的功能的实现。项目建设包括多个阶段,各阶段有着紧密的联系,各阶段的工作都对整个项目的完成产生影响。

(6) 工程项目管理的复杂性主要表现在:工程项目涉及的单位多,各单位之间关系协调的难度和工作量大;工程技术的复杂性不断提高,出现了许多新技术、新材料和新工艺;大中型项目的建设规模大;社会、政治和经济环境对工程项目的影响,特别是对一些跨地区、跨行业的大型工程项目的影响,越来越复杂。

1.2 工程项目管理的含义

工程项目管理是工程管理(Professional Management in Construction)的一个部分,在整个工程项目全寿命中,决策阶段的管理是 DM-Development Management(尚没有统一的中文术语,可译为项目前期的开发管理),实施阶段的管理是项目管理 PM-Project Management,使用阶段(或称运营阶段)的管理是 FM-Facility Management,即设施管理(图 1-1)。

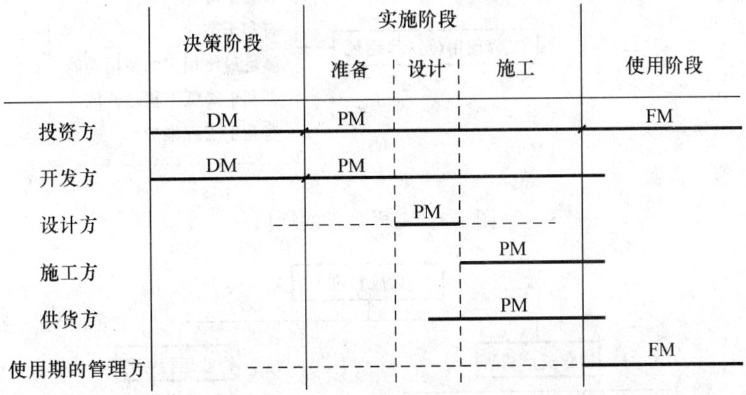

图 1-1 DM、PM 和 FM

"工程管理"作为一个专业术语,其内涵涉及工程项目全过程的管理,即包括 DM、PM 和 FM,并涉及参与工程项目的各个单位的管理,即包括投资方、开发方、设计方、施工方、供货方和项目使用期的管理方的管理,如图 1-2 所示。

工程管理的核心任务是为工程建设增值,工程管理工作是一种增值服务工作。其增值主要表现在两个方面(图 1-3):

□ 为工程建设增值;
□ 为工程使用(运行)增值。

国际设施管理协会(IFMA)所确定的设施管理的含义,如图 1-4 所示,它包

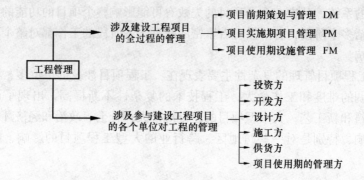

图 1-2 工程管理的内涵

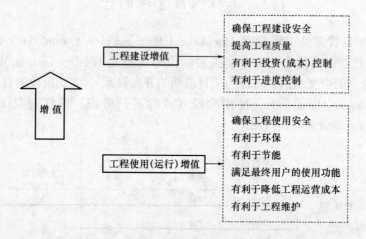

图 1-3 工程管理的增值

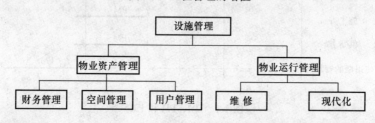

图 1-4 设施管理

括物业资产管理和物业运行管理,这与我国物业管理的概念尚有差异。

工程项目管理的含义有多种表述,英国皇家特许建造学会(CIOB)对其作了如下的表述:自项目开始至项目完成,通过项目策划(Project Planning)和项目控制(Project Control),以使项目的费用目标、进度目标和质量目标得以实现。此解释得到许多国家建造师组织的认可,在工程管理业界有相当的权威性。在上述表述中:

　　▫ "自项目开始至项目完成"指的是项目的实施期;

□ "项目策划"指的是目标控制前的一系列筹划和准备工作；
□ "费用目标"对业主而言是投资目标，对施工方而言是成本目标。项目决策期管理工作的主要任务是确定项目的定义，而项目实施期（图1-5）项目管理的主要任务是通过管理使项目的目标得以实现。

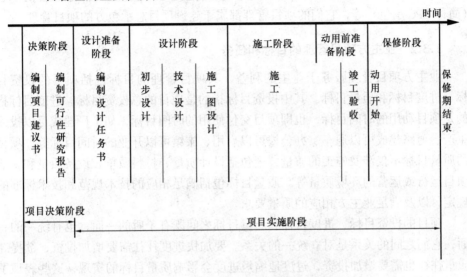

图1-5 工程项目的决策阶段和实施阶段

1.3 工程项目管理的类型和任务

一个工程项目往往由许多参与单位承担不同的建设任务，而各参与单位的工作性质、工作任务和利益不同，因此就形成了不同类型的项目管理。

1.3.1 工程项目管理的类型

由于业主方是建设工程项目生产过程的总集成者——人力资源、物质资源和知识的集成，业主方也是建设工程项目生产过程的总组织者，因此对于一个建设工程项目而言，虽然有代表不同利益方的项目管理，但是，业主方的项目管理是管理的核心。

按工程项目不同参与方的工作性质和组织特征划分，工程项目管理有如下类型：
□ 业主方的项目管理；
□ 设计方的项目管理；
□ 施工方的项目管理；
□ 供货方的项目管理；
□ 建设项目总承包方的项目管理。

投资方、开发方和由咨询公司提供的代表业主方利益的项目管理服务都属于业主方的项目管理。施工总承包方和分包方的项目管理都属于施工方的项目管理。材料和设备供应方的项目管理都属于供货方的项目管理。工程项目总承包有多种形式，如设计和施工任务综合的承包，设计、采购和施工任务综合的承包（简称EPC承包）等，它们的项目管理都属于建设项目总承包方的项目管理。

1.3.2 业主方项目管理的目标和任务

业主方项目管理服务于业主的利益，其项目管理的目标包括项目的投资目标、进度目标和质量目标。其中投资目标指的是项目的总投资目标。进度目标指的是项目动用的时间目标，也即项目交付使用的时间目标，如工厂建成可以投入生产、道路建成可以通车、办公楼可以启用、旅馆可以开业的时间目标等。项目的质量目标不仅涉及施工的质量，还包括设计质量、材料质量、设备质量和影响项目运行或运营的环境质量等。质量目标包括满足相应的技术规范和技术标准的规定，以及满足业主方相应的质量要求。

项目的投资目标、进度目标和质量目标之间既有矛盾的一面，也有统一的一面，它们之间的关系是对立统一的关系。要加快进度往往需要增加投资，欲提高质量往往也需要增加投资，过度地缩短进度会影响质量目标的实现，这些表现了目标之间关系矛盾的一面；但通过有效的管理，在不增加投资的前提下，也可缩短工期和提高工程质量，这反映了关系统一的一面。

工程项目的全寿命周期包括项目的决策阶段、实施阶段和使用阶段。项目的实施阶段包括设计前的准备阶段、设计阶段、施工阶段、动用前准备阶段和保修期，如图1-1所示。招投标工作分散在设计前的准备阶段、设计阶段和施工阶段中进行，因此可以不单独列为招投标阶段。

业主方的项目管理工作涉及项目实施阶段的全过程，即在设计前的准备阶段、设计阶段、施工阶段、动用前准备阶段和保修期分别进行安全管理、投资控制、进度控制、质量控制、合同管理、信息管理和组织与协调，如表1-1所示。

业主方项目管理的任务　　　　表1-1

	设计前的准备阶段	设计阶段	施工阶段	动用前准备阶段	保修期
安全管理					
投资控制					
进度控制					
质量控制					
合同管理					
信息管理					
组织与协调					

表 1-1 有 7 行和 5 列，构成业主方 35 个分块项目管理的任务。其中安全管理是项目管理中的最重要的任务，因为安全管理关系到人身的健康与安全，而投资控制、进度控制、质量控制和合同管理等则主要涉及物质的利益。

1.3.3 设计方项目管理的目标和任务

设计方作为项目建设的一个参与方，其项目管理主要服务于项目的整体利益和设计方本身的利益。其项目管理的目标包括设计的成本目标、设计的进度目标和设计的质量目标以及项目的投资目标。项目的投资目标能否实现与设计工作密切相关。

设计方的项目管理工作主要在设计阶段进行，但它也涉及设计前的准备阶段、施工阶段、动用前准备阶段和保修期。

设计方项目管理的任务包括：
- 与设计工作有关的安全管理；
- 设计成本控制和与设计工作有关的工程造价控制；
- 设计进度控制；
- 设计质量控制；
- 设计合同管理；
- 设计信息管理；
- 与设计工作有关的组织和协调。

1.3.4 施工方项目管理的目标和任务

施工方作为项目建设的一个参与方，其项目管理主要服务于项目的整体利益和施工方本身的利益。其项目管理的目标包括施工的成本目标、施工的进度目标和施工的质量目标。

施工方的项目管理工作主要在施工阶段进行，但它也涉及设计准备阶段、设计阶段、动用前准备阶段和保修期。在工程实践中，设计阶段和施工阶段往往是交叉的，因此施工方的项目管理工作也涉及设计阶段。

施工方项目管理的任务包括：
- 施工安全管理；
- 施工成本控制；
- 施工进度控制；
- 施工质量控制；
- 施工合同管理；
- 施工信息管理；
- 与施工有关的组织与协调。

1.3.5 供货方项目管理的目标和任务

供货方作为项目建设的一个参与方,其项目管理主要服务于项目的整体利益和供货方本身的利益。其项目管理的目标包括供货方的成本目标、供货的进度目标和供货的质量目标。

供货方的项目管理工作主要在施工阶段进行,但它也涉及设计准备阶段、设计阶段、动用前准备阶段和保修期。

供货方项目管理的任务包括:
- 供货的安全管理;
- 供货方的成本控制;
- 供货的进度控制;
- 供货的质量控制;
- 供货合同管理;
- 供货信息管理;
- 与供货有关的组织与协调。

1.3.6 建设项目总承包方项目管理的目标和任务

建设项目总承包方作为项目建设的一个参与方,其项目管理主要服务于项目的整体利益和建设项目总承包方本身的利益。其项目管理的目标包括项目的总投资目标和总承包方的成本目标、项目的进度目标和项目的质量目标。

建设项目总承包方项目管理工作涉及项目实施阶段的全过程,即设计前的准备阶段、设计阶段、施工阶段、动用前准备阶段和保修期。

建设项目总承包方项目管理的任务包括:
- 安全管理;
- 投资控制和总承包方的成本控制;
- 进度控制;
- 质量控制;
- 合同管理;
- 信息管理;
- 与建设项目总承包方有关的组织和协调。

1.4 工程项目管理的国内外背景及其发展趋势

1.4.1 工程项目管理的国内外背景

世界银行和一些国际金融机构要求接受贷款的国家应用项目管理的思想、组织、方法和手段组织实施工程项目。这对我国从20世纪80年代初期开始引进工程项目管理起着重要的推动作用。我国于1983年由原国家计划委员会提出推行项目前期项目经理负责制；于1988年开始推行建设工程监理制度；1995年建设部颁发了《建筑施工企业项目经理资质管理办法》，推行项目经理负责制；2003年建设部发出《关于建筑业企业项目经理资质管理制度向建造师执业资格制度过渡有关问题的通知》。"鼓励具有工程勘察、设计、施工、监理资质的企业，通过建立与工程项目管理业务相适应的组织机构、项目管理体系，充实项目管理专业人员，按照有关资质管理规定在其资质等级许可的工程项目范围内开展相应的工程项目管理业务"（引自建设部《关于培育发展工程总承包和工程项目管理企业的指导意见》，建市［2003］30号）。

在20世纪60年代末期和70年代初期，工业发达国家开始将项目管理的理论和方法应用于建设工程领域，并于20世纪70年代中期前后在大学开设了与工程管理相关的专业。项目管理的应用首先在业主方的工程管理中，而后逐步在承包商、设计方和供货方中得到推广。于20世纪70年代中期前后兴起了项目管理咨询服务，项目管理咨询公司的主要服务对象是业主，但它也服务于承包商、设计方和供货方。国际咨询工程师协会（FIDIC）于1980年颁布了业主方与项目管理咨询公司的项目管理合同条件（FIDIC IGRA 80 PM）。该文本明确了代表业主方利益的项目管理方的地位、作用、任务和责任。在许多国家工程项目管理由专业人士——建造师担任。建造师可以在业主方、承包商、设计方和供货方从事工程项目管理工作，也可以在教育、科研和政府等部门从事与项目管理有关的工作。建造师的业务范围并不限于在项目实施阶段的工程项目管理工作，还包括项目决策的管理和项目使用阶段的设施管理工作。

1.4.2 工程项目管理的发展趋势

项目管理作为一门学科30多年来在不断发展，传统的项目管理（Project Management）是该学科的第一代，其第二代是Program Management（尚没有统一的中文术语，指的是由多个相互关联的项目组成的项目群的管理，不仅限于项目的实施阶段），第三代是Portfolio Management（尚没有统一的中文术语，指的是多个项目组成的项目群的管理，这多个项目不一定有内在联系，可称为组合管理），第四代是Change Management（指的是变更管理）。这些管理技术和方法都已在工程项目管理中得到了应用。

按传统的观念，工程项目决策阶段的开发管理DM、实施阶段的项目管理PM和使用阶段的设施管理FM各自是独立的管理系统，但是，事实上它们之间存在着十分紧密的联系。如在DM中所确定的项目目标是不合理的，就会使PM难以控制其目标的实现；如在PM中没有把握好工程的质量，就会造成FM的困难。如把DM、PM和FM集成为一个管理系统，这就形成工程项目全寿命管理

（Lifecycle Management）系统，其含义如图1-6所示。工程项目全寿命管理可避免上述DM、PM和FM相互独立的弊病，有利于工程项目的保值和增值。

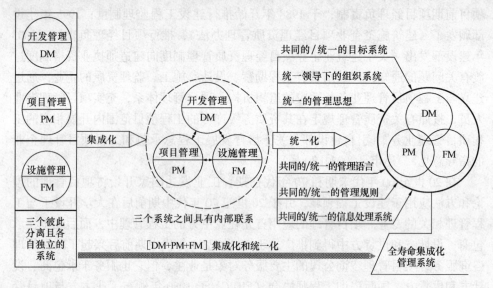

图1-6 项目全寿命管理

在工程项目管理发展中的一个非常重要的方向是应用信息技术，它包括项目管理信息系统（PMIS——Project Management Information System）的应用和在互联网平台上进行工程管理等。

1.5 建设工程监理

我国推行建设工程监理制度的目的是：确保工程建设质量；提高工程建设水平；充分发挥投资效益。

在下列政策法规和文件中都从不同角度论述了有关建设工程监理的概念，并作出了有关规定：

- 《中华人民共和国建筑法》（中华人民共和国主席令第91号，自1998年3月1日起施行）；
- 《建设工程安全生产管理条例》（中华人民共和国国务院令第393号，自2004年2月1日起施行）；
- 《建设工程质量管理条例》（中华人民共和国国务院令第279号，自2000年1月30日起施行）；
- 《建设工程监理范围和规模标准规定》（中华人民共和国建设部令第86号，自2001年1月17日起施行）；
- 《注册监理工程师管理规定》（中华人民共和国建设部令第147号，自

2006年4月1日起施行)；
- 《房屋建筑工程施工旁站监理管理办法（试行）》（建市［2002］，189号）；
- 《工程建设监理规定》（建监［1995］，737号）；
- 《建设工程监理规范》（GB 50319—2000）。

1.5.1 建设工程监理的概念

我国的建设工程监理属于国际上业主方项目管理的范畴。建设工程监理活动是指具有相应资质的工程监理企业，受建设单位的委托，承担其项目管理工作，并对承包单位履行建设合同的行为进行监督和管理。其项目管理工作包括投资控制、进度控制、质量控制、合同管理、信息管理和组织与协调工作。

工程监理单位是建筑市场的主体之一，建设工程监理是一种高智能的有偿技术服务。在国际上把这类服务归为工程咨询（工程顾问）服务。

从事建设工程监理活动，应当遵守国家有关法律、行政法规，严格执行工程建设程序、国家工程建设强制性标准和有关标准、规范，遵循守法、诚信、公平、科学的原则，认真履行委托监理合同。

工程监理企业与建设单位应当在实施建设工程监理前以书面形式签订委托监理合同。合同条款中应当明确合同履行期限、工作范围和内容，双方的责任、权利和义务，监理酬金及其支付方式，合同争议的解决办法等。

"国家推行建筑工程监理制度。国务院可以规定实行强制监理的建筑工程的范围"（引自《中华人民共和国建筑法》）。"下列建设工程必须实行监理：
- 国家重点建设工程；
- 大中型公用事业工程；
- 成片开发建设的住宅小区工程；
- 利用外国政府或者国际组织贷款、援助资金的工程；
- 国家规定必须实行监理的其他工程"（引自《建设工程监理范围和规模标准规定》)。

"国家规定必须实行监理的其他工程是指：

(1) 项目总投资额在3000万元以上关系社会公共利益和公众安全的下列基础设施项目：
- 煤炭、石油、化工、天然气、电力、新能源等项目；
- 铁路、公路、管道、水运、民航以及其他交通运输业等项目；
- 邮政、电信枢纽、通信、信息网络等项目；
- 防洪、灌溉、排涝、发电、引（供）水、滩涂治理、水资源保护、水土保持等水利建设项目；
- 道路、桥梁、地铁和轻轨交通、污水排放及处理、垃圾处理、地下管道、公共停车场等城市基础设施项目；

□ 生态环境保护项目；

□ 其他基础设施项目。

(2) 学校、影剧院、体育场馆项目"（引自《建设工程监理范围和规模标准规定》）。

"工程监理单位与被监理工程的施工承包单位以及建筑材料、建筑构配件和设备供应单位有隶属关系或者其他利害关系的，不得承担该项建设工程的监理业务"（引自《建设工程质量管理条例》第三十五条）。

"工程监理单位不按照委托监理合同的约定履行监理义务，对应当监督检查的项目不检查或者不按照规定检查，给建设单位造成损失的，应当承担相应的赔偿责任。工程监理单位与承包单位串通，为承包单位谋取非法利益，给建设单位造成损失的，应当与承包单位承担连带赔偿责任"（引自《中华人民共和国建筑法》第三十五条）。

1.5.2 建设工程监理的工作任务

"建筑工程监理应当依照法律、行政法规及有关的技术标准、设计文件和建筑工程承包合同，对承包单位在施工质量、建设工期和建设资金使用等方面，代表建设单位实施监督"（引自《中华人民共和国建筑法》第三十二条）。

在《建设工程质量管理条例》中有下列规定。

(1) "工程监理单位应依照法律、法规以及有关技术标准、设计文件和建设工程承包合同，代表建设单位对施工质量实施监理，并对施工质量承担监理责任"（引自第三十六条）。

(2) "工程监理单位应当选派具备相应资格的总监理工程师和监理工程师进驻施工现场。未经监理工程师签字，建筑材料、建筑构配件和设备不得在工程上使用或者安装，施工单位不得进行下一道工序的施工。未经总监理工程师签字，建设单位不拨付工程款，不进行竣工验收"（引自第三十七条）。

(3) "监理工程师应当按照工程监理规范的要求，采取旁站、巡视和平行检验等形式，对建设工程实施监理"（引自第三十八条）。

在《建设工程安全生产管理条例》中有下列规定。

(1) "工程监理单位应当审查施工组织设计中的安全技术措施或者专项施工方案是否符合工程建设强制性标准。工程监理单位在实施监理过程中，发现存在安全事故隐患的，应当要求施工单位整改；情况严重的，应当要求施工单位暂时停止施工，并及时报告建设单位。施工单位拒不整改或者不停止施工的，工程监理单位应当及时向有关主管部门报告。工程监理单位和监理工程师应当按照法律、法规和工程建设强制性标准实施监理，并对建设工程安全生产承担监理责任"（引自第十四条）。

(2) "违反本条例的规定，工程监理单位有下列行为之一的，责令限期改正；

逾期未改正的，责令停业整顿，并处10万元以上30万元以下的罚款；情节严重的，降低资质等级，直至吊销资质证书；造成重大安全事故，构成犯罪的，对直接责任人员，依照刑法有关规定追究刑事责任；造成损失的，依法承担赔偿责任：

- 未对施工组织设计中的安全技术措施或者专项施工方案进行审查的；
- 发现安全事故隐患未及时要求施工单位整改或者暂时停止施工的；
- 施工单位拒不整改或者不停止施工，未及时向有关主管部门报告的；
- 未依照法律、法规和工程建设强制性标准实施监理的"（引自第五十七条）。

1.5.3 建设工程监理的工作方法

"实施建筑工程监理前，建设单位应当将委托的工程监理单位、监理的内容及监理权限，书面通知被监理的建筑施工企业"（引自《中华人民共和国建筑法》第三十三条）。

工程建设监理一般应按下列程序进行：

- 编制工程建设监理规划；
- 按工程建设进度、分专业编制工程建设监理细则；
- 按照建设监理细则进行建设监理；
- 参与工程竣工预验收，签署建设监理意见；
- 建设监理业务完成后，向项目法人提交工程建设监理档案资料。

工程建设监理规划在总监理工程师的主持下编制、经监理单位技术负责人批准，用来指导项目监理机构全面开展监理工作的指导性文件，它应包括以下主要内容（引自《建设工程监理规范》）：

- 工程项目概况；
- 监理工作范围；
- 监理工作内容；
- 监理工作目标；
- 监理工作依据；
- 项目监理机构的组织形式；
- 项目监理机构的人员配备计划；
- 项目监理机构的人员岗位职责；
- 监理工作程序；
- 监理工作方法及措施；
- 监理工作制度；
- 监理设施。

工程建设监理细则根据监理规划，由专业监理工程师编写，并经总监理工程师批准，针对工程项目中某一专业或某一方面监理工作的操作性文件，它应包括下列主要内容（引自《建设工程监理规范》）：

- 专业工程的特点；
- 监理工作的流程；
- 监理工作的控制要点及目标值；
- 监理工作的方法及措施。

施工阶段的监理资料应包括下列内容（引自《建设工程监理规范》）：

- 施工合同文件及委托监理合同；
- 勘察设计文件；
- 监理规划；
- 监理实施细则；
- 分包单位资格报审表；
- 设计交底与图纸会审会议纪要；
- 施工组织设计（方案）报审表；
- 工程开工/复工报审表及工程暂停令；
- 测量核验资料；
- 工程进度计划；
- 工程材料、构配件、设备的质量证明文件；
- 检查试验资料；
- 工程变更资料；
- 隐蔽工程验收资料；
- 工程计量单和工程款支付证书；
- 监理工程师通知单；
- 监理工作联系单；
- 报验申请表；
- 会议纪要；
- 来往函件；
- 监理日记；
- 监理月报；
- 质量缺陷与事故的处理文件；
- 分部工程、单位工程等验收资料；
- 索赔文件资料；
- 竣工结算审核意见书；
- 工程项目施工阶段质量评估报告等专题报告；
- 监理工作总结。

"工程监理人员认为工程施工不符合工程设计要求、施工技术标准和合同约定的,有权要求建筑施工企业改正。工程监理人员发现工程设计不符合建筑工程质量标准或者合同约定的质量要求的,应当报告建设单位要求设计单位改正"(引自《中华人民共和国建筑法》)。

旁站监理"是指监理人员在房屋建筑工程施工阶段监理中,对关键部位、关键工序的施工质量实施全过程现场跟班的监督活动"(引自建设部《房屋建筑工程施工旁站监理管理办法(试行)》)。

旁站监理"规定的房屋建筑工程的关键部位、关键工序,在基础工程方面包括:土方回填,混凝土灌注桩浇筑,地下连续墙、土钉墙、后浇带及其他结构混凝土、防水混凝土浇筑,卷材防水层细部构造处理,钢结构安装;在主体结构工程方面包括:梁柱节点钢筋隐蔽过程,混凝土浇筑,预应力张拉,装配式结构安装,钢结构安装,网架结构安装,索膜安装"(引自建设部《房屋建筑工程施工旁站监理管理办法(试行)》)。

"施工企业根据监理企业制定的旁站监理方案,在需要实施旁站监理的关键部位、关键工序进行施工前24小时,应当书面通知监理企业派驻工地的项目监理机构。项目监理机构应当安排旁站监理人员按照旁站监理方案实施旁站监理"(引自建设部《房屋建筑工程施工旁站监理管理办法(试行)》)。

旁站监理人员的主要职责是:
- 检查施工企业现场质检人员到岗、特殊工种人员持证上岗以及施工机械、建筑材料准备情况;
- 在现场跟班监督关键部位、关键工序的施工执行施工方案以及工程建设强制性标准情况;
- 核查进场建筑材料、建筑构配件、设备和商品混凝土的质量检验报告等,并可在现场监督施工企业进行检验或者委托具有资格的第三方进行复验;
- 做好旁站监理记录和监理日记,保存旁站监理原始资料(参阅建设部《房屋建筑工程施工旁站监理管理办法(试行)》)。

"旁站监理人员应当认真履行职责,对需要实施旁站监理的关键部位、关键工序在施工现场跟班监督,及时发现和处理旁站监理过程中出现的质量问题,如实准确地做好旁站监理记录。凡旁站监理人员和施工企业现场质检人员未在旁站监理记录(见附件)上签字的,不得进行下一道工序施工"(引自建设部《房屋建筑工程施工旁站监理管理办法(试行)》)。

旁站监理人员实施旁站监理时,发现施工企业有违反工程建设强制性标准行为的,有权责令施工企业立即整改;发现其施工活动已经或者可能危及工程质量的,应当及时向监理工程师或者总监理工程师报告,由总监理工程师下达局部暂停施工指令或者采取其他应急措施(引自建设部《房屋建筑工程施工旁站监理管理办法(试行)》)。

复习思考题

1. 为什么没有明确目标的建设工程不是项目管理的对象?
2. 请分析工程管理包括的范畴及其核心任务。
3. 请阐述工程项目管理的含义。
4. 请分析项目各参与方项目管理的目标和任务。
5. 请分析工程项目全寿命管理的意义。
6. 请阐述工程建设监理的程序。

2 项目管理的组织理论

项目管理作为一门学科是在许多规模较大、组织较复杂的项目实施过程中逐步形成的。项目管理的核心任务是项目的目标控制,在整个项目管理班子(团队)中,由哪个组织(部门或人员)定义项目的目标、怎样确定项目目标控制的任务分工,依据怎样的管理流程进行项目目标的动态控制,这都涉及项目的组织问题。只有在理顺组织的前提下,才可能有序地进行项目管理。应认识到,组织论是项目管理学的母学科。本章主要阐述组织论的基本理论和主要的组织工具,如项目结构、组织结构模式、项目管理组织结构、任务分工、管理职能分工和工作流程等。

2.1 组织论概述

如果把一个建设项目视作为一个系统,如 2008 北京奥运工程项目、广州新白云机场或某高速铁路项目等,其建设目标能否实现无疑有诸多的影响因素,其中组织因素是决定性的因素。

某大型轨道交通工程项目建设时,建设指挥部的工程技术人员超过 1000 人,在历时数年的建设中先后签订了 3000 余个合同,可以想象这样一个项目实施时工程组织何等重要,必须有非常严谨的指令关系、非常明确的任务分工和非常清晰的工作流程等。

一个建设项目在决策阶段、实施阶段和运营阶段的组织系统(相对于软件和硬件而言,组织系统也可称为组织件)不仅包括建设单位本身的组织系统,还包括各参与单位(设计单位、工程管理咨询单位、施工单位、供货单位等)共同或分别建立的针对该工程项目的组织系统,如:

- 项目结构;
- 项目管理的组织结构;
- 工作任务分工;
- 管理职能分工;
- 工作流程组织等。

2.1.1 不同系统的组织

系统取决于人们对客观事物的观察方式,人们可以把一个建设项目视作为一个系统,也可以把多个相互有关联的建设项目、把在一个城市将要建设的许多建设项目、把一个行业、一个国家或整个亚洲等视作为一个系统。系统可大可小，最大的系统是宇宙，最小的系统是粒子。

一个企业、一个学校、一个科研项目或一个建设项目都可以视作为一个系统，但上述不同系统的目标不同，从而形成的组织观念、组织方法和组织手段也就会不相同，上述各种系统的运行方式也不同。建设项目作为一个系统，它与一般的系统相比，有其明显的特征，如：

- 建设项目都是一次性，没有两个完全相同的项目；
- 建设项目全寿命周期的延续时间长，一般由决策阶段、实施阶段和运营阶段组成，各阶段的工作任务和工作目标不同，其参与或涉及的单位也不相同；
- 一个建设项目的任务往往由多个，甚至许多许多个单位共同完成，它们的合作多数不是固定的合作关系，并且一些参与单位的利益不尽相同，甚至相对立；在进行建设项目组织设计时，应充分考虑上述特征。

2.1.2 系统的组织与系统目标的关系

影响一个系统目标实现的主要因素除了组织以外（图2-1），还有：

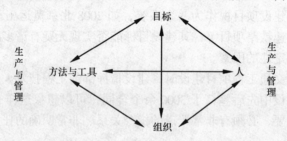

图 2-1 影响一个系统目标实现的主要因素

- 人的因素，它包括管理人员和生产人员的数量和质量；
- 方法与工具，它包括管理的方法与工具以及生产的方法与工具。

对于建设项目而言，其中人的因素包括：

- 建设单位和该项目所有参与单位（设计、工程监理、施工、供货单位等）的管理人员的数量和质量；
- 该项目所有参与单位的生产人员（设计、工程监理、施工、供货单位等）的数量和质量。

对于建设项目而言，其中方法与工具包括：

- 建设单位和所有参与单位的管理的方法与工具；
- 所有参与单位的生产的方法与工具（设计和施工的方法与工具等）。

系统的目标决定了系统的组织，而组织是目标能否实现的决定性因素，这是组织论的一个重要结论。如果把一个建设项目的项目管理视作为一个系统，其目标决定了项目管理的组织,而项目管理的组织是项目管理的目标能否实现的决定性因素,由此可见项目管理的组织的重要性。

控制项目目标的主要措施包括组织措施、管理措施、经济措施和技术措施,其中组织措施是最重要的措施。如果对一个建设工程的项目管理进行诊断,首先应分析其组织方面存在的问题。这都说明组织的重要性。

2.1.3 组织论的研究内容

组织论是一门非常重要的基础理论学科,是项目管理学的母学科,它主要研究系统的组织结构模式、组织分工,以及工作流程组织(图2-2)。我国在学习和推广项目管理的过程中,对组织论的重要性、它的理论和知识及其应用意义尚未引起足够的重视。

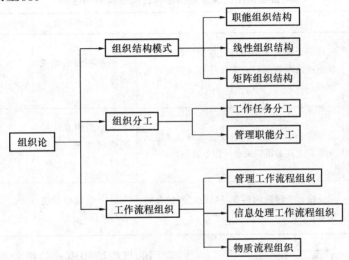

图 2-2 组织论的基本内容

图 2-2 中的物质流程组织对于建设项目而言,指的是项目实施任务的工作流程组织,如:设计的工作流程可以是方案设计、初步设计、技术设计、施工图设计,也可以是方案设计、初步设计(扩大初步设计)、施工图设计;许多施工作业也有多个可能的工作流程。

2.2 组织结构模式

组织结构模式可用组织结构图来描述,组织结构图(图2-3)也是一个重要的组织工具,反映一个组织系统中各组成部门(组成元素)之间的组织关系(指令关系)。在组织结构图中,矩形框表示工作部门,上级工作部门对其直接下属工作部门的指令关系用单向箭线表示。

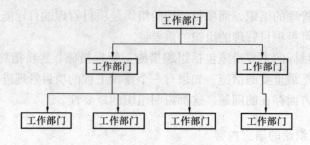

图 2-3 组织结构图

组织论的三个重要的组织工具，项目结构图（图 2-17 和图 2-18）、组织结构图和合同结构图（图 2-4）的区别如表 2-1 所示。

项目结构图、组织结构图和合同结构图的区别　　　　表 2-1

	表达的涵义	图中矩形框的含义	矩形框连接的表达
项目结构图	对一个项目的结构进行逐层分解，以反映组成该项目的所有工作任务（该项目的组成部分）	一个项目的组成部分	直线
组织结构图	反映一个组织系统中各组成部门（组成元素）之间的组织关系（指令关系）	一个组织系统中的组成部分（工作部门）	单向箭线
合同结构图	反映一个建设项目参与单位之间的合同关系	一个建设项目的参与单位	双向箭线

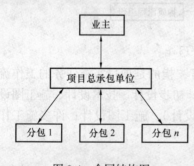

图 2-4 合同结构图

常用的组织结构模式包括职能组织结构（图 2-5）、线性组织结构（图 2-6）和矩阵组织结构（图 2-7）等。这几种常用的组织结构模式既可以在企业管理中运用，也可在建设项目管理中运用。

组织结构模式反映了一个组织系统中各子系统之间或各元素（各工作部门）之间的指令关系。组织分工反映了一个组织系统中各子系统或各元素的工作任务分工和管理职能分工。组织结构模式和组织分工都是一种相对静态的组织关系。而工作流程组织（图 2-11）则反映一个组织系统中各项工作之间的逻辑关系，是一种动态关系。在一个建设工程项目实施过程中，其管理工作的流程、信息处理的流程，以及设计工作、物资采购和施工的流程的组织都属于工作流程组织的范畴。

2.2.1 职能组织结构的特点及其应用

在人类历史发展过程中，当手工业作坊发展到一定的规模时，一个企业内需要设置对人、财、物和产、供、销管理的职能部门，这样就逐步形成了初级的职能组织结构。因此，职能组织结构是一种传统的组织结构模式。

在职能组织结构中，每一个职能部门可根据它的管理职能对其直接和非直接的下属工作部门下达工作指令。因此，每一个工作部门可能得到其直接和非直接的上级工作部门下达的工作指令，这样就会形成多个矛盾的指令源。一个工作部门的多个矛盾的指令源会影响企业管理机制的运行。

在一般的工业企业中，设有人、财、物和产、供、销管理的职能部门，另有生产车间和后勤保障机构等。虽然生产车间和后勤保障机构并不一定是职能部门的直接下属部门，但是，职能管理部门可以在其管理的职能范围内对生产车间和后勤保障机构下达工作指令，这是典型的职能组织结构。在高等院校中，设有人事、财务、教学、科研和基本建设等管理的职能部门（处室），另有学院、系和研究所等教学和科研的机构，其组织结构模式也是职能组织结构，人事处和教务处等都可对学院和系下达其分管范围内的工作指令。我国多数的企业、学校、事业单位目前还沿用这种传统的组织结构模式。许多建设项目也还用这种传统的组织结构模式，在工作中常出现交叉和矛盾的工作指令关系，严重影响了项目管理机制的运行和项目目标的实现。

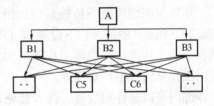

图 2-5 职能组织结构

在图 2-5 所示的职能组织结构中，A、B1、B2、B3、C5 和 C6 都是工作部门，A 可以对 B1、B2、B3 下达指令；B1、B2、B3 都可以在其管理的职能范围内对 C5 和 C6 下达指令；因此 C5 和 C6 有多个指令源，其中有些指令可能是矛盾的。

2.2.2 线性组织结构的特点及其应用

在军事组织系统中，组织纪律非常严谨，军、师、旅、团、营、连、排和班的组织关系是指令按逐级下达，一级指挥一级和一级对一级负责。线性组织结构就是来自于这种十分严谨的军事组织系统。在线性组织结构中，每一个工作部门只能对其直接的下属部门下达工作指令，每一个工作部门也只有一个直接的上级部门，因此，每一个工作部门只有惟一一个指令源，避免了由于矛盾的指令而影响组织系统的运行。

在国际上，线性组织结构模式是建设项目管理组织系统的一种常用模式，因为一个建设项目的参与单位很多，少则数十，多则数百，大型项目的参与单位将数以千计，在项目实施过程中矛盾的指令会给工程项目目标的实现造成很大的影

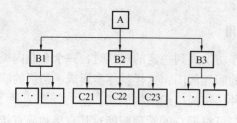

图 2-6 线性组织结构

响,而线性组织结构模式可确保工作指令的惟一性。

但在一个较大的组织系统中,由于线性组织结构模式的指令路径过长,有可能会造成组织系统在一定程度上运行的困难。

在图 2-6 所示的线性组织结构中:

- A 可以对其直接的下属部门 B1、B2、B3 下达指令;
- B2 可以对其直接的下属部门 C21、C22、C23 下达指令;
- 虽然 B1 和 B3 比 C21、C22、C23 高一个组织层次,但是,B1 和 B3 并不是 C21、C22、C23 的直接上级部门,不允许它们对 C21、C22、C23 下达指令。

在该组织结构中,每一个工作部门的指令源是惟一的。

2.2.3 矩阵组织结构的特点及其应用

矩阵组织结构是一种较新型的组织结构模式。在矩阵组织结构最高指挥者(部门)(图 2-9 中的 A)下设纵向(图 2-9 的 Xi)和横向(图 2-9 的 Yi)两种不同类型的工作部门。纵向工作部门如人、财、物、产、供、销的职能管理部门,横向工作部门如生产车间等。一个施工企业,如采用矩阵组织结构模式,则纵向工作部门可以是计划管理、技术管理、合同管理、财务管理和人事管理部门等,而横向工作部门可以是项目部(图 2-7)。

一个大型建设项目如采用矩阵组织结构模式,则纵向工作部门可以是投资控制、进度控制、质量控制、合同管理、信息管理、人事管理、财务管理和物资管

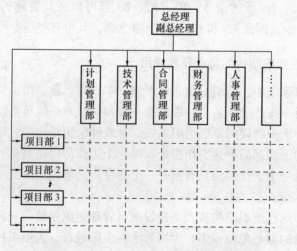

图 2-7 施工企业矩阵组织结构模式的示例

理等部门,而横向工作部门可以是各子项目的项目管理部(图2-8)。矩阵组织结构适宜用于大的组织系统,在上海地铁和广州地铁一号线建设时都曾采用了矩阵组织结构模式。

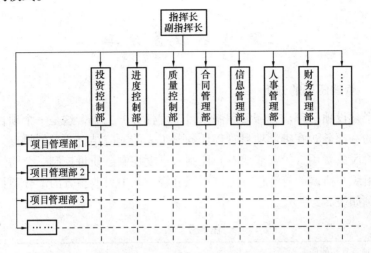

图2-8 一个大型建设项目采用矩阵组织结构模式的示例

在矩阵组织结构中,每一项纵向和横向交汇的工作(如图2-8中的项目管理部1涉及的投资问题),指令来自于纵向和横向两个工作部门,因此其指令源为两个。当纵向和横向工作部门的指令发生矛盾时,由该组织系统的最高指挥者(部门),即图2-9(a)的A进行协调或决策。

在矩阵组织结构中为避免纵向和横向工作部门指令矛盾对工作的影响,可以采用以纵向工作部门指令为主,如图2-9(b),或以横向工作部门指令为主,如图2-9(c)的矩阵组织结构模式,这样也可减轻该组织系统的最高指挥者(部门),即图2-9(b)和2-9(c)中A的协调工作量。

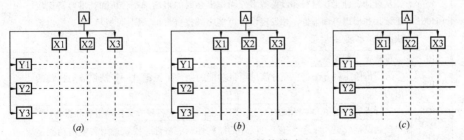

图2-9 矩阵组织结构模式
(a)矩阵组织结构;(b)以纵向工作部门指令为主的矩阵组织结构;
(c)以横向工作部门指令为主的矩阵组织结构

业主方和项目各参与方,如工程管理咨询单位、设计单位、施工单位和供货单位等都有各自的项目管理的任务,上述各方都应视需要编制各自的项目管理任务分工表和管理职能分工表。

2.3 管理任务分工

2.3.1 管理任务的分析

每一个建设项目都应视需要编制项目管理任务分工表,这是一个项目的组织设计文件的一部分。在编制项目管理任务分工表前,应结合项目的特点,对项目实施的各阶段的费用(投资或成本)控制、进度控制、质量控制、合同管理、信息管理和组织与协调等管理任务进行详细分解。某项目业主方的部分项目管理任务分解示例如表 2-2 所示。

任务分解表　　　　　　　　　　表 2-2

3. 设计阶段项目管理的任务		备注
3.1 设计阶段的投资控制		
3101	在可行性研究的基础上,进行项目总投资目标的分析、论证	
3102	根据方案设计,审核项目总估算,供业主方确定投资目标参考,并基于优化方案协助业主对估算作出调整	
3103	编制项目总投资切块、分解规划,并在设计过程中控制其执行;在设计过程中若有必要,及时提出调整总投资切块、分解规划的建议	
3104	审核项目总概算,在设计深化过程中严格控制在总概算所确定的投资计划值中,对设计概算作出评价报告和建议	
3105	根据工程概算和工程进度表,编制设计阶段资金使用计划,并控制其执行,必要时,对上述计划提出调整建议	
3106	从设计、施工、材料和设备等多方面作出必要的市场调查分析和技术经济比较论证,并提出咨询报告,如发现设计可能突破投资目标,则协助设计人员提出解决办法,供业主参考	
3107	审核施工图预算,调整总投资计划	
3108	采用价值工程方法,在充分满足项目功能的条件下考虑进一步挖掘节约投资的潜力	
3109	进行投资计划值和实际值的动态跟踪比较,并提交各种投资控制报表和报告	
3110	控制设计变更,注意检查变更设计的结构性、经济性、建筑造型和使用功能是否满足业主的要求	
3.2 设计阶段的进度控制		
3201	参与编制项目总进度计划,有关施工进度与施工监理单位协商讨论	
3202	审核设计方提出的详细的设计进度计划和出图计划,并控制其执行,避免发生因设计单位推迟进度而造成施工单位要求索赔	

续表

	3203	协助起草主要甲供材料和设备的采购计划,审核甲供进口材料设备清单
	3204	协助业主确定施工分包合同结构及招投标方式
	3205	督促业主对设计文件尽快作出决策和审定
	3206	在项目实施过程中进行进度计划值和实际值的比较,并提交各种进度控制报表和报告(月报、季报、年报)
	3207	协调室内外装修设计、专业设备设计与主设计的关系,使专业设计进度能满足施工进度的要求
3.3	设计阶段的质量控制	
	3301	协助业主确定项目质量的要求和标准,满足市设计质监部门质量评定标准要求,并作为质量控制目标值,参与分析和评估建筑物使用功能、面积分配、建筑设计标准等,根据业主的要求,编制详细的设计要求文件,作为方案设计优化任务书的一部分
	3302	研究图纸、技术说明和计算书等设计文件,发现问题,及时向设计单位提出;对设计变更进行技术经济合理性分析,并按照规定的程序办理设计变更手续,凡对投资及进度带来影响的变更,需会同业主核签
	3303	审核各设计阶段的图纸、技术说明和计算书等设计文件是否符合国家有关设计规范、有关设计质量要求和标准,并根据需要提出修改意见,确保设计质量获得市有关部门审查通过

2.3.2 管理任务分工表

在项目管理任务分解的基础上,定义项目经理和费用(投资或成本)控制、进度控制、质量控制、合同管理、信息管理和组织与协调等主管工作部门或主管人员的工作任务,从而编制管理任务分工表(表2-3)。在管理任务分工表中应明确各项工作任务由哪个工作部门(或个人)负责,由哪些工作部门(或个人)配合或参与。无疑,在项目的进展过程中,应视必要对管理任务分工表进行调整。

管理任务分工表　　　　　表2-3

工作部门 工作任务	项目经理部	投资控制部	进度控制部	质量控制部	合同管理部	信息管理部			

某大型公共建筑属国家重点工程,在项目实施的初期,项目管理咨询公司建

议把工作任务划分成 26 个大块，针对这 26 个大块任务编制了管理任务分工表（如表 2-4 所示），随着工程的进展，任务分工表还将不断深化和细化，该表有如下特点：

- 管理任务分工表主要明确哪项任务由哪个工作部门（机构）负责主办，另明确协办部门和配合部门，主办、协办和配合在表中分别用三个不同的符号表示；
- 在管理任务分工表的每一行中，即每一个任务，都有至少一个主办工作部门；
- 运营部和物业开发部参与项目实施的整个过程，而不是在工程竣工前才介入工作。

某大型公共建筑的管理任务分工表　　　　　　　　　　表 2-4

	工作项目	经理室、指挥部室	技术委员会	专家顾问组	办公室	总工程师室	综合部	财务部	计划部	工程部	设备部	运营部	物业开发部
1	人事	☆					△						
2	重大技术审查决策	☆	△	○	○	△	○	○	○	○	○	○	○
3	设计管理			○		☆				○	△	△	
4	技术标准			○		☆							
5	科研管理			○		☆							
6	行政管理				☆		○						
7	外事工作			○	☆								
8	档案管理				○		☆						
9	资金保险						○	☆					
10	财务管理						○	☆					
11	审计						☆	○					
12	计划管理						○		☆	△	△		
13	合同管理						○		☆	○	○		
14	招投标管理				○		○		☆	△	△		
15	工程筹划			○		○				☆			
16	土建评定项目管理			○		○				☆			
17	工程前期工作			○					○	☆			
18	质量管理			○		△				☆	○		
19	安全管理			○						☆	○		
20	设备选型		△			○					☆		
21	设备材料采购							○	△	△	○		☆
22	安装工程项目管理			○					○	△	☆		
23	运营准备			○		○				△	△	☆	
24	开通、调试、验收			○		△				△	△	☆	
25	系统交接			○		○				☆	☆	☆	
26	物业开发						○	○	○	○	○	○	☆

注：☆—主办　△—协办　○—配合

2.4 管理职能分工

每一个建设项目都应视需要编制管理职能分工表,这是一个项目的组织设计文件的一部分。

2.4.1 管理职能的内涵

管理是由多个环节组成的有限的循环过程,如图 2-10 所示:
- 提出问题;
- 筹划;
- 决策;
- 执行;
- 检查。

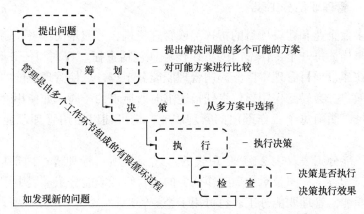

图 2-10 管理职能

这些组成管理的环节就是管理的职能。管理的职能在一些文献中也有不同的表述,但其内涵是类似的。

以下以一个示例来解释管理职能的含义:
- 提出问题——通过进度计划值和实际值的比较,发现进度推迟了;
- 筹划——加快进度有多种可能的方案,如改一班工作制为两班工作制,增加夜班作业,增加施工设备和改变施工方法,应对这三个方案进行比较;
- 决策——从上述三个可能的方案中选择一个将被执行的方案,增加夜班作业;
- 执行——落实夜班施工的条件,组织夜班施工;
- 检查——检查增加夜班施工的决策有否被执行,如已执行,则检查执行的效果如何。

如通过增加夜班施工，工程进度的问题解决了，但发现新的问题，施工成本增加了，这样就进入了管理的一个新的循环：提出问题、筹划、决策、执行和检查。整个施工过程中管理工作就是不断发现问题和不断解决问题的过程。

以上不同的管理职能可由不同的职能部门承担，如：
- 进度控制部门负责跟踪和提出有关进度的问题；
- 施工协调部门对进度问题进行分析，提出三个可能的方案，并对其进行比较；
- 项目经理在三个可供选择的方案中，决定采用第一方案，即增加夜班作业；
- 施工协调部门负责执行项目经理的决策，组织夜班施工；
- 项目经理助理检查夜班施工后的效果。

2.4.2 管理职能分工表

我国多数企业和建设项目的指挥部或管理机构，习惯用岗位责任制的岗位责任描述书来描述每一个工作部门的工作任务（包括责任、权利和任务等）。工业发达国家在建设项目管理中广泛应用管理职能分工表，以使管理职能的分工更清晰、更严谨，并会暴露仅用岗位责任描述书时所掩盖的矛盾。如使用管理职能分工表还不足以明确每个工作部门的管理职能，则可辅以使用管理职能分工描述书。

管理职能分工表（表2-5）是用表的形式反映项目管理班子内部项目经理、各工作部门和各工作岗位对各项工作任务的项目管理职能分工。表中用拉丁字母表示管理职能。管理职能分工表也可用于企业管理。

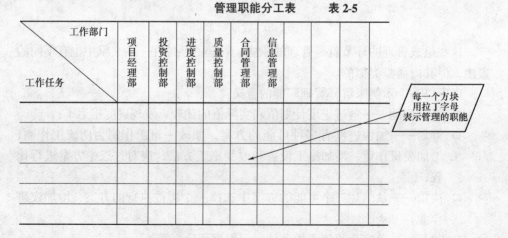

管理职能分工表　　表2-5

2.4 管理职能分工

表 2-6 是苏黎士机场建设工作的管理职能分工表，它将管理职能分成七个，即决策准备、决策、执行、检查、信息、顾问和了解。决策准备与筹划的含义基本相同。从表 2-6 可以看出，每项任务都有工作部门或个人负责决策准备、决策、执行和检查。

苏黎士机场建设工作管理职能分工表　　　　　　表 2-6

编号	工作任务 P—决策准备　Ko—检查 B—顾问　E—决策 I—信息　D—执行 Ke—了解	项目建设委员会	项目建设委员会成员	机场经理会	机场经理会成员	机场各部门负责人	工程项目协调部门	工程项目协调工程师	工程项目协调组
1	总体规划的目的/工期/投资	E	BKo	Ke	Ke	Ke	—	—	—
2	组织方面的负责	E	BKo	Ke	Ke	Ke	—	—	—
3	投资规划	E	BKo	Ke	Ke	Ke	—	—	—
4	长期的规划准则	E	Ko	BKe	BKe	DI	B	B	—
5	机场—机构组成方面的问题	E	B	Ke	Ke	Ke	—	—	—
6	总体经营管理	E	B	Ke	Ke	PKe	—	—	—
7	有关设计任务书、工期与投资的控制检查	Ko	Ko	DI	DI	I	—	—	—
8	与机场有关的其他项目	Ke	Ke	E	IKo	P	BKo	BKo	Ke
9	施工方面有关技术问题的工作准则	—	—	E	BIKo	B	Ke	PKo	Ke
10	施工方面有关一般行政管理与组织的工作准则	—	—	E	BIKo	B	PKo	BKo	—
11	投资分配	Ke	Ke	E	B	B	Ke	P	—
12	设计任务书及工期计划的改变	Ke	Ke	E	B	D	BKo	BKo	—
13	施工现场场地分配	—	—	E	B	D	PD	BKo	—
14	总协调	Ke	Ke	EKo	D	D	D	D	—
15	总体工程项目管理组织各岗位人员的确定	Ke	Ke	BKo	ED	Ke	BKe	BKe	—
16	对已批准的设计建设规划的监督	Ke	Ke	Ko	Ko	D	D	D	—
17	对已批准的工期计划的监督	Ke	Ke	Ko	Ko	D	D	D	—
18	设计监督	Ke	Ke	Ko	Ke	Ke	BKe	BKe	—
19	在工程项目管理组织内部信息	—	—	Ko	D	D	D	D	—

某大型公共建筑项目编制了管理职能分工表（表 2-7），该表把项目管理的任务分成几个大类，并对每项任务的规划（筹划）、决策、执行和检查的管理职能明确了由哪一个工作部门承担。但是，该表存在一些问题，在今后编制管理职能分工表时应引起注意：

　　□ 工作部门列得太粗，不宜把多个管理组的组长合并为一列，这样合并后，不便分辨投资控制组、进度控制组和质量控制组在相关任务中的管理职能，也不宜把不同专业的专业工程师合并为一列；
- 任务栏列的任务太粗，如进度、投资和质量出了问题，应采取纠偏措施进行监督和控制，但在表的任务栏中并没有列明监控；
- 承担每一项任务同一个管理职能的工作部门过多，如序号1，项目投资目标规划，承担规划职能"P"的有四个工作部门或人员，承担决策职能"D"的有两个工作部门或人员，承担执行职能"E"的有三个工作部门或人员，承担规划职能"C"的有三个工作部门或人员；
- 有些任务的有些管理职能没有工作部门或人员承担，如序号9、序号11、序号12、序号13等任务没有承担决策职能"D"的工作部门或人员；如序号10、序号14、序号22等任务没有承担执行职能"E"的工作部门或人员；如序号22、序号31等任务没有承担检查职能"C"的工作部门或人员。

某大型公共建筑的管理职能分工　　　　　　　　　　表 2-7

序号	类别	任务	项目经理/执行经理	总工	各管理组组长	专业工程师	信息组
1	策划	项目投资目标规划	P D C	P C	P D E	P E C	E
2		项目进度目标规划	P D C	P C	P D E	P E C	E
3		项目质量目标规划	P D C	P C	P D E	P E C	E
4		项目采购模式的规划	P E C	P C	P E C	E	E
5		施工招标模式的规划	P E C	P C	P E C	E	E
6	信息处理	信息编码	P D C	P C	E C		E
7		信息收集与整理	P D C	P C	P D E C	E	E
8		信息的存档与电子化	P C	P C	P C		E
9		网络平台的信息管理与处理	P E	P	P		E
10	进度控制	利用 Project 进行进度控制，形成报表	P D C	P C	P		
11		设计进度的检查	P E C	P C	E C	E	
12		施工进度的检查	P E C	P C	E C	E	
13	发包与合同管理	参与评标	P E C	P C	P E C	E	
14		利用合同管理软件进行合同管理，形成报表	P D	P	P		
15		合同编码	P D C	P C	P E C		E
16		参与合同谈判			P E	E	
17		合同跟踪管理			P E C	E	

续表

序号	类别	任务	项目经理/执行经理	总工	各管理组组长	专业工程师	信息组
18	投资控制	投资分解与编码	P D	P	E C	E	
19		参与付款审核	P C	P C	P C	E	
20		参与决算审核	P C	P C	P D C	E	
21		参与索赔处理	P D C	P C	P D E	E	
22		利用投资控制软件进行投资控制，形成报表	D		P		
23	质量控制	重要分部分项工程验收	C	C	P E	E	
24		重要材料、设备的检查、验收	C	C	P E	E	
25		参与设备调试	C	C	P E	E	
26		参与系统调试	C	C	P E	E	
27		参与竣工验收	C	C	P E	E	
28	项目管理成果	各专业工作月度报告	P C	P C	P D E	E	
29		各专业项目管理工作总结	P D C	P D C	P D E	E	
30		项目管理工作报告（定期和非定期）	P E C	P C	P E C	E	E
31		重大技术问题咨询及报告	P E	P	P E	E	
32		竣工总结	C	C	E C	E	E
33		竣工后项目管理资料的整理归档	P C	P C	E C	E	E

注：表中 P—规划　D—决策　E—执行　C—检查

管理职能分工应根据需要逐步深化，如某大型公共建筑合同管理任务由业主代表、项目管理班子领导（项目经理）和合同管理部门共同承担，但各方的管理职能并不相同，表2-8表示了这三方面的管理职能分工。该表也存在一些问题：

- 正如前述，管理是由多个环节组成的有限的循环过程，它包括提出问题、筹划（规划）、决策、执行和检查等管理职能，在该表中很多任务只有执行，而没有筹划、决策和检查，或只有决策、执行和参与执行，而没有筹划和检查，如这样，管理的环节就有欠缺；
- 有些任务的划分明显不合理，如序号5和序号6宜合并，序号11、序号12和序号13宜合并，序号15和序号16宜合并等。

为了区分业主方和代表业主利益的项目管理方和工程建设监理方等的管理职能，也可以用管理职能分工表表示，表2-9所示的是某项目的一个示例。

某大型公共建筑合同管理任务的管理职能分工　　　　　　　表 2-8

序号	任务	业主代表	合同管理部门	项目管理班子领导
1	确定合同结构	D	P/E	P
2	编制合同管理工作计划	D	P/E	P
3	提出合同目标及标的技术要求		E	E
4	起草合同文件（包括招标文件）	D	E	E′
5	询价及考察投标单位资格		E	E′
6	编写询价报告或投标资格考察报告		E	E′
7	确定投标单位或合同预选单位	D	P	P
8	组织招投标		E	E
9	组织合同谈判		E	E′
10	组织合同签订	D	E	E′
11	组织合同实施		E	E′
12	跟踪合同执行情况		E	E′
13	检查甲方义务履行情况		E	E′
14	控制合同变更		E	E′
15	控制合同索赔		E	E′
16	组织处理合同索赔及合同纠纷		E	E′
17	汇总合同报告	D	E	E′
18	编写合同管理总结报告	D	E	E′

注：表中 P—规划　D—决策　E—执行　C—检查　P′—参与规划　E′—参与执行

某项目管理职能分工表示例　　　　　　　表 2-9

序号	任务		业主方	项目管理方	工程监理方
	设计阶段				
1	审批	获得政府有关部门的各项审批	E		
2		确定投资、进度、质量目标	D C	P C	P E
3	发包与合同管理	确定设计发包模式	D	P E	
4		选择总包设计单位	D E	P	
5		选择分包设计单位	D C	P E C	P C
6		确定施工发包模式	D	P E	P E
7	进度	设计进度目标规划	D C	P E	
8		设计进度目标控制	D C	P E C	
9	投资	投资目标分解	D C	P E	
10		设计阶段投资控制	D C	P E	
11	质量	设计质量控制	D C	P E	
12		设计认可与批准	D E	P C	

续表

序号	任务		业主方	项目管理方	工程监理方
	招标阶段				
13	发包	招标、评标	D C	P E	P E
14		选择施工总包单位	D E	P E	P E
15		选择施工分包单位	D	P E	P E C
16		合同签定	D E	P	P
17	进度	施工进度目标规划	D C	P C	P E
18		项目采购进度规划	D C	P C	P E
19		项目采购进度控制	D C	P E C	P E C
20	投资	招标阶段投资控制	D C	P E C	
21	质量	制定材料设备质量标准	D	P C	P E C

注：表中　P—筹划　D—决策　E—执行　C—检查

2.5　工作流程组织

2.5.1　工作流程组织及工作流程图

正如图2-2所示，工作流程组织包括：
- 管理工作流程组织，如投资控制、进度控制、合同管理、付款和设计变更等工作流程；
- 信息处理工作流程组织，如与生成月度进度报告有关的数据处理工作流程；
- 物质流程组织，如钢结构深化设计工作流程，弱电工程物资采购工作流程，外立面施工工作流程等。

每一个建设项目应根据其特点，从多个可能的工作流程方案中确定以下几个主要的工作流程组织：
- 设计准备工作的流程；
- 设计工作的流程；
- 施工招标工作的流程；
- 物资采购工作的流程；
- 施工作业的流程；
- 各项管理工作（投资控制、进度控制、质量控制、合同管理和信息管理等）的流程；
- 与工程管理有关的信息处理的工作流程等。

这也就是工作流程组织的任务，即定义各个工作的流程。

工作流程图应视需要逐层细化，如投资控制工作流程可细化为初步设计阶段投资控制工作流程图、施工图阶段投资控制工作流程图和施工阶段投资控制工作流程图等。

业主方和项目各参与方，如工程管理咨询单位、设计单位、施工单位和供货单位等都有各自的工作流程组织的任务。

某市轨道交通建设项目设计了如下多个工作流程组织：

(1) 投资控制工作流程
  □ 投资控制整体流程
  □ 投资计划、分析和控制流程
  □ 工程合同进度款付款流程
  □ 变更投资控制流程
  □ 建筑安装工程结算流程

(2) 进度控制工作流程
  □ 控制节点（里程碑）、总进度规划编制与审批流程
  □ 项目实施计划编制与审批流程
  □ 月度计划编制与审批流程
  □ 周计划编制与审批流程
  □ 项目实施计划的实施、检查与分析控制流程
  □ 月度计划的实施、检查与分析控制流程
  □ 周计划的实施、检查与分析控制流程

(3) 质量控制工作流程
  □ 建筑安装工程施工质量控制流程
  □ 变更处理流程
  □ 施工工艺流程
  □ 竣工验收流程

(4) 合同与招投标管理工作流程
  □ 标段划分和审定流程
  □ 招标公告的拟定、审批和发布流程
  □ 资格审查、考察及入围确定流程
  □ 招标书编制审定流程
  □ 招标答疑流程
  □ 评标流程
  □ 特殊条款谈判流程
  □ 合同签订流程

(5) 信息管理工作流程

□ 文档信息管理总流程
□ 外单位往来文件处理流程
□ 设计文件提交、分发流程
□ 变更文件提交处理流程
□ 工程进度信息收集及处理流程
□ 工程投资信息收集及处理流程

工作流程图用图的形式反映一个组织系统中各项工作之间的逻辑关系，它可用以描述工作流程组织。工作流程图是一个重要的组织工具，如图 2-11 所示。工作流程图用矩形框表示工作如图 2-11（a）所示，箭线表示工作之间的逻辑关系，菱形框表示判别条件。也可用两个矩形框分别表示工作和工作的执行者如图 2-11（b）所示。

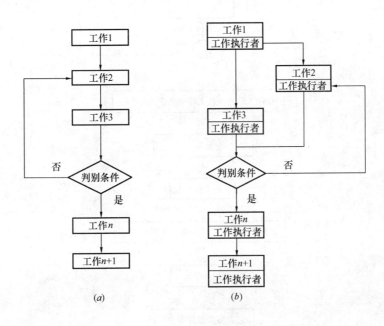

图 2-11 工作流程图

2.5.2 工作流程组织示例

以下以几个工作流程组织为例，进一步解释工作流程图的含义及其图的表达方式。

设计变更在工程实施过程中时有发生，设计变更可能由业主方提出，也可能由施工方或设计方提出。一般设计变更的处理涉及监理工程师、总监理工程师、设计单位、施工单位和业主方。图 2-12 是某工程设计变更的工作流程图，反映了上述的工作顺序关系。

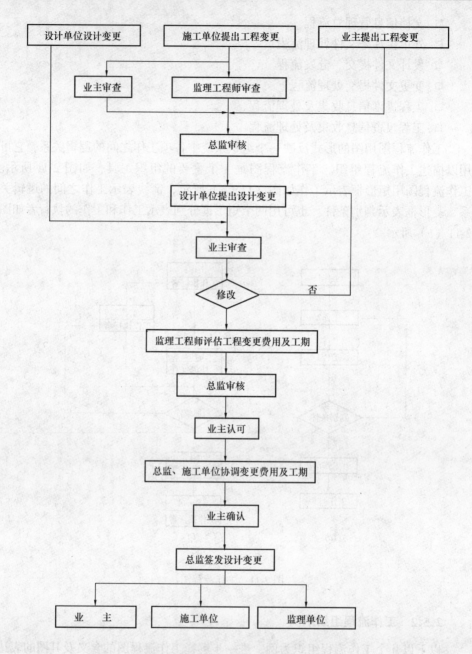

图 2-12　设计变更工作流程图示例

某软件园的策划工作由策划方承担,规划工作由规划设计方承担,开发方对策划和规划的阶段性成果将表达其意见,政府对规划的阶段性成果要履行审批职能。策划方、规划设计方、开发方和政府有关部门的工作按一定的顺序进行,相互之间也有一定的交叉。用工作流程图可清晰地表达有关的逻辑关系

(图 2-13)。图 2-13 将图面纵向地划分为四块，可以非常清楚地识别哪些工作由哪方承担。

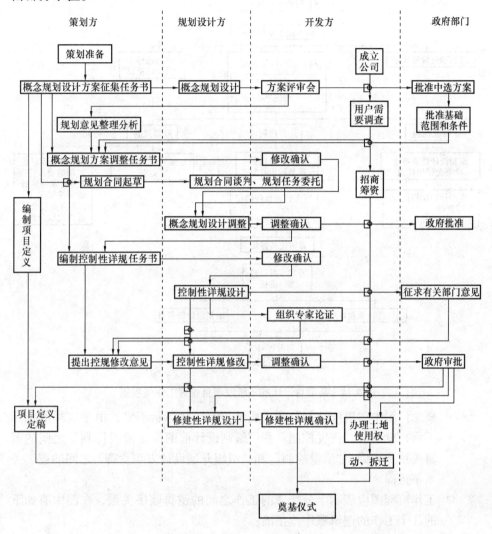

图 2-13　某软件园策划工作的工作流程图示例

某大型公共建筑项目决定聘请项目管理咨询公司从设计准备阶段开始进行项目管理，项目管理咨询公司编制了项目实施各阶段的项目管理工作流程图，图 2-14 是设计准备阶段项目管理工作流程图。该阶段项目管理方的主要任务是协助业主进行项目总目标的再论证，组织设计方案竞赛，协助业主选定设计方案中选的设计单位，并与其签订设计合同。图 2-14 基本反映了上述工作的逻辑顺序，但图的表达存在以下的一些问题：

□ 每个矩型框应该标示任务明确的一项具体工作，而不是一个工作的集合

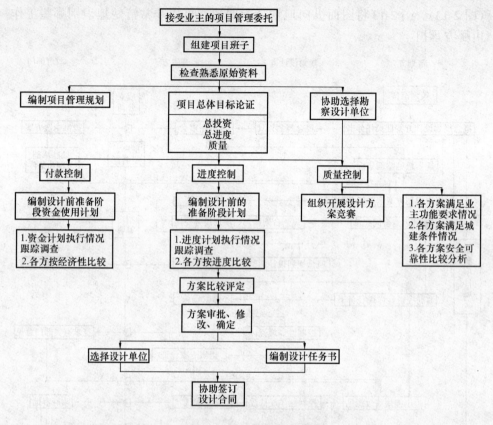

图 2-14 某项目设计准备阶段项目管理工作流程图

概念。图中"进度控制"和"质量控制"的标示不妥，由于这样的标示不妥，就造成"进度控制"和"编制设计前的准备阶段计划"之间的逻辑关系不正确，"质量控制"和"组织开展设计方案竞赛"之间的逻辑关系不正确。

□ 工作流程图应表示十分严谨的工作之间的逻辑顺序关系，在图中有如下的几个工作的逻辑顺序不正确：

1)"协助选择勘察设计单位"与"质量控制"；
2)"付款控制"与"编制设计前准备阶段资金使用计划"；
3)"组织开展设计方案竞赛"与"方案比较评定"等。

德国某咨询公司编制了设计准备阶段和初步设计阶段的投资控制工作流程图如图 2-15 和图 2-16 所示，其中：

    表示业主方、设计方和施工方的工作

    表示计算机处理的数据

    表示投资控制部门（人员）的工作

2.5 工作流程组织   41

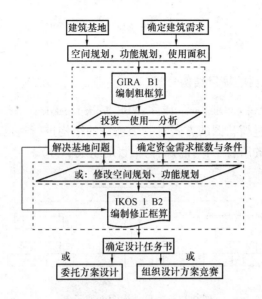

图 2-15 设计准备阶段投资控制工作流程图

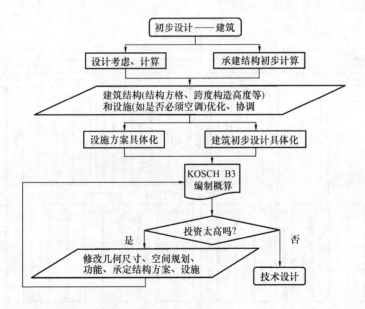

图 2-16 初步设计阶段投资控制工作流程图

2.6 工程项目结构

2.6.1 建设项目的项目结构分解

项目结构图（Project Diagram，或称 WBS-Work breakdown structure）是一个重要的组织工具，它通过树状图的方式对一个项目的结构进行逐层分解，见图 2-17，以反映组成该项目的所有工作任务（该项目的组成部分）。

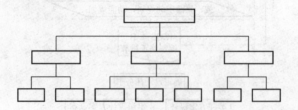

图 2-17 项目结构图框架示例

图 2-18 是某软件园项目结构图的一个示例，它是一个群体项目，它可按照功能区进行第一层次的分解，即：

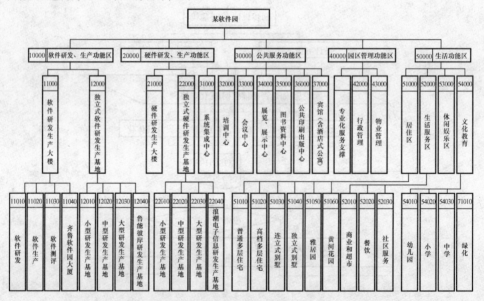

图 2-18 某工程项目的项目结构图

□ 软件开发、生产功能区；
□ 硬件开发、生产功能区；

- 公共服务功能区；
- 园区管理功能区；
- 生活功能区。

如对其进行第二层次的分解，其中软件开发、生产功能区包括：软件研发生产大楼和独立式软件研发生产基地。其它功能区也可再分解。某些第二层次的项目组成部分（如独立式软件研发生产基地）还可再分解。

一些居住建筑开发项目，可根据建设的时间对项目的结构进行逐层分解，如第一期工程、第二期工程和第三期工程等。而一些工业建设项目往往按其子系统的构成对项目的结构进行逐层分解。

同一个建设项目可有不同的项目结构的分解方法，项目结构的分解应和整个工程实施的部署相结合，并和将采用的合同结构相结合。如地铁工程主要有两种不同的合同分解方式，其对应的项目结构也不同：

- 地铁车站（一个或多个）和区间隧道（一段或多段）分别发包（图2-19、图2-20）；
- 一个地铁车站和一段区间隧道，或几个地铁车站和几段区间隧道作为一个标段发包（图2-21、图2-22）。

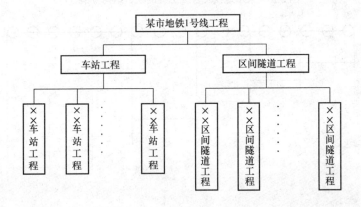

图2-19 地铁车站和区间隧道分别发包相应的项目结构

由于图2-19和图2-20所示的项目结构在施工时交界面较多，不便组织与管理，因此国际上较多的地铁工程则采用图2-21和图2-22的方式进行项目结构分解。

综上所述，项目结构分解并没有统一的模式，但应结合项目的特点和参考以下原则进行：

- 考虑项目进展的总体部署；
- 考虑项目的组成；
- 有利于项目实施任务（设计、施工和物资采购）的发包和有利于项目实施任务的进行，并结合合同结构；
- 有利于项目目标的控制；
- 结合项目管理的组织结构等。

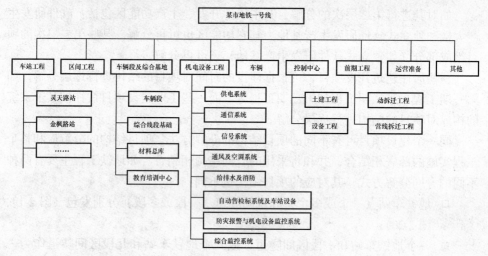

图 2-20 某市地铁一号线工程的项目结构方案（1）

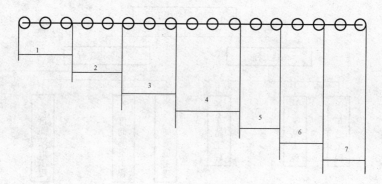

图 2-21 一个地铁车站和一段区间隧道，或几个地铁车站和几段区间隧道作为一个标段发包

以上所列举的都是群体工程的项目结构分解，单体工程如有必要（如投资、进度和质量控制的需要）也应进行项目结构分解。如一栋高层办公大楼可分解为：
- 地下工程；
- 裙房结构工程；
- 高层主体结构工程；
- 建筑装饰工程；
- 幕墙工程；
- 建筑设备工程（不包括弱电工程）；

2.6 工程项目结构 45

- 弱电工程；
- 室外总体工程等。

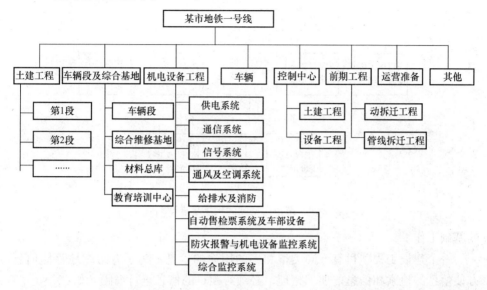

图 2-22 某市地铁一号线工程的项目结构方案（2）

某市大型国际机场方案竞赛刚结束，需要结合所选定的方案进行总进度目标论证。为进行总进度目标论证应首先进行项目结构分解（图 2-23），然后根据项目结构分解的结果，编制总进度纲要。该机场总投资约 200 亿元，是一个超大型的公共建筑，总进度纲要不可能用一个进度计划表示，而它是一个进度计划系统，它由若干个相互有关联的进度计划组成，如图 2-24 所示。

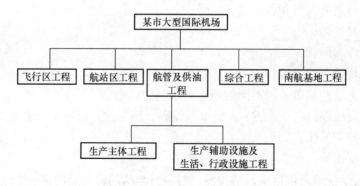

图 2-23 某市大型国际机场项目结构

2.6.2 建设项目项目结构的编码

编码由一系列符号（如文字）和数字组成，编码工作是信息处理的一项重要

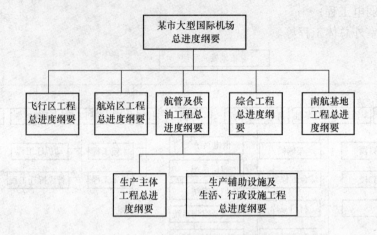

图 2-24 某市大型国际机场总进度纲要

的基础工作。

一个建设工程项目有不同类型和不同用途的信息,为了有组织地存储信息、方便信息的检索和信息的加工整理,必须对项目的信息进行编码,如:

- 项目的结构编码;
- 项目管理组织结构编码;
- 项目的政府主管部门和各参与单位编码(组织编码);
- 项目实施的工作项编码(项目实施的工作过程的编码);
- 项目的投资项编码(业主方)/成本项编码(施工方);
- 项目的进度项(进度计划的工作项)编码;
- 项目进展报告和各类报表编码;
- 合同编码;
- 函件编码;
- 工程档案编码等。

以上这些编码是因不同的用途而编制的,如:

- 投资项编码(业主方)/成本项编码(施工方)服务于投资控制工作/成本控制工作;
- 进度项编码服务于进度控制工作。

项目的结构编码依据项目结构图,对项目结构的每一层的每一个组成部分进行编码,如图 2-18 所示。它和用于投资控制、进度控制、质量控制、合同管理和信息管理的编码有紧密的有机联系,但它们之间又有区别。项目结构图及其编码是编制上述其他编码的基础。图 2-25 所示的某国际会展中心进度计划的一个工作项的综合编码有 5 个部分,其中有 4 个字符是项目结构编码。一个工作项的综合编码由 13 个字符构成:

- 计划平面编码 1个字符，如A表示总进度计划平面的工作，A2表示第2进度计划平面的工作等；
- 工作类别编码 1个字符，如B1表示设计工作、B2表示施工工作等；
- 项目结构编码 4个字符；
- 工作项编码（Activity） 4个字符；
- 项目参与单位编码 3个字符，如001表示甲设计单位，002表示乙设计单位，009表示丁施工单位等。

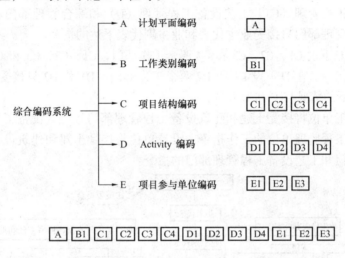

图2-25 某国际会展中心进度计划的工作项的编码
（其中Activity编码即工作项编码）

2.7 工程项目管理的组织结构

2.7.1 业主方管理的组织结构

对一个项目的组织结构进行分解，并用图的方式表示，就形成项目组织结构图（OBS图-Diagram of organizational breakdown structure），或称项目管理组织结构图。项目组织结构图反映一个组织系统（如项目管理班子）中各子系统之间和各元素（如各工作部门）之间的组织关系，反映的是各工作单位、各工作部门和各工作人员之间的组织关系。而项目结构图描述的是工作对象之间的关系。对一个稍大一些的项目的组织结构应该进行编码，它不同于项目结构编码，但两者之间也会有一定的联系。

一个建设项目的实施除了业主方外，还有许多单位参加，如设计单位、施工单位、供货单位和工程管理咨询单位以及有关的政府行政管理部门等，项目组织结构图应注意表达业主方以及项目的各参与单位有关的各工作部门之间的组织关系（图2-26）。

业主方、设计方、施工方、供货方和工程管理咨询方的项目管理的组织结构都可用各自的项目组织结构图予以描述。

图2-26是项目组织结构图的一个示例，业主方内部是线性组织结构，而对于项目实施方而言，则是职能组织结构，该组织结构的运行规则如下：

- 在业主代表和业主副代表下设三个直接下属管理部门，即土建和建筑设备工程管理（C）、工艺设备工程管理（D）和综合管理部门（E）。这三个管理部门只接受业主代表和业主副代表下达的指令。
- 在C下设C1、C2、C3和C4四个工作部门，C1、C2、C3和C4只接受C的指令。在D下设D1和D2两个工作部门，D1和D2只接受D的指令。E下的情况与C和D相同。
- 施工单位将接受土建和建筑设备工程管理部门、工艺设备工程管理部门和工程监理单位的工作指令，设计单位将接受土建和建筑设备工程管理部门和工艺设备工程管理部门的指令。

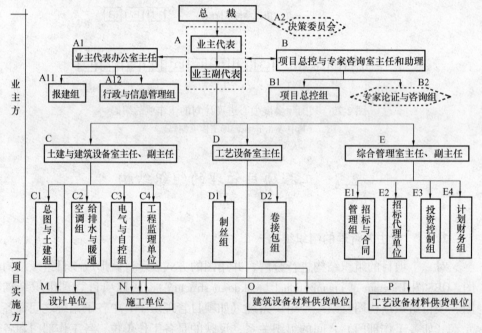

图2-26 项目组织结构图的示例

图2-27所示的某项目管理组织结构，在业主方内部和对于实施方都是线性组织结构。在线性组织结构中每一个工作部门只有惟一的上级工作部门，其指令来源是惟一的。在图2-27中表示了总经理不允许对项目经理和设计方直接下达

指令，总经理必须通过业主代表转达指令；而业主代表也不允许对设计方等直接下达指令，他必须通过项目经理转达指令，否则就会出现矛盾的指令。项目的实施方（如图 2-27 中的设计方、施工方和甲供物资方）的惟一指令来源是业主方的项目经理，这有利于项目的顺利进行。

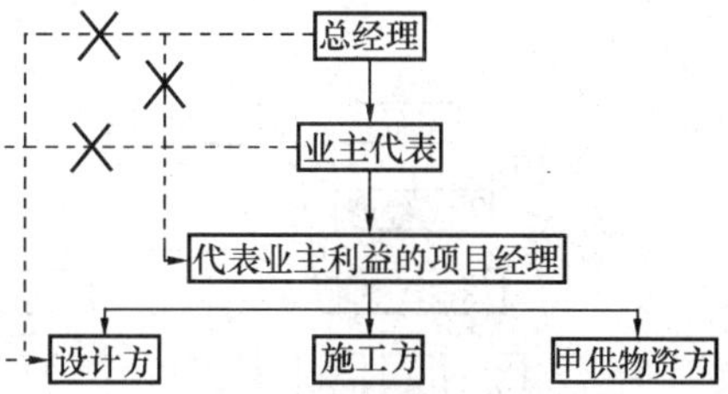

图 2-27 在线性组织结构中不允许出现多重指令

图 2-28 所示的项目管理组织结构由于几位副总经理和总工程师都允许对计划财务部和综合管理部等下指令，因此有可能出现矛盾的指令。而在图 2-29 所示的项目管理组织结构中，两位副总经理有明确的直接下属工作部门，可避免出现矛盾的指令。

另在图 2-28 所示的项目管理组织结构的计划财务部、综合管理部、工程管理部、物资管理部和施工管理部下还设有许多管理工作部门，很明显它属职能组织结构。正如 2.3.1 节所述，职能组织结构中会有许多矛盾的指令。图 2-29 的右边部分属矩阵组织结构，其指令源只有两个，即纵向指令或横向指令。

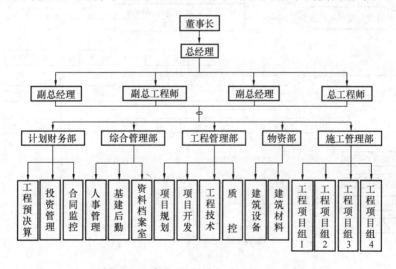

图 2-28 项目组织结构图示例

某大型地块土地开发项目在一个大城市的市中心，总的土地开发面积约为 50 万 m^2。该项目的项目管理组织结构图（图 2-30）有如下特点：

□ 它是以纵向为主的矩阵组织结构，即当纵向工作部门的指令和横向工作部门的指令发生矛盾时，以纵向工作部门的指令为主指令。如横向工作部门不同意纵向工作部门的指令，则应由横向工作部门提出，由项目主任负责协调；

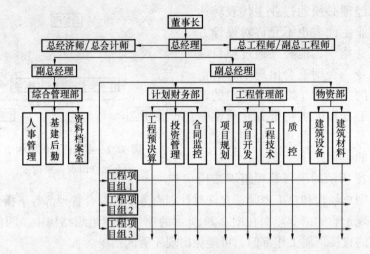

图 2-29 项目组织结构图示例

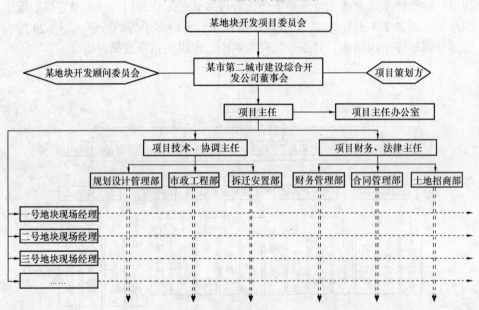

图 2-30 某地块土地开发项目组织结构图

□ 由于该项目规模较大，设一个项目主任和分管技术和协调的副主任，以及分管财务和法律的副主任；

□ 该地块开发项目委员会代表政府进行管理，而该市第二城市建设综合开发公司董事会代表企业负责开发管理。

业主方项目管理最核心的问题是其组织结构，在进行项目管理组织结构图设计时，需要考虑多方面的因素，如图 2-31 所示。

2.7 工程项目管理的组织结构

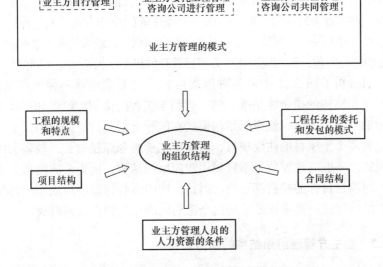

图 2-31 影响业主方项目管理组织结构图设计的因素

在国际上业主方项目管理的模式主要有三种（图 2-31）：
- 业主方依靠自有的人力资源自行管理（以下简称 A 模式）；
- 业主方委托一个或多个工程管理咨询（顾问）公司进行管理（以下简称 B 模式）；
- 业主方委托一个或多个工程管理咨询（顾问）公司进行管理，但业主方的人员也参与管理（以下简称 C 模式）。

FIDIC 的有关合同文本（FIDIC IGRA 80 PM）规定，如采用上述 C 模式，则业主方的管理人员将在业主方委托的工程管理咨询公司的项目经理领导下工作。

在多数工业发达国家中，凡公款投资的项目（或有公款投资成分的项目）都由政府主管部门直接进行工程管理，其目的是保护纳税人的利益。政府主管部门管理工程项目的能力非常强，采用的基本上是 A 模式。有些工业发达国家，由于公款投资的项目的数量太大，政府也委托半官方的事业单位（如日本的高速公路公团）或非盈利性的组织进行公款投资项目的管理。非公款投资的项目则较多采用 B 模式或 C 模式。

我国多数大、中型公款投资项目还是采用传统的工程指挥部的模式进行工程管理。工程指挥部往往是临时性组织，待工程建设结束后，指挥部的历史使命也就完成。因此，不少工程指挥部只有一次性的工程管理失误的教训，而难以积累工程的经验。

正如前述（2.2 节），项目结构的分解与业主方项目管理的组织结构也密切相关。对于地铁工程，如采用图 2-19 的方式进行项目结构的分解，则业主方要设置车站工程的管理部门和隧道工程的管理部门；而如采用图 2-21 的方式进行项目结构的分解，则应设置车站工程和隧道工程的综合管理部门。

无疑，业主方项目管理的组织结构与工程任务的委托方式、发包模式和合同结构紧密相关。对于同一个项目，若采用建设项目总承包，或采用施工总承包，或采用施工任务的平行发包，其相应的业主方项目管理的组织结构必然是不同的。

当认真分析了图 2-31 中的各种因素后，应决策采用哪一种组织结构模式。由于线性组织结构的指令源是唯一的，有利于工程的协调、组织和指挥，有利于项目目标的控制，因此线性组织结构模式在国际上得到广泛的应用。工程规模较大，且包含多个子项目的建设项目，为避免工作指令路径过长，较多采用矩阵组织结构模式。一般的建设项目不宜采用职能组织结构，因为矛盾的指令源对工程的进展，对项目目标的控制都不利。但是，我国多数建设项目采用的还是传统的职能组织结构模式，多重和矛盾的指令源的问题始终没有得到解决。

2.7.2 业主方管理组织结构的动态调整

工程项目管理的一个重要哲学思想是：在项目实施的过程中，变是绝对的，不变是相对的，平衡是暂时的，不平衡则是永恒的。项目实施的不同阶段，即设计准备阶段、设计阶段、施工阶段和动用前准备阶段，其工程管理的任务特点、管理的任务量、管理人员参与的数量和专业不尽相同，因此业主方项目管理组织结构在项目实施的不同阶段应作必要的动态调整（图 2-32，图 2-33 和图 2-34），如设计不同阶段的业主方项目管理组织结构图：

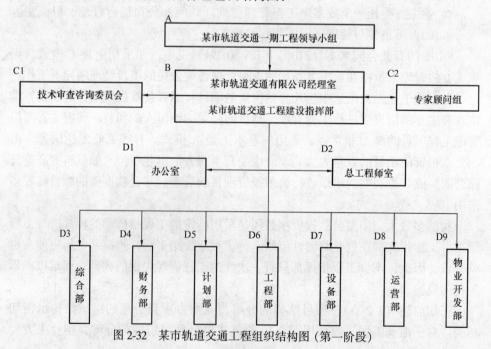

图 2-32 某市轨道交通工程组织结构图（第一阶段）

□ 施工前业主方项目管理组织结构图;
□ 施工开始后业主方项目管理组织结构图;
□ 工程任务基本完成,动用前准备阶段的业主方项目管理组织结构图等。

某市在筹建轨道交通指挥部时,首要的问题是确定其组织结构图,在项目刚开始时其组织结构图如图2-32所示,主要明确了以下机构设置和关系:

□ 该市轨道交通工程领导小组、该市轨道交通有限公司和该市轨道交通工程建设指挥部的关系(该市轨道交通有限公司和该市轨道交通工程建设指挥部联合办公);
□ 设技术审查咨询委员会和专家顾问组;
□ 设总工程师,总工程师对七个工作部门不直接下达指令;
□ 设七个工作部门,如综合部和财务部等。

当工程进行到一定的阶段(以下简称第二阶段),将采用图2-33所示的组织结构图。当大面积工程施工开始后(以下简称第三阶段),将采用图2-34所示的组织结构图。

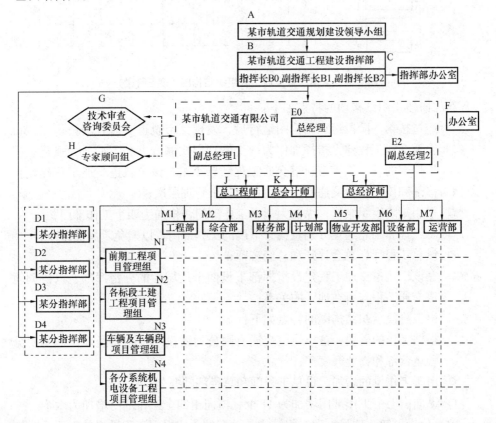

图2-33 某市轨道交通工程组织结构图(第二阶段)

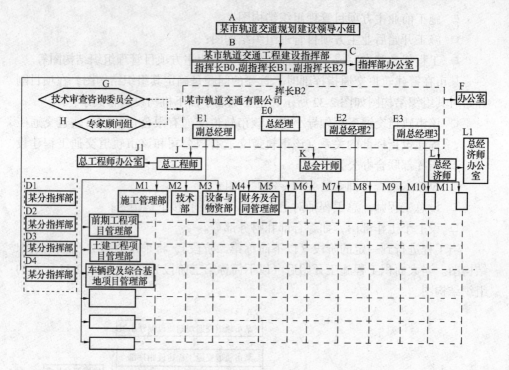

图2-34 某市轨道交通工程组织结构图（第三阶段）

第二阶段组织结构图的特点如下：
- 经过按第一阶段组织结构图运行后，发现该市轨道交通有限公司和该市轨道交通工程建设指挥部作为一个管理层次联合办公不妥，为强化工程指挥部的领导，该市轨道交通工程领导小组、该市轨道交通工程建设指挥部和该市轨道交通有限公司作为三个管理层次；
- 采用矩阵组织结构，纵向为七个工作部门，横向为四个工作部门；
- 总经理和副总经理分别直接管下属的工作部门，以避免矛盾的指令；
- 设总工程师、总会计师和总经济师；
- 在该市轨道交通工程建设指挥部下设四个地域性的分指挥部，以协调轨道交通工程与所在地区的关系；

第三阶段组织结构图的特点如下：
- 根据工作的需要，该市轨道交通有限公司增设一位副总经理，他主要分管运营部和物业开发部；
- 由于工作量的增加，设总工程师和总经济师办公室；
- 纵向由七个工作部门增加为11个，横向由四个工作部门增加为六个。

由上分析可知，项目管理组织结构是动态的，应根据工程进展的需要及时地进行必要的调整。

2.8 建设项目管理规划与建设项目组织设计

2.8.1 建设项目管理规划

建设项目管理规划（或称建设项目实施规划（计划），国际上常用的术语为：Project Brief，Project Implementation Plan，Project Management Plan）是指导项目管理工作的纲领性文件，在工业发达国家，多数有一定规模的，或重要的建设项目都编制建设项目管理规划。我国的一些大型基础设施项目，自20世纪90年代中期也开始重视编制建设项目管理规划，如广州地铁一号线在项目设计工作开始前，组织力量编制了项目管理规划。

举行迎接香港回归庆典的香港会展中心（HONG KONG CONVENTION & EXHIBITION CENTRE EXTENSION）在建设开始时，于1994年编制了建设项目管理规划（PROJECT IMPLEMENTATION PLAN），其主要内容如下：
- 项目建设的任务；
- 委托的咨询（顾问）公司；
- 项目管理班子的组织；
- 合同的策略；
- 设计管理；
- 投资管理；
- 进度管理；
- 招标和发包的工作程序；
- 有关的政府部门；
- 工程报告系统；
- 质量保证系统和质量控制；
- 竣工验收事务；
- 项目进展工作程序；
- 风险管理；
- 信息管理；
- 价值工程；
- 安全；
- 环境管理；
- 不可预见事件管理。

建设项目管理规划依据项目的特点，主要就如下几个方面进行分析和描述：
- 为什么要进行项目管理；
- 项目管理需要做什么工作；

- 怎样进行项目管理；
- 谁做项目管理哪方面的工作；
- 什么时候做哪些项目管理工作；
- 项目的投资目标分析；
- 项目的进度目标分析；
- 项目的质量目标分析。

建设项目管理规划涉及项目整个实施阶段的工作，它属于业主方项目管理的工作范畴。如果采用建设项目总承包的模式，业主方也可以委托建设项目总承包方编制建设项目管理规划，因为建设项目总承包的工作涉及项目整个实施阶段。

建设项目的其他参与单位，如设计单位、施工单位和供货单位等，为进行其项目管理也需要编制项目管理规划，但它只涉及项目实施的一个方面，并体现一个方面的利益，如设计方项目管理规划、施工方项目管理规划和供货方项目管理规划等。

建设项目管理规划内容涉及的范围和深度，在理论上和工程实践中并没有统一的规定，应视项目的特点而定，一般包括如下内容：

- 项目概述；
- 项目的目标分析和论证；
- 项目管理的组织；
- 项目采购和合同结构分析；
- 投资控制的方法和手段；
- 进度控制的方法和手段；
- 质量控制的方法和手段；
- 安全、健康与环境管理的策略；
- 信息管理的方法和手段；
- 技术路线和关键技术的分析；
- 设计过程的管理；
- 施工过程的管理；
- 风险管理的策略等。

以上内容中有不少与组织有关，这些与组织有关的内容是建设项目组织设计的核心内容。一般宜先讨论和确定建设项目组织设计，待组织方面的决策基本确定后，再着手编制建设项目管理规划。建设项目的其他参与单位，如设计单位、施工单位等，如有必要，也应编制相应的组织设计。

2.8.2 建设项目组织设计

建设项目组织设计是重要的组织文件，它涉及项目整个实施阶段的组织，它属于业主方项目管理的工作范畴。建设项目组织设计主要包括以下内容：

- 项目结构分解；
- 合同结构；
- 项目管理组织结构；
- 工作任务分工；
- 管理职能分工；
- 工作流程组织等。

有的建设项目组织设计还包括一系列与项目建设有关的制度。表 2-10 所示的是某市轨道交通项目组织设计包含的制度。

某市轨道交通项目组织设计包含的制度　　　　表 2-10

编号	制 度 名 称	编号	制 度 名 称
1	人事任免制度	24	车辆使用办法
2	岗位设置	25	会议制度
3	岗位职责	26	重大技术问题决策制度
4	入职描述	27	技术管理规定
5	岗位职能	28	科研管理规定
6	人员培训及外出学习规定	29	公文报告制度
7	人员待岗、退岗、除名规定	30	劳保用品发放规定
8	考勤制度（请假）、假期使用	31	财务管理制度
9	分配制度	32	档案管理制度
10	奖罚制度	33	审计管理办法
11	公司章程	34	合同管理制度
12	员工手册	35	招投标管理办法、流程
13	职称制度	36	质量管理体系
14	出差报销规定	37	安全管理办法
15	员工聘任合同及管理办法	38	事故处理办法
16	员工退休、离职办法	39	图纸、文件交接办法
17	医疗、养老、公积金、保险办法（四金）	40	前期工作流程
18	因工伤、病残管理办法	41	设备材料采购管理制度
19	保密制度	42	设计管理（变更）制度
20	干部廉政守则	43	施工管理、验工审查、工程协调办法
21	外事接待规定	44	质量管理制度
22	办公用品使用规定	45	信息管理制度
23	固定资产管理制度	46	

复 习 思 考 题

1. 请分析组织论与工程项目管理的关系。
2. 请分析项目结构图、组织结构图和合同结构图的区别。
3. 请分析职能组织结构、线性组织结构和矩阵组织结构的特点。
4. 请分析管理任务分工和管理职能分工的意义。
5. 请绘制一张投资控制整体流程和项目实施计划的实施、检查与分析控制流程图。
6. 请绘制一张项目结构图。
7. 请分析项目结构与合同结构的关系。
8. 为什么业主方的管理组织结构需动态调整?
9. 建设项目规划的主要内容是什么?

3 项目策划

项目策划是项目管理的一个重要组成部分，是项目建设成功的前提。无数建设项目成功的经验证明，科学、严谨的前期策划将为项目建设的决策和实施增值。本章主要介绍项目策划的基本概念，项目环境调查与分析的目的、工作内容、工作方法、工作成果等以及项目决策策划和实施策划的基本内容。其中项目定义、项目功能分析与面积分配是项目决策策划的重点，组织策划是项目实施策划的重点。

3.1 项目策划的基本概念

3.1.1 项目策划的内涵

建设项目策划是指在项目建设前期，通过调查研究和收集资料，在充分占有信息的基础上，针对项目的决策和实施，或决策和实施的某个问题，进行组织、管理、经济和技术等方面的科学分析和论证，这将使项目建设有正确的方向和明确的目的，也使建设项目设计工作有明确的方向并充分体现业主的建设目的。其根本目的是为项目建设的决策和实施增值。增值可以反映在人类生活和工作的环境保护、建筑环境美化、项目的使用功能和建设质量提高、建设成本和经营成本降低、社会效益和经济效益提高、建设周期缩短、建设过程的组织和协调强化等方面。

项目策划是项目管理的一个重要组成部分。国内外许多建设项目的成功经验或失败教训证明，建设项目前期的策划是项目成功的前提。在项目前期进行系统策划，就是要提前为项目建设形成良好的工作基础，创造完善的条件，使项目建设在技术上趋于合理，在资金和经济方面周密安排，在组织管理方面灵活计划并有一定的弹性，从而保证建设项目具有充分的可行性，能适应现代化的项目建设过程的要求。

3.1.2 项目策划的目的

我国项目建设一般遵循图 3-1 的基本建设程序。

项目立项之前可称为项目决策阶段，立项之后为项目实施阶段。然而在建设项目实践中尚存在不少问题。首先，以项目建议书和可行性研究作为审批的依据存在不足。可行性研究虽然进行了经济分析和技术分析，但由于前期环境调查和

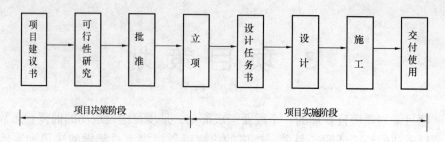

图 3-1　项目建设程序

分析不够，往往是为了立项和报批而做，因而可行性研究常常变成可批性研究，其真实性、可靠性和科学性值得怀疑，其分析的广度和深度不够，以可行性研究作为决策的依据，决策所需的信息不足。

其次，在项目实施阶段，设计任务书往往可有可无，缺乏组织、管理、经济和技术等方面对项目的准备和科学论证，未能对设计工作提出准确、详细的要求，设计工作依据不足，往往造成设计结果偏离目标的现象。

由上述分析可见，无论是在项目决策阶段进行策划，为项目决策提供依据；还是在项目实施阶段进行策划，为项目实施提供依据都是十分必要的。建设项目策划就是把建设意图转换成定义明确、要求清晰、目标明确且具有强烈可操作性的项目策划文件的活动过程，回答为什么要建、建什么以及怎么建项目的问题，从而为项目的决策和实施提供全面完整的、系统性的计划和依据。项目策划的意义在于其工作成果使项目的决策和实施有据可依。项目实施过程中任何一个阶段、任何一个方面的工作都经过各方面专业人员的分析和计划，既具体入微，又不失其系统性，不会有无谓的重复浪费，也不会有严重的疏漏缺失，使项目实施的目标、过程、组织、方法、手段等都更具系统性和可行性，避免随意性和盲目性。

目前，我国的大部分项目并没有进行严格、全面的项目策划，国家对项目策划的内容和工作程序没有明确的规定，项目策划的工作时间和内容与国家的基本建设程序不完全对应，大多是根据业主方的需要分项、分阶段对项目的某个方面进行策划，策划工作缺乏系统性。因此对项目策划的理论研究和实践总结是非常迫切的。

3.1.3　项目策划的特点

项目策划的基础是充分占有信息和资料，因此策划工作应十分重视对项目有关环境和条件的调查与分析。任何建设项目都处于社会经济系统中，项目的决策和实施与社会、政治、经济及自然环境紧密相关，必须对建设环境和条件进行全面的、深入的调查和分析。只有在充分的环境调查与分析的基础上进行分析，才有可能获得一个实事求是、优秀的策划方案，避免夸夸其谈、形式主义的空谈。

这是项目策划最主要的特点。

归纳起来，建设项目策划工作具有以下特点。

(1) 重视类同建设项目的经验和教训的分析

项目策划是对拟建项目的一种早期预测，因此类同建设项目的经验和教训就显得尤为重要。对国内、国外类同建设项目的经验和教训的全面、深入的分析，是环境调查和分析的重要方面，也是整个项目策划工作的重要部分，应贯穿项目策划全过程。

(2) 坚持开放型的工作原则

建设项目策划需要整合多方面专家的知识，包括组织知识、管理知识、经济知识、技术知识、设计经验、施工经验、项目管理经验和项目策划经验等。建设项目策划可以委托专业咨询单位进行，从事策划的专业咨询单位往往也是开放型组织，政府部门、教学科研单位、设计单位、供货单位和施工单位等往往都拥有某一方面的专家，策划组织者的任务是根据需要把这些专家组织和集成起来。

(3) 策划是一个知识管理的过程

策划是专家知识的组织和集成，更是信息的组织和集成的过程。策划的实质就是对知识的集成，这实质上就是一种知识管理的过程，即通过知识的获取，经过知识的编写、组合和整理，而形成新的知识。

(4) 策划是一个创新求增值的过程

策划是"无中生有"的过程，是一种创造过程。项目策划是根据现实情况和以往经验，对事物变化趋势做出判断，对所采取的方法、途径和程序等进行周密而系统的构思和设计，是一种超前性的高智力活动。创新的目的是为了增值，通过创新，带来经济效益。

(5) 策划是一个动态过程

策划工作往往是在项目前期，但是策划成果不是一成不变的。一方面，项目策划所做的分析往往还是粗略的估计，随着项目的开展，项目策划的内容根据项目需要和实际可能性不断丰富和深入；另一方面，项目早期策划工作的假设条件往往随着项目进展不断变化，必须对原来的假设不断验证，所以策划结果需要根据环境和条件不断发生的变化，不断进行论证和调整，逐步提高准确性。

3.1.4 项目策划的类型

项目策划根据其所针对的对象不同，分为成片土地开发项目策划、单体建筑项目策划等；根据策划的内容不同，也可以分为不同类型，但从策划的目的、内容和作用来分，最重要的是以下两类：项目决策的策划和项目实施的策划，如图3-2所示。

图 3-2 项目策划按内容分类

项目决策的策划在项目决策阶段完成，为项目决策服务。项目决策的策划要回答建设什么、为什么要建设的问题，又称为项目决策评估；项目实施策划在项目实施阶段的前期完成，为项目管理服务，主要确定怎么建，又称为项目实施评估；两者统称项目策划。

除此之外，有的项目还进行项目运营策划。项目运营策划在项目实施阶段完成，用于指导项目动用准备和项目运营，并在项目运营阶段进行调整和完善。

3.1.5 项目策划的任务

（1）项目决策的策划任务

项目决策的策划最主要的任务是定义开发或者建设什么，及其效益和意义如何。具体包括明确项目的规模、内容、使用功能和质量标准，估算项目总投资和投资收益，以及项目的总进度规划等问题。

项目决策策划一般包括以下六项任务。根据具体项目的不同情况，策划文件的形式可能有所不同，有的形成一份完整的策划文件，有的可能形成一系列策划文件。

1) 建设环境和条件的调查和分析；
2) 项目建设目标论证与项目定义；
3) 项目功能分析与面积分配；
4) 与项目决策有关的组织、管理和经济方面的论证与策划；
5) 与项目决策有关的技术方面的论证与策划；
6) 项目决策的风险分析。

（2）项目实施的策划任务

项目实施的策划最主要的任务是定义如何组织开发和建设该项目。由于策划所处的时期不同，项目实施策划任务的重点和工作重心以及策划的深入程度与项目决策阶段的策划任务有所不同。项目实施策划要详细分析实施中的组织、管理和协调等问题，包括如何组织设计、如何招标、如何组织施工、如何组织供货等问题。

项目实施策划的基本内容如下：

1) 项目实施的环境和条件的调查与分析；
2) 项目目标的分析和再论证；
3) 项目实施的组织策划；
4) 项目实施的管理策划；
5) 项目实施的合同策划；
6) 项目实施的经济策划；
7) 项目实施的技术策划；
8) 项目实施的风险分析与策划等。

项目决策和项目实施两阶段的策划任务可以归纳如表 3-1 所示。

项目决策和实施阶段的策划任务表 表 3-1

策划任务	项目决策阶段	项目实施阶段
环境调查和分析	项目所处的建设环境，包括能源供给、基础设施等；项目所要求的建筑环境，其风格和主色调是否和周围环境相协调；项目当地的自然环境，包括天气状况、气候和风向等；项目的市场环境、政策环境以及宏观经济环境等	建设期的环境调查和分析，需要调查分析、建设政策环境、建筑市场环境、建设环境（能源、基础设施等）和建筑环境（风格、主色调等）
项目定义和论证	包括项目的开发或建设目的、宗旨及其指导思想；项目的规模、组成、其功能和标准；项目的总投资和建设开发周期等	需要进行建设目标的分析和再论证，包括投资目标分解和论证，编制项目投资总体规划；进行进度目标论证，编制项目建设总进度规划；确定项目质量目标，编制空间和房间手册等
组织策划	包括项目的组织结构分析、决策期的组织结构、任务分工以及管理职能分工、决策期的工作流程和项目的编码体系分析等	确定项目实施各阶段的项目管理工作内容，确定项目风险管理与工程保险方案
管理策划	制定建设期管理总体方案、运行期管理总体方案以及经营期管理总体方案等	包括投资控制、进度控制、质量控制、合同管理、信息管理和组织协调；确定业主筹建班子的组织结构、任务分工和管理职能分工，确定业主方项目管理班子的组织结构、任务分工和管理职能分工，确定项目管理工作流程，建立编码体系
合同策划	策划决策期的合同结构、决策期的合同内容和文本、建设期的合同结构总体方案等	确定方案设计竞赛的组织，确定项目管理委托的合同结构，确定设计合同结构方案、施工合同结构方案和物资采购合同结构方案，确定各种合同类型和文本的采用
经济策划	进行开发或建设成本分析、开发或建设效益分析；制定项目的融资方案和资金需求量计划等	项目实施的经济策划包括编制资金需求量计划，进行投资估算以及融资方案的深化分析
技术策划	项目功能分析、建筑面积分配以及工艺对建筑的功能要求等	对技术方案和关键技术进行深化分析和论证，明确技术标准和规范的应用和制定
风险分析	对政治风险、政策风险、经济风险、技术风险、组织风险和管理风险等进行分析	进行实施期的政治风险、政策风险、经济风险、技术风险、组织风险和管理风险分析

3.2 项目环境调查与分析

3.2.1 环境调查的目的

策划是在充分占有信息和资料的前提下所进行的一种创造性劳动，因此充分占有信息是策划的先决条件，否则策划就成为了无本之木、无源之水。从这一基本思想出发，环境调查与分析是项目策划工作的第一步，也是最基础的一环。如果不进行充分的环境调查，所策划的结果可能与实际需求背道而驰，甚至得出错误的结论，并直接影响建设项目的实施，因此策划的第一步必须对影响项目策划工作的各方面环境进行调查，并进行认真分析，找出影响项目建设与发展的主要因素，为后续策划工作提供较好的基础。

比如某总部基地项目前期策划，在环境调查阶段要了解项目所在地自然、历史和文化环境，社会经济发展现状以及产业发展现状等，同时策划小组还重点关注了国内外总部园区建设和运营现状，并在此基础上归纳和分析什么是总部经济，总部经济形成的条件是什么和总部经济的载体是什么等问题，进而分析总部园区的主要功能及一般的配套要求，据此可以确定各类功能空间的建筑规模。在功能定位中要分析区内是否需要一定量的具有生活服务配套的功能空间，如餐饮、居住、休闲娱乐、酒店等，这就要求进行周边环境的调查，摸清周边的配套情况，防止功能的重叠。因此可以说，在策划前进行充分的环境调查与分析是项目策划的基础和前提。

3.2.2 环境调查的工作内容

（1）环境调查的工作范围

环境调查的工作范围为项目本身所涉及的各个方面的环境因素和环境条件，以及项目实施过程中所可能涉及到各种环境因素和环境条件。工作范围应力求全面、深入和系统，具体可以包括以下方面：

1）项目周边自然环境和条件；
2）项目开发时期的市场环境；
3）宏观经济环境；
4）项目所在地政策环境；
5）建设条件环境（能源、基础设施等）；
6）历史、文化环境（包括风土人情等）；
7）建筑环境（风格、主色调等）；
8）其他相关问题。

应该强调的是，因项目本身的特点、项目策划工作的侧重点等原因，环境调查也可侧重在上述工作范围中的一部分或几部分,并进行细化,或者进行重新分类与组合,为后续策划工作提供参考。

(2) 环境调查的重点

策划的对象决定了环境调查的内容,因此不同项目环境调查的内容可能差别很大,工作重点也有所不同。从总体上讲,环境调查应该以项目为基本出发点,将项目实施所可能涉及到的所有环境因素进行系统性地思考,以其中对项目影响较大的核心因素为调查的重点,尤其应将项目策划和项目实施所需要依据和利用的关键因素和条件作为主要的考虑对象,进行全面深入的调查。

例如,在某医院项目策划的环境调查中除了现场环境调查以外,重点还包括对当地社会经济发展环境调查、当地医疗卫生设施建设的现状和规划调查(供应情况调查)、当地医疗服务市场需求情况调查(不同人群对医疗服务的不同需求)、中外合资营利性医院政策调查、价格情况调查等。

现场环境调查往往需要进行一到三次甚至是多次,而其他方面的调查则需要多次进行,有时候需要同时通过多种渠道随时查阅相关信息,因此环境调查是一项需要一定人力和时间来做的工作。

3.2.3 环境调查的工作方法

策划的过程就是知识管理与创新的过程,因此,无论是大型城市开发项目策划还是单体建筑策划,都需要进行多种信息的收集。在策划过程中,知识的积累至关重要,而知识的来源不仅包括自身的知识积累,也包括他人的经验总结,所以在策划过程中要充分吸收多方的经验或知识,营造开放的策划组织。

环境调查的渠道有多种。一般而言,包括以下几个方面:

(1) 现场实地考察

现场实地考察是环境调查的一个重要方法与途径,该种方法主要是通过调查增加项目的感性认识,并了解有关项目的具体细节,掌握项目环境的最新情况。一般而言,对于新建项目,实地调查需要了解以下内容:市政基础设施情况、项目基地现状、项目基地对外交通情况、周边建筑风格等,对于改造项目则更需要实地考察,尽可能地了解影响项目策划工作的每一个细节,因为文字资料上往往省略细节信息,或者在访问时,对方可能处于自己主观判断而遗漏重要信息,这些信息对策划可能产生很大影响。在实地调查时,可借助拍照、录像等手段辅助工作。

(2) 相关部门走访

相关部门是项目宏观、中观与微观背景资料的主要来源。从这些部门获取的资料具有相当的权威性和及时性,有时甚至是尚未正式发布的草案,对了解宏观背景的发展趋势具有极大的帮助作用。通过这种方式收集资料时应注意两点准备事项:一是要提前进行联系,告知对方调研的意图、目的、时程安排以及所需要的资料等,二是制定调查表格。

1) 准备事项一

在进行相关部门走访时,大部分受访部门事先并不了解项目的背景以及调研的意图,因此往往不能在较短的时间内掌握访问人的真正目的,以及提供所需资料,因此需要提前通知受访部门,告知对方调研的意图、目的、时程安排以及所需要的资料等。一般通过电话、传真、电子邮件等联系方式。需要说明的是,因为大多数策划项目属于商业性项目,相关部门并没有义务接待访问或提供资料,因此需要通过灵活的渠道达到既定目的。对于政府投资项目的策划,可通过政府文件的方式了解。

2) 准备事项二

除了事先联系外,环境调查还应做好充分的准备,其中最重要的是制定调查表格,表格的形式可以有多种,但内容基本包括调查的目的、内容、受访人、调查参与人、调查的问题、资料需求等,如表3-2为某项目的环境调查表格,其中调查的问题和资料需求尽量明确,使受访人能清楚地理解并提供准确的信息,调查完毕后应由调查人完成调查报告,根据受访人的意见和建议分析对项目策划的影响。

某项目的环境调查表格 表 3-2

项目名称:××总部园区发展策划	文件编号:
调查目的:编制××总部园区发展策划环境调查报告	调查部门:规划局、
调查内容:了解××总体规划情况	被调查人:局长
调查的问题:	备注
1. 城市总体规划、总部园区有关的分区规划、专项规划、详细规划等文件以及基础设施与市政配套现状与规划情况(供电、供水、电信、雨污水和煤气等); 2. ××区城市空间发展战略; 3. ××区交通规划情况; 4. ××区建筑环境,如风格、主色调等。	
调查的资料编号及其名称: 1. ××区规划建设方案	备注
调查人:	调查日期: 年 月 日

对项目部门调研完毕后,应进行整理,策划小组开一次碰头会,分别介绍调研情况,最终由策划小组整理出若干个重要问题,并进行排序,形成调研报告以及对策划的影响分析,作为后续策划的基础以及参考性文件。

(3) 有关人员(群)访谈

另外一个较为重要的调研对象是对相关人员(群)的访谈,访谈的目的是了解项目相关人员（群）和项目的关系以及对项目的意见或建议。此类调研对象往往和相关部门的调研相结合。一般包括以下几类人员：

1）业主方相关人员

对业主方相关人员的访谈内容主要集中在项目的背景、进展状况、项目建设的目的、希望达到的目标、基本设想以及目前存在的困难等。访谈的形式可以有很多种，可以采用集中介绍的方式，也可以采用单独访谈的方式，可以是正式的形式，也可以是非正式的形式。

2）最终用户

项目策划的重要原则之一就是"最终用户需求导向"原则，因此应充分重视对最终用户的访谈或调查。对最终用户的访谈会影响到项目策划的具体内容，如功能的布局、标准的确定、建筑面积的确定、结构形式的选择等。在最终用户已经明确的情况下，可采用访谈形式，但如果最终用户尚不明确，如尚未招商的园区，则对可能的最终用户进行分析，以典型同类用户的需求为依据，总结概括出项目最终用户的需求。

3）有关领导

对有关领导的访谈主要是掌握项目开发的宏观背景和总体指导思想，从宏观的专业研究和管理的角度了解他们个人的意见，整理成为宏观层次的系统性的思想，并以此作为确定项目发展的大方向的参考性依据。

4）有关方面专家和专业人士

如前所述，策划是一个专业性极强的工作，需要各方面的专业知识，这就决定了策划组织必须是一个开放性的组织。另外一方面，对于某些专业性或知识性极强的内容，专家或专业人士拥有更多的知识和经验，因此对他们的访谈对项目策划大有裨益。他们的知识、建议或意见，可作为策划的重要参考依据。

5）其他相关人员

一个建设项目涉及到很多方面，也影响到很多人群，如一个科技商务区的建设，会影响到普通从业人员、经营者、管理人员、普通消费者、潜在的从业及经营人员等等，因此需要对他们进行访谈，了解其对项目的关注程度和相关建议，从社会和市场的需求、期望等角度了解具体的基础条件和制约因素，进而整理成为具体的、较为完整的环境描述。其他相关人员范围的确定依据项目的特征而定。

对相关人员的访问除了进行必要的准备以外，还应注意记录访谈要点，访谈结束后应进行回顾、总结与分析，除此之外，还应注意访谈技巧，包括赞同、重复、澄清、扩展、改变话题、解释与总结等。

(4) 文献调查与研究

策划是一种创造性的劳动，在这一过程中，汲取的知识越多，对策划就越有利，而文献是各种知识的凝聚与升华，因此要对文献作充分的收集和研究。目前，随着文献的数字化程度越来越高，文献的调查越来越方便。文献的主要来源包括：

1）充分利用网上资源；
2）档案馆、图书馆资料查询；
3）书籍、杂志、论文查询等。

(5) 问卷调查

问卷对于有明确用户对象的项目策划有显著作用，如学校、商业街、住宅、办公楼以及某些建筑单体的策划等，对最终用户的问卷有助于策划成果的合理与完善。此外，问卷也可以针对已经策划的某一部分，如项目定位、功能布局、面积分配等，征求相关人员的意见，进一步完善策划成果。问卷的问题有很多种类型，包括分支性问题、名词性问题、顺序性提问、间隔式提问、简短回答式提问以及不做最终结论的提问等。

问卷要注意逻辑次序安排，一般的主要次序包括：

1）提起答题者的兴趣；
2）明确答题者的类型；
3）程序按照从一般到特殊进行；
4）允许进行解释或者加以阐述；
5）当答题完毕后，告诉答题者如何处理问卷。

环境调查有多种途径和方法，这些途径和方法在项目策划时一般都会用到，但考虑到资料的积累和重复利用问题，应注意知识管理的应用，使信息发挥更大的价值，并为后期重复利用提供方便，因此资料管理是环境调查的一项重要工作。

3.2.4 环境调查的工作成果

环境调查的最终目的是为项目策划服务，因此环境调查的分析至关重要。分析是大量的资料与信息提炼的过程，没有经过整理与分析的资料不仅对策划没有帮助，反倒会成为大量的信息垃圾，大大降低信息的价值，因此应充分关注环境调查资料的整理与分析。环境调查的主要工作成果包括环境调查分析报告及其附件。

环境调查分析报告没有固定的格式，根据策划的需要进行设定，但一般包括资料的简要论述、对比、由此得出的结论以及对策划的启示，此外还包括主要参考资料清单以及资料来源目录，重要的参考文献也可分类装订成册，作为附件，以便查阅。

3.3 项目决策策划

项目决策的策划主要针对项目的决策阶段，通过对项目前期的环境调查与分析，进行项目建设基本目标的论证与分析，进行项目定义、功能分析和面积分配，并在此基础上对与项目决策有关的组织、管理、经济与技术方面进行论证与策划，为项目的决策提供依据。

项目决策策划是在项目建设意图产生之后，项目建设立项之前，它是项目管理的一个重要组成部分，是项目实施策划的前提。

3.3.1 项目决策策划的工作内容

如前所述，项目决策的策划基本内容包括以下几个方面，如图3-3所示。

(1) 项目环境调查与分析包括对自然环境、宏观经济环境、政策环境、市场环境、建设环境（能源、基础设施等）等进行调查分析。该部分内容已在3.2中进行了详细讲述。

(2) 项目定义和目标论证明确开发或建设目的、宗旨和指导思想，确定项目规模、组成、功能和标准，初步确定总投资和开发或建设周期等。

(3) 组织策划需要进行项目组织结构分析，明确决策期的组织结构、任务分工和管理职能分工，确定决策期的工作流程，并分析编码体系等。

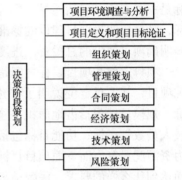

图3-3 项目决策阶段策划的基本内容

(4) 管理策划的任务是制订建设期管理总体方案、运行期设施管理总体方案和经营管理总体方案等。

(5) 合同策划是指确定决策期的合同结构、决策期的合同内容和文本、建设期的合同结构总体方案等。

(6) 经济策划需分析开发或建设成本和效益，制订融资方案和资金需求量计划等。

(7) 技术策划要对技术方案和关键技术进行分析和论证，并明确技术标准和规范的应用和制定等。

(8) 风险分析需要分析政治风险、经济风险、技术风险、组织风险和管理风险等。

总的来说，项目决策策划工作，从明确建设单位需求开始，在综合分析社会环境的基础上，进行项目定义，对项目进行总体构思和项目定位，进一步对项目进行功能策划、经济策划、组织管理策划，最终形成对设计的要求文件，并在其中运用多种方法和手段从技术、经济、财务、环境和社会影响、可持续发展等多个角度对项目进行可行性分析，其中有不断的反馈和调整的过程，直至项目能够最终通过审核，形成对设计的要求文件。

3.3.2 项目定义

项目定义是将建设意图和初步构思，转换成定义明确、系统清晰、目标具体、具有明确可操作性的方案。在项目开发建设的过程中，项目定义是很重要的一个环节，关系到项目开发建设的目标、功能定位，决定了项目的发展方向。一个项目只有项目定义准确，才有可能获得成功。

项目定义确定项目实施的总体构思，主要解决两个问题。第一个问题是明确项目定位。项目定位是指项目的功能、建设的内容、规模、组成等，也就是项目建设的基本思路。项目定义的第二个问题是明确项目的建设目标。建设项目的目标是一个系统，包括质量目标、投资目标、进度目标等三个方面。项目的质量目标，就是要明确项目建设的标准和建设档次等，投资目标在项目定义阶段应该初步明确项目建设的总投资，进度目标在项目定义阶段应该明确项目建设的周期。

项目定位和项目目标之间是相互联系的，两者存在着因果关系。比如对于医院项目，其项目定位说明了要建设什么样医院，包括医院的规模目标和功能目标。规模目标包括占地面积、建筑面积、科室数、床位数、医生数、护士数、医技人员数等指标；功能目标包括医院科室设置、学科发展、设备数量和种类、人力资源配置等方面。而项目目标则根据项目定位提出建设这样的医院必须在各方面达到什么样的要求。医院项目目标中的质量目标，是指拟建医院在质量上需要达到的要求，包括检查和治疗区的质量标准、住院部的质量标准、配套服务设施的质量标准等，在项目定义中，要对医院建设的各部分质量目标进行初步的确定。投资目标和进度目标在项目定义阶段也应该得到初步明确，根据项目的定位，初步匡算出项目总投资，大致估算出工程建设的周期。

以上所述项目定义的内容并不是绝对的。不同的项目在进行项目决策策划时，在项目定义中可能还会有其他不同的提法，或者有不同的内容。在项目定义中经常出现的内容还有：

(1) 项目发展战略；
(2) 项目总体构思；
(3) 项目产业策划等。

项目发展战略是根据城市经济、社会发展的近期和中远期的宏观规划和项目开发者生产经营活动或社会物质文化生活的需要，并以国家的法律和有关政策为依据，提出项目的总体发展策略。项目的总体构思是指对未来的目标、功能、范围以及涉及的各主要因素和大体轮廓的设想与初步界定。项目产业策划是立足项目所在地以及项目自身的特点，根据当前城市经济发展趋势和项目所在地周边市场需求，从资源、能力分析方法入手，通过分析各种资源和能力对备选产业发展的重要性以及本地区的拥有程度，选择确定项目发展主导产业。

无论采用哪种提法，项目定义的根本目的只有一个，即明确项目的性质、用途、建设规模、建设水准以及预计项目在社会经济发展中的地位、作用和影响力。项目的性质不同，项目的目标和内容就不同。同是建一座商场，该商场是单纯的用于购物还是集购物、餐饮和娱乐于一体，性质显然就不同。项目定义是一种创造性的探索过程，其实质在于挖掘可能捕捉到的市场机会。项目定义的好坏，直接影响到整个项目策划的成败。

【案例3-1】

在某软件园的策划中，根据内外部条件的调查结果对该软件园进行如下项目定义：

(1) 该软件园的项目总体构思为：通过软件园的建设，以自身良好的资源、设施和环境，协同国内外软件产业界，从行业协调、引导着手，为业界提供技术和产品研发、评测认证、产品项目孵化、出口企业成长培育、良好的行业环境等支持和服务，使本项目成为该省软件产业技术及产品研发的重要基地；创新技术、创新产品、创新人才集散枢纽；软件产品评测和质量认证服务中心；软件企业、资本、人才、技术、产品、项目、市场等资源交流及整合服务中心；国内外知名的软件出口基地。

(2) 该软件园的宏观产业策划为：成为该省进行软件产业技术、产品、项目研发和孵化的基地，推动该省软件产业的规模化发展，为该省软件行业交流、软件出口企业成长等提供优越的资源、设施、环境和运营条件；协调、引导该省软件行业，充分发挥业界资源总体效益的服务机构；为该省软件企业提高管理水平，培训高层次技术人才提高软件产品质量、实现与国际接轨提供协助及相关服务。

(3) 该软件园的发展战略确定为：依靠政府引导和政策支持，政府投入启动资金进行首期关键基础设施、资源和环境建设。以良好基础资源为启动发展基础，以合作联营及股份制经营方式引入国内外软件业界相关资源，进行规模运营和发展，以高品质的资源服务和业务服务实现经济效益目标，以公益和支持性服务实现社会效益目标。

3.3.3 项目功能分析与面积分配

项目定义还包括对项目功能进行策划，主要包括项目功能分析和面积分配。项目功能策划是项目定义的具体化，是项目定义中很重要的一部分。

所谓功能策划是在总体构思和项目总体定位的基础上，结合潜在最终用户的需求分析，对项目进行更深的研究，在不违背对项目性质、项目规模以及开发战略等定位的前提下，将项目功能进行细化，以满足建设者和使用者的要求，主要包括以下两个方面。

(1) 项目功能分析

分析潜在最终用户的活动类型，对项目的具体功能进行分析。

项目功能分析又分为项目总体功能定位和项目具体功能分析。

项目总体功能定位是指项目基于整个宏观经济、区域经济、地域总体规划，和其项目定义相一致的宏观功能定位，而不是指具体到项目某个局部、某幢建筑的具体功能的界定，是对项目具体功能定位具有指导意义的总体定位。项目的总体功能定位随着外界环境和项目内外条件的变化而变化。不同项目的总体功能定位有很大不同。

项目的具体功能分析，即为满足项目建成后运营使用活动的需要，项目应该具备哪些具体的功能，提供哪些具体的设施和服务。主要是确定项目的性质、项目的组成、规模和质量标准等，是对项目总体功能的进一步分析。项目的功能分析应进行详细的分析和讨论，在讨论时应邀请业主方自始至终参与，关键时刻还可邀请有关专家、专业人士参与，使项目各部分子功能详细、明确，并具有可操作性。

项目的具体功能分析应从项目建成后运营使用的活动主体——使用人群的需求和企业的需求出发，分析项目为满足他们的活动所应提供的各种设施和服务，从人群的功能需求和企业的功能需求两个方面对项目进行功能策划。

【案例 3-2】

在某软件园的策划中，分别进行了人群功能需求分析和软件企业的功能需求分析。

(1) 软件园人群的功能需求分析

软件园的活动主体是在软件园中生活和工作的人群，其人群需求的功能应是软件园主要提供的功能。首先将软件园的人群分为内部人员、外来人员、园区管理人员以及其他人员；其次将软件园区人群的需求分为工作需求、生活需求以及其他需求。再将上述各种类型的人群对软件园的具体需求分为：

1) 工作需求，包括办公、会议、生产、展销、展示、培训等；

2) 生活需求，包括居住、餐饮、购物、娱乐健身、文化以及卫生、医疗等；

3) 其他需求，包括交流、学习、教育需求等。

(2) 软件企业的具体功能需求分析

根据企业的工作特点和成长过程，不同企业的工作需求不尽相同，可以简单的把这些企业分为 IT 企业和非 IT 企业两种类型，并对他们的工作需求分别进行分析。

1) IT 企业的功能需求分析

软件的研发和生产是 IT 企业的主要活动，软件园建设的目的就是为其提供一个相对集中的、物质环境良好的、创新氛围较浓的场所，以促进 IT 企业和软件产业的发展。那么对于IT企业本身来说，需要提供什么样的硬件设施和环境，才能满足企业活动的需求？这是软件园在开发建设时应该着重考虑的问题。

2) 非IT企业的功能需求分析

软件园中除IT企业之外的企业统称为非IT企业，它们包括软件园开发方组建的开发公司（如果投资开发方为企业）、园区的物业管理公司（通常开发建设和物业管理分离）、各种为软件园提供服务的第三产业的服务公司以及软件学院、医院等。他们对软件园的物质环境建设没有特殊的要求，环境优美、设施先进的办公场所即能满足工作需要。

对园区人群的功能需求和企业的功能需求进行了分析，把这两者的功能需求进行归纳与整合，即可得到软件园的整体功能需求，共分为六个方面：

① 生产功能；
② 生活功能；
③ 园区管理功能；
④ 公共服务功能；
⑤ 教育培训功能；
⑥ 环境功能。

(2) 项目功能区划分与面积分配

项目的功能区划分和面积分配建议是项目决策策划中很重要的一部分，它不仅是对项目功能定位的总结和实施，而且为项目的具体规划提供设计依据，使规划设计方案更具合理性和可操作性。

功能区划分的步骤一般如下：首先对项目的空间构成进行分析，按照功能需求的类型对其空间构成分类；在空间分类的基础上，对项目的功能分区进行设想；然后根据各功能区在项目中的重要程度及其所提供功能的范围，对各功能区进行详细的面积分配。

【案例3-3】

在某软件园的策划中，进行了如下的功能区划分与面积分配。

通过对软件园的具体功能进行归类，其空间构成可以分为三个部分：工作空间、生活空间以及公共空间。其中工作空间包括生产空间、公共服务空间、园区管理空间以及教育培训空间。公共空间包括环境空间和其他空间，图3-4是软件园的基本空间构成分析。

软件园的空间构成基本为这三类，但不同软件园的具体空间构成有所不同。根据对某软件园功能分析，该软件园应具备的整体功能需求包括生产功能、生活功能、园区管理功能、公共服务功能、教育培训功能以及环境功能等六个方面，其功能区也相应有软、硬件研发、生产功能区，公共服务功能区，园区管理功能区，生活功能区，具体功能分析如图3-5所示。

如果说功能区的划分仅仅是对项目功能的定性分析，那么各个功能区面积大

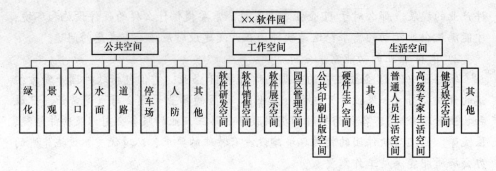

图 3-4 软件园的基本空间构成分析

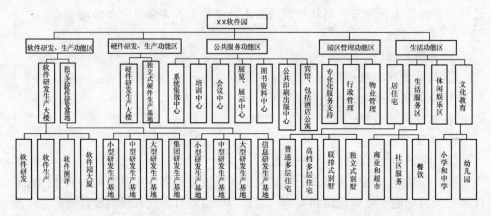

图 3-5 某软件园的功能分析

小的分配就涉及到定量分析的问题，需要运用一定的方法进行估计和计算，从而得出面积分配比例和具体的面积分配数字，在项目进行具体的规划设计和建筑设计时可以以此作为参考或依据。一般形成面积分配参考方案总表和面积分配详细参考方案表，如表3-3是某软件园面积分配参考方案总表。

某软件园面积分配参考方案总表　　　　　表3-3

序号	项目名称	建筑面积（万 m²）	%	占地面积（万 m²）	%
1	软件研发、生产	84	35.0	66	11.0
2	硬件研发、生产	48	20.0	40	6.7
3	公共服务	10	4.0	3	0.5
4	园区管理	2	1.0	1	0.2
5	生活娱乐	60	25.0	75	12.5
6	软件学院	35	14.6	70	11.7
7	公共空间	1	0.4	345	57.4
	合计	240	100.0	600	100.0

3.3.4 项目经济策划

项目经济策划是在项目定义与功能策划基础上，进行整个项目投资估算，并且进行融资方案的设计以及项目经济评价。

(1) 项目总投资估算

项目经济策划的首要工作是进行项目总投资估算。就建设项目而言，项目的总投资估算包括了项目的前期费用、公建配套费、建安工程费等。其中工程造价是项目总投资中最主要的组成部分。

项目总投资估算一般分以下五个步骤：

第一步是根据项目组成对工程总投资进行结构分解，即进行投资切块分析并进行编码，确定各项投资与费用的组成，其关键是不能有漏项。

第二步是根据项目规模分析各项投资分解项的工程数量，由于此时尚无设计图纸，因此要求估算师具有丰富的经验，并对工程内容作出许多假设。

第三步是根据项目标准估算各项投资分解项的单价，此时尚不能套用概预算定额，要求估算师拥有大量的经验数据及丰富的估算经验。

第四步是根据数量和单价计算投资合价。有了每一项投资分解分项的投资合价以后，即可进行逐层汇总。每一个父项投资合价都是子项各投资合价汇总之和，最终得出项目投资总估算，并形成估算汇总表和明细表。

第五步是对估算所作的各项假设和计算方法进行说明，编制投资估算说明书。

从以上分析可以看出，项目总投资估算要求估算师具有丰富的实践经验，了解大量同类或类似项目的经验数据，掌握投资估算的计算方法，因此投资估算是一项专业性较强的工作。

项目总投资估算主要是用来论证投资规划的可行性以及为项目财务分析和财务评价提供基础，进而论证项目建设的可行性。一旦项目实施，项目投资估算也是投资控制的重要依据。

总投资估算在项目前期往往要进行多次的调整、优化，并进行论证，最终确定总投资规划文件。

【案例 3-4】

图 3-6 为某总部园区总投资估算中投资切块及投资结构分解编码的一个实例。

【案例 3-5】

表 3-4 为某园区投资估算总表。该表是由更为详细的投资估算表汇总而来，表 3-5 为总部办公区的估算明细表（部分）。

76　3　项目策划

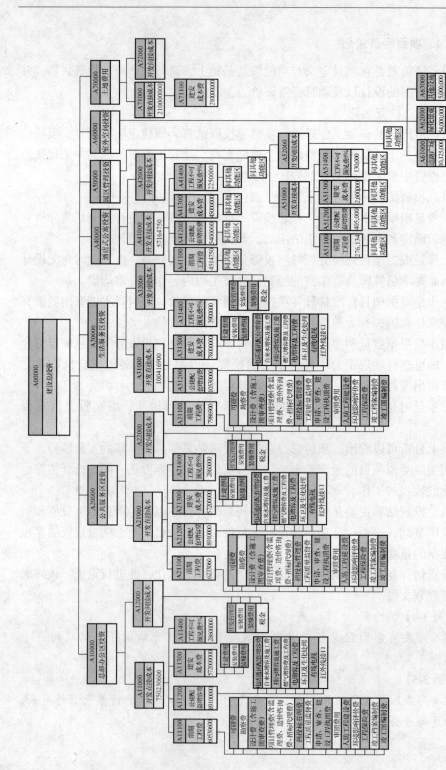

图 3-6　某总部园区总投资切块及投资结构分解图（单位：元）

某园区投资估算表

表 3-4

序号	项目	开发直接成本（元）				土地费用（元）	小计（元）
		前期工程费	公建配套费	建安工程费	不可预见费		
A10000	总部办公区投资	60,730,600	89,100,000	572,000,000	28,600,000		750,430,600
A20000	公共服务区投资	5,798,830	8,505,000	54,600,000	2,730,000		71,633,830
A30000	生活服务区投资（不含公寓）	7,996,900	10,530,000	78,000,000	3,900,000		100,426,900
A40000	酒店式公寓投资	4,684,750	5,400,000	45,000,000	2,250,000		57,334,750
A50000	园区管理投资	276,134	405,000	2,600,000	130,000		3,411,134
A60000	室外空间投资			69,125,000			69,125,000
A70000	土地费用					270,000,000	270,000,000
	小计	79,487,214	113,940,000	821,325,000	37,610,000	270,000,000	1,322,362,214

某园区总部办公区投资估算明细表（部分）

表 3-5

序号	项目名称	费用合计（元）	估算费率	估算基数（m²/元）	合价（元）	单方造价（元/m²）
A11000	开发直接成本	750,430,600		220,000		3,411
A11100	前期工程费小计	60,730,600				276
A11101	可研费		0.001	572,000,000	572,000	
A11102	勘察费		3	220,000	660,000	
A11103	设计费（含施工图审查费）		0.03	572,000,000	17,160,000	
A11104	项目管理费（含监理费、造价咨询费、招标代理费）		0.03	572,000,000	17,160,000	
A11105	招投标管理费				400,000	
A11106	工程质量监督费		0.0015	572,000,000	858,000	
A11107	申请、审查建设工程执照费		0.005	572,000,000	2,860,000	
A11108	审照费用		0.05	2,860,000	143,000	
A11109	人防工程建设费		60	220,000	13,200,000	
A11110	环境影响评价费		2	220,000	440,000	
A11111	工程保险费		0.01	572,000,000	5,720,000	

续表

序号	项目名称	费用合计（元）	估算费率	估算基数（m²/元）	合价（元）	单方造价（元/m²）
A11112	竣工档案编制费		0.0008	572,000,000	457,600	
A11113	竣工图编制费		5	220,000	1,100,000	
A11200	公建配套增容建设费	89,100,000				405

(2) 融资方案

项目融资方案策划主要包括融资组织与融资方式的策划、项目开发融资模式的策划等。

1) 融资组织与融资方式策划

融资组织与融资方式策划主要包括确定项目融资的主体以及融资的具体方式。不同项目的融资主体应有所不同，需要根据实际情况进行最佳组合和选择。如某园区整体融资方式主要有以下几种，如图3-7所示。

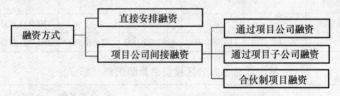

图 3-7 某园区整体融资模式图

2) 项目开发融资模式策划

项目融资主体确定以后，需要对项目开发时具体的融资模式进行策划。如某总部园区单个项目的开发融资模式主要有以下几种，如图3-8所示。

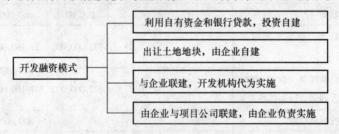

图 3-8 单个项目开发融资模式

(3) 项目经济评价

项目的经济可行性评价系统包括项目国民经济评价、财务评价和社会评价三个部分，它们分别从三个不同的角度对项目的经济可行性进行了分析。国民经济评价和社会评价从国家、社会宏观角度出发考察项目的可行性，而财务评价则是从项目本身出发，考察其在经济上的可行性。虽然这三个方面最终的目的都是判断项目是否可行,但是它们各有不同的侧重点,在实际进行项目可行性研究时,由于客观条件的限制,并不是所有的项目都进行国民经济评价和社会评价,只有那些对国家和社会影响重大的项目才在企业财务评价的基础上进行国民经济评价或者社会评价。

所谓财务评价是根据国家现行的财税制度和价格体系,分析、计算项目直接发生的财务效益和费用,编制财务报表,计算评价指标,考察项目的获利能力和清偿能力等,据以判断项目的可行性。财务评价主要包括以下内容:

1) 财务评价基础数据与参数选取;
2) 收支预测;
3) 投资盈利能力及主要财务指标分析;
4) 财务清偿能力分析;
5) 敏感性分析;
6) 最终得出财务评价结论及财务评价报告等。

3.3.5 项目组织与管理总体方案

项目定义、项目功能分析与面积分配基本上回答了建什么的问题,而经济策划回答了要不要建的问题,接下来还应该对如何保证策划目标的实现作出分析。因此在项目决策的策划内容中还包括组织策划、管理策划、合同策划等内容,这三项内容可以归集为项目组织与管理总体方案。通常情况下,项目组织与管理总体方案包括项目分解结构、项目管理组织方案、项目合同结构方案以及项目总进度纲要等几个方面的内容。

(1) 项目分解结构及编码方案

项目分解结构是在功能分析基础上得出的,表明了项目由哪些子项目组成,子项目又由哪些内容组成。项目分解结构分解及编码是项目管理工作的第一步,是有效进行项目管理的基础和前提。项目分解结构分解得好坏,将直接关系到项目管理组织结构的建立,关系到项目合同结构的建立,并进一步影响到项目的管理模式和承发包模式。

项目分解结构与编码和项目总投资规划、项目总进度规划也密切相关,将指导项目总投资分解与编码、总进度的分解与编码。通过对项目进行合理分解,将有利于项目投资、进度、质量三大目标的控制,有利于项目全过程的工程实施。

项目分解结构的建立工作不是一次性的,而是一个动态的过程,随着项目实施的进展,要对其不断进行调整、补充和完善。

(2) 项目管理组织方案

项目管理组织方案主要涉及到项目建设管理模式,具体包括项目管理的组织结构和项目建设的工作流程组织。项目管理组织结构反映了项目建设单位与项目参与各方之间的关系,以及项目建设单位的部门设置、指令系统、人员岗位安排等。有了项目管理的组织结构以后，就可以进行工作任务分工、管理职能分工等。

(3) 项目合同结构方案

合同管理是项目管理中另一项非常重要的工作，合同管理的好坏将直接影响项目的投资、进度、质量目标能否实现。管理的内容包括合同结构的确定、合同文本的选择、招标模式、合同跟踪管理、索赔与反索赔等。其中合同结构的确定是非常关键的环节之一。

许多大型建设项目的项目管理实践证明，一个项目建设能否成功，能否进行有效的投资控制、进度控制、质量控制及组织协调，很大程度上取决于合同结构模式的选择，因此应该慎重考虑。

(4) 项目总进度纲要

项目总进度纲要，范围应涉及项目建设全过程。项目总进度纲要是项目全过程进度控制的纲领性文件，在项目实施过程中，各阶段性进度计划、各子项目详细的进度计划都必须遵守项目总进度纲要。另一方面，总进度纲要也将随着项目的进展进行必要的调整。不能因为总进度纲要会调整、会改变就不编制总进度纲要。

总进度纲要编制完成后，在项目实施过程中，还要进行多次的调整、优化，并进行论证，最终确定总进度纲要文件。

3.3.6 项目设计要求文件

项目决策策划的最终成果是项目设计要求文件的编制。项目设计要求文件是对项目设计的具体要求，这种要求是在确定了项目总体目标、分析研究了项目开发条件和问题、进行了详细的项目定义和功能分析基础上提出的，因此更加有依据，也更加具体，便于设计者了解业主的功能要求，了解业主对建筑风格的喜好，能在一定程度上减少设计的返工。设计要求文件是项目设计的重要依据之一。

3.4 项目实施策划

3.4.1 项目实施策划的工作内容

项目实施策划是在建设项目立项之后，为了把项目决策付诸实施而形成的具有可行性、可操作性和指导性的实施方案。项目实施策划又可称为项目实施方案或项目实施规划（计划）。

建设项目实施策划涉及整个实施阶段的工作，它属于业主方项目管理的工作范畴。如果采用建设项目总承包的模式，建设项目总承包方也应编制项目实施规划，但它不能代替业主方的项目实施策划工作。建设项目的其他参与单位，如设计单位、施工单位和供货单位等，为进行其自身项目管理都需要编制项目管理规划，但它只涉及项目实施的一个方面，并体现一个方面的利益，如设计方项目管理规划、施工方项目管理规划和供货方项目管理规划等。

建设项目实施策划内容涉及的范围和深度，在理论上和工程实践中并没有统一的规定，应视项目的特点而定，一般包括如图 3-9 所示的内容。

在图 3-9 所示的内容中有不少与组织有关，这些与组织有关的内容是建设项目组织设计的核心内容。一般宜先讨论和确定建设项目组织，待组织方面基本确定后，再着手编制建设项目管理规划。项目实施的组织策划是项目实施策划的核心。

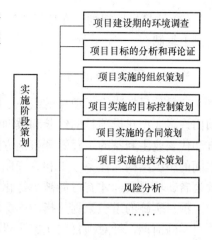

图 3-9 项目实施阶段策划的基本内容

3.4.2 项目实施的目标分析和再论证

与项目决策策划类似，项目实施策划的第一步是建设期的环境调查与分析，包括业主现有组织情况、建筑市场情况、当地材料设备供应情况、政策情况等。在对影响项目建设的内外部条件进行调查以后，经综合分析可以得出建设项目的建设调查报告。

根据项目实施调查报告的内容，应结合实际情况对建设项目的建设性质和建设目标进行调整和修订，分析该建设性质和目标与建设项目原来的项目定义相比较有哪些差别，为实现该建设目标的具体建设内容有哪些差别，哪些已经具备，哪些还没具备，哪些应该增加，哪些应该删减。在建设项目原来项目定义的基础上进行修改，对所建项目重新进行项目定义，然后再把该项目定义与建设项目的建设内容相比较，看其是否相匹配。如果不能完全满足建设项目的建设目标，应该再进行新一轮的比较，直至项目的项目定义完全符合项目建设的内外部条件的要求、满足项目自身的经济效益定位和社会效益定位为止。

项目目标的分析和再论证是项目实施策划的第一步。设计方、施工方或供货方的项目管理目标是项目周期中某个阶段的目标或是某个单体项目的目标，只有业主方项目管理的目标是针对整个项目、针对项目实施全过程的。所以在项目实施目标控制策划中，只有从业主方的角度，才能统筹全局，把握整个项目管理的目标和方向。

项目目标的分析和再论证包括编制三大目标规划：
(1) 投资目标规划，在项目决策策划中的总投资估算基础上编制；
(2) 进度目标规划，在项目决策策划中的总进度纲要基础上编制；

(3) 质量目标规划，在项目决策策划中的项目定义、功能分析与面积分配等基础上编制。

3.4.3 项目实施的组织策划

项目的目标决定了项目的组织，组织是目标能否实现的决定性因素。国际和国内许多大型建设项目的经验和教训表明，只有在理顺项目参与各方之间、业主方和代表业主利益的工程管理咨询方之间、业主方自身工程管理班子各职能部门之间的组织结构、任务分工和管理职能分工的基础上，整个工程管理系统才能高效运转，项目目标才有可能被最优化实现。

项目实施的组织策划是指为确保项目目标的实现，在项目开始实施之前以及项目实施前期，针对项目的实施阶段，逐步建立一整套项目实施期的科学化、规范化的管理模式和方法，即对项目参与各方、业主方和代表业主利益的项目管理方在整个建设项目实施过程中的组织结构、任务分工和管理职能分工、工作流程等进行严格定义，为项目的实施服务，使之顺利实现项目目标。

组织策划是在项目决策策划中的项目组织与管理总体方案基础上编制的，是组织与管理总体方案的进一步深化。组织策划是项目实施策划的核心内容，项目实施的组织策划是项目实施的"立法"文件，是项目参与各方开展工作必须遵守的指导性文件。组织策划主要包括以下内容。

(1) 组织结构策划

如前所述，项目管理的组织结构可分为三种基本模式，即直线型组织模式、职能型组织模式和矩阵型组织模式。项目管理组织结构策划就是以这三种基本模式为基础，根据项目实际环境情况分析，应用其中一种基本组织形式或多种基本组织形式组合设计而成。

对于一般项目，确定组织结构的方法为：首先确定项目总体目标，然后将目标分解成实现该目标所需要完成的各项任务，再根据各项不同的任务，选定合适的组织结构形式。对于项目建设组织来说，应根据项目建设的规模和复杂程度等各种因素，在分析现有的组织结构形式的基础上，设置与具体项目相适应的组织层次。针对具体项目，项目实施组织结构的确定，与以下三个因素息息相关。

1) 项目建设单位管理能力及管理方式

如果项目建设单位管理能力强，人员构成合理，可能以建设单位自身的项目管理为主，将少量的工作由专业项目管理公司完成，或完全由自身完成。此时，建设单位组织结构较为庞大。反之，由于建设单位自身管理能力较弱，将大量的工作由专业项目管理公司去完成，则建设单位组织结构较简单。

2) 项目规模和项目组织结构内容

如果项目规模较小，项目组织结构也不复杂，那么，项目实施采用较为简单的直线型组织结构，即可达到目的。反之，如果规模较大，项目组织复杂，建设单位组织上也应采取相应的对策加以保证，如采用矩阵型组织结构。

3) 项目实施进度规划

现实工作中，由于建设项目的特点，既可以同时进行、全面展开，也可以根据投资规划而确定分期建设的进度规划，因此项目建设单位组织结构也应与之相适应。如果项目同时实施，则需要组织结构强有力的保证，因而组织结构扩大。如果分期开发，则相当于将大的建设项目划分为几个小的项目组团，逐个进行，因而组织结构可以减少。从以上的分析可以看出，项目建设组织结构的确定要根据主客观条件来综合考虑，不能一概而论。

【案例 3-6】

某卷烟厂技术改造项目的组织结构如图 3-10 所示。

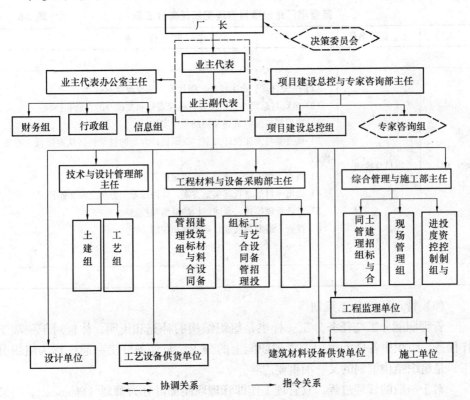

图 3-10 某卷烟厂技术改造项目组织结构图

(2) 任务分工策划

在组织结构策划完成后，应对各单位部门或个体的主要职责进行分工。项目管理任务分工就是对项目组织结构的说明和补充，将组织结构中各单位部门或个体的职责进行细化扩展，它也是项目管理组织策划的重要内容。项目管理任务分工体现组织结构中各单位部门或个体的职责任务范围，从而为各单位部门或个体指出工作的方向,将多方向的参与力量整合到同一个有利于项目开展的合力方向。

【案例 3-7】

在某卷烟厂建设项目中,对应于组织结构图,项目总控组作为业主的主要参谋,利用专业的理论和丰富的经验为业主提供全方位的咨询,深入业主班子中协助业主对项目进行全过程全方位的项目控制,并为项目的另一目标——为业主培养项目管理人员提供帮助。为实现这些宗旨,规定具体任务如表 3-6 所示。

通过以上任务分工表内具体的内容规定,对组织结构图中,项目总控组的地位和作用作了补充说明,体现了项目总控组作为业主的专业咨询顾问,为业主提供全过程全方位的项目控制提供服务。

某香烟厂建设项目管理组织任务分工表 表 3-6

编号	工作部门名称	主 要 任 务
……		
B1	项目总控组	(1) 接受总裁、业主代表(副代表)和技改办的指令 (2) 负责与总裁、业主代表(副代表)和技改办的沟通和协调: 1) 项目实施组织策划和协助业主实施 2) 负责参与论证设计方案,保证设计方案的科学性,从而降低工程造价 3) 负责工程咨询,确保工程质量优良 4) 提出项目信息管理实施方案,并协助业主方信息和文件管理 5) 设计管理模式、合同结构的策划和控制 6) 投资、进度和质量目标规划和控制 7) ……
……		

(3) 管理职能分工策划

管理职能分工与任务分工一样也是组织结构的补充和说明,体现对于一项工作任务,组织中各任务承担者管理职能上的分工,与任务分工一起统称为组织分工,是组织结构策划的又一项重要内容。

对于一般的管理过程,其管理工作即管理职能都可分为策划(Planning)、决策(Decision)、执行(Implement)、检查(Check)这四种基本职能。管理职能分工表就是记录对于一项工作任务,组织中各任务承担者之间这四种职能分配的形象工具。它以工作任务为中心,规定任务相关部门对于此任务承担何种管理职能。

【案例 3-8】

同样以上述卷烟厂项目为例,如表 3-7 所示,管理职能分工在建设阶段上大致分为决策阶段、施工前准备阶段和施工阶段三个部分,在每个阶段都会有些重点任务,而这一任务在不同的部门中有不同的管理职能分配。如在施工前准备阶段中编号为 20 的一项任务——组织土建招标，就需要由建筑组策划，并作为主要实施者召集设计单位、工艺组和综合组配合实施，再上报给业主代表，由业主代表作出决策；而总控组作为专家受业主委托对该工作进行相应的检查。

某卷烟厂建设项目管理组织管理职能分工表　　　　表 3-7

工作任务分类			任务承担者的管理职能分工						
主项	项次	子项名称	……	A 业主代表	D 工艺组	E 建筑组	I 综合组	B1 总控组	M 设计单位	……
决策阶段		项目立项书编制		D，C			P，I			
		编制项目组织策划		D，C			P			
		……					I			
		……								
施工前准备阶段	20	组织土建招标		D	I	P，I	I	C		
	21	组织土建工程合同谈判		D，C		I	P，I	I		
	22	工程报批手续办理		D，C			I			
施工阶段		组织协调土建施工		D		P，I		C		
		组织工艺设备安装		D，C	P，I					
		……								

注：P—策划；D—决策；I—执行；C—检查

组织结构图、任务分工表、管理职能分工表是组织结构策划的三个形象工具。其中组织结构图从总体上规定了组织结构框架，体现了部门划分；任务分工表和管理职能分工表作为组织结构图的说明和补充，详细描绘了各部门成员的组织分工。这三个基本工具从三个不同角度规定了组织结构的策划内容。

(4) 工作流程策划

项目管理涉及众多工作，其中就必然产生数量庞大的工作流程，依据建设项目管理的任务，项目管理工作流程可分为投资控制、进度控制、质量控制、合同与招投标管理工作流程等，每一流程组又可随工程实际情况细化成众多子流程。

投资控制流程包括：

1) 投资控制整体流程；

2) 投资计划、分析、控制流程；

3) 工程合同进度款付款流程；

4) 变更投资控制流程；
5) 建筑安装工程结算流程等。

进度控制工作流程包括：
1) 里程碑节点、总进度规划编制与审批流程；
2) 项目实施计划编制与审批流程；
3) 月度计划编制与审批流程；
4) 周计划编制与审批流程；
5) 项目计划的实施、检查与分析控制流程；
6) 月度计划的实施、检查与分析控制流程；
7) 周计划的实施、检查与分析控制流程等。

质量控制工作流程包括：
1) 施工质量控制流程；
2) 变更处理流程；
3) 施工工艺流程；
4) 竣工验收流程等。

合同与招投标管理工作流程包括：
1) 标段划分和审定流程；
2) 招标公告的拟定、审批和发布流程；
3) 资格审查、考察及入围确定流程；
4) 招标书编制审定流程；
5) 招标答疑流程；
6) 评标流程；
7) 特殊条款谈判流程；
8) 合同签订流程等。

【案例 3-9】

某建设项目的成本控制流程，如图 3-11 所示，该流程组依次由工程估价、投资计划、变更控制、支付管理和工程结算五个主要流程构成，其中支付管理流程又包括承包商提出申请、监理审核、业主审核到支付这四个主要环节。

每一个节点又有一个独立的子流程，如此划分下去，活动可以一直细分下去，分到什么程度才停止？一般来说，如果流程模型中的活动没有让三个不同岗

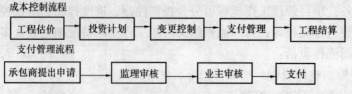

图 3-11 成本控制流程扩展示例图

位感到很烦恼的话，就没有必要把它作为一个子流程，只需要把它作为一项活动就可以。比如支付管理子流程，其活动包括承包商提出申请、监理审核、业主审核并支付。但从工程实践来看，流程的划分和绘制往往由实际情况而定，流程的目的是方便项目管理人员落实任务，明白自己的位置和工作范围。建设项目的具体情况不同，其流程策划的细度也不同。

项目管理工作流程策划就是对这些项目管理的众多工作流程进行计划和规定，以此指导项目管理人员的行为，流程图是流程策划的主要工具。流程图通过箭头、方框等形象的表示，表现工作在部门人员间的流转，从而利于工作的贯彻执行。

3.4.4 项目实施目标控制策划

项目实施目标控制策划是项目实施策划的重要内容。它是依据项目目标规划，制订项目实施中的质量、投资、进度目标控制的方案与实施细则。

(1) 项目目标控制策划的依据

项目目标控制策划的依据主要有：

1) 项目定义中项目分解结构、项目总体目标；
2) 建设外部环境分析；
3) 建设组织策划；
4) 项目合同的有关数据和资料等。

(2) 项目目标控制策划应遵循的原则

项目目标控制策划应主要从以下四个方面把握。

1) 从系统的角度出发，全面把握控制目标

对于投资目标、进度目标、质量目标这三者而言，无法说哪一个最为重要。这三个目标是对立统一的关系，有矛盾的一面，也有统一的一面。尽管如此，三个目标仍处于一个系统之中，寓于一个统一体。

鉴于三大目标的系统性，项目实施阶段的目标控制策划也应坚持系统的观点，在矛盾中求得统一。既要注意到多方目标策划的均衡，又要充分保证各阶段目标策划的质量。

2) 明确项目目标控制体系的重心

项目目标体系的均衡并不排除其各个组成部分具有一定的优先次序，出现个别的或一定数量的"重点"目标，形成项目目标体系的重心。这往往是项目决策领导层的明确要求。澄清这种优先次序，尽可能地符合项目领导层的要求。但要注意，虽然项目目标体系重心的存在与项目目标体系整体的均衡之间并没有根本的冲突，然而，过分的强调会形成不合理的重心，破坏项目目标体系的均衡。

3) 采用灵活的控制手法、手段及措施

由于不同目标控制策划在项目建设不同时期的内容，应该有不同的控制方

法、灵活的控制手段、多样化的控制措施与之相适应。不同的方法、手段和措施有着不同的作用和效果。

4）主动控制与被动控制相结合

目标控制分为主动控制与被动控制。在项目目标控制策划中应考虑将主动控制和被动控制充分结合，即项目实施阶段的目标组合控制策划。

(3) 项目实施目标控制策划应采取的措施

项目实施目标控制策划应采取的措施主要有以下四个方面：

1）技术措施

技术措施是指在项目控制中从技术方面对有关的工作环节进行分析、论证，或者进行调整、变更，确保控制目标的完成。

采用技术措施需要投入的资源主要是专门的技术、专业技术人员以及相应的管理组织力量和费用支出。例如，聘请各方面的专家，组织进行技术方案的分析、评审。或者针对项目实施中出现的问题，向专业技术人员征求咨询意见，进行技术上的调整。

技术措施的作用大多直接表现为对质量、投资、进度等方面目标的影响，其效果可以用控制目标的各种指标变化直接表示出来。

2）经济措施

经济措施是指从项目资金安排和使用的角度对项目实施过程进行调节、控制、保证控制目标的完成。

经济措施的主要方法是在一定范围进行资金的调度、安排和管理。因而，在项目目标控制策划中，多考虑将经济措施和技术措施结合起来使用，利用两种措施对项目实施过程和项目实施组织的双重作用，进行组合控制。

3）合同措施

合同措施是指利用合同策划和合同管理所提供的各种控制条件对项目实施组织进行控制，从而实现对项目实施过程的控制，保证项目目标的完成。

合同措施主要是利用合同条款进行有关的控制工作，所需要的资源也主要是合同管理及法律方面的专业技术力量。例如，通过制定合同中费用支付条款来控制项目实施时，就需要熟悉有关的合同条件和法律知识的专业技术人员来完成这一工作。

合同措施直接对有关的项目实施组织产生作用，对项目实施过程或项目控制目标的作用则比较间接。它在最后会表现出强制性，可以作为项目控制的一个可靠保障。但在一般情况下，不宜将合同措施作为项目控制的惟一手段。进行过多强制性的控制，会对项目实施形成不利的干扰，影响项目实施过程的正常稳定性。

4）组织措施

组织措施通过对项目系统内有关组织的结构进行安排和调整，对不同组织的工作进行协调,改变项目实施组织的状态,从而实现对项目实施过程的调整和控制。

组织措施所需要的主要资源是与项目组织有关的技术力量和管理力量。例如,通过设置职能部门来加强某方面的目标控制,就需要调用有关的技术人员和管理人员。

组织措施对项目系统中的有关组织直接产生作用,但与合同措施相比,组织措施的影响范围比较大,消极作用与积极作用总是不可避免地同时出现,产生的连锁反应也比较明显。其影响效果在控制目标上表现出来要迟缓一些,具有一定程度的时滞性。

【案例 3-10】

某房地产项目其目标控制策划的主要内容如下:

(1) 投资控制

1) 投资分解结构和编码体系
2) 不同阶段投资数据比较
3) 概算、预算审核
4) 资金规划和控制
5) 投资控制软件的应用等

(2) 进度控制

1) 进度分解结构和编码体系
2) 进度计划审核
3) 进度数据比较
4) 进度控制软件的应用等

(3) 质量控制

1) 设计质量控制
2) 招投标质量控制
3) 设备、材料采购质量控制
4) 施工质量控制等

复习思考题

1. 项目策划的含义是什么?
2. 项目策划有哪些特点?
3. 项目策划可分为哪几种类型?
4. 环境调查有哪些工作内容?
5. 环境调查有哪些工作方法?
6. 项目决策策划和实施策划的含义是什么?

4 建设项目目标控制基本原理

建设项目实施过程中主客观条件的变化是绝对的，不变是相对的；平衡是暂时的，不平衡是永恒的；有干扰是必然的，没有干扰是偶然的。因此在项目实施过程中必须对目标进行有效的规划和控制。只有目标明确的建设项目才有必要进行目标控制，也才有可能进行目标控制。本章主要内容包括项目目标控制基本方法论、动态控制原理在项目目标控制中的应用、目标控制中的纠偏措施以及风险管理在项目目标控制中的应用等。

4.1 项目目标控制基本方法论

本节对控制的基本类型、项目目标控制基本方法论（动态控制原理和 PDCA 循环原理）进行阐述。

4.1.1 控制的基本类型

控制有两种类型，即主动控制和被动控制。

（1）主动控制

主动控制就是预先分析目标偏离的可能性，并拟定和采取各项预防性措施，以使计划目标得以实现。主动控制是一种面向未来的控制，它可以解决传统控制过程中存在的时滞影响，尽最大可能改变偏差已经成为事实的被动局面，从而使控制更为有效。主动控制是一种前馈控制。当控制者根据已掌握的可靠信息预测出系统的输出将要偏离计划目标时，就制定纠正措施并向系统输入，以便使系统的运行不发生偏离。主动控制又是一种事前控制，它在偏差发生之前就采取控制措施。

（2）被动控制

被动控制是指当系统按计划运行时，管理人员对计划值的实施进行跟踪，将系统输出的信息进行加工和整理，再传递给控制部门，使控制人员从中发现问题，找出偏差，寻求并确定解决问题和纠正偏差的方案，然后再回送给计划实施系统付诸实施，使得计划目标一旦出现偏离就能得以纠正。被动控制是一种反馈控制。

4.1.2 动态控制原理

应用于项目目标控制的众多方法论中，动态控制原理是最基本的方法论之一。项目目标动态控制遵循控制循环理论,是一个动态循环过程。项目目标动态控制的工作程序如图 4-1 所示。

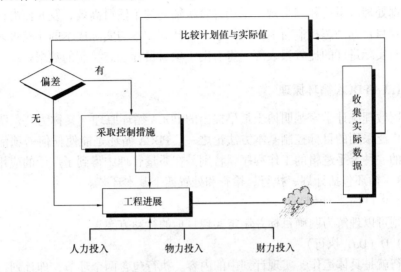

图 4-1 动态控制原理图

具体来说,建设项目目标动态控制的工作步骤如下。

(1) 第一步,项目目标动态控制的准备工作

将项目的目标(如投资/成本、进度和质量目标)进行分解,以确定用于目标控制的计划值(如计划投资/成本、计划进度和质量标准等)。

(2) 第二步,在项目实施过程中(如设计过程中、招投标过程中和施工过程中等)对项目目标进行动态跟踪和控制

1) 收集项目目标的实际值,如实际投资/成本、实际施工进度和施工的质量状况等;

2) 定期(如每两周或每月)进行项目目标的计划值和实际值的比较;

3) 通过项目目标的计划值和实际值的比较,如有偏差,则采取纠偏措施进行纠偏。

(3) 第三步,如有必要(即原定的项目目标不合理,或原定的项目目标无法实现),进行项目目标的调整,目标调整后控制过程再回复到上述的第一步。

项目目标动态控制中的三大要素是目标计划值、目标实际值和纠偏措施。目标计划值是目标控制的依据和目的,目标实际值是进行目标控制的基础,纠偏措施是实现目标的途径。

目标控制过程中关键一环,是通过目标计划值和实际值的比较分析,以发现偏差,即项目实施过程中项目目标的偏离趋势和大小。这种比较是动态的、多层次的。同时,目标的计划值与实际值是相对的。如投资控制,是在决策阶段、设计阶段和施工阶段等不同阶段内及不同阶段之间进行的,初步设计概算相对于可

行性研究报告中的投资估算是"实际值",而相对于施工图预算是"计划值"。

由于在项目目标动态控制时要进行大量数据的处理,当项目的规模比较大时,数据处理的量就相当可观。采用计算机辅助的手段可高效、及时而准确地生成许多项目目标动态控制所需要的报表,如计划成本与实际成本的比较报表,计划进度与实际进度的比较报表等,将有助于项目目标动态控制的数据处理。

4.1.3 PDCA 循环原理

美国数理统计学家戴明博士最早提出的 PDCA 循环原理(又称为"戴明环")也是被广泛采用的目标控制基本方法论之一。PDCA 循环是能使任何一项活动有效进行的一种合乎逻辑的工作程序,特别是在质量管理中得到了广泛的应用。

PDCA 循环包括计划、执行、检查和处置四个基本环节。

(1) P (Plan,计划)

计划可以理解为明确目标并制定实现目标的行动方案。

(2) D (Do,执行)

执行就是具体运作,实现计划中的内容。执行包含两个环节,即计划行动方案的交底和按计划规定的方法与要求展开活动。

(3) C (Check,检查)

检查指对计划实施过程进行各类检查。各类检查包含两个方面:一是检查是否严格执行了计划的行动方案,实际条件是否发生了变化,没按计划执行的原因;二是检查计划执行的结果。

(4) A (Action,处置)

处置指对于检查中所发现的问题,及时进行原因分析,采取必要的措施予以纠正,保持目标处于受控状态。处置分为纠偏处置和预防处置两个步骤,前者是采取应急措施,解决已发生的或当前的问题或缺陷;后者是信息反馈管理部门,反思问题症结或计划时的不周,为今后类似问题的预防提供借鉴。对于处置环节中没有解决的问题,应交给下一个 PDCA 循环去解决。

策划—实施—检查—处置是使用资源将输入转化为输出的活动或一组活动的一个过程,必须形成闭环管理,四个环节缺一不可。应当指出,PDCA 循环中的处置是关键环节。如果没有此环节,已取得的成果无法巩固(防止问题再发生),也提不出上一个 PDCA 循环的遗留问题或新的问题。

PDCA 循环过程是循环前进、阶梯上升的,如图 4-2 所示。

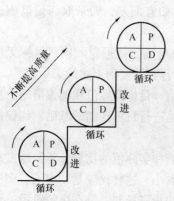

图 4-2 PDCA 循环示意图

在质量管理体系中，PDCA循环是一个动态的循环，它可以在组织的每一个过程中展开，也可以在整个过程的系统中展开。它与产品实现过程及质量管理体系其他过程的策划、实施、控制和持续改进有密切的关系。

4.2 动态控制原理在项目目标控制中的应用

以下将对动态控制原理在项目进度控制、投资控制和质量控制中的应用分别进行阐述。

4.2.1 动态控制原理在项目进度控制中的应用

在项目实施全过程中，逐步地由宏观到微观，由粗到细应编制深度不同的进度计划，包括项目总进度纲要（在特大型建设项目中可能采用）、项目总进度规划、项目总进度计划以及各子系统和各子项目进度计划等。

编制项目总进度纲要和项目总进度规划时，要分析和论证项目进度目标实现的可能性，并对项目进度目标进行分解，确定里程碑事件的进度目标。里程碑事件的进度目标可作为进度控制的重要依据。

在工程实践中，往往以里程碑事件（或基于里程碑事件的细化进度）的进度目标值作为进度的计划值。进度实际值是对应于里程碑事件（或基于里程碑事件的细化进度）的实际进度。进度的计划值和实际值的比较应是定量的数据比较，并应注意两者内容的一致性。

工程进度计划值和实际值的比较，一般要求定期进行，其周期应视项目的规模和特点而定。工程进度计划值和实际值比较的成果是进度跟踪和控制报告，如编制进度控制的旬、月、季、半年和年度报告等。

经过进度计划值和实际进度的比较，如发现偏差，则应采取措施纠正偏差或者调整进度目标。在业主方项目管理过程中，进度控制的主要任务是根据进度跟踪和控制报告，积极协调不同参与单位、不同阶段、不同专业之间的进度关系。

为实现工程进度动态控制，项目管理人员的工作包括以下主要方面：

（1）收集编制进度计划的原始数据；
（2）进行项目结构分解（对项目的构成或组成进行分析，明确工作对象之间的关系）；
（3）进行进度计划系统的结构分析；
（4）编制各层（各级）进度计划；
（5）协调各层（各级）进度计划执行过程中的问题；
（6）采集、汇总和分析实际进度数据；
（7）定期进行进度计划值和实际值的比较；
（8）如发现偏差，采取进度调整措施或调整进度计划；

(9) 编制相关进度控制报告。

4.2.2 动态控制原理在项目投资控制中的应用

在项目决策阶段完成项目前期策划和可行性研究过程中,应编制投资估算;在设计阶段,项目投资目标进一步具体化,应编制初步设计概算、初步设计修正概算(视需要)和施工图预算;在招投标和施工阶段,应编制和生成施工合同价、工程结算价和竣工决算。

为了进行投资目标论证和有效的投资控制,需要对建设项目投资目标进行分解。投资目标分解的方式有多种,包括按建筑安装工程费用项目组成划分,按年度、季度和月度划分,按项目实施阶段划分,按项目结构组成划分等。经过分解形成的投资子项要适应于不同阶段投资数据的比较。

投资控制工作必须贯穿在项目建设全过程和面向整个项目。各阶段的投资控制以及各子项目的投资控制作为项目投资控制子系统,相互连结和嵌套,共同组成项目投资控制系统。图4-3表示项目实施各阶段投资目标计划值和实际值比较的主要关系,从中也可以看出各阶段投资控制子系统的相互关系。

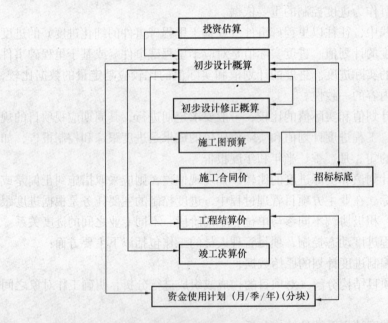

图4-3 项目各阶段投资目标计划值与实际值的比较

在设计阶段,投资目标计划值和实际值的比较主要包括:
(1) 初步设计概算和投资估算的比较;
(2) 初步设计修正概算和初步设计概算的比较;
(3) 施工图预算和初步设计概算(修正概算)的比较。

在施工阶段，投资目标计划值和实际值的比较主要包括：
(1) 施工合同价和初步设计概算的比较；
(2) 招标标底和初步设计概算的比较；
(3) 施工合同价和招标标底的比较；
(4) 工程结算价和施工合同价的比较；
(5) 工程结算价和资金使用计划（月/季/年或资金切块）的比较；
(6) 资金使用计划（月/季/年或资金切块）和初步设计概算的比较；
(7) 工程竣工决算价和初步设计概算的比较等。

从上面的比较关系可以看出，投资目标的计划值与实际值是相对的，如施工合同价相对于初步设计概算是实际值，而相对于工程结算价是计划值。

投资计划值和实际值的比较，应是定量的数据比较，并应注意两者内容的一致性，比较的成果是投资跟踪和控制报告。投资计划值的切块、实际投资数据的收集以及投资计划值和实际值的比较，数据处理工作量往往很大，应运用专业投资控制软件进行辅助处理。

经过投资计划值和实际值的比较，如发现偏差，则应积极采取措施，纠正偏差或者调整目标计划值。需要指出的是，投资控制绝对不是单纯的经济工作，也不仅仅是财务部门的事，它涉及组织、管理、经济、技术和合同各方面。

为实现投资动态控制，项目管理人员的工作主要包括以下内容：
(1) 确定建设项目投资分解体系，进行投资切块；
(2) 确定投资切块的计划值（目标值）；
(3) 采集、汇总和分析对应投资切块的实际值；
(4) 进行投资目标计划值和实际值的比较；
(5) 如发现偏差，采取纠偏措施或调整目标计划值；
(6) 编制相关投资控制报告。

4.2.3 动态控制原理在项目质量控制中的应用

项目质量目标可以分解为设计质量、施工质量、材料质量和设备质量。各质量子目标还可以进一步分解，如施工质量可以按单项工程、单位（子单位）工程、分部（子分部）工程、分项工程和检验批进行划分。质量控制工作贯穿在项目建设全过程和面向整个项目。图4-4表示项目各阶段质量目标计划值和实际值比较的主要关系，从中也可以看出各阶段质量控制子系统的相互关系，各个子系统还可以进一步分解。

在设计阶段，质量目标计划值和实际值的比较主要包括：
(1) 初步设计和可行性研究报告、设计规范的比较；
(2) 技术设计和初步设计的比较；
(3) 施工图设计和技术设计、设计规范的比较。

在施工阶段，质量目标计划值和实际值的比较主要包括：

(1) 施工质量和施工图设计、施工合同中的质量要求、工程施工质量验收统一标准、专业工程施工质量验收规范、相关技术标准等的比较；

(2) 材料质量和施工图设计中相关要求、相关技术标准等的比较；

(3) 设备质量和初步设计或技术设计中相关要求、相关质量标准等的比较。

从上面的比较关系可以看出，质量目标的计划值与实际值也是相对的，如施工图设计的质量（要求）相对于技术设计是实际值，而相对于工程施工是计划值。

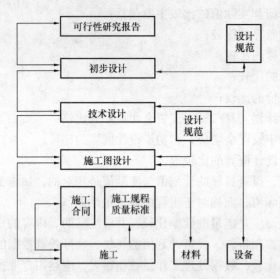

图 4-4　项目各阶段质量目标计划值与实际值的比较

质量目标计划值和实际值的比较，需要对质量目标进行分解，形成可比较的子项。质量目标计划值和实际值的比较是定性比较和定量比较的结合，如专家审核、专家验收、现场检测、试验和外观评定等。

质量控制的对象可能是建设项目设计过程、单位工程、分部分项工程或检验批。以一个分部分项工程为例，动态控制过程的工作主要包括以下几个方面：

(1) 确定控制对象应达到的质量要求；
(2) 确定所采取的检验方法和检验手段；
(3) 进行质量检验；
(4) 分析实测数据和标准之间产生偏差的原因；
(5) 采取纠偏措施；
(6) 编制相关质量控制报告等。

4.3　目标控制中的纠偏措施

项目目标动态控制的纠偏措施主要包括组织措施、管理措施（包括合同措施）、经济措施和技术措施等。

(1) 组织措施

组织措施分析由于组织的原因而影响项目目标实现的问题，并采取相应的措施，如调整项目组织结构、任务分工、管理职能分工、工作流程组织和项目管理班子人员等。

（2）管理措施（包括合同措施）

管理措施分析由于管理的原因而影响项目目标实现的问题，并采取相应的措施，如调整进度管理的方法和手段，改变施工管理和强化合同管理等。

（3）经济措施

经济措施分析由于经济的原因而影响项目目标实现的问题，并采取相应的措施，如落实加快工程施工进度所需的资金等。

（4）技术措施

技术措施分析由于技术（包括设计和施工的技术）的原因而影响项目目标实现的问题，并采取相应的措施，如调整设计、改进施工方法和改变施工机具等。

当项目目标失控时，人们往往首先思考的是采取什么技术措施，而忽略可能或应当采取的组织措施和管理措施。组织论的一个重要结论是：组织是目标能否实现的决定性因素。应充分重视组织措施对项目目标控制的作用。

项目目标动态控制的核心是，在项目实施的过程中定期地进行项目目标的计划值和实际值的比较，当发现项目目标偏离时采取纠偏措施。为避免项目目标偏离的发生，还应重视事前的主动控制，即事前分析可能导致项目目标偏离的各种影响因素，并针对这些影响因素采取有效的预防措施，如图 4-5 所示。是否采取主动控制要进行成本与效益分析，对于一些目标偏离可能性很小的情况，采取主动控制并不一定是经济的选择。在项目管理过程中，应根据管理目标的性质、特点和重要性，运用风险管理技术等进行分析评估，将主动控制和动态控制结合起来。

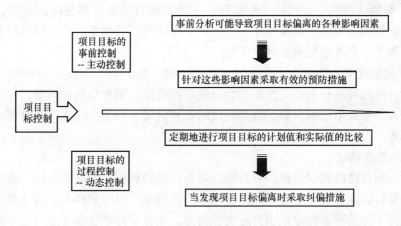

图 4-5　项目目标控制

4.3.1　进度目标控制中的纠偏措施

进度控制的目的就是通过控制以实现工程的进度目标，也即项目实际建设周期不超过计划建设周期。进度控制所涉及的时间覆盖范围从项目立项至项目正式动用，所涉及的项目覆盖范围包括与项目动用有关的一切子项目（包括主体工程、附属工程、道路及管线工程等），所涉及的单位覆盖范围包括设计、科研、材料供应、购配件供应、设备供应、施工安装单位及审批单位等，因此影响进度的因素相当多，进度控制中的协调量也相当大。在项目实施过程中经常出现进度偏差，即实际进度偏离计划进度，需要采取相关措施进行纠偏。

进度纠偏措施主要包括组织措施、管理措施（包括合同措施）、经济措施和技术措施。

(1) 组织措施

组织是目标能否实现的决定性因素，因此进度纠偏措施应重视相应的组织措施，进度纠偏的组织措施主要包括以下内容：

1) 健全项目管理的组织体系，如需要，可根据实际情况调整组织体系，避免项目组织中的矛盾，多沟通；

2) 在项目组织结构中应有专门的工作部门和符合进度控制岗位资格的专人负责进度控制工作，根据需要还可以加强进度控制部门的力量；

3) 对于相关技术人员和管理人员，应尽可能加强教育和培训；工作中采用激励机制，例如奖金、小组精神发扬、个人负责制和目标明确等；

4) 进度控制的主要工作环节包括进度目标的分析和论证、编制进度计划、定期跟踪进度计划的执行情况、采取纠偏措施以及调整进度计划，检查这些工作任务和相应的管理职能是否在项目管理组织设计的任务分工表和管理职能分工表中标示并落实；

5) 编制项目进度控制的工作流程，如确定项目进度计划系统的组成；各类进度计划的编制程序、审批程序和计划调整程序等，并检查这些工作流程是否受到严格落实，是否根据需要进行调整；

6) 进度控制工作包含了大量的组织和协调工作，而会议是组织和协调的重要手段，因此可进行有关进度控制会议的组织设计，明确会议的类型，各类会议的主持人、参加单位和人员，各类会议的召开时间，各类会议文件的整理、分发和确认等。

(2) 管理措施

建设项目进度控制纠偏的管理措施涉及管理的思想、管理的方法、管理的手段、承发包模式、合同管理和风险管理等。在理顺组织的前提下，科学和严谨的管理显得十分重要。在建设项目进度控制中，项目参与单位在管理观念方面可能会存在以下可能会导致进度拖延的问题：

1) 缺乏进度计划系统的观念，分别编制各种独立而互不联系的计划，形成不了计划系统；

2) 缺乏动态控制的观念，只重视计划的编制，而不重视及时地进行计划的动态调整；

3) 缺乏进度计划多方案比较和选优的观念,合理的进度计划应体现资源的合理使用、工作面的合理安排、有利于提高建设质量、有利于文明施工和有利于合理地缩短建设周期。

进度纠偏的管理措施主要包括以下几个方面。

1) 采用工程网络计划方法进行进度计划的编制和实施控制。进度出现偏差可改变网络计划中活动的逻辑关系,如将前后顺序工作改为平行工作,或采用流水施工的方法;将一些工作包合并,特别是关键线路上按先后顺序实施的工作包合并,与实施者一起研究,通过局部地调整实施过程和人力、物力的分配,达到缩短工期的目的。

2) 承发包模式的选择直接关系到工程实施的组织和协调,因此应选择合理的合同结构,以避免过多的合同交界面而影响工程的进展。工程物资的采购模式对进度也有直接的影响,对此应作比较分析。

3) 分析影响工程进度的风险,并在分析的基础上采取风险管理措施,以减少进度失控的风险量。常见的影响工程进度的风险,如组织风险、管理风险、合同风险、资源(人力、物力和财力)风险和技术风险等。

4) 利用信息技术(包括相应的软件、局域网、互联网以及数据处理设备)辅助进度控制。虽然信息技术对进度控制而言只是一种管理手段,但它的应用有利于提高进度信息处理的效率、有利于提高进度信息的透明度、有利于促进进度信息的交流和项目各参与方的协同工作。尤其是对一些大型建设项目,或者空间位置比较分散的项目,采用专业进度控制软件有助于进度控制的实施。

(3) 经济措施

建设项目进度控制的经济措施主要涉及资金需求计划、资金供应的条件和经济激励措施等。经济措施主要包括以下几项主要内容。

1) 编制与进度计划相适应的资源需求计划(资源进度计划),包括资金需求计划和其他资源(人力和物力资源)需求计划,以反映工程实施的各时段所需要的资源。通过资源需求的分析,可发现所编制的进度计划实现的可能性,若资源条件不具备,则应调整进度计划。资金供应条件包括可能的资金总供应量、资金来源(自有资金和外来资金)以及资金供应的时间。

2) 在工程预算中考虑加快工程进度所需要的资金,其中包括为实现进度目标将要采取的经济激励措施等所需要的费用。

(4) 技术措施

建设项目进度控制的技术措施涉及对实现进度目标有利的设计技术和施工技术的选用。技术措施主要包括以下两个方面的内容。

1) 不同的设计理念、设计技术路线、设计方案会对工程进度产生不同的影响,在设计工作的前期,特别是在设计方案评审和选用时,应对设计技术与工程进度的关系作分析比较。在工程进度受阻时,应分析是否存在设计技术的影响因素，为实现进度目标有无设计变更的可能性。

2) 施工方案对工程进度有直接的影响，在选用时，不仅应分析技术的先进性和经济合理性，还应考虑其对进度的影响。在工程进度受阻时，应分析是否存在施工技术的影响因素，为实现进度目标有无改变施工技术、施工方法和施工机械的可能性，如增加资源投入或重新分配资源、改善工器具以提高劳动效率和修改施工方案（如将现浇混凝土改为场外预制、现场安装）等。

4.3.2 投资目标控制中的纠偏措施

项目投资控制并不是越省越好，而是通过控制实现项目既定的投资目标，项目投资目标控制是使该项目的实际总投资不大于该项目的计划投资（业主所确定的投资目标值），也即要在计划投资的范围内，通过控制的手段，以实现项目的功能、建筑的造型和设备材料质量的优化等。投资控制的基本方法是在项目实施全过程，以动态控制原理为指导，进行计划值与实际值的比较（分目标比较），发现偏离，及时采取纠偏措施。投资控制并非纯经济工作范畴，应从多方面采取措施，同时应尽可能借助计算机进行辅助投资控制。

一旦投资目标出现偏差，在项目的不同阶段可采用不同的纠偏措施，总体上如表4-1所示。

项目实施各阶段投资控制的纠偏措施　　　　　　　　　表 4-1

	组织措施（A）	管理（合同）措施（B）	经济措施（C）	技术措施（D）
设计准备阶段 Ⅰ	A-Ⅰ	B-Ⅰ	C-Ⅰ	D-Ⅰ
设计阶段 Ⅱ	A-Ⅱ	B-Ⅱ	C-Ⅱ	D-Ⅱ
工程发包与设备材料采购阶段 Ⅲ	A-Ⅲ	B-Ⅲ	C-Ⅲ	D-Ⅲ
施工阶段 Ⅳ	A-Ⅳ	B-Ⅳ	C-Ⅳ	D-Ⅳ

以下将主要从业主方角度出发，对项目实施各阶段投资控制的主要纠偏措施进行概要分析。

(1) 设计准备阶段投资控制纠偏措施

1) 组织措施（A-Ⅰ）

□ 选用合适的项目管理组织结构。

□ 明确并落实项目管理班子中"投资控制者（部门）"的人员、任务及管理职能分工，检查落实情况。

□ 检查设计方案竞赛、设计招标的组织准备情况。

2) 管理（合同）措施（B-Ⅰ）

□ 分析比较各种承发包可能模式与投资控制的关系，采取合适的承发包模式。

□ 从投资控制角度考虑项目的合同结构，选择合适的合同结构。

□ 采用限额设计。

3) 经济措施（C-Ⅰ）

□ 对影响投资目标实现的风险进行分析，并采取风险管理措施。

□ 收集与控制投资有关的数据（包括类似项目的数据、市场信息等）。

□ 编制设计准备阶段详细的费用支出计划，并控制其执行。

4) 技术措施（D-Ⅰ）

□ 对可能的主要技术方案进行初步技术经济比较论证。

□ 对设计任务书中的技术问题和技术数据进行技术经济分析或审核。

(2) 设计阶段投资控制纠偏措施

1) 组织措施（A-Ⅱ）

□ 从投资控制角度落实进行设计跟踪的人员、具体任务及管理职能分工，包括设计挖潜、设计审核；概、预算审核；付款复核（设计费复核）；计划值与实际值比较及投资控制报表数据处理等。

□ 聘请专家作技术经济比较、设计挖潜。

2) 管理（合同）措施（B-Ⅱ）

□ 参于设计合同谈判。

□ 向设计单位说明在给定的投资范围内进行设计的要求。

□ 以合同措施鼓励设计单位在广泛调研和科学论证基础上优化设计。

3) 经济措施（C-Ⅱ）

□ 对设计的进展进行投资跟踪（动态控制）。

□ 编制设计阶段详细的费用支出计划，并控制其执行。

□ 定期提供投资控制报表，以反映投资计划值和投资实际值的比较结果、投资计划值和已发生的资金支出值（实际值）的比较结果。

4) 技术措施（D-Ⅱ）

□ 进行技术经济比较，通过比较寻求设计挖潜（节约投资）的可能。

□ 必要时组织专家论证，进行科学试验。

(3) 工程发包与设备材料采购阶段投资控制纠偏措施

1) 组织措施（A-Ⅲ）

落实从投资控制角度参加招标工作、评标工作、合同谈判工作的人员、具体任务及管理职能分工。

2) 管理（合同）措施（B-Ⅲ）

□ 在合同谈判时，把握住合同价计算、合同价调整、付款方式等。
□ 分析合同条款的内容，着重分析和投资相关的合同条款。

3) 经济措施（C-Ⅲ）

审核招标文件中与投资有关的内容，包括工程量清单等。

4) 技术措施（D-Ⅲ）

对各投标文件中的主要施工技术方案作必要的技术经济比较论证。

(4) 施工阶段投资控制纠偏措施

1) 组织措施（A-Ⅳ）

在项目管理班子中落实从投资控制角度进行施工跟踪的人员、具体任务（包括工程计量、付款复核、设计挖潜、索赔管理、计划值与实际值比较及投资控制报表数据处理、资金使用计划的编制及执行管理等）及管理职能分工。

2) 管理（合同）措施（B-Ⅳ）

□ 进行索赔管理。
□ 视需要，及时进行合同修改和补充工作，着重考虑对投资控制的影响。

3) 经济措施（C-Ⅳ）

□ 进行工程计量（已完成的实物工程量）复核。
□ 复核工程付款账单。
□ 编制施工阶段详细的费用支出计划，并控制其执行。

4) 技术措施（D-Ⅳ）

□ 对设计变更进行技术经济比较。
□ 继续寻求通过设计挖潜节约投资的可能。

4.3.3 质量目标控制中的纠偏措施

(1) 影响质量目标的因素

建设项目质量比一般产品的质量难以控制，出现质量问题进行纠偏也更加复杂。综合起来，影响建设项目质量目标的因素主要包括以下几个方面。

1) 人的质量意识和质量能力

人是质量活动的主体，对建设项目而言，人是泛指与工程有关的单位、组织及个人，包括建设单位、勘察设计单位、施工单位、工程监理及咨询服务单位和政府主管及工程质量监督、监测单位等。由于某些单位和个体的质量意识不强，违背建设程序所导致的质量问题层出不穷，甚至房屋倒塌事故也常有发生。

2) 建设项目的决策因素

没有经过资源论证、市场需求预测，盲目建设，重复建设，建成后不能投入生产或使用，所形成的合格而无用途的建筑产品，从根本上是社会资源的极大浪费，不具备质量的适用性特征。同样盲目追求高标准，缺乏质量经济性考虑的决策，也将对工程质量的形成产生不利的影响。

4.3 目标控制中的纠偏措施

3) 建设项目勘察因素

包括建设项目技术经济条件勘察和工程岩土、地质条件勘察，前者直接影响项目决策，后者直接关系工程设计的依据和基础资料。

4) 建设项目的总体规划和设计因素

总体规划关系到土地的合理利用，功能组织和平面布局，竖向设计，总体运输及交通组织的合理性；工程设计具体确定建筑产品或工程目的物的质量目标值，直接将建设意图变成工程蓝图，将适用、经济、美观融为一体，为建设施工提供质量标准和依据。建筑构造与结构的设计合理性、可靠性以及可施工性都直接影响工程质量。

5) 建筑材料、构配件及相关工程用品的质量因素

它们是建筑生产的劳动对象。建筑质量的水平在很大程度上取决于材料工业的发展，原材料及建筑装饰装潢材料及其制品的开发，导致人们对建筑消费需求日新月异的变化，因此正确合理选择材料，控制材料、构配件及工程用品的质量规格、性能特性是否符合设计规定标准，直接关系到工程项目的质量形成。

6) 建设项目的施工方案

建设项目的施工方案分为施工技术方案和施工组织方案。

前者指施工的技术、工艺、方法和机械、设备、模具等施工手段的配置，显然，如果施工技术落后，方法不当，机具有缺陷，都将对工程质量的形成产生影响。后者是指施工程序、工艺顺序、施工流向、劳动组织方面的决定和安排。通常的施工程序是先准备后施工，先场外后场内，先地下后地上，先深后浅，先主体后装修，先土建后安装等等，都应在施工方案中明确，并编制相应的施工组织设计。这些都是对工程项目的质量形成产生影响的重要因素。

7) 工程项目的施工环境

施工环境包括地质、水文、气候等自然环境及施工现场的通风、照明、安全卫生防护设施等劳动作业环境，以及由工程承发包合同结构所派生的多单位多专业共同施工的管理关系。组织协调方式及现场施工质量控制系统等构成的管理环境对工程质量的形成产生相当的影响。

(2) 质量控制中的纠偏措施

由于影响质量目标的因素有多种，也很复杂，因此质量纠偏措施也有多种，从总体上可分为组织措施、管理措施（包括合同措施）、经济措施和技术措施等。

1) 组织措施

组织是进行质量问题纠偏首要考虑的因素，主要采取以下措施。

□ 建立合理的组织结构模式，设置质量管理和质量控制部门，构建完善的质量保证组织体系，形成质量控制的网络系统架构。

□ 明确和质量控制相关部门和人员的任务分工和管理职能分工，如质量的实施、检查和监督由哪些部门负责，并责任到人；研究并确定控制系统

内部质量职能交叉衔接的界面划分和管理方式。
- □ 选择符合质量控制工作岗位的管理人员和技术人员，根据需要加强质量管理和质量控制部门的力量。
- □ 制订质量控制工作流程和工作制度，审查工作流程和工作制度是否有效并得到严格执行，包括：
  - ● 确定控制系统组织的领导关系、报告审批及信息流转程序；
  - ● 制订质量控制工作制度，包括质量控制例会制度、协调制度、验收制度和质量责任制度等。

2）管理措施（包括合同措施）

在理顺组织的前提下，质量控制中的纠偏措施还应着重采取相应的管理措施，主要包括进行质量贯标、多单位控制、采用相关管理技术方法、采取必要合同措施、加强项目文化建设以及利用信息技术辅助质量控制和纠偏等。

- □ 进行贯标，建立质量保证体系。质量体系认证是质量控制的有效方法，也是进行质量问题纠偏的系统性方法，因此必须严格按照 GB/T19000 或 ISO9000（2000 版）系列标准建立质量体系进行质量管理和质量控制。
- □ 多单位控制。包括操作者自控、项目经理部控制、企业控制、监理单位控制、质量监督单位控制和政府控制以及业主和设计单位控制，尤其要强调操作者自控。
- □ 采用相关管理技术方法进行质量问题分析，包括分层法、因果分析图法、排列图法和直方图法等。
- □ 采取必要的合同措施。选择有利于质量控制的合同结构模式，减少分包数量，认真分析施工质量保证体系，并检查执行情况。
- □ 加强项目文化建设。没有约束机制的控制系统是无法使工程质量处于受控状态的，约束机制取决于自我约束能力和外部监控效力，前者指质量责任主体和质量活动主体，即组织及个人的经营理念、质量意识、职业道德及技术能力的发挥；后者指来自于实施主体外部的推动和检查监督。因此，加强项目管理文化建设对于增强工程项目质量控制系统的运行机制是不可忽视的。
- □ 利用信息技术辅助质量控制和纠偏，包括质量数据库的建立；探测技术的应用；远程监控系统的应用；质量数据的采集、分析和管理等。

3）经济措施

工程项目质量控制系统的活力在于它的运行机制，而运行机制的核心是动力机制，动力机制来源于利益机制。因此在进行质量控制和质量纠偏时除了采取一定的合同措施外，还应该采取一定的经济措施，例如：对出现质量问题的单位和个人进行经济处罚，对达到质量计划目标的单位或个人采取一定的经济激励措施等；进行质量保险，通过保险进行质量风险转移等。

4) 技术措施

质量问题纠偏的技术措施有很多，在实施过程中，可以结合工程实际情况，主要采用下列两种措施处理质量问题。

□ 整修与返工

整修主要是针对局部性的、轻微的且不会给整体工程质量带来严重影响的质量缺陷，如对钢筋混凝土结构的局部蜂窝、麻面等问题的处理。这类质量问题一般通过整修即可得到处理，不会影响工程总体的关键性技术指标。

返工的决定应建立在认真调查研究的基础上。是否返工，应视缺陷经过补救后能否达到规范标准而定。补救，并不意味着规范标准的降低，对于补救后不能满足标准的工程必须返工。如某承包人为赶工期曾在雨中铺筑沥青混凝土，监理工程师只得责令承包人将已经铺完沥青面层全部推除重铺；一些无法补救的低质涵洞也被炸掉重建；温度过低或过高的沥青混合料在现场被监理工程师责令报废等。

□ 综合处理方法

综合处理方法主要是针对较大的质量事故而言。这种处理办法不像返工和整修那样简单具体，它是一种综合的缺陷（事故）补救措施，能够使得工程缺陷（事故）以最小的经济代价和工期损失，重新满足规范要求。处理的办法因工程缺陷（事故）的性质而异，性质的确定则以大量的调查及丰富的施工经验和技术理论为基础。具体做法可组织联合调查组、召开专家论证会等方式。实践证明这是一条合理解决这类问题的有效途径。

尽管有很多纠偏措施，但有很多质量问题是难以纠偏的，可能造成永久性质量问题，因此质量控制应强调事前预控，通过事前预控消除质量隐患，实现预期的项目质量目标。

4.4 风险管理在项目目标控制中的应用

风险管理作为一门独立的学科，产生于 20 世纪 50 年代，其在建设项目管理中的应用则开始于 20 世纪 80 年代。美国项目管理协会（Project Management Institute，简称 PMI）编写的项目管理知识体系指南（A Guide to the Project Management Body of Knowledge，简称 PMBOK）中指出，风险管理是项目管理九大知识体系之一。

4.4.1 风险与风险管理基本理论

(1) 风险（Risk）的含义

风险指的是损失的不确定性，建设项目的风险是指可能出现的影响项目目标实现的不确定因素。

1) 风险的内涵

对风险内涵的理解主要包括以下三个方面。

□ 风险与不确定性

不确定性是某一事件的预期结果与实际结果间的变动，由于不确定因素的影响，对于一个特定的事件或活动，人们不能确知最终会产生什么样的结果或者能够事先辨识各种可能结果，并且难以确定或估计它们发生的概率，这就是不确定性。风险是有条件的不确定性，只是不确定未来是何种状态，而对每种状态发生的概率以及每种状态的后果是知道的，或者是可以估计的。

□ 风险与损失

不确定性的结果是多样的。风险是一种必然会导致不良后果的不确定性，即损失的不确定性；不会产生不良后果的不确定性一般不称为风险。

□ 风险的可度量性

不确定性的可能结果是多样的，难以度量，而风险是可以度量的。个别的风险事件是很难预测的，但可以对其发生的概率进行分析，并可以评估其发生的影响，同时利用分析预测的结果为人们的决策服务，预防风险事件的发生，减少风险发生造成的损失。风险的可测性是风险管理学科建立和发展的基础。

2) 风险的特性

风险具有以下特性。

□ 客观性

风险的存在是不以人的意志为转移的，无论人们是否认识到风险的存在，决定风险的因素是客观存在的，一旦条件成熟，风险事件就会发生。

□ 随机性

风险是客观存在的，但风险事件的发生是随机的、偶然的。从总体上说，风险事件的发生是必然的，带有普遍性，但具体风险事件的发生带有偶然性。

□ 相对性

不同主体对风险的承受能力是不一样的，风险承受能力受主体的地位和所拥有的资源等因素的影响，如业主方和保险公司对工程风险的承受能力是不一样的，保险公司甚至可以从风险管理中获利。

□ 可变性

风险的性质和后果随着活动或事件的发展而变化。一是风险性质的变化，随着时间的进程，某些风险事件或因素可能不再成为风险。二是随着人们对风险的认识、预测和防范水平的提高，风险量会降低。三是随着管理水平的提高、技术的进步以及采取风险管理措施，原有的风险因素将会发生变化，某些风险因素可能会消除，也可能会导致新的风险因素产生。

(2) 风险管理（risk management）的概念

风险管理是为了达到一个组织的既定目标，而对组织所承担的各种风险进行管理的系统过程，即一个组织通过风险识别、风险分析和风险评估去认识风险，并在此基础上合理地使用回避、抑制、自留或转移等方法和技术对活动或事件所涉及的风险实行有效的控制，妥善地处理风险事件造成的后果，以合理的成本保证实现预定的目标。

（3）风险管理的程序（risk management process）

风险管理是一个连续不断的过程。建设项目风险管理可以面向建设全过程，也可以面向某个阶段或某项任务，如施工阶段的投资控制。风险管理一般包括以下几个步骤。

1）风险识别（risk identification）

对影响建设项目的各种因素进行分析，确定项目存在的风险。

2）风险分析与评估（risk analysis and assessment）

对存在的单个风险进行量化分析，估算风险事件的损失程度和发生的概率，确认风险出现的时间和影响范围，衡量其风险量，在此基础上形成风险清单；综合考虑各种风险对项目目标的影响，确定不同风险的严重程度顺序，确定风险应对措施及各种措施的成本，论证风险成本效益。

3）风险应对策略开发（risk response development）

制定风险管理方案，采取措施避免风险的发生或减少风险造成的损失，即降低风险量。

4）风险应对的控制（risk response control）

在项目实施过程中，评估风险应对工作的效果，及时发现和评估新的风险，监视残留风险的变化情况，在此基础上对风险管理方案进行调整。

4.4.2 建设项目的风险与风险管理

（1）建设项目的风险因素

建设项目由于具有建设周期较长这一客观特性，将遇到较多的风险因素，加上自身及所处环境的复杂性，使人们很难全面、系统的识别其风险因素。因此，要从以系统的完成建设项目的角度，对可能影响项目的风险因素进行识别。

1）政治风险

政治风险是指由于国家政局和政策变化、罢工、国际局势变化、战争、动乱等因素引起社会动荡而造成财产损失以及人员伤亡的风险。政治因素是一种非常重要的风险源，在国际领域中，政治环境就更加复杂。可以说无论建设项目的建设地点在什么地方，无论是项目参与各方的哪一方，都需要承担政治风险。政治风险包括宏观和微观方面，宏观政治风险是指在一个国家内对所有经营者都存在的风险。一旦发生这类风险，大家都可能受到影响，如全局性的政治事件。出现这类风险，该国的所有企业均受影响，无一例外。而微观政治风险则仅是局部受影响，一部分人受益而另一部分人受害，或仅有一部分行业受害而其他行业不受影响的风险。

2) 经济风险

经济风险是指人们在从事经济活动中，由于经营管理不善、市场预测失误、贸易条件变化、价格波动、供求关系转变、通货膨胀、汇率或利率变动等原因所导致的经济损失的风险，是一个国家在经济实力、经济形势及解决经济问题的能力等方面潜在的不确定因素构成的经济领域的可能后果。

3) 工程风险

工程风险是指工程在设计、施工及移交运营的各个阶段可能遭受的、影响项目系统目标实现的风险。工程项目实施涉及业主、设计单位、施工单位、供货单位、咨询单位等，工程风险中的有些风险对所有参与各方来说是共有的，而有些风险对某一方是风险，对另一方可能就不是风险。

值得指出的是，前面所述的政治风险、经济风险以及社会风险均带有普遍性，在任何一个国家，只要发生这类风险，各行各业都会受到影响。而工程风险则不然，它仅涉及工程项目，其风险的主体只限于项目参与各方，其他行业并不受其影响。

工程风险主要由以下原因造成。

① 自然风险

自然风险是指由于大自然的影响而造成的风险，一般包括三个方面的风险：
- 恶劣的天气情况，如严寒、台风、暴雨等都会对工程建设产生影响；
- 未曾预料到的工程水文地质条件，如洪水、地震、泥石流等；
- 未曾预料到的一些不利地理条件等。

② 决策风险

决策风险主要是指在投资决策、总体方案确定、设计或施工单位的选择等方面，若决策出现偏差，将会对工程产生决定性的影响。

③ 组织与管理风险

组织风险是指由于项目有关各方关系不协调以及其他不确定性而引起的风险。由于项目有关各方参与项目的动机和目标不一致将会影响合作者之间的关系，影响项目进展和项目目标的实现。组织风险还包括项目组织内部不同部门对项目的理解、态度和行动不一致而产生的风险，以及项目内部对不同工程目标的组织安排欠妥、缺乏对项目优先排序、不同项目目标之间发生冲突而造成工程损失的风险。

管理风险是指由于项目管理人员管理能力不强、经验不足、合同条款不清楚、不按照合同履约、工人素质低下、劳动积极性低、管理机构不能充分发挥作用等造成的影响。

④ 技术风险

技术风险是指在项目实施过程中遇到各种技术问题（如地基条件复杂，资源供应条件差或发生变化，项目施工技术专业度高、难度高等）所要承担的风险。一般表现在方案选择、工程设计及施工过程中由于技术标准的选择、计算模型的选择、安全系数的确定等方面出现偏差而形成的风险。

⑤ 责任风险

在建设项目的整个开发过程中，所有项目参与主体的行为是基于合同当事人的责任、权力和义务的法律行为，任何一方都需要向合同对方承担相应的责任；同时，建设项目涉及到社会大众的利益，项目各参与方还对社会负有义务。行为责任风险是指由于项目管理人员的过失、疏忽、侥幸、恶意等不当行为造成财产损失人员伤亡的风险。

（2）建设项目风险管理的目标

风险管理是一项目的性很强的工作，没有目标，风险管理就无从开展，只有确定目标，才能确定风险管理的方向，并且对风险管理的效果做出评价。风险管理的目标和企业目标一样，具有多样性，总的来说，风险管理的两个主要目标是减缓风险和使风险管理的成本最小化。

对于建设项目来说，参与项目实施活动的不同主体均存在不同程度的风险，均需要进行风险管理，表 4-2 为建设项目的风险因素和风险承担主体。毫无疑问，项目风险对项目的实施是一个威胁，风险管理是工程项目管理的重要内容。要真正做好项目的风险管理，必须确立具体的目标，制订具体的指导原则，规定风险管理的责任范围。

建设项目的风险因素和风险承担主体　　　　　　　表 4-2

风险类型	风 险 因 素	风险主要承担主体
政治风险	政府政策、民众意见和意识形态的变化、宗教、法规、战争、恐怖活动、暴乱	发展商、承包商、供货商、设计单位、监理单位
环境风险	环境污染、许可权、民众意见、国内/社团的政策、环境法规或社会习惯	发展商、承包商、监理单位
计划风险	许可要求、政策和惯例、土地使用、社会经济影响、民众意见	发展商
市场风险	需求、竞争、经营观念落后、顾客满意程度	发展商、承包商、设计单位、监理单位
经济风险	财政政策、税制、物价上涨、利率、汇率	发展商、承包商
融资风险	破产、利润、保险、风险分担	发展商、承包商、供货商
自然风险	不可预见的地质条件、气候、地震、火灾或爆炸、考古发现	发展商、承包商

续表

风险类型	风险因素	风险主要承担主体
项目风险	采购策略、规范标准、组织能力、施工经验、计划和质量控制、施工程序、劳力和资源、交流和文化	发展商、承包商
技术风险	设计充分、操作效率、安全性	发展商、承包商
人为风险	错误、无能力、疏忽、疲劳、交流能力、文化、缺乏安全、故意破坏、盗窃、欺骗、腐败	发展商、承包商、设计单位、监理单位
安全风险	规章、危险物质、冲突、倒塌、洪水、火灾或爆炸	发展商、承包商

建设项目决策、实施和运营的不同阶段，项目风险管理的处境及所追求的目标不一样，面临风险因素不同，风险管理的重点和方法也会有所不同。由于不同阶段风险管理的目标不一致，因此，对于建设项目来说，风险管理的目标并不是单一不变的，而应该是一个有机的目标系统。在总的风险控制的目标下，不同阶段需要有不同阶段的风险管理目标。当然，风险管理目标必须与项目管理的总目标一致，包括项目的盈利、形象、信誉及影响等；同时，风险管理的目标必须与项目的环境因素和项目的特有属性相一致，包括最终用户、项目投资决策人的需要和期望等。

(3) 建设项目风险管理的组织

建设项目风险管理组织主要指为实现风险管理目标而建立的组织结构，没有一个健全、合理和稳定的组织结构，项目风险管理活动就不能有效地进行。

风险管理要求团队的智慧以及建设与运营专家的经验，并且不能由一个人来独立决策。要整合一个合适的团队来管理风险，需要在经过充分思考的基础上进行慎重的行动。项目风险的管理组织具体如何设立、采取何种方式、需要多大规模，取决于多种因素，其中决定性因素是项目风险的特点。

项目风险存在于项目所有阶段和方面，因此项目风险管理职能必然分散于项目管理的所有方面，管理团队的所有成员都负有一定的风险管理责任。但是，如果因此而无专人专职对项目风险管理负起责任，项目风险管理就要落空。

(4) 建设项目风险控制的方法

通常情况下，对风险的应对，一是采取措施防患于未然，尽可能地消除或减轻风险，将风险的发生控制在一定的程度下；二是通过适当的风险转移安排，减轻风险事件发生后对项目目标的影响。建设项目风险控制的方法主要包括以下四种。

1) 风险回避

通过风险分析与评估，取消风险量很大并且没有有效措施降低风险量的事件，以避免风险的出现。如放弃一些先进但不成熟的、技术难度大、风险高的工艺。风险回避是一种有效的、普遍采用的方法，但是当回避一项风险时，也失去了潜在的获得效益的机会，还会在很多时候阻碍技术的创新和发展。风险管理者必须综合考虑风险成本和效益。

2) 风险抑制

通过采取措施，降低风险事件发生的概率，减少风险事件造成的损失。风险减轻的方法不能完全消除风险，会存在残余的风险。对风险量大、风险无法回避和转移的事件，通常采用风险抑制。风险管理者要考虑所采取措施的成本。

3) 风险自留

自己承担风险造成的全部损失或部分损失。对风险量小以致于不便于采取其他控制方式的风险，或者自己不得不承担的风险（如残余风险等），采取风险自留。采取风险自留，必须对风险做出比较准确的评估，使自身具有相应的承担能力；同时应制定风险应急计划，包括应急费用和应急措施等。

4) 风险转移

通过某种方式，将某些风险的后果连同应对风险的权力和责任转移给他人，自己不再直接面对风险。风险量大的事件，自己又不具备承担能力，通常采用这种方式。建设项目风险转移的方式包括工程保险、担保和合同条件约定等。

通过工程保险，将建设项目可能会遇到的某些类型的风险转移，由保险公司承担。并不是建设项目中的任何风险都可以通过保险来转移。能够保险的风险，通常称为可保风险。可保风险一般说来具备以下特点，即风险是偶然的、意外的，往往损失巨大而且损失是可以较准确地计量的。

通过担保，将建设项目风险转移给担保公司或银行。在建设项目招投标和合同管理中经常应用担保，如业主方对工程或材料设备招标过程中，要求投标人提供投标担保或投标保证金；投标人中标后，在签订合同时要求投标人提供履约保函件；在签订合同时，要求招标人提供付款担保等。

合理地制定合同条件，可以达到风险转移的目的。如针对不同工程项目，采取不同的合同计价方式，包括固定总价合同、单价合同或成本加酬金合同等；在合同中约定业主方指定分包的工程，约定对施工单位自行分包的限制和审查等。

复 习 思 考 题

1. 什么是主动控制？什么是被动控制？各有什么特点。
2. 简述建设项目目标动态控制的工作步骤。
3. 简述 PDCA 循环原理的主要内容。

4. 在进行投资控制时，需要进行投资计划值和实际值的比较，请分别说明在设计阶段和施工阶段各进行哪些计划值和实际值的比较。

5. 简述项目目标动态控制的纠偏措施。

6. 简述风险的概念、内涵和特性。

7. 风险管理的程序是什么？

8. 建设项目包括哪些主要风险要素？风险控制有哪些方法？

5 建设项目采购管理

建设项目采购是项目实施过程的一个重要环节,采购工作的结果将直接表现为选择哪些单位参与项目的实施、对设计、施工和采购等具体实施任务的分工和落实。因此,采购工作的结果将直接影响项目的投资、进度和质量控制,所以采购管理是项目管理工作的一个重要内容。本章内容包括建设项目采购的基本原则、采购程序和方法、工程发包的基本模式,以及采购方式的发展趋势等。

5.1 概 述

建设项目采购的含义有广义和狭义之分。狭义的采购是指购买工程实施所需要的材料、设备等物资。而广义的采购则包括委托设计单位、委托咨询服务单位、工程施工任务的发包等。本章所要讲的是广义的建设项目采购,是指采购人通过购买、租赁、委托或雇佣等方式获取工程、货物或服务的行为。

首先,建设项目采购的对象可能是工程、货物或服务。工程是指各类房屋和土木工程建造、设备安装、管道线路敷设、装饰装修等建设以及附带的服务。货物是指各种各样的物品,包括原材料、产品、设备和固态、液态或气态物体和电力,以及货物供应的附带服务。服务是指除工程和货物以外的任何采购对象,如勘察、设计、工程咨询、工程监理等服务。因此,建设项目采购既包括工程和货物的采购,也包括服务的采购。

其次,采购的方式可以是购买、租赁、委托或雇佣等。

以下简要介绍建设项目采购的基本原则、方法、程序和组织等。

5.1.1 采购的原则

采购的目的是通过适当的采购程序和采购方法,经济、高效地获得满足要求的采购对象。为了实现这个目的,需要通过适当的竞争性采购程序,并且要保证采购过程的公开、公平和公正,即采购的基本原则是公开、公平和公正。

世界银行在其贷款项目采购指南中提出,要向所有合格的投标人提供同样的信息和平等的机会,要保证采购过程的透明性,这些要求正是公开、公平和公正的体现。

1999年4月17日,中华人民共和国财政部发布了《政府采购管理暂行办法》,其中规定,政府采购应当遵循公开、公平、公正、效益及维护公共利益的原则。

《中华人民共和国招标投标法》（以下简称《招标投标法》第5条规定："招标投标活动应当遵循公开、公平、公正和诚实信用的原则"。这些原则是招标采购过程中各项活动的基本准则。

(1) 公开原则

招标投标活动的公开原则首先要求招标活动的信息要公开。

采用公开招标方式的，应当发布招标公告。依法必须进行招标的项目，招标公告必须通过国家指定的报刊、信息网络或者其他公共媒介发布。无论是招标公告、资格预审公告，还是投标邀请书，都应当载明可供潜在投标人决定是否参加投标竞争所需要的信息。

另外，开标的程序、评标的标准和程序、中标的结果等都应当公开。

当然，信息的公开也是相对的，对于一些需要保密的事项是不能公开的。例如，评标委员会成员的名单在确定中标结果之前就不能公开。

(2) 公平原则

招标投标活动的公平原则，要求招标人或评标委员会应严格按照规定的条件和程序办事，平等地对待每一个投标竞争者，不得对不同的投标竞争者采用不同的标准。招标人不得以任何方式限制或者排斥本地区、本系统以外的法人或者其他组织参加投标。

(3) 公正原则

在招标投标活动中招标人或评标委员会行为应当公正。对所有的投标竞争者都应平等对待，不能有特殊倾向。特别是在评标时，评标标准应当明确、严格，对所有在投标截止日期以后送到的投标书都应拒收，与投标人有利害关系的人员都不得作为评标委员会的成员。招标人和投标人双方在招标投标活动中的地位平等，任何一方不得向另一方提出不合理的要求，不得将自己的意志强加给对方。

公正的原则与公平的原则有共同点也有不同点。其共同之处在于创造一个公平合理、平等竞争的投标机会。其不同之处在于二者的着眼点不同，公平原则更侧重于从投标者的角度出发，考察是不是所有的投标人都处于同一个起跑线上。而公正原则更侧重于从招标人和评标委员会的角度出发，考察是不是对每一个投标人都给予了公正的待遇。

(4) 诚实信用原则

诚实信用是民事活动的一项基本原则，招标投标活动是以订立采购合同为目的的民事活动，当然也适用这一原则。诚实信用原则要求招标投标各方都要诚实守信，不得有欺骗、背信的行为。例如，在投标的过程中，如果投标人假借别的企业的资质，弄虚作假来投标即违反了这一原则。由于招标投标的活动是处于订立合同的过程中，按照《中华人民共和国合同法》的规定，如果一方在订立合同的过程中违背了诚实信用的原则并给对方造成了实际的损失，责任方将承担缔约过失责任。

5.1.2 采购的方式

项目采购的方式有多种，可以根据项目采购的对象、项目的特点和要求等选择确定。

中华人民共和国财政部，1999年颁布实施《政府采购管理暂行办法》中规定，政府采购采用公开招标、邀请招标、竞争性谈判、询价、单一来源等采购方式。达到规定标准的采购项目，应实行公开招标采购方式或邀请招标采购方式。

而2000年1月1日起施行的《中华人民共和国招标投标法》则规定，下列工程建设项目的勘察、设计、施工、监理以及与工程建设有关的重要设备、材料等的采购，必须进行招标采购：

- □ 大型基础设施、公用事业等关系社会公共利益、公众安全的项目；
- □ 全部或者部分使用国有资金投资或者国家融资的项目；
- □ 使用国际组织或者外国政府贷款、援助资金的项目。

《招标投标法》规定的招标采购分公开招标和邀请招标两种方式。

世界银行贷款项目中的工程和货物的采购，按照其采购指南的要求，可以采用国际竞争性招标、有限国际招标、国内竞争性招标、询价采购、直接签订合同和自营工程等采购方式。其中国际竞争性招标和国内竞争性招标都属于公开招标，而有限国际招标则相当于邀请招标，直接签订合同则是针对单一来源的采购。

5.1.3 招标采购的基本程序

不管采购的内容是货物、工程，还是服务，招标采购的基本程序是类似的。工程施工招标的基本程序如图5-1所示。

以下概要说明工程施工招标采购的基本程序。

（1）招标采购的准备工作

1）成立招标组织

应当招标的工程建设项目在办理报建登记手续后，已满足招标条件的，应成立招标的组织，即由专门的机构负责组织招标，办理招标事宜。

可以由建设单位自行组织招标或委托招标代理公司组织招标投标活动。

招标人不具备自行招标能力的，应当委托具备相应资质的招标代理机构代为办理招标事宜。《招标投标法》第12条规定："招标人有权自行选择招标代理机构，委托其办理招标事宜。任何单位和个人不得以任何方式为招标人指定招标代理机构。"

2）办理招标备案手续和招标申请

《招标投标法》第12条规定："依法必须进行招标的项目，招标人自行办理招标事宜的，应当向有关行政监督部门备案。"

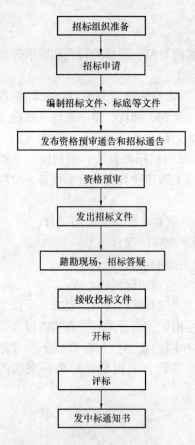

图 5-1 招标采购的基本程序

计划招标的项目在招标之前需要向政府主管机构提交招标申请,包括招标单位的资质、招标工程具备的条件、拟采用的招标方式和对投标人的要求等。

3) 编制招标文件和标底

建设单位自行组织招标的,一般由建设单位自行准备招标文件。委托招标代理公司招标的,一般由招标代理公司准备招标文件。

招标文件是投标单位编制投标书的主要依据。采购招标的内容(标的)不同,其招标文件的内容也有所区别。对施工招标文件,其主要内容一般有:

- □ 投标邀请书;
- □ 投标人须知;
- □ 合同主要条款;
- □ 投标文件格式;
- □ 采用工程量清单招标的,应当提供工程量清单;
- □ 技术条款;
- □ 设计图纸;
- □ 评标标准和方法;
- □ 投标辅助材料,等。

招标文件的具体内容参见第 12 章的有关内容。

制定标底是招标的一项重要准备工作。标底是投标工程的预期价格,是对市场价格的预测。标底的作用,一是使建设单位预测拟采购内容的价格,从而进行投资预测和相关准备;二是作为衡量投标报价的准绳,也就是评标的主要尺度之一。

(2) 发布招标公告或发出投标邀请书

1) 发布招标公告

《招标投标法》第 16 条规定:"招标人采用公开招标方式的,应当发布招标公告。依法必须进行招标的项目的招标公告,应当通过国家指定的报刊、信息网络或者其他媒介发布。"

2) 发出投标邀请书

关于受邀单位的数量和资质,《招标投标法》第 17 条第 1 款规定:"招标人采用邀请招标方式,应当向三个以上具备承担招标项目的能力、资信良好的特定的法人或者其他组织发出投标邀请书。"

(3) 对投标单位进行资质审查,并将审查结果通知各申请投标者

《招标投标法》第18条规定:"招标人可以根据招标项目本身的要求,在招标公告或者投标邀请书中,要求潜在投标人提供有关资质证明文件和业绩情况并对潜在投标人进行资格审查;国家对投标人的资格条件有规定的,依照其规定。

招标人不得以不合理的条件限制或者排斥潜在投标人,不得对潜在投标人实行歧视待遇。"

资格预审文件一般应当包括资格预审申请书格式、申请人须知,以及需要投标申请人提供的企业资质、业绩、技术装备、财务状况和拟派出的项目经理与主要技术人员的简历、业绩等证明材料。

《工程建设项目施工招投标办法》第19条规定:经资格预审后,招标人应当向资格预审合格的潜在投标人发出资格预审合格通知书,告知获取招标文件的时间、地点和方法,并同时向资格预审不合格的潜在投标人告知资格预审结果。资格预审不合格的潜在投标人不得参加投标。经资格预审不合格的投标人的投标应作废标处理。

(4) 发售招标文件

招标文件、图纸和有关技术资料发放给通过资格预审获得投标资格的投标单位。不进行资格预审的,发放给愿意参加投标的单位。

(5) 组织投标单位踏勘现场,并对招标文件答疑

《招标投标法》第21条规定:"招标人根据招标项目的具体情况,可以组织潜在投标人踏勘项目现场。"

1) 招标人工作

招标文件发售后,招标人要在招标文件规定的时间内组织投标人踏勘现场并对潜在投标人针对招标文件及现场提出的问题进行答疑。招标人组织投标人进行踏勘现场的主要目的是让投标人了解工程现场和周围环境情况,获取必要的信息。

2) 投标人工作

投标人拿到招标文件后,应进行全面细致的调查研究。若有疑问或不清楚的问题需要招标人予以澄清和解答的,应在收到招标文件后的一定期限内以书面形式向招标人提出。为获取与编制投标文件有关的必要的信息,投标人要按照招标文件中注明的现场踏勘和投标预备会的时间和地点,积极参加现场踏勘和投标预备会。

投标人在去现场踏勘之前,应先仔细研究招标文件有关概念的含义和各项要求,特别是招标文件中的工作范围、专用条款以及设计图纸和说明等,然后有针对性地拟订出踏勘提纲,确定重点需要澄清和解答的问题,做到心中有数。

3) 对投标人疑问的解答

投标人对招标文件或者在现场踏勘中如果有疑问或有不清楚的问题，应当用书面的形式要求招标人予以解答。招标人收到投标人提出的疑问或不清楚的问题后，应当给予解释和答复，并将解答内容同时发给所有获取招标文件的投标人。

(6) 投标人编制投标文件

《招标投标法》第24条规定："招标人应当确定投标人编制投标文件所需要的合理时间；但是，依法必须进行招标的项目，自招标文件开始发售之日起至投标人提交投标文件截止之日止，最短不得少于20日。"

(7) 签收投标文件

为了保证招标投标活动的公正和有序，招标人签收投标文件必须严格遵守法律的规定。

《招标投标法》第28条还规定，招标人收到投标文件后，应当签收保存，不得开启。在招标文件要求提交投标文件的截止时间后送达的投标文件，招标人应当拒收。

《工程建设项目施工招标投标办法》第38条规定，投标人应当在招标文件要求提交投标文件的截止时间前，将投标文件密封送达投标地点。招标人收到投标文件后，应当向投标人出具标明签收人和签收时间的凭证，在开标前任何单位和个人不得开启投标文件。

提交投标文件的投标人少于3个的，招标人应当依法重新招标。重新招标后投标人仍少于3个的，属于必须审批的工程建设项目，报经原审批部门批准后可以不再进行招标；其他工程建设项目，招标人可自行决定不再进行招标。

(8) 开标

1) 开标的时间和地点

开标应当在招标文件确定的提交投标文件截止时间的同一时间公开进行；开标地点应当为招标文件中确定的地点；开标应该在投标人代表到场的情况下公开进行，开标会应该有开标记录。

采用单信封法投标，应该检查标书格式、技术资料、工程量清单报价或者总报价单，投标担保等。

采用双信封法投标，即将技术和财务标书分别放在两个信封中，评标时分两个步骤，首先开技术标书的信封（而且只打开技术标书的信封），审查并确定技术的响应性。其次，才打开那些技术响应的投标书的财务标书，而那些技术不响应的投标书将被退回，根本不需要打开。

有的采购招标本身就分两步，所以叫做两步法招标。两步法招标适用于那些具有不同的技术解决方案的项目，如工艺设备、大型桥梁、信息技术系统开发等。对这类项目的招标，第一步可以要求投标人提出技术建议书，业主与投标人讨论并确定技术规格。第二步，可以根据修改过的技术规格，要求投标人提出报价。

2）废标的条件

投标或者投标文件属下列情况之一的，作为废标处理：
- 逾期送达的或者未送达指定地点的；
- 未按招标文件要求密封的；
- 无单位盖章并无法定代表人或法定代表人授权的代理人签字或盖章的；
- 未按规定的格式填写，内容不全或关键字迹模糊、无法辨认的；
- 投标人递交两份或多份内容不同的投标文件，或在一份投标文件中对同一招标项目报有两个或多个报价，且未声明哪一个有效（按招标文件规定提交备选投标方案的除外）；
- 投标人名称或组织结构与资格预审时不一致的；
- 未按招标文件要求提交投标保证金的；
- 联合体投标未附联合体各方共同投标协议的。

(9) 评标

评标过程分为评标的准备与初步评审工作、详细评审、编写评标报告等过程。评标结束应该推荐中标候选人。评标委员会推荐的中标候选人应当限定在1至3人，并标明排列的顺序。

对工程、货物和服务等采购的评标方法参考第二篇第12章的有关内容。

(10) 中标

1）确定中标人的时间

评标委员会提出书面评标报告后，招标人一般应当在15日内确定中标人，但最迟应当在投标有效期结束日前30个工作日内确定。

2）发出中标通知书

招标人和中标人应当自中标通知书发出之日起30日内，按照招标文件和中标人的投标文件订立书面合同。

中标人应按照招标人要求提供履约担保，招标人也应当同时向中标人提供工程款支付担保。

招标人与中标人签订合同后5个工作日内，应当向中标人和未中标的投标人退还投标保证金。

3）招标投标情况的书面报告

依法必须进行施工招标的项目，招标人应当自发出中标通知书之日起15日内，向有关行政监督部门提交招标投标情况的书面报告。

书面报告应包括下列内容：招标范围；招标方式和发布招标公告的媒介；招标文件中投标人须知、技术条款、评标标准和方法、合同主要条款等内容；评标委员会的组成和评标报告；中标结果。

5.1.4 采购的组织

项目建设单位（业主）要将建设任务委托出去，由不同的组织去完成有关建设任务，应由专门的采购工作小组或有关部门，负责招标采购的各项工作。比如某市机场迁建工程总投资约200亿元人民币，建设指挥部就成立了专门的招标采购部，由七八个人组成，专门从事工程、设备、设计、咨询等的招标采购工作。

对有些业主来说，自己不具备招标采购方面的人力，可以委托专业的咨询公司——招标代理机构协助进行招标采购工作。《招标投标法》第十二条规定，"招标人具有编制招标文件和组织评标能力的，可以自行办理招标事宜。任何单位和个人不得强制其委托招标代理机构办理招标事宜。""依法必须进行招标的项目，招标人自行办理招标事宜的，应当向有关行政监督部门备案。"

关于招标代理机构，《招标投标法》第十三条规定，招标代理机构是依法设立、从事招标代理业务并提供相关服务的社会中介组织。招标代理机构应当具备下列条件：

- □ 有从事招标代理业务的营业场所和相应资金；
- □ 有能够编制招标文件和组织评标的相应专业力量；
- □ 有符合规定条件、可以作为评标委员会成员人选的技术、经济等方面的专家库。

另外，对于已经获得施工总承包资格或项目总承包资格的单位，可以依法将部分建设任务分包出去，其分包单位的选择也可以通过招标方式进行。即使没有分包工作，不采取分包方式，也可能存在大量的物资采购工作。无论是否采用招标方式，都需要有一定的组织（部门或工作小组）负责这些采购工作。对于施工总承包单位或项目总承包单位，一般都有负责采购的专门人员或部门，较少采用委托代理机构进行采购的方式。

5.2 建设项目采购的基本模式

5.2.1 施工平行发包

(1) 平行发包的含义

平行发包，又称为分别发包，是指发包方根据建设项目的特点、项目进展情况和控制目标的要求等因素，将建设项目按照一定原则分解，将设计任务分别委托给不同的设计单位，将施工任务分别发包给不同的施工单位，各个设计单位和施工单位分别与发包方签订设计合同和施工合同，合同结构图如图5-2所示。

(2) 施工平行发包

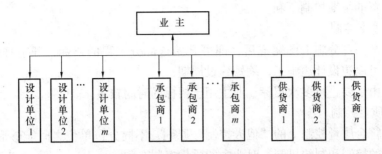

图 5-2 平行承发包模式的合同结构图

在施工平行发包模式中,业主将不同的施工任务分别委托给不同的施工单位,各个施工单位分别与业主签订合同,各个施工单位之间的关系是平行关系。

施工平行发包的一般工作程序为设计→招投标→施工→验收,即一般情况下,在通过招标选择承包人时该部分工程的施工图已经完成,每个合同都可以实行总价合同。

对施工任务的平行发包,发包方可以根据建设项目结构进行分解发包,也可以根据建设项目施工的不同专业系统进行分解发包。

例如,某办公楼建设项目中,业主将打桩工程发包给甲施工单位,将主体土建工程委托给乙施工单位,将机电安装工程委托给丙施工单位,将精装修工程委托给丁施工单位,等等,如图 5-3 所示。

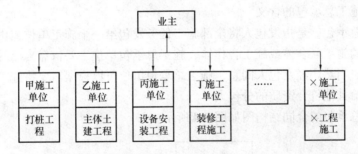

图 5-3 施工平行发包案例——某房屋建筑工程施工合同结构

某地铁工程施工中,业主将 14 座车站的土建工程分别发包给 14 个土建施工单位,14 座车站的机电安装工程分别发包给 14 个机电安装单位,就是典型的施工平行发包模式。

施工平行发包的特点如下。

1) 费用控制

□ 每一部分工程的发包,都以施工图设计为基础,投标人进行投标报价较有依据;

□ 对业主来说,要等最后一份合同签订后才知道整个工程的总投资,对投资的早期控制不利。

2) 进度控制
- 某一部分施工图完成后，即可开始这部分工程的招标，开工日期提前，可以边设计边施工，缩短建设周期；
- 由于要进行多次招标，业主用于招标的时间较多。

3) 质量控制
- 符合质量控制上的"他人控制"原则，不同分包单位之间能够形成一定的控制和制约机制，对业主的质量控制有利；
- 合同交互界面比较多，应非常重视各合同之间界面的定义和管理，否则对质量控制不利。

4) 合同管理
- 业主要负责所有合同的招标、合同谈判、签约，招标及合同管理工作量大；
- 业主要负责对多个合同的跟踪管理，工作量较大。

5) 组织与协调

业主要负责对所有承包商的管理及组织协调，承担类似于施工总承包管理的角色，工作量大。

5.2.2 施工总承包

(1) 施工总承包的含义

施工总承包，是指发包人将全部施工任务发包给一个施工单位或由多个施工单位组成的施工联合体或施工合作体，施工总承包单位主要依靠自己的力量完成施工任务。当然，经发包人同意，施工总承包单位可以根据需要将施工任务的一部分分包给其他符合资质的分包人。

施工总承包的合同结构图如图5-4所示。

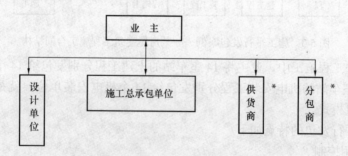

图5-4 施工总承包模式的合同结构

*注：此为业主自行采购和分包的部分（下同）

与平行发包相似，施工总承包的一般工作程序为设计→招投标→施工→验收。为减少和避免风险，一般在通过招标选择承包人时所有的施工图都已经完成，不确定性因素减少了，有利于实行总价合同。

(2) 施工总承包的特点

1) 费用控制
  □ 一般以施工图设计为投标报价的基础，投标人的投标报价较有依据；
  □ 在开工前就有较明确的合同价，有利于业主对总投资的早期控制；
  □ 若在施工过程中发生设计变更，则可能发生索赔。

2) 进度控制

一般要等施工图设计全部结束后，才能进行施工总承包的招标，开工日期较迟，建设周期势必较长。这是施工总承包模式的最大缺点，限制了其在建设周期紧迫的建设项目上的应用。

3) 质量控制

建设项目质量的好坏很大程度上取决于施工总承包单位的选择，取决于施工总承包单位的管理水平和技术水平。业主对施工总承包单位的依赖较大。

4) 合同管理

业主只需要进行一次招标，与一家承包商签约，招标及合同管理工作量大大减小，对业主有利。

在很多工程实践中，采用的并不是真正的施工总承包，而用所谓的"费率招标"，实质上是开口合同，对业主方的合同管理和投资控制不利。

5) 组织与协调

业主只负责对施工总承包单位的管理及组织协调，工作量大大减小。

5.2.3 施工总承包管理

(1) 施工总承包管理的含义

施工总承包管理模式的英文名称是"Managing Contractor"，简称MC，意为"管理型承包"，它不同于施工总承包模式。采用该模式时，业主与某个具有丰富施工管理经验的单位或联合体或者合作体签订施工总承包管理协议，负责整个建设项目的施工组织与管理。一般情况下，施工总承包管理单位不参与具体工程的施工，而具体工程施工需要再进行分包的招标与发包，把具体施工任务分包给分包商来完成。但有时也存在另一种情况，即施工总承包管理单位也想承担部分工程的施工，这时它也可以参加这一部分工程的投标，通过竞争取得任务。

(2) 施工总承包管理与施工总承包模式的比较

1) 工作开展程序不同

施工总承包管理模式与施工总承包模式不同，施工总承包模式的工作程序是：先进行建设项目的设计，待设计结束后再进行施工总承包招投标，然后再进行施工，如图5-5 (b) 所示。从图中可以看出，许多大型建设项目如果要等到施工图全部出齐再进行工程招标，显然是很困难的。

而如果采用施工总承包管理模式，施工总承包管理单位的招标可以不依赖完整的施工图，换句话说，施工总承包管理单位的招标可以提前到建设项目尚处于设计阶段进行。另外，工程实体由施工总承包管理单位化整为零，分别进行分包的发包，即每完成一部分施工图就招标一部分，从而使该部分工程的施工提前到整个建设项目设计阶段尚未完全结束之前进行，如图5-5（a）所示。

为了更好地说明施工总承包管理与施工总承包在工作程序和对进度影响等方面的不同，将施工总承包的一般工作程序同时表示在图5-5中。从图中可以看出，施工总承包管理模式可以在很大程度上缩短建设周期。

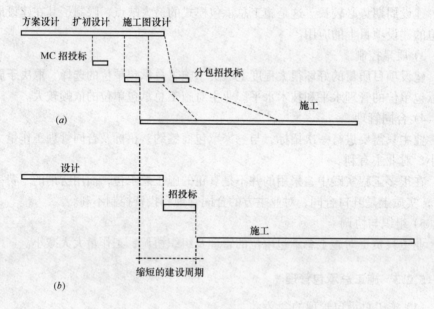

图5-5 施工总承包与施工总承包管理模式下项目开展顺序的比较
（a）施工总承包管理模式下的项目开展顺序；
（b）施工总承包模式下的项目开展程序

2）合同关系不同

施工总承包管理模式的合同关系有两种可能，即发包人与分包单位直接签订合同或者由施工总承包管理单位与分包签订合同，其合同结构图分别如图5-6和图5-7所示。

3）对分包单位的选择和认可

发包人通常通过招标选择分包单位。一般情况下，分包合同由发包人与分包单位直接签订，但每一个分包人的选择和每一个分包合同的签订都要经过施工总承包管理单位的认可，因为施工总承包管理单位要承担施工总体管理和目标控制的任务和责任。如果施工总承包管理单位认为发包人选定的某个分包人确实没有

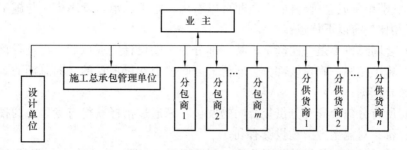

图 5-6 施工总承包管理模式下的合同结构 1

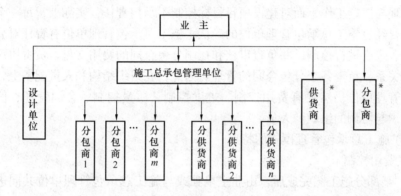

图 5-7 施工总承包管理模式下的合同结构 2
＊注：此为业主自行采购和分包的部分

能力完成分包任务，而发包人执意不肯更换分包人，施工总承包管理单位也可以拒绝认可该分包合同，并且不承担该分包人所负责工程的管理责任。

4）对分包单位的付款

对各个分包单位的各种款项可以通过施工总承包管理单位支付，也可以由发包单位直接支付。如果由发包单位直接支付，需要经过施工总承包管理单位的认可。

5）对分包单位的管理和服务

施工总承包管理单位既要负责对现场施工的总体管理和协调，也要负责向分包人提供相应的服务。当然，对于施工总承包管理单位提供的某些设施和条件，如搭设的脚手架、临时用房等，如果分包人需要使用，应该支付一定的费用。

6）施工总承包管理的合同价格

施工总承包管理合同中一般只确定施工总承包管理费（通常是按工程建安造价的一定百分比计取），而不需要确定建安工程造价，这也是施工总承包管理模式的招标可以不依赖于设计图纸出齐的原因之一。

分包合同价，由于是在该部分施工图出齐后再进行分包的招标，因此应该采

用实价(即单价或总价合同)。由此可以看出,施工总承包管理模式与施工总承包模式相比具有以下优点:

- 合同总价不是一次确定,某一部分施工图设计完成以后,再进行该部分施工招标,确定该部分合同价,因此整个建设项目的合同总额的确定较有依据;
- 所有分包合同和分供货合同的发包,都通过招标获得有竞争力的投标报价,对业主方节约投资有利;
- 施工总承包管理单位只收取总包管理费,不赚总包与分包之间的差价。

在国内,普遍对施工总承包管理模式存在误解,认为施工总承包管理单位仅仅做管理与协调工作,而对建设项目目标控制不承担责任,实际上,每一个分包合同都要经过施工总承包管理单位的确认,施工总承包管理单位有责任对分包人的质量、进度进行控制,并负责审核和控制分包合同的费用支付,负责协调各个分包的关系,负责各个分包合同的管理。因此,在组织结构和人员配备上,施工总承包管理单位仍然要有费用控制、进度控制、质量控制、合同管理、信息管理、组织与协调的组织和人员。

(3) 施工总承包管理模式的特点

1) 费用控制

- 某部分施工图完成后,由业主单独或与施工总承包管理单位共同进行该部分工程的招标,分包合同的投标报价较有依据;
- 在进行施工总承包管理单位的招标时,只确定施工总承包管理费,没有合同总造价,是业主承担的风险之一;
- 多数情况下,由业主方与分包人直接签约,加大了业主方的风险。

2) 进度控制

施工总承包管理的招标不依赖于施工图设计,可以提前。分包合同的招标也得到提前,从而提前开工,可缩短建设周期。

3) 质量控制

- 对分包人的质量控制由施工总承包管理单位进行;
- 对分包人来说,符合质量控制上的"他人控制"原则,对质量控制有利;
- 各分包合同交界面的定义由施工总承包管理单位负责,减轻了业主方的工作量。

4) 合同管理

一般情况下,所有分包合同的招投标、合同谈判、签约工作由业主负责,业主方的招标及合同管理工作量大。

对分包人工程款支付又可分为总包管理单位支付和业主直接支付,前者对加大总包管理单位对分包人管理的力度更有利。

5) 组织与协调

由施工总承包管理单位负责对所有分包人的管理及组织协调，大大减轻了业主的工作。这是施工总承包管理模式的基本出发点。

与分包人的合同一般由业主签订，一定程度上削弱了施工总承包管理单位对分包人管理的力度。

5.2.4 设计任务委托的模式

首先，设计工作是不是承包？在国际上，普遍把设计工作作为一种咨询服务，因为设计工作在很大程度上是一种高智力的创造性活动。世界银行也将设计单位的选择纳入咨询服务的采购范围。在我国，设计单位承担设计任务习惯上也称为设计承包，政府颁布的许多法规和规范文件中也将设计工作称为承包。为了符合国内的习惯，我们有时也暂且将设计工作的委托称为设计发包，承担设计任务称为设计承包。

(1) 设计平行委托

对设计任务的平行委托，委托方可以根据建设项目的结构进行平行委托，也可以根据建设项目的不同设计阶段或者不同设计专业进行分别委托。在设计平行委托模式中，各个设计单位分别与业主单独签订合同，各个设计单位之间的关系是平行关系。

例如，某地铁建设项目，业主方除委托 A 设计单位进行总体设计外，还分别将三个地下车站委托给 B 设计单位、将四个地面车站委托给 C 设计单位、将车辆段委托给 D 设计单位……，如图 5-8 所示。

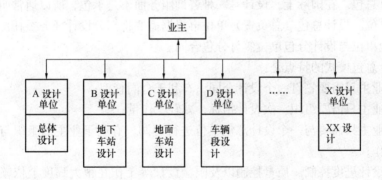

图 5-8 设计平行委托案例——某地铁项目设计合同结构

而在某国际会展中心建设项目中，业主方将方案设计委托国外某设计单位设计，扩初设计和施工图设计委托国内某设计单位设计。

设计平行委托模式的主要特点如下：

□ 业主要负责所有设计合同的招标、合同谈判、签约，招标及合同管理工作量大；

- 业主要负责对多个设计合同的跟踪管理，工作量较大；
- 不同的设计单位对业主的设计要求、准则和标准的理解和把握程度不同，容易造成设计不协调，影响设计质量；
- 各个专业之间、各个设计阶段以及建设项目各个组成部分之间的交互界面比较多，界面管理工作量大，也很容易对设计质量、设计进度产生影响；
- 业主要负责对所有设计单位的管理及各个设计单位之间的组织协调，承担类似于设计总包管理的角色，工作量大。

对有些大型或复杂建设项目，由于项目组成内容多，设计工作量大，很难由一个设计单位独立完成设计任务，可以采用设计平行发包模式。如某新建大型机场建设项目，项目的组成中有航站楼工程、飞行区工程、货运区工程、空管工程、供油工程、航空食品工程、某航空公司基地工程、综合配套工程等，除了总体设计单位以外，业主又同时委托多家设计单位分别承担不同的单项工程设计，各个设计单位分别与业主签订设计合同。

有些建设项目尽管规模不是很大，但对其中的某些专业工程如办公大楼的外立面工程、智能化工程、精装修工程等仍然可以采用设计平行委托模式。

(2) 设计总包

所谓设计总包（国际上也叫做设计总负责），就是发包人将一个建设项目的所有设计任务一次性全部委托给一个设计单位或由几个单位组成的联合体（或合作体）。接受设计任务的单位或联合体（或合作体）叫做设计总包单位，国内简称为设计总包。在国际上，设计是一种咨询服务而不是承包，所以通常叫做设计总负责单位。设计总包（总负责）单位再根据需要将部分设计任务委托出去，即设计总包单位与设计分包单位签订分包合同。

设计总包模式的特点是：
- 业主只需要签订一个设计合同，有利于合同管理；
- 业主只需要组织一次设计招标，减轻工作量；
- 业主只需要与一个设计总包单位进行协调，有利于业主的组织与协调工作；
- 设计进度控制、质量控制以及限额设计等工作在很大程度上依赖于设计总包单位的能力、经验和技术水平。

在国际上，许多工业与民用建筑都普遍采用设计总负责模式，通常是由某个建筑师事务所承接设计任务，而将有关结构设计、机电设计、景观设计等再委托给其他专业设计事务所配合进行专业设计，建筑师事务所作为设计总负责单位统一组织协调，对业主负责。

设计总包（总负责）单位负责整个工程的设计责任，向上对业主负责，向下负责组织、协调与管理各个分包设计（配合设计）单位。分包设计合同由设计总包（总负责）单位与分包设计（配合设计）单位签订，对分包设计（配合设计）单位的设计费由设计总负责单位支付。对分包设计的内容和分包设计（配合设计）单位的选择应该经过业主的同意。

在我国，一般设计院都是综合性的设计单位，设计单位内部专业齐全，许多工业与民用建筑都是由一个设计单位独立完成的，承接设计任务的设计单位一般不需要分包。

(3) 设计总包管理

所谓设计总包管理，就是发包人委托一个设计总包管理单位，不仅承担一部分设计任务，而且要负责整个建设项目的所有设计的管理任务。设计总包管理单位将各个设计任务发包给不同的设计单位，负责对所有设计单位的协调、管理和控制，负责整个设计的进度控制、质量控制、限额设计，负责各个分包设计合同的管理，等等。

对于某些特大型建设项目，如机场、地铁、大型钢铁厂等建设项目的设计，业主通常会选择一个设计总包单位，在负责整个建设项目总体设计的基础上，业主或者设计总包单位再委托多个设计单位进行各个单体项目（或单项工程）的设计，各个单体项目（或单项工程）的设计单位与总体设计单位的关系是总、分包的关系。

设计分包合同可以由设计总包管理单位与各个分包单位签订，也可以由业主与各个分包单位直接签订。设计总包管理单位向业主收取设计总包管理费，各个分包设计单位的设计费则可以由业主直接支付，也可以由设计总包管理单位支付，但分包设计费的多少对业主透明。

如某市地铁×号线工程，业主与铁道第×设计院签订了勘察设计总包合同，合同任务包括勘察、总体设计、扩初设计、施工图设计等，铁道第×设计院作为

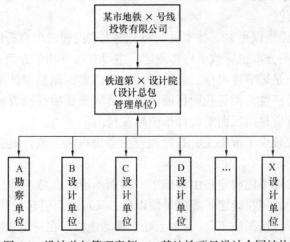

图 5-9 设计总包管理案例——某地铁项目设计合同结构

设计总包单位将其中的勘察、部分扩初设计和全部施工图设计委托给不同的单位实施。设计总包单位除了承担总体设计和部分扩初设计外，还进行设计总包管理，负责组织协调和控制各个分包单位，在设计进度、设计质量、总投资控制等方面对业主负责，如图5-9所示。

采用设计总承包管理模式的特点是，业主有设计分包单位的选择权，而在整个设计阶段，对各个分包设计单位的组织、协调则由设计总包管理单位负责，减轻了业主的负担。设计总包管理单位利用自身的经验，负责对设计的进度控制和质量控制，往往更有利于建设项目设计进度和质量目标的实现。

5.2.5 建设项目总承包

业主方把建设项目的设计任务和施工任务进行综合委托的模式可称为建设项目总承包或工程总承包。

《中华人民共和国建筑法》第24条明确规定，"建筑工程的发包单位可以将建筑工程的勘察、设计、施工、设备采购一并发包给一个工程总承包单位，也可以将建筑工程勘察、设计、施工、设备采购的一项或者多项发包给一个工程总承包单位；但是，不得将应当由一个承包单位完成的建筑工程肢解成若干部分发包给几个承包单位"。

(1) 建设项目总承包的产生

传统的工程建设实施模式中，设计与施工往往是分离的，即业主通过签订设计合同，委托专门的设计单位进行工程设计，委托施工单位进行施工，设计和施工是由不同的组织来实施的。

设计和施工的分离是专业化分工的结果，是生产力发展以及社会进步到一定阶段的必然产物。由于建筑形式不断创新、建设高度不断刷新，工业建设项目中的工艺越来越复杂，技术越来越先进，客观上要求工程设计专业化、设备制造专业化、施工专业化。

专业化为建设规模更大、技术更复杂、更先进的建设项目提供了可能。但同时，设计与施工的分离也导致了许多问题，主要有以下几个方面：

- 设计工作是影响建设项目经济性的决定因素，但是设计单位有时会忽视设计的经济性，而且我国目前的设计费取费是根据投资额的百分比来计算的，投资越高反而对设计单位越有利；
- 设计单位较少了解施工，有时也较少考虑可施工性，就会影响施工的有效进行；
- 在设计时还不能确定将由谁施工，因而不能结合施工单位的特点和能力进行设计，但在确定了施工单位以后，又可能会引起设计修改；
- 施工单位"按图施工"，基本上处于被动地位，在一定程度上影响了其积极性的发挥；

- 若施工图完成以后再进行施工任务的发包，项目建设周期长；
- 建设单位项目目标的控制有困难，主要是不利于投资控制和进度控制；
- 建设单位的组织、协调工作量大；
- 主体工程与配套工程施工也往往分离，导致主体工程结束后至项目动用的间隔时间长。

建设项目总承包模式起源于欧洲，是为了解决设计与施工分离的弊端而产生的一种模式。实行建设项目总承包模式，可以在很大程度上解决上述问题。建设项目总承包的基本出发点是借鉴工业生产组织的经验，实现建设生产过程的组织集成化，以克服由于设计与施工的分离致使投资增加，以及克服由于设计和施工的不协调而影响建设进度等弊端。

在建设项目总承包模式中，项目总承包单位的工作范围除了全部的工程施工任务以外，还包括设计任务和物资（包括设备）采购任务。在以房屋建筑为主的民用建设项目中又称为设计和施工总承包（D+B，即 Design-Build），而在以大型装置或工艺过程为主要核心技术的工业建设领域，如大型石化、化工、橡胶、冶金、制药、能源等建设项目，工艺设备的设计、制造、采购与安装成为建设项目实施中的最重要、最关键的核心，而工艺设备的设计、制造、采购与安装又与整个工艺的设计紧密相关，因此，在这些类型的建设项目中，建设项目总承包模式又称为设计、采购、施工总承包（EPC，即 Engineering, Procurement, Construction）。尽管 D+B 模式和 EPC 模式都叫做建设项目总承包（或工程总承包），但是，EPC 总承包模式与 D+B 总承包模式在操作方法上还是有很大的不同。在国际咨询工程师联合会（FIDIC）新出版的合同中，对 EPC 总承包模式和 D+B 总承包模式分别推荐了不同的合同条件，分别为"FIDIC 设计采购施工（EPC）/交钥匙工程合同条件（银皮书）"和"FIDIC 工程设备和设计——建造（D+B）合同条件（新黄皮书）"。

(2) 建设项目总承包的范围

实行建设项目总承包的几个关键问题需要明确：一是由谁承担设计和施工总承包任务，二是何时开始总承包以及承包的范围是什么，三是如何进行总承包的招标、投标和评标，等等。

首先，建设项目总承包单位可以从方案设计阶段就开始总承包，也可以从初步设计阶段、技术设计阶段或者施工图设计阶段开始总承包。但是，当施工图设计完成以后再进行总承包，就变成施工总承包模式了，如图 5-10 所示。

(3) 建设项目总承包的组织

国外承担建设项目总承包的组织机构一般有两种形式，一种是永久组织，即永久性的经济实体；一种是临时性的组织，即针对一个具体的建设项目，由若干个设计单位和施工单位组成的临时性组织，如图 5-11 所示。

永久组织又分两类，一类是拥有设计和施工力量，可以专门承包某一类型或

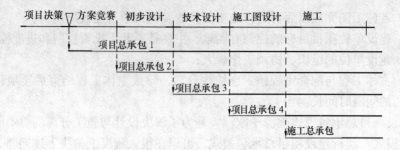

图 5-10 项目总承包单位的介入时间

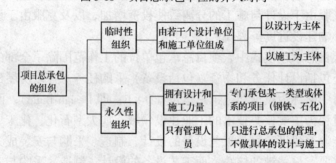

图 5-11 项目总承包的组织形式

某一体系的建设项目,如国际和国内针对化工、冶金、能源等建设项目而进行包括设计、设备供应、施工安装等全套服务或承包的项目总承包公司,在工业建设项目中比较多见;另一类是只有管理人员,只进行建设项目总承包管理。

临时组织又可以分为以设计为主体和以施工为主体两种形式,国外主要是以施工为主体,因为施工企业承担风险的能力和控制项目的能力比设计单位强。

在民用项目的建设中,项目总承包单位大多是临时性组织,很少有永久形式的项目总承包公司。比如,擅长大跨度钢结构施工和吊装的施工单位与擅长体育馆设计的设计单位结合,在体育馆建设项目中采用建设项目总承包模式投标中标可能性就很大,而在住宅工程建设项目采用建设项目总承包模式投标中标可能性就相对较小。

在实际操作中,往往具有以下两种可能的模式,一是由施工单位承接建设项目总承包的任务,而设计单位受施工单位的委托承担其中的设计任务,即设计作为分包。二是由设计单位承接建设项目总承包的任务,而施工单位作为其分包承担其中的施工任务。

(4) 建设项目总承包单位内部关系的处理

针对临时性组织情况,在建设项目总承包内部关系的处理上,国外一般做法是在设计阶段由设计单位负责,在投标和施工阶段由施工单位负责,而整个建设项目的经济风险由施工单位承担,设计单位只对其设计成果负责。

如果项目不中标,业主会给予投标者以经济补偿,其分配原则一般是设计单位得到70%~80%，而施工单位则得到20%~30%。

如果项目中标，设计单位除了可以得到设计费以外，还可以参与项目利润的分配，一般可以得到利润的15%左右。

(5) 建设项目总承包的招标、投标与评标

在施工总承包模式中，业主对工程的检查和验收都以图纸和合同为依据。但在设计和施工总承包模式中，承包方既要进行设计，又要进行施工，如果要通过招标选择项目总承包单位，根据什么招标、评标呢？这是实行设计和施工总承包模式的一个关键问题。

施工总承包的招标通常是以图纸和分部分项工程说明以及工程量清单为依据，这种招标称为构造招标。设计和施工总承包模式在招标时可能还没有一张图纸，这时的招标必须要有功能描述书以及有关的要求和条件说明，这种招标叫做功能招标。功能描述书以及有关的要求和条件说明是否清楚、明确和具体，是招标能否成功和建设项目顺利实施的关键。

业主可以自行编制或委托项目管理咨询公司编制建设项目功能描述书以及有关的要求和条件说明，投标人据此进行投标，编制设计建议书和设计文件，并根据其设计进行工程报价。

关于项目总承包招标的评标工作，一般是分两个阶段进行，首先是对设计进行审查，审查设计是否满足业主的功能要求；其次再对投标价进行审查。如果设计审查通不过，就没有资格进入下一阶段的审查，就是说，价格再便宜也不可能中标。一般情况下，业主将在符合要求的设计方案中选择投标价格最低的投标单位作为中标单位。

在实行设计和施工总承包模式条件下，业主一般要聘请专业化的项目管理咨询公司协助其进行管理，协助编制建设大纲和功能描述书，协助招标、评标、签订合同以及施工阶段的管理。

(6) 建设项目总承包 (D+B) 模式的特点

实行设计和施工总承包模式具有许多优点，对于业主来说，可以加快进度，有利于控制投资，有利于合同管理，有利于组织与协调。

1) 有利于投资控制，能够降低工程造价

由于投标者把设计和施工作为一个整体来考虑，既要满足业主的功能要求，设计方案要有竞争性，又要保证投标价低，因此要从设计方案着手降低工程造价，不仅仅是让利的问题，而是从根源上去挖掘潜力，因此有利于降低工程造价。国外的经验证明，实行建设项目总承包 (D+B) 模式，平均可以降低造价10%左右。另外，设计和施工总承包模式常实行总价合同（常常是可变总价合同），在签订建设项目总承包合同时就将合同总价明确下来，可以及时明确投资目标，使业主尽早安排资金计划，并使项目总承包单位不超过计划投资，有利于投资控制。

2) 有利于进度控制，并缩短工期

由于在方案设计阶段就可以根据建筑施工企业的施工经验、所拥有的施工机械、熟练工人和技术人员等情况考虑结构形式和施工方法，与采用常规发包模式相比，可以使建设项目提前竣工。

3) 有利于合同管理

业主只需要签订一个建设项目总承包合同，不需要管理很多合同，因而合同管理工作量比较少。

4) 有利于组织与协调

在所有的实施单位中，业主只需要与一个项目总承包单位进行联系与协调，从而大大简化了协调工作，也减少了协调费用。

5) 对于质量控制，因具体情况而有差异，关键是看功能描述书的质量

一般情况下，在建设项目总承包模式中，由于实行功能招标方法，不同于一般的构造招标，其招标、评标和项目管理工作都不同于传统模式，因此，业主一般都要委托社会上有经验的项目管理公司协助其起草功能描述书，帮助其招标、评标等。有了强有力的支持，建设项目的质量也是可以得到控制的。

总之，对业主而言，实行建设项目总承包，有利于建设项目的系统管理和综合控制，可大大减轻业主的管理负担，有利于充分利用项目总承包企业的管理资源，最大限度地降低建设项目风险，也符合国际惯例和国际承包市场的运行规则。

对建筑施工企业而言，其优点是：建筑施工企业一开始就参与设计阶段工作，能将其在建筑材料、施工方法、结构形式、价格和市场等方面的丰富知识和经验充分地融于设计中，从而对建设项目的经济性产生积极的影响。另外，采用这种模式还可以促进建筑施工企业自身的生产发展，促进建筑工业化，提高劳动生产率。

对设计单位的优点在于，从一开始就与建筑施工企业合作，参加项目总承包的施工企业往往拥有自己的设计力量，能够迅速地编制相应的施工图设计文件，从而使设计单位减少工作量。另外，作为建筑施工企业的伙伴，在建设项目结束后可以参与利润的分配。

(7) EPC（设计、采购和施工总承包）

EPC（设计、采购和施工总承包）是建设项目总承包的一种方式。设计采购施工总承包是指工程总承包企业按照合同约定，承担建设项目的设计、采购、施工、试运行服务等工作，并对承包工程的质量、安全、工期、造价全面负责。EPC 总承包已在我国石油和石化等工业建设项目中得到成功的应用。

EPC 总承包的基本内容是：进行初步设计（视需要）、详细设计，负责设备材料采购、施工安装和开车指导等。另外，还可以包括许多后续服务。如某建设项目 EPC 总承包招标文件中规定，EPC 总承包的工作范围包括但不限于设计、

制造、采购、运输及储存、建设、安装、调试试验及检查、竣工、试运行、消缺、考核验收、技术和售后服务、人员培训等，同时也包括提供所有必要的材料、备品备件、专用工具、消耗品以及相关的技术资料等。

EPC 总承包可以针对一个建设项目的全部功能系统进行总承包，也可以针对其中某个功能系统进行总承包。如，可以针对一个发电厂进行 EPC 总承包的招标，也可以针对一个现有的火力发电厂的脱硫工艺和装置进行 EPC 总承包的招标。

EPC 总承包又可分为多种类型：
- EPC（max s/c）是 EPC 总承包商最大限度地采用分包的形式来完成建设项目的施工任务，即采用分包的形式将施工任务分包给各个分包商。
- EPC（self-perform construction）是 EPC 总承包商主要靠自己的力量承担工程的设计、采购和施工任务，而只将少量工作由分包商完成。
- EPCm（Engineering、Procurement、Construction management）是指 EPC 总承包商负责建设项目的设计和采购，并负责工程施工的管理。施工承包单位与业主签订施工承包合同，但接受 EPC 总承包商的管理。EPC 总承包商对工程的造价、进度和质量全面负责。

另外，EPC 总承包还有一些其他的发展和变化，主要是承包和服务内容的变化，如设计、采购和施工咨询服务等。

EPC 总承包单位一般通过公开招投标选择，实行总价承包。大型建设项目的 EPC 总承包商通常都是国际大型工程公司，其特点有：
- 拥有人力、物力资源和丰富的工程经验，为工程提供全过程服务，能够高质量、高效率、低成本地完成项目的建设，最大限度地满足业主的需求；
- 建设项目总承包和项目管理的功能齐全，组织管理机构科学、精干、高效；
- 以六大控制（质量、进度、费用、材料、文件、风险）为主要内容，采用国际先进的模式和先进手段对建设项目实行科学的管理；
- 专业化、集约化和规模化，跨行业、跨国经营，产权结构多元化，营销策略全球化，技术装备现代化，项目管理科学化，低层作业本地化；
- 有较强的融资能力，或以金融机构为后盾；
- 拥有专利技术，或与专利商有密切的合作关系，能反映当代世界先进技术水平。

5.2.6 CM 模式

CM（Construction Management）模式是在北美建筑市场非常流行的工程发包模式。

传统的承发包模式最大的局限在于设计与施工的相互分离，施工单位介入工程项目的时间太迟，使建设周期延长，投资增加。针对传统承发包模式的弱点，通过多年的实践总结和理论研究，在建筑市场中出现了 CM 承发包模式。1968 年，CM 模式在理论上的创始人 Charles B. Thomsen 在研究关于如何加快设计与施工的速度以及如何改进控制方法时，通过对美国国内许多大建筑公司的调查，在综合各方面的经验和体会的基础上，提出了一份题为《Fast Track（快速路径法）》的研究报告。这份报告详细研究了设计与施工如何用创新的发包模式进行充分搭接。

(1) 定义及特征

CM 是英文 Construction Management 的缩写，由于目前还没有确切的中文翻译，因此这里直接称为"CM 模式"。CM 模式是由业主委托 CM 单位，以一个承包商的身份，采取"快速路径法"的生产组织方式，来进行施工管理，直接指挥施工活动，在一定程度上影响设计活动的承发包模式。CM 单位与业主的合同通常采用"成本 + 酬金（Cost Plus Fee）"计价方式。

CM 模式的特征体现在以下几个方面。

1) 采用"快速路径法"的生产组织方式

CM 的基本指导思想是缩短建设周期，其生产组织方式是采用"快速路径法"，即设计一部分，招标一部分，施工一部分，实现有条件的"边设计、边施工"。

2) 新型的管理角色

由于管理工作的相对复杂化，要求业主委托一家单位来担任这一新的管理角色。该单位的基本属性是承包商，但它既区别于施工总承包，也不同于项目总承包，而是一种新型的建设管理模式。

3) 有利于设计优化

CM 班子的早期介入，改变了传统承发包模式设计与施工相互脱离的弊病，使设计人员在设计阶段可以获得有关施工成本、施工工艺、施工方法等方面的建议，在一定程度上有利于设计优化。

4) 减少设计变更

由于设计与施工的早期结合，设计在施工上的可行性在设计尚未完全结束时已逐步明朗，因此使设计变更在很大程度上减少。

5) 有利于合同价格的确定

施工招标由一次性工作被分解成若干次进行，施工合同价也由传统的一次确定改变成分若干次确定。有一部分施工图完成即进行该部分招标、确定该部分合同价，因此从该方面来说合同价的确定较有依据。

6) "成本 + 利润"的取费方式

由于 CM 单位与业主签约时设计尚未结束，因此 CM 合同价通常既不采用单价合同,也不采用总价合同,而采用"成本+利润"方式,即 CM 单位向业主收取其工作成本,再加上一定的利润。CM 单位不赚总包与分包之间的差价,它与分包商的合同价对业主是公开的。

(2) CM 模式的合同结构

CM 模式可分为 CM/Non-Agency(CM/非代理型)模式和 CM/Agency(CM/代理型)模式。

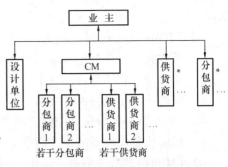

图 5-12 CM/Non-Agency 合同结构
注:* 为业主自行采购和分包的部分

1) CM/Non-Agency 模式的合同结构

CM/Non-Agency 模式的合同结构如图 5-12 所示。

CM/Non-Agency 合同结构的特征主要包括以下几点:

- 业主与 CM 单位签订 CM 合同,而与大部分分包商/供货之间无直接的合同关系(除业主自行采购和自行分包之外),因而对业主来说,合同关系简单,对各分包商和供货商的组织协调工作量较小。
- CM 单位与各分包商签订分包合同,与供货商签订供货合同。对 CM 单位来说,与分包商/供货商签约,一方面增加了 CM 单位对分包商/供货商的管理强度,另一方面也增加了 CM 单位的工作量,同时加大了 CM 单位的管理责任风险。
- CM 单位介入项目时间较早,CM 合同不需要等施工图出之后才签。
- CM 合同形式一般采用"成本+利润"方式。CM 单位与分包商每签一份合同,才确定该分包合同价,而不是事先把总造价包死,因此与施工总承包模式有很大的区别。
- CM 单位对各分包商的资格预审、招标、议标以及签约,都必须经过业主的确认才有效(在特殊情况下,若业主有要求,CM 与分包商的合同价款也可以由业主直接支付)。另外,业主还可向 CM 单位指定与其签约的分包商或供货商。
- CM 单位与设计单位之间没有合同关系。但是 CM 单位在采用 Fast-Track 方法加速建设周期时,必须与设计单位紧密协调。由于 CM 单位的早期介入,可以从施工方法和施工成本的角度向设计者提供合理化建议。但是,如 CM 单位与设计单位之间产生矛盾,仍需要由业主进行协调。

2) CM/Agency 的合同结构

CM/Agency 的合同结构如图 5-13

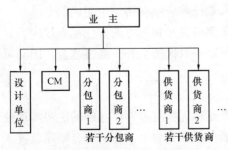

图 5-13 CM/Agency 合同结构

所示。

与 CM/Non-Agency 模式相比，CM/Agency 合同结构具有以下特点。

- 业主直接与各分包商或供货商签订合同，与 CM/Non-Agency 相比，对业主来说，它所签合同数量明显增加。因此业主合同管理的工作量以及组织协调工作量将大大增加。
- CM 单位与各分包商或供货商之间没有合同关系，因此 CM 单位所承担的风险比非代理型减少，而业主承担的风险较大。
- CM 单位的身份是进行实质性施工管理，它将不直接从事施工活动。

5.2.7 施工联合体承包和施工合作体承包

(1) 施工联合体的含义

联合体即英文中的 Joint Venture，它的应用很广，可以用于联合承担设计任务、施工任务、供货任务、项目管理任务以及其他咨询服务等。

联合体是一种临时性的组织，是为承担某个建设项目的某项特定工程任务而成立的，工程任务结束后，联合体自动解散。施工联合体就是为承担某个建设项目的某项施工任务而成立的临时性联合组织。

国家计委、建设部等七部委发布的《工程建设项目施工招标投标办法》(2003 年 5 月 1 日起施行) 中第四十二条规定："两个以上法人或者其他组织可以组成一个联合体，以一个投标人的身份共同投标。"第四十四条规定："联合体各方必须指定牵头人，授权其代表所有联合体成员负责投标和合同实施阶段的主办、协调工作，并应当向招标人提交由所有联合体成员法定代表人签署的授权书。"第四十五条规定："联合体投标的，应当以联合体各方或者联合体中牵头人的名义提交投标保证金。以联合体中牵头人名义提交的投标保证金，对联合体各成员具有约束力。"

联合体内部的管理，应该由联合体各方组成一个管理委员会，形成决策机制。管理委员会负责协调联合体各方的关系，讨论确定项目经理的人选。项目经理是项目层的管理者，负责建设项目的目标控制和日常管理工作，是对外的代表，业主对建设项目的各项指令均通过项目经理贯彻执行。

项目经理和项目牵头人的权利、义务和责任等应该在协议中明确。

许多国家有关于联合体的合同条例，条例对盈亏和各方的责任都有规定。

联合体之所以能够联合合作，是因为可以采取优势互补，强强联合，因而可以具有更强的竞争力。

(2) 联合体的投入和利益分配

联合体各方的投入，可以根据各方的特点和优势决定，以互补的优势实现整体的竞争力。比如 A 公司的技术力量强就投入技术力量，B 公司资金雄厚就投入资金等。

联合体的经济分配可以根据投入资源的价值（即按照投入的量占合同金额的百分比）进行分配，也可以协商确定百分比。投入百分比可以根据人工费、机械费、资金及利息等计算投入比重，从而确定各个单位的投入比例。比如，A公司的投入百分比为40%，赢利了可以得到利润的40%，而亏损了也要赔40%。当然，也可以不按照投入百分比计算盈亏分配比例。比如，B公司的投入百分比是50%，但它不愿承担风险，可以约定盈利了分配10%，亏损了也赔10%。前者，盈亏责任与投入百分比是一致的，后者盈亏责任与投入不一致，但盈和亏的责任是一致的，利益与风险对等。

通常情况下，牵头公司是投入比例（持股比例）最大的公司，并要收取履约金额的0.5%~5%作为牵头费。该费用可以根据建设项目的大小决定，但原则上合同金额越大，牵头费占合同金额的比例应该越低。

(3) 施工联合体的特点

从承包的角度看，采用施工联合体承包可以发挥各家的优势，主要优点在于：

- 某个建设项目的规模太大，超出一个公司正常的承包能力，为了分散风险，采取联合形式；
- 两个以上公司联合，能够获得更多的担保额度；
- 由不同专业的公司组合形成专业齐全的联合体可以拓宽业务渠道和项目来源，如以土木工程承包为主的公司与以机械设备承包为主的公司联合起来就可以承担一个电厂建设项目的承包；
- 优势互补的联合还可以表现为：一个公司在当地有丰富经验或者有基地，而另一个公司则有特殊的专业技术；或者一个外国公司寻找当地与政府有良好密切关系的公司进行联合。

跨国承包商在其本国和他国，为能有机会承担大型工程，与本国或其他国家承包商联合参与承包的做法，已被国际上认为是增强竞争力、分散风险最为有效的手段。对总投资达1608亿港币的香港新机场工程按合同金额大小分类统计，如表5-1所示。从统计分析结果来看，合同金额达5亿港币的项目，承包商联合的比例已达到半数；合同金额达10亿港币的项目，联合比例超过80%；而对于合同金额超过20亿港币的项目，联合比例几乎为100%。这说明在国际承包市场上承包商联合承担大型工程已具有相当的普遍性。

香港新机场工程联合承包的比例　　　　表5-1

合同金额 （百万港币）	项目数量	联合承包	联合承包占项目数量百分比
0~50	80	7	8.59%
50~100	19	3	15.79%

续表

合同金额 （百万港币）	项目数量	联合承包	联合承包占项目数量百分比
100～200	34	10	29.41%
200～500	28	12	42.86%
500～1000	17	9	52.94%
1000～2000	11	9	81.82%
2000～5000	6	5	83.33%
5000～11000	4	4	100%
总　　数	199	59	29.15%

从业主的角度看，一是可以分散风险，联合体中任何一家公司倒闭，其他成员必须承担其经济责任；二是组织协调与管理比较简单。因此，对承发包双方都有利。

如果施工期间联合体中有一家公司倒闭了，所引起的经济责任由联合体中的其他成员承担。由于要承担连带责任，因此每个单位参加联合体或选择合作单位时都很慎重。

(4) 联合体协议

联合体协议，分标前协议和正式联合协议。

联合体的标前协议是项目联合的第一步。在该阶段，拟参与项目的联合体比较多，大型国际工程大多要先进行资格预审，资格预审后的公司或联合体参加下一轮竞标，所以标前协议只是作为原则意向性协议，充分体现出原则性就足够了。

正式联合协议是保证联合承包大型国际工程项目成功的关键。正式联合协议是联合体各方对建设项目的内容、可能的风险都有了足够的了解和认识后，通过协商形成的，它是联合体各方在标前和中标后履行合同的惟一的法律文件，所以它要比标前协议详细得多。

正式联合协议的确定应在投标定价前，而不是中标后再协商签署，这是项目商业行为所决定的。不论联合体是否会中标，正式联合协议应该在正式递交标书前签署。如中标后协商签署，达成协议的空间会大大减少。

有经验的业主在招标文件中，会要求联合体在递交投标文件的同时递交正式联合协议。如联合协议不能起到法律的约束作用，联合体将不会被考虑授予合同。

(5) 施工合作体

合作体即英文中的 Consortium，即合作、合伙、联合的意思。施工合作体在形式上和合同结构上与施工联合体一样，但是实质有所区别，主要体现在以下几个方面。
- 参加合作体的施工单位都没有足够的力量完成工程，都想利用合作体，他们之间既有合作的愿望，但彼此又不够信任。
- 各成员公司都投入完整的施工力量，每家单位都有人员、机械、资金、管理人员等。
- 其分配办法相当于内部分别独立承包，按照各自承担的工程内容核算，自负盈亏。
- 根据内部合同，某一家公司倒闭了，其他成员单位不承担其经济责任风险，而由业主负责。
- 由于是一个合作体，所以能够互相协调。
- 适用于那些工作范围可以明确界定的建设项目。

5.2.8 工程管理委托的模式

在国际上，业主方的项目管理方式主要有三种可能：
- 业主方自行项目管理；
- 业主方委托项目管理咨询公司承担全部业主方项目管理的任务，即业主方委托项目管理；
- 业主方委托项目管理咨询公司与业主方人员共同进行管理，即业主方与项目管理咨询单位合作进行项目管理。

（1）业主方自行项目管理

所谓业主方自行项目管理，即业主自行组建项目管理班子，自己编制设计任务要求，直接组织设计、施工，采购材料和设备，完成项目管理的所有工作，包括项目实施全过程中的投资控制、进度控制、质量控制、安全管理、合同管理、信息管理以及组织与协调工作。

为了完成各项项目管理工作，业主必须组建与建设项目的管理相适应的部门和机构，拥有专业齐全的项目管理人员，建立规范的管理制度和管理工作流程，进行明确的工作任务分工和管理职能分工，采用科学的项目管理方法。

业主方组建的项目管理班子与外部单位的关系如图5-14所示。

业主方自行项目管理的特点主要有以下几个方面：
- 业主对工程建设和管理具有较强的主动权和控制权。
- 业主方的项目管理班子人数多，规模大，特别是对于某些大型建设项目，由于建设项目的规模大、技术复杂、工期长等因素，业主方自行项目管理往往需要配备大量的项目管理人员，如某地铁工程建设，建设指挥部的管理人员最多时超过千人。这么多人参与项目管理，不仅业主方自身的人力资源管理有困难，如果项目建设完成后人员解散，则人员的安置也会有许多困难和矛盾。

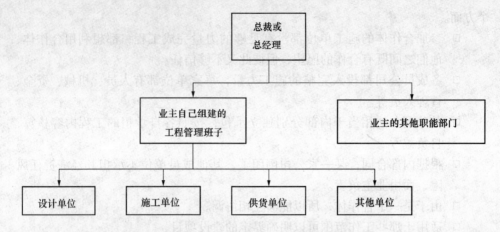

图 5-14 业主方自行项目管理的组织结构示意图

- 许多建设项目中，业主管理班子的人员多数属于临时招聘，其能力、经验和水平在短时间内很难体现出来，而如果中途发现问题再更换人员则会对建设项目造成影响。即使所有的人员都非常有能力胜任管理工作，但众多人员之间的合作也需要一个磨合过程。
- 在建设项目的实施期往往需要大量项目管理人员，而项目建成后又解散，因此往往只有一次教训，不利于积累经验，不利于形成专业管理队伍。

对于有些业主，由于已经形成了完善的专业化项目管理机构，具有丰富的项目管理经验，自己完全有能力进行项目管理，则不必委托其他单位进行项目管理。

对于有些建设项目，尽管业主没有同类建设项目的建设经验，但社会上也缺乏对同类建设项目具有丰富经验的项目管理咨询单位，也可以采取业主自行管理方式。但业主应该组建比较强的管理队伍，并聘请有关技术和管理等专家作为顾问，参与并协助项目管理，在共同的参与中使业主人员得到培养、锻炼和提高。如大亚湾核电站和岭澳核电站的建设，业主都实行了自行项目管理模式，项目取得了很大成功。

在国内的工程实践中，多数建设单位都采取自行项目管理模式。即使根据有关规定和要求，在施工阶段委托工程监理单位进行现场监督管理，但在设计阶段、招标阶段、施工阶段、安装调试和保修阶段的主要项目管理任务都是由建设单位自己组织完成。

过去我国对大型建设项目广泛采用工程建设指挥部形式来组织和管理，是自行项目管理的典型模式。而目前推行的建设项目法人负责制中，多数建设项目法人也采取自行组建项目管理班子进行项目管理的方式。

(2) 业主方委托项目管理

1) 业主方委托项目管理的含义

所谓业主方委托项目管理，即业主将建设项目管理的所有任务全部委托给项目管理咨询公司承担，其组织结构如图 5-15 所示。

需要说明的是，在委托项目管理模式中，业主并不是甩手不管，什么都不做，业主仍然要有相应的项目管理部门和人员。这种模式与自行项目管理模式的不同点主要是，业主将项目管理的任务全部委托给了项目管理咨询公司，由项目管理咨询公司负责组建项目管理班子对建设项目的投资控制、进度控制、质量控制、合同管理、信息管理、组织与协调等全面管

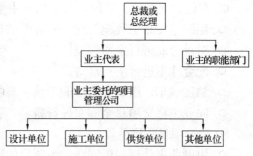

图 5-15 业主委托项目管理的组织结构示意图

理。业主不参与具体的项目管理工作，主要进行决策和确认，提供各种条件。业主的部门可以相应简单化，人员也可以大幅度精简。

2) 项目管理单位的任务分工

① 在建设项目决策阶段，负责或者组织开展以下工作：
- 建设项目的机会研究；
- 可行性研究；
- 建设项目评估；
- 为建设项目的决策、立项而需要的其他工作。

② 在建设项目设计阶段，负责以下主要工作：
- 编制项目建设实施方案；
- 协助业主完成向政府部门相关报批工作；
- 协助业主确定项目定义；
- 编制设计任务要求；
- 协助业主确定技术定义及设计基础；
- 进行资源（技术、人力、资金、材料）评价；
- 进行风险分析并制定管理策略；
- 协助业主选择专利技术；
- 审查专利商提供的工艺包设计文件；
- 组织委托项目总体设计、装置基础设计、项目初步设计和施工图设计；
- 审查设备、材料供货厂商名单；
- 提出项目设计应统一遵循的标准、规范和规定；
- 提供项目融资方案，协助业主完成融资工作；
- 制定分包策略，编制招标文件；

- 对投标商进行资格预审；
- 完成招投标和评标工作；
- 协助业主与工程承包公司进行合同谈判与签约。

③ 在建设项目施工阶段，负责以下主要工作：
- 编制并发布工程施工应统一遵循的标准、规范和规定；
- 对承包商进行全面管理；
- 配合业主进行生产准备；
- 参加试车，组织装置性能考核、验收；
- 向业主移交项目全部文件资料。

④ 建设项目收尾阶段：
- 协助业主处理遗留问题，为项目的终结提供相关服务。

3) 业主的任务分工

在建设项目决策和实施阶段，关于建设项目的技术、经济、管理和组织的规划、协调和控制等的具体工作主要由项目管理咨询单位完成，业主的主要任务是提出有关要求，进行有关的决策、审核、确认和检查等，具体有以下几个方面：
- 提出项目概念和构思，目的和要求；
- 负责项目定义和项目实施方案等的决策；
- 负责项目报批；
- 负责征地拆迁；
- 负责审核有关计划、标准、规定等；
- 检查各个参与单位的工作；
- 负责实施过程中的有关决策；
- 签订有关合同；
- 根据有关合同和项目管理机构的审核意见支付各种款项。

需要说明的是，在委托项目管理模式中，项目管理咨询单位提供项目管理服务，其工作性质是咨询服务（实质性的管理咨询），不是承包。根据国际惯例，项目管理咨询单位为业主的利益开展工作，但并不是业主的代理。

国际上，特别是工业发达国家，社会分工比较明确和细致，采用委托项目管理模式的情况比较普遍，历史也比较长，并已经形成了比较规范和成熟的操作模式。但是，并没有法规规定必须采取委托项目管理模式。在市场经济条件下，也并不是所有的工程都采用委托项目管理模式，采用什么模式完全由业主自行决定。

在国内的工程实践中，以前采用这种模式的情况比较少见，最近十多年以来，许多建设项目倾向于按照国际惯例进行管理，越来越多的建设项目在尝试采用委托项目管理模式，例如某市地铁×号线就采取了这种模式，业主委托国际著名的项目管理咨询公司负责全过程的项目管理，其组织结构如图5-16所示。

5.2 建设项目采购的基本模式

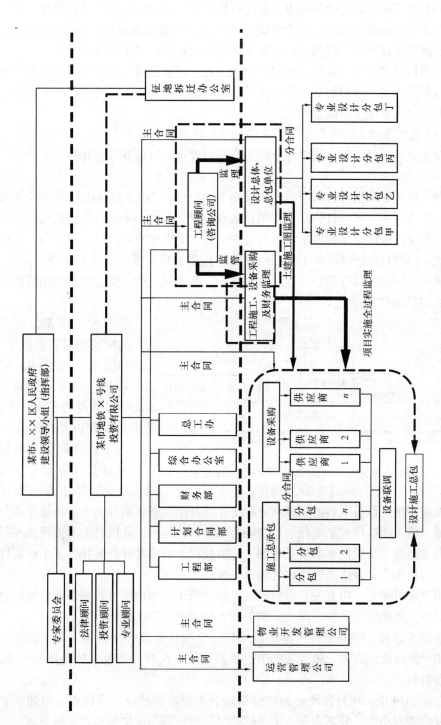

图 5-16 某市地铁 x 号线建设管理组织结构图

根据建设项目的规模和特点，业主可以委托一个单位对工程进行管理，也可以委托多个单位进行管理。多个单位可以组成一个联合体或者合作体进行管理，也可以按照建设项目的结构分解，每个单位分别负责不同子项目的管理。

对项目管理任务的委托也可以分阶段进行，比如在设计阶段可以专门委托一个项目管理咨询公司帮助业主进行设计阶段管理，在施工阶段另委托一个项目管理咨询公司负责施工阶段管理。

(3) 业主方和工程咨询单位合作进行项目管理

业主方与项目管理咨询单位合作进行项目管理，可以有以下几种可能的合作形式。

第一种，在业主方自行项目管理（图 5-14）中，"业主自己组建的项目管理班子"变为由业主和项目管理咨询单位联合组建，形成一个项目管理机构。项目管理咨询单位根据业主的要求和项目管理的需要派出相应的人员，双方的人员在一个统一的项目经理（国际上往往由项目管理咨询单位委派）领导下开展工作，分别承担不同的项目管理任务。双方人员在一起共同工作，但组织结构图的形式不变，如图 5-17 所示。

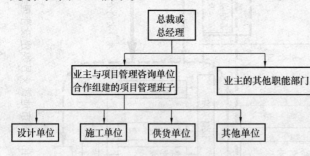

图 5-17 业主与项目管理咨询单位合作项目管理的组织结构示意图

第二种可能是，由业主自己组建项目管理班子，全面负责整个建设项目的组织实施，统筹安排或者完成项目管理的各项任务，其中，可能将几种或几个专门的项目管理任务单独委托项目管理咨询单位完成。比如，将工程施工任务委托或者进口设备采购的招标和评标工作委托给具备资格和能力的招标代理公司完成，将工程造价控制委托造价咨询公司负责，等等。我国目前的工程监理制度，业主将施工阶段的现场质量控制、进度控制、协调等任务委托给了工程监理单位，实质上也是合作进行项目管理的一种形式。

第三种可能是，由业主自己组建项目管理班子，而由项目管理咨询单位作为顾问。这又可能分为两种情况，分别如图 5-18 和图 5-19 所示。

在图 5-18 中，项目管理咨询单位组建一个项目管理顾问机构为业主的项目管理班子整体提供咨询，由业主的项目管理班子负责对外进行各种协调和管理，发布各种指令。

在图 5-19 中，项目管理咨询单位根据业主要求和建设项目需要，组建多个项目管理顾问小组，分别为业主的不同的项目管理部门提供专项咨询服务。

(4) 代建制

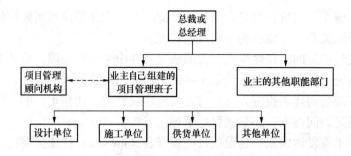

图 5-18　业主方和工程咨询单位合作进行项目
管理的组织结构示意图-1

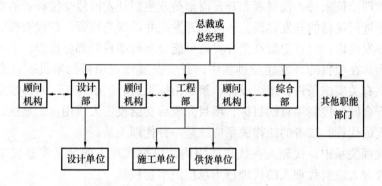

图 5-19　业主方和工程咨询单位合作进行项目
管理的组织结构示意图-2

代建制是指政府或政府授权单位通过招标等方式，选择社会专业化项目管理单位（代建单位），负责政府投资项目的投资管理和建设实施工作，项目建成后交付使用单位的制度。实行代建制的目的是实行建设项目管理专业化，即由专门从事建设项目管理的专业化公司代表业主进行管理，从而提高投资效益，实现由政府作为投资项目的直接生产者和提供者转变为促进者、合作者、管理者和监督者。

投资人、代建单位和项目实施单位（设计、施工、供货单位）之间的合同模式，在各地的实际操作中有两种方式。

方式一，由投资人与代建单位以及具体的项目实施单位分别签订合同。这种情况下，代建单位的地位、作用、权力都会在投资人与实施单位的合同中明确。代建单位与实施单位只有管理关系，没有合同关系，代建单位按照项目总投资的百分比或者固定的金额收取代建费。在这种方式中，投资人不可避免地要进行合同管理以及一定的项目控制工作，与代建单位的工作界面划分容易产生交叉，从而容易产生许多矛盾，也容易失去代建的意义。

方式二，投资人和代建单位签订委托—代理合同，代建单位再与其他实施单位（设计、施工、供货）签订合同。这种情况下，代建单位与实施单位既有管理关系又有合同关系，比较有利于项目的管理。

关于代建单位的工作性质在有关的法规文件中未予以明确，而各地方的文件规定又很不统一，行业内的看法也不一致。而提出代建制度的目的，是通过专业化的项目管理公司代表投资人（政府）实施建设管理，代建单位的工作性质究竟是代理，还是顾问咨询，还是项目总承包？

在有些工业发达国家，建设项目的投资者（Investor）往往会委托一个开发商（Developer）对建设项目实施的全过程进行全面管理。投资者和开发商是两个不同的概念，但对项目的其他实施单位，如设计单位、施工承包单位、供货单位以及项目管理单位来说，投资者和开发商都是业主。开发商接受投资者的委托，代表投资者进行项目的开发建设。一般的开发商并不参与投资，只代表投资者进行项目的开发建设，只有少数高级开发商可能会参与项目的部分投资，成为投资人兼开发商。在项目的开发建设过程中，开发商要负责项目的审批，负责征地拆迁，提供有关实施条件，组织设计、组织招标采购、组织施工，对外签定有关合同并履行合同，控制项目的目标，项目完成后交给投资人或用户。显然，开发商是投资人的代理，二者的法律关系应该是一种代理关系。

在代理关系中，代理人在代理权限内，以被代理人的名义实施民事法律行为。被代理人应对代理人的代理行为承担民事责任。

代理可以分为委托代理、法定代理和指定代理。委托代理是基于被代理人的委托授权所发生的代理。委托代理人取得代理权，通常要以委托合同和委托授权行为两个法律行为同时有效存在为前提。

根据国际惯例，咨询顾问一般不承担项目实施的责任，通常不进行决策，所以，将代建单位的工作性质确定为咨询顾问似乎不妥。

承包单位从地位上说是建筑产品的生产和供应者，是卖方，而投资人是建筑产品的买方，代建单位代表投资人组织和管理，属于业主一方，不应该属于承包方。项目总承包是一种工程发包模式，即使某个项目实行了代建制，也可以采取项目总承包的发包模式。

5.3 采购方式的发展趋势

（1）采购手段的变化

随着信息技术的不断发展，利用网络平台进行采购招标的各项工作已经成为现实，并将愈来愈得到更加广泛的应用。目前，利用互联网发布招标信息和公告已经非常普遍，而在网上进行资格审查、购买招标文件、递交投标文件等也已经逐渐为人们所接受，由于其具有成本低、速度快、保密性好等特点，将成为项目采购的一个重要的发展方向。

(2) 工程建设管理和工程任务委托模式的变化

近年来，建筑业发生了深刻的变化，对现代工程建设管理的模式和工程项目的任务委托和实施模式也产生了深远的影响。

近年来建筑业发生的变化主要体现在：
- 大中型项目投资和经营的私有化进程的发展；
- 业主方更多地希望设计和施工紧密结合，倾向设计＋施工（Design＋Build，或称 Design＋Construction，即中国所称谓的项目总承包）的方式发包；希望建筑业提供形成建筑产品的全过程的服务，包括项目前期的策划和开发，以及设计、施工，以至物业管理（Facility Management）的服务；
- 建筑业在项目融资和经营方面参与程度的加剧；
- 建筑市场的全球化进程和建筑市场竞争的加剧；
- 从机械制造业、汽车工业引进、改变建筑产品生产组织的模式；
- 在设计、施工、建筑材料和建筑设备的技术领域中不断出现创新；
- 建筑公司（即中国所称的建筑施工、安装企业）功能的变化；
- 设计事务所（设计公司），建筑公司和咨询公司内部管理的变化；
- 信息技术的迅速发展对建筑业的影响。

国际建筑业的以上变化对工程项目建设的委托和实施产生了深刻的影响。前面介绍过许多不同类型的承发包模式，如平行承发包、施工总承包、施工总承包管理、项目总承包、项目总承包管理和 CM 模式等。这些模式都局限于项目设计任务的委托和建筑施工、安装任务的发包。对于业主而言，这都属于对建筑产品订货生产的购买活动，它比工业产品购买的组织复杂得多。不熟悉建设项目开发和实施业务的业主几乎无法对付。业主方希望简化建筑产品购买的组织，而又不损害其利益，并希望建筑业能提供范围更宽的服务，由此产生了多种新颖的发包模式，如：
- D＋D＋B（Develop＋Design＋Build），即受委托方负责项目前期决策阶段的策划、设计和施工；
- D＋B＋FM（Design＋Build＋Facility Management），即受委托方负责项目的设计、施工和物业管理；
- F＋P＋D＋B＋FM（Finance＋Procurement＋Design＋Build＋Facility Management），即受委托方负责项目的融资、采购、设计、施工和物业管理。

复习思考题

1. 采购的基本原则是什么？
2. 简述工程招标采购的基本程序。
3. 施工总承包模式的特点有哪些？

4. 施工总承包管理模式的特点有哪些？与施工总承包模式的不同点是什么？
5. 什么是 CM 模式？它适用于什么样的项目？
6. 工程管理委托的模式有哪些？各有什么特点？
7. 采购方式的发展趋势有哪些？

6 建设项目投资控制

投资控制是建设项目管理的一项主要任务,是业主方项目管理的核心工作内容之一。进行建设项目的投资控制,需要了解建设项目投资的构成基础,深刻理解和掌握建设项目投资控制的含义和基本原理,了解建设项目实施过程中各阶段投资控制的任务。建设项目的建设前期和设计阶段对投资费用的影响最大,因而应充分认识这一阶段投资控制的重要意义,将这一阶段作为投资控制的工作重点。为有效地控制投资,需要掌握项目投资规划的编制,掌握投资控制的管理技术和方法。

6.1 建设项目投资控制的含义和目的

建设项目的投资是每个投资者所关心的重要问题,投资控制工作的成效直接影响建设项目投资的经济效益。建设项目投资及其控制贯穿于工程建设的全过程,涉及到工程建设参与各方的利益。

6.1.1 建设项目的投资费用

工程项目的建设是通过投资和建设方的一系列建设管理活动,建筑业的勘察设计和施工等活动,以及其他有关部门的经济和管理等活动来实现的。它包括从项目意向、项目策划、可行性研究、项目决策,到地质勘测、工程设计、工程施工、生产准备和竣工验收等一系列非常复杂的技术、经济和管理活动,既有物质生产活动,又有非物质生产活动。

那么,建设一个工程项目,总共要花多少钱,这是投资者首先必须考虑的事情。建设项目投资一般是由建设投资(或称固定资产投资)和流动资产投资两部分所组成。

建设投资,是指进行一个工程项目的建造所需要花费的全部费用,即从建设项目确定建设意向直至建成竣工验收为止的整个建设期间所支出的总费用,这是保证工程项目建设活动正常进行的必要资金,是建设项目投资中的最主要部分。

流动资产投资是指为维持项目生产经营而占用的全部周转资金。一般人们所说的投资主要是指固定资产投资。实际上,生产经营性的项目还要有一笔有时是数量不小的流动资金的投资。一个工厂建成后,光有厂房、设备和设施还不能运行,还要有一笔钱来购买原料、半成品、燃料和动力等等,待产品卖出以后才能回收这笔资金。建设项目投资估算时,要把这笔投资也考虑在内。

从工程项目的建设以及建设项目管理的角度，投资控制的主要对象是建设投资，一般不考虑流动资产投资的问题。因此，通常仅就工程项目的建设及建设期而言，从狭义的角度，人们习惯上将建设项目投资与建设投资等同，将投资控制与建设投资控制等同。

建设项目投资主要由工程费用和工程其他费用所组成（图6-1）。

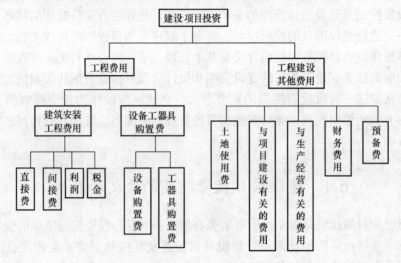

图6-1 建设项目的投资费用组成

(1) 工程费用

工程费用包括建筑工程费用、安装工程费用和设备及工器具购置费用。

1) 建筑工程费用

建筑工程费用，通常是指建设项目设计范围内的建设场地平整、竖向布置土石方等工程费；各类房屋建筑及其附属的室内供水、供热、卫生、电气、通风空调、弱电等设施及管线安装等工程费；各类设备基础、地沟、水池、水塔、栈桥、管架、挡土墙、绿化等工程费；道路、桥梁、水坝、码头和铁路工程费等。

2) 安装工程费用

安装工程费用，通常是指主要生产、辅助生产和公用设施等单项工程中需要安装的工艺、电气、自动控制、运输、供热和制冷等设备或装置安装工程费；各种管道安装及衬里、防腐、保温等工程费；供电、通讯和自控等管线缆安装工程费等。

建筑工程费用与安装工程费用的费用组成相同，两者的合计称为建筑安装工程费用。按我国的现行规定，建筑安装工程费用是由直接费、间接费、利润和税金所组成。如上所述，它包括用于建筑物的建造及有关准备和清理等工程的费用；用于需要安装设备的安置和装配工程的费用等，是以货币表现的建筑安装工程的价值，其特点是必须通过兴工动料和追加活劳动才能实现。

3）设备及工器具购置费用

设备及工器具购置费用，是指建设项目设计范围内的需要安装和不需要安装的设备、仪器和仪表等，以及必要的备品备件购置费；为保证项目投产初期正常生产所必需的仪器仪表、工卡量具、模具器具和生产家具等的购置费等。生产性建设项目的生产能力，主要是通过设备及工器具购置费用实现的。因此，设备及工器具购置费用占建设项目投资费用比例的提高，标志着技术进步和生产部门有机构成的提高。

(2) 工程其他费用

工程其他费用或称工程建设其他费用，是指由建设项目投资支付的，为保证工程建设顺利进行和交付使用后能够正常发挥效用而必需开支的费用。按费用支出的性质，工程其他费用一般可分为以下几类：

第一类为土地使用费，包括土地征用费、迁移补偿费和土地使用权出让金等。

第二类是与工程项目建设有关的费用，包括建设单位管理费、勘察设计费、研究试验费、临时设施费、工程监理费、工程保险费、配套工程费、引进技术与进口设备其他费等。

第三类是与项目建成以后生产经营有关的费用，包括联合试运转费、生产准备费、办公和生活家具购置费等。

第四类为预备费，包括基本预备费和造价调整预备费等。

第五类是财务费用，包括建设期贷款利息以及涉及固定资产投资的其他税费等。

6.1.2 建设项目投资控制的含义

建设项目投资控制是指以建设项目为对象，为在投资计划值内实现项目而对工程建设活动中的投资所进行的规划、控制和管理。投资控制的目的，就是在建设项目的实施阶段，通过投资规划与动态控制，将实际发生的投资额控制在投资的计划值以内，以使建设项目的投资目标尽可能地实现。

投资控制并不是说要使建设项目的投资越小越好，而是指在满足建设项目的功能要求和使用要求的前提下，通过控制的措施，在计划投资范围内，使项目投资得到控制。投资控制的目标是充分利用有限的资源，使工程项目的建设获得最佳效益和增值。

建设项目投资控制主要由两个并行、各有侧重又相互联系和相互重迭的工作过程所构成，即建设项目投资的规划过程与建设项目投资的控制过程。在建设项目的建设前期，以投资的规划为主；在建设项目实施的中后期，投资的控制占主导地位。

(1) 投资的规划

投资的规划,主要就是指确定或计算建设项目的投资费用,以及制定建设项目实施期间投资控制工作方案的工程管理活动,主要包括进行投资目标论证分析、投资目标分解、制定投资控制工作流程、投资目标风险分析、制定投资控制工作制度及有关报表数据的采集、审核与处理等一系列控制工作和措施。

依据建设程序,建设项目投资费用的确定与工程建设阶段性的工作深度相适应(图6-2)。在建设项目管理的不同阶段,投资的规划工作及主要内容如下:

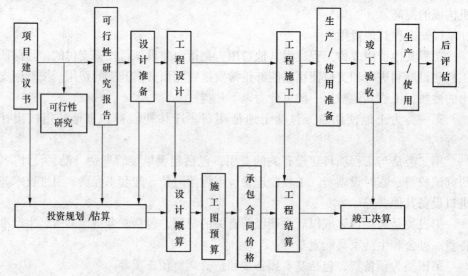

图6-2 建设程序和各阶段投资费用的确定

1)在设计准备阶段,通过对投资目标的风险分析、项目功能与使用要求的分析和确定,编制建设项目的投资规划,用以指导设计阶段的设计工作以及相应的投资控制工作。

2)在工程设计阶段,以投资规划控制方案设计阶段和初步设计阶段的设计工作,编制设计概算。以投资规划和设计概算控制施工图设计阶段的设计工作,编制施工图预算,确定工程承包合同价格等。

3)在工程施工阶段,以投资规划、施工图预算和工程承包合同价格等控制工程施工阶段的工作,编制资金使用计划,以作为施工过程中进行工程结算和工程价款支付的计划目标。

(2)投资的控制

投资的控制,就是指在建设项目的设计准备阶段、设计阶段、施工阶段、动用前准备阶段和保修阶段,以规划的计划投资为目标,通过相应的控制措施将建设项目投资的实际发生值控制在计划值范围以内的工程管理活动。

对建设项目投资进行控制,是运用动态控制原理,在工程项目建设过程中的不同阶段,经常地、定期或不定期地将实际发生的投资数与相应的计划投资目标值进行比较，若发现建设项目实际投资值偏离目标值，则需采取纠偏措施，包括组织措施、经济措施、技术措施、合同措施和信息措施等，纠正投资偏差，保证建设项目投资总目标尽可能的实现。

1）在设计准备阶段，根据拟建工程项目的功能要求和使用要求，做出项目定义，包括项目投资定义。并按建设项目规划的要求和内容，以及项目分析和研究的不断深入，逐步地将投资规划值和投资估算的误差率控制在允许的范围之内。

2）在工程设计阶段，运用设计标准和标准设计、价值工程和限额设计方法等，以投资规划和批准的投资估算为计划投资的目标值控制初步设计。如果初步设计阶段的设计概算超出投资估算（包括允许的误差范围），则应对初步设计的设计结果进行修改和调整。

进入施工图设计阶段，应以投资规划和批准的设计概算为控制目标，应用价值工程和限额设计等方法，控制施工图设计工作的进行。如果施工图设计阶段的施工图预算超过设计概算，则说明施工图设计的内容突破了初步设计所确定的设计原则，因而应对施工图设计的设计结果进行修改和调整。

在工程施工招标阶段，以工程设计文件（包括设计概算或施工图预算文件）为依据，结合工程施工的具体条件，如现场条件、市场价格和招标方的特殊要求等，编制招标文件，选择合适的合同计价方式，确定工程承包合同价格。

通过对工程设计过程中形成的项目投资费用的层层控制，以实现建设项目设计阶段的投资控制目标。

3）在工程施工阶段，以施工图预算和工程承包合同价格等为控制目标，通过工程计量、工程变更控制和工程索赔管理等方法，按照承包方实际完成的工程量，严格确定施工阶段实际发生的工程费用。以工程承包合同价格为基础，考虑设计中难以预计的而在施工阶段实际发生的工程和费用，合理确定工程结算，控制实际工程费用的支出。

4）在工程竣工验收阶段，全面汇集在工程项目建设过程中实际花费的全部费用，编制竣工决算，如实体现建设项目的实际投资，总结分析工程建设管理经验，积累技术经济数据和资料，以提高建设项目投资控制的水平。

5）在工程保修阶段，根据工程承包合同，协助处理项目使用期间出现的各种质量问题，选择相关的处理方案和方式，合理确定工程保修费用。

6.1.3 建设项目投资控制的原理

建设项目投资控制的目的和关键，是要保证项目投资目标尽可能好地实现。投资的规划为工程项目的建设制定了计划的目标和控制的实施方案，可以说，投资规划为建设项目建起了一条通向投资目标的理论轨道。当建设项目进入实质性启动阶段以后，项目的实施就开始进入预定的计划轨道，这时，投资控制的中心活动就变为投资目标的控制。

项目控制是保证组织的产出和规划一致的一种管理职能。如果建设项目没有投资目标，投资规划就无从谈起，也就不存在项目轨道，项目的实施便会漫无目的和边际，更谈不上如何去进行建设项目投资的控制。另一方面，如果每一个建设项目的投资规划都是那么完美，或建设项目实施的环境和条件如预料的一样一成不变，以致建设项目实施中任何的实际进展都完全与计划相吻合，则自然不需要作任何的控制也就实现了投资目标。但是，实际情况并非如此，建设项目具有一次性和独特性，每一个项目都是新的，对其进行管理和控制，只能借鉴类似建设项目的成功经验但绝不能模仿。"计划是相对的，变化是绝对的；静止是相对的，变化是绝对的"是建设项目管理的哲学，这并非是否定规划和计划的必需性，而是强调了变化的绝对性和目标控制的重要性。

事实上，由于项目规划人员自身的知识和经验有限，特别是在建设项目实施过程中，项目的内部条件和客观环境等都会发生变化，如工程范围的变化、项目资金的限制、未曾预想的恶劣天气的出现、政策法规的调整和物价的大幅度波动等，使得建设项目不会自动地在正常的计划轨道上运行。在建设项目管理实践中，尽管人们在不少项目上进行了良好的投资规划和有效的组织工作，但由于忽视了项目控制，最终未能成功地实现预定的投资目标。因此，建设项目投资控制成败与否，很大程度上取决于投资规划的科学性和目标控制的有效性。

（1）遵循动态控制原理

建设项目投资控制应遵循动态控制原理。在工程项目建设中，投资的控制是紧紧围绕投资目标的控制，这种目标控制是动态的，贯穿于建设项目实施的始终。

随着建设项目的不断进展，大量的人力、物力和财力投入项目实施之中，此时应不断地对项目进展和投资费用进行监控，以判断建设项目进展中投资的实际值与计划值是否发生了偏离，如发生偏离，须及时分析偏差产生的原因，采取有效的纠偏措施。必要的时候，还应对投资规划中的原定目标进行重新论证。从工程进展、收集实际数据、计划值与实际值比较、偏差分析和采取纠偏措施，又到新一轮起点的工程进展，这个控制流程应当定期或不定期的循环进行，如根据建设项目的具体情况可以每周或每月循环地进行这样的控制流程。

按照动态控制原理，建设项目实施中进行投资的动态控制过程，应做好以下几项控制工作。

1）对计划的投资目标值的分析和论证

由于主观和客观因素的制约，建设项目投资规划中计划的投资目标值有可能难以实现或不尽合理，需要在项目实施的过程中，或合理调整，或细化和精确化。只有建设项目投资目标是合理正确的，投资控制方能有效。

2）投资发生的实际数据的收集

收集有关投资发生或可能发生的实际数据,及时对建设项目进展做出评估。没有实际数据的收集,就无法了解和掌握建设项目投资的实际情况,更不能判断是否存在投资偏差。因此,投资实际数据的及时、完整和正确是确定有无投资偏差的基础。

3) 投资目标值与实际值的比较

比较投资目标值与实际值,判断是否存在投资偏差。这种比较也要求在建设项目投资规划时就对比较的数据体系进行统一的设计,从而保证投资比较工作的有效性和效率。

4) 各类投资控制报告和报表的制定

获取有关项目投资数据的信息,制定反映建设项目计划投资、实际投资、计划与实际投资比较等的各类投资控制报告和报表,提供作为进行投资数值分析和相关控制措施决策的重要依据。

5) 投资偏差的分析

若发现投资目标值与实际值之间存在偏差,则应分析造成偏差的可能原因,制定纠正偏差的多个可行方案。经方案评价后,确定投资纠偏方案。

6) 投资偏差纠正措施的采取

按确定的控制方案,可以从组织、技术、经济、合同等各方面采取措施,纠正投资偏差,保证建设项目投资目标的实现。

(2) 分阶段设置控制目标

控制是为实现建设项目的目标服务的,一个系统若没有目标,就不需要也无法进行控制。投资控制目标的设置应是严肃的,应有科学的依据。但是,工程项目的建设过程是一个周期长、投资大和综合复杂的过程,投资控制目标并不是一成不变,在不同的建设阶段投资目标可能不同。因此,投资的控制目标需按建设阶段分阶段设置,且每一阶段的控制目标值是相对而言的,随着工程项目建设的不断深入,投资控制目标也逐步具体和深化,如图6-3所示。

前已述及,人们在一定时间内占有的经验和知识是有限的,不但常常受到科学条件和技术条件的限制,而且也受着工程项目建设过程的发展及其表现程度的限制,因而不可能在建设项目的伊始,就能设置一个非常详细和一成不变的投资控制目标。因为在此时,人们通常只是对拟建的工程项目有一概括性的描述和了解,因而也就只能据此设置一个大致的比较粗略的投资控制目标,这就是投资估算。随着工程项目建设的不断深化,即从工程项目的建设概念到详细设计等的完成,投资的控制目标也将一步步地不断清晰和准确,这就是与各建设阶段对应的设计概算、施工图预算、工程承包合同价格以及资金使用计划等。

因此,建设项目投资控制目标的设置应是随着工程项目建设实践的不断深入而分阶段设置。具体来说,在方案设计和初步设计阶段的投资控制目标,是建设项目的投资估算;在技术设计和施工图设计阶段,建设项目投资的控制目标是设

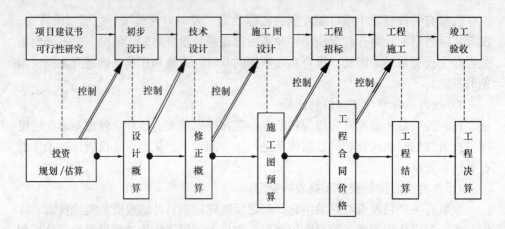

图6-3 分阶段设置的投资控制目标

计概算；施工图预算或工程承包合同价格则应是工程施工阶段投资控制的目标值。由此可见，这里所谓的投资目标是相对的，某一投资值相对前一阶段而言是实际值；相对后一阶段来说又是目标值。在各建设阶段形成的投资控制目标相互联系、相互补充又相互制约，前者控制后者，即前一阶段目标控制的结果，就成为后一阶段投资控制的目标，每一阶段投资控制的结果就成为更加准确的投资的规划文件，其共同构成建设项目投资控制的目标系统。从投资估算、设计概算、施工图预算到工程承包合同价格，投资控制目标系统的形成过程是一个由粗到细、由浅到深和准确度由低到高的不断完善的过程，目标形成过程中各环节之间相互衔接，前者控制后者，后者补充前者。

(3) 注重积极能动的主动控制

按照动态控制原理，在工程进展过程中，通过将计划的投资目标值与实际值进行比较，若发现实际投资偏离目标时，则应分析产生偏差的原因，制定相应措施，纠正偏差。随后，建设项目将继续按规划实施，进入新一轮的控制循环，即随着工程的不断向前进展，又需进行计划投资与新产生的实际投资的比较，当两者又出现偏差，就需采取新的投资纠偏措施。这种基于调查——分析——决策的偏离——纠偏——再偏离——再纠偏的控制方法，只能发现偏离，揭示存在的问题，不能预防可能发生的投资偏差，因而这种控制是被动的。被动控制是建设项目投资控制最常用和最主要的方法，在整个建设过程中贯彻始终，对建设项目的投资控制具有重要意义。

但是，当一个建设项目产生了投资偏差，或多或少会对工程的建设产生影响，或造成一定的经济损失。因此，在经常大量地运用投资被动控制方法的同时，也需要注重投资的主动控制问题，将投资控制立足于事先主动地采取控制措施，以尽可能地减少以至避免投资目标值与实际值的偏离。这是主动的和积极的投资控制方法，也就是说，在进行建设项目投资控制时，不仅需要运用被动的投资控制方法，更需要能动地影响建设项目的进展，时常分析投资发生偏离的可能性，采取积极和主动的控制措施，防止或避免投资发生偏差，主动地控制建设项目投资，将可能的损失降到最小。

(4) 采取多种有效控制措施

要有效地控制建设项目的投资，应从组织、技术、经济、合同与信息管理等多个方面采取措施，尤其是将技术措施与经济措施相结合，是控制建设项目投资最有效的手段。

投资控制虽然是与费用打交道，表面上看是单纯的经济问题，其实不然。建设项目的投资与技术有着密切的关系，建设项目的功能和使用要求、土地使用、建设标准、设计方案的优劣、结构体系的选择和材料设备的选用等，无不涉及建设项目的投资问题。因此，工程建设迫切需要解决的问题是以提高项目投资效益为目的，在工程建设过程中把技术与经济有机结合，要通过技术比较、经济分析和效果评价，正确处理技术先进与经济合理两者之间的关系，力求在技术先进条件下的经济合理，在经济合理基础上的技术先进，把建设项目投资控制的观念渗透到各项设计和施工技术措施之中。

在某国际机场项目的建设中，项目建设方以科技为先导，坚持以科技为第一支撑的工程建设指导思想，针对面临的一系列问题，投入大量的科研费用，开展了相关课题的研究，有力地支撑了机场项目建设的策划、决策和实施工作，有效地控制住了工程建设投资。为了能在机场软土地基的基础上，确保飞行区地基处理工程施工的一次成功，在工程动工前项目建设方积极又慎重地组织实施了塑料板排水加堆载预压和强夯等四项地基处理试验，为选择正确合理的地基处理方案提供了极为可靠的科学依据。通过对取得的各个试验方案的各项测试数据、技术指标和阶段成果进行仔细验算分析和反复论证比较，最终选定了技术可行、经济合理和工艺简捷的强夯方案，选择了价廉质优的强夯材料，并在随后的施工作业过程中，注意及时发现和解决问题，不断加以充实改进。基于此，该项工程不但保证了质量，缩短了工期，而且还较大幅度地节省了投资。据测算，1000多万元试验费用的投入获得了降低费用12000万元的回报。以现代科学技术为手段，通过大量的科技投入，该国际机场的建设取得了一大批研究、实验和试验成果。科研成果在工程实际中的投入和运用，极大地提高了工程项目建设各阶段和工程各方面工作的科技含量，有效地降低了建设项目的投资。

建设项目投资控制是一项融技术、经济和管理的综合性工作，它对投资控制人员素质的要求就很高，要求具有经济知识、管理知识和技术知识等几个方面的知识。经济方面的知识包括要懂得并能够充分占有数据；能够进行建设项目投资费用的划分；能够进行设计概算和施工图预算等的编制与审核，能够对工程付款进行复核；能进行建设项目全寿命经济分析；能够完成技术经济分析、比较和论证等工作。管理方面的知识包括能够进行投资分解，编制投资规划；具有组织设计方案竞赛的能力；具有组织工程招标发包和材料设备采购的能力；掌握投资动态控制和主动控制等的方法；能够进行合同管理等。技术方面的知识包括具备土木工程、设施设备和工程施工等的技术知识，如建筑、结构、施工、工艺、材料和设备等方面的知识。当然，这些知识不可能集中在一个人身上，投资控制人员首先要了解和掌握这些知识，同时还需要与各方面专业人员结合在一起工作，在相关专门人员的协助下开展投资控制的工作。

(5) 立足全寿命周期的控制

建设项目投资控制，主要是对建设阶段发生的一次性投资进行控制。但是，投资控制不能只是着眼于建设期间产生的费用，更需要从建设项目全寿命周期内产生费用的角度审视投资控制的问题。投资控制，不仅仅是对工程项目建设直接投资的控制，只考虑一次投资的节约，还需要从项目建成以后使用和运行过程中可能发生的相关费用考虑，进行项目全寿命的经济分析，使建设项目在整个寿命周期内的总费用最小。

例如，一些建设项目使用过程中的能源费用、清洁费用和维修保养费用等往往是一笔巨大的费用开销。如果在建设时，略增加一些投资以提高或改进相关的标准和设计，则可以大大减少这些费用的发生，成为节约型的建设项目。

因此，建设项目投资控制并不是单纯地追求投资越小越好，而是应将建设项目的质量、功能要求和使用要求放在第一位，是在满足建设项目的质量、功能和使用要求的前提下，通过控制的措施，使建设项目投资越小越好。也就是说，在工程项目的建设过程中需追求合理投资，该花的钱就应该花，只要是值得，能够使建设项目全寿命周期内的使用和管理最为经济和节约。为此，在进行投资控制时，应根据建设项目的特点和业主的要求，对建设的主客观条件进行综合分析和研究，实事求是地确定一套合理的衡量准则。只要投资控制的方案符合这套衡量准则，能取得令人满意的结果，则投资控制就达到了预期的目的。

6.1.4 建设项目投资控制的任务

在工程项目的建设实施中，投资控制的任务是对建设全过程的投资费用负责，是要严格按照批准的可行性研究报告中规定的建设规模、建设内容、建设标准和相应的工程投资目标值等进行建设，努力把建设项目投资控制在计划的目标值以内。在工程项目的建设过程中，各阶段均有投资的规划与投资的控制等工作，但不同阶段投资控制的工作内容与侧重点各不相同。

(1) 设计准备阶段的主要任务

在建设项目的设计准备阶段，投资控制主要任务是按项目的构思和要求编制投资规划，深化投资估算，进行投资目标的分析、论证和分解，以作为建设项目实施阶段投资控制的重要依据。在此阶段的投资控制工作，是要参与对工程项目的建设环境以及各种技术、经济和社会因素进行调查、分析、研究、计算和论证,参与建设项目的功能定义和投资定义等。

在作出项目建设的投资决策以后,工程项目的建设就进入实施阶段,此时首先是着手开始工程设计的工作。设计阶段建设项目投资的控制是要用项目决策阶段的投资估算,指导工程设计的进行,控制与工程设计结果相对应的投资费用,使设计阶段形成的建设项目投资数值能够被控制在投资估算允许的浮动范围以内。

投资估算是在建设项目的投资决策阶段,确定拟建项目所需投资数量的费用计算文件。与投资决策过程中的各个工作阶段相对应,投资估算也需按相应阶段进行编制。编制投资估算的主要目的,一是作为拟建项目投资决策的依据;二是若决定工程项目的建设以后,则其将成为拟建工程项目实施阶段投资控制的目标值。

(2) 设计阶段的主要任务

在建设项目的设计阶段,投资控制的主要任务和工作是按批准的项目规模、内容、功能、标准和投资规划等指导和控制设计工作的开展,组织设计方案竞赛,进行方案比选和优化,编制及审查设计概算和施工图预算,采用各种技术方法控制各个设计阶段所形成的拟建项目的投资费用。

工程设计一般分为两个设计阶段:初步设计阶段和施工图设计阶段。大型和复杂的项目,工程在初步设计之前,要做方案设计,进行设计方案竞赛,优选方案。对技术上复杂又缺乏设计经验的工程,在初步设计完成之后,可增加技术设计阶段。因此,设计的阶段总体上可划分为方案设计、初步设计、技术设计和施工图设计四个阶段。对应工程的设计阶段,有确定建设项目投资费用的文件:在初步设计阶段,需要编制设计概算;在技术设计阶段,需要编制修正概算;在施工图设计阶段需要编制施工图预算。设计概算、修正概算、施工图预算均是工程设计文件的重要组成部分,是确定和反映工程项目建设在各相应设计阶段的内容以及建设所需费用的文件。

在设计阶段,进行建设项目投资是要以投资估算控制初步设计的工作;以设计概算控制施工图设计的工作。如果设计概算超过投资估算,应对初步设计进行调整和修改。同理,如果施工图预算超过设计概算,应对施工图设计进行调整和修改。通过对设计过程中形成的投资费用的层层控制,以实现拟建工程项目的投资控制目标。要在设计阶段有效的控制投资,需要从多方面采取措施,随时纠正发生的投资偏差。技术措施和技术方法在设计阶段的投资控制中起着极为重要和积极的作用。

建设项目施工准备阶段的投资控制,是以工程设计文件为依据,结合工程施工的具体情况,选择工程承包单位。此阶段投资控制的具体工作包括参与工程招标文件的制定,编制招标工程的标底,选择合适的合同计价方式,评价承包商的投标报价,参加合同谈判,确定工程承包合同价格,参与材料和设备订货的价格确定等。

(3) 施工阶段的主要任务

在建设项目的施工阶段，投资控制的任务和工作主要是以施工图预算或工程承包合同价格作为投资控制目标，控制工程实际费用的支出。在施工阶段，需要编制资金使用计划，合理确定实际投资费用的支出；严格控制工程变更，合理确定工程变更价款；以施工图预算或工程合同价格为目标，通过工程计量，合理确定工程结算价款，控制工程进度款的支付。工程结算是在工程施工阶段施工单位根据工程承包合同的约定而编制的确定应得到的工程价款的文件，其经审核通过后，建设单位就应按此向施工单位支付工程价款。因此，工程结算价款对建设单位而言是真正的实际费用的支出。就投资估算、设计概算、施工图预算甚至是工程合同价格来说，在某种程度均可以理解为是建设项目的计划投资，其作用主要是用于控制而非实际支付，工程的实际费用并不一定按此发生。而工程结算价款则不同，若其计算确定为多少，建设单位就需实际支出多少，其是建设项目实际投资的重要部分。

(4) 竣工验收及保修阶段的主要任务

在建设项目的竣工验收及保修阶段，投资控制的任务和工作包括按有关规定编制项目竣工决算，计算确定整个建设项目从筹建到全部建成竣工为止的实际总投资，即归纳计算实际发生的建设项目投资。整个建设项目的建造完成所需花费支出的实际总投资通过竣工决算最后确定。在此阶段，要以设计概算为目标，对建设全过程中的投资费用及其控制工作进行全面总结，对建设项目的建设与运行进行综合评价。

所有竣工验收的建设项目在办理验收手续之前，必须对所有财产和物资进行清理，编好竣工决算。竣工决算是反映建设项目实际投资和投资效果的文件，是竣工验收报告的重要组成部分。及时和正确地编报竣工决算，对于总结分析工程项目建设过程中的经验教训，提高建设项目投资控制水平以及积累技术经济资料等，都具有重要意义。

在工程的保修阶段，要参与所发生的工程质量问题的处理工作，对由此产生的工程保修费用进行控制。

6.2 设计阶段投资控制的意义和技术方法

建设项目投资控制应贯穿于建设项目从确定建设，直至建成竣工验收及到保修期结束为止的整个建设全过程。在工程建设的各个阶段和各个方面，均有众多的投资控制工作要做，不管是哪一个阶段或哪一个方面的工作没有做好，都会影响建设项目投资目标的实现。但是，工程项目的建设确实是一个非常复杂和周期较长的过程。由于建设项目具有一次性、独特性、先交易、先定价与后生产等基本特点,每一个工程的建设都是按照项目业主的特定要求而进行的一种定制生产活动,因此就投资控制而言,建设项目的前期和在工程的设计阶段的投资控制具有特别重要的意义。

6.2.1 项目前期和设计阶段对投资的影响

项目前期和设计阶段对建设项目投资具有决定作用,其影响程度也符合经济学中的"二八定律"。"二八定律"也叫帕累托定律,是由意大利经济学家帕累托(1848—1923)提出来的。该定律认为,在任何一组东西中,最重要的只占其中一小部分,约为20%;其余80%尽管是多数,却是次要的。在人们的日常生活中尤其是经济领域中,到处呈现出"二八定律"现象。"二八定律"的重点不在于百分比是否精确,其重心在于"不平衡"上,正因为这些不平衡的客观存在,它才能产生强有力的和出乎人们想像的结果。

项目前期和设计阶段投资控制的重要作用,反映在建设项目前期工作和设计对投资费用的巨大影响上,这种影响也可以由两个"二八定律"来说明:建设项目规划和设计阶段已经决定了建设项目生命周期内80%的费用;而设计阶段尤其是初步设计阶段已经决定了建设项目80%的投资。

(1)建设项目规划和设计对投资的影响

建设项目80%的全寿命周期费用在项目规划和设计阶段就已经被确定,而其他阶段只能影响项目总费用的20%,产生这种情况的主要原因是每一个项目都是根据项目业主自身的特殊考虑进行建设的。在建设项目规划阶段,项目业主就会大致做出拟建项目的项目定义,决定建设项目投资需要的很多内容,比如会依据各种因素确定拟建项目的功能、规模、标准和生产能力等,对宾馆项目来说就是拟设多少客房,多少面积,建筑和设施标准的高低,娱乐、会议、商务、商店和餐饮等服务空间的设置、面积大小和标准等;对工业项目来说就是多大生产能力,技术水平的高低,何种工艺技术路线,多大规模,多大面积,建筑标准和辅助设施设置等;对机场项目来说就是需要多少跑道,多少候机楼及其多大面积,每年能够处理多少架飞机、多少旅客和多少货物等,这些都是需要通过项目规划阶段的工作来确定。而这些对拟建项目的项目定义,就大致框定了建设项目的投资额度,给出了建设项目的投资定义。一旦当项目规划通过论证之后准备实施,工程项目的建设内容和运营内容均得到确定,工程建设实施就必然按照认定的规划内容及其投资值来执行,这将直接影响建设项目的设计、施工和运营使用。

由于方案设计或初步设计阶段较为具体地明确了建设项目的建设内容、设计标准和设计的基本原则,以初步设计为基础的详细设计,即施工图设计只是根据初步设计确定的设计原则进行细部设计,是初步设计的深化和细化。而建设项目的采购和施工,通常只是严格按照施工图纸和设计说明来进行,图纸上如何画,施工就如何做；图纸上如何说，施工也就如何实施。因此，拟建项目的初步设计完成之后，建设项目投资的80%左右也就被确定下来。

从表面上看，建设项目的投资费用主要是集中在施工阶段发生的，而事实也确实如此，但是，施工阶段发生的费用是被动的，施工阶段所需要投入费用的大小通常都是由设计决定的。在建设项目开始实施之初，实际需要支出的费用很少，主要是一些前期的准备费用、支付给设计单位的设计费用和项目前期可能发生的工程咨询费用等。当建设项目进入施工阶段后，则需要真正的物质投入，大量的人力、物力和财力的消耗会导致工程实际费用支出的迅速增长，包括建筑安装工程费用、设备和材料的采购费用等工程费用主要均是在施工阶段发生的。也正因为如此，在工程实践中往往容易造成或导致误解，认为投资控制主要就是进行施工阶段的控制，在设计阶段不花钱就不存在投资控制问题，只要控制住施工阶段的工程费用，整个建设项目的投资也就控制住了。而实际上，工程施工阶段需要发生的投资费用主要就是由设计所决定的。

(2) 项目前期和设计阶段的外在因素对投资的影响

外界因素在建设项目全寿命周期内对投资影响程度的变化特点也决定了设计阶段管理和控制的重要性。建设项目的建设特别是重大基础设施建设周边地区的社会、经济、资源和自然环境等多种因素，对建设项目投资的影响力有着明显的阶段性变化，即如果能够经过对拟建项目科学的论证、规划和设计，外界因素的不确定性会随着时间的推移而逐渐减小，而在建设项目的前期，这类因素对建设项目投资的影响程度最集中，可以占到80%左右。

(3) 前期工作和设计对使用和运营费用的影响

工程设计不仅影响工程项目建设的一次性投资，而且还影响拟建项目使用或运营阶段的经常性费用，如能源费用、清洁费用、保养费用和维修费用等等。在工程项目建设完成投入使用或运营期间，项目的使用和运营费用将是持续平稳地发生。虽然使用和运营费用的变化趋势并不十分明显，但由于项目使用和运营期一般都延续很长，这就使得相应的总费用支出量会很大。在通常的情况和条件下，在这个变化过程中，前后各阶段的费用存在一定的关系，或许前期或设计阶段确定的项目投资费用的少量增加反而会使得项目运营和使用费用的大量减少；反之，设计阶段确定的项目投资费用略有减少，则有可能会导致项目运营和使用费用的大量增加。建设项目一次性投资与经常性费用有一定的反比关系，但通过项目前期和设计阶段的工作可以寻求两者尽可能好的结合点，使建设项目全寿命周期费用最低。

综上所述，建设项目及其投资费用在其全寿命周期内有其独特的发展规律，这些规律决定了项目前期和设计阶段在项目全寿命周期中的重要地位。从前面的分析以及从工程实践来看，在一般情况下，设计准备阶段节约投资的可能性最大，即其对建设项目经济性的影响程度能够达到95%~100%；初步设计为75%

~95%；技术设计阶段为35%~75%；施工图设计阶段为25%~35%；而至工程的施工阶段，影响力可能只有10%左右了。在施工过程中，由于各种原因经常会发生设计变更，设计变更对项目的经济性也将产生一定的影响。

6.2.2 建设项目投资控制的重点

从前面的分析可见，项目前期和设计阶段对建设项目投资有着重要的影响，其决定了建设项目投资费用的支出。因此，建设项目投资控制就存在控制的重点，这就是建设项目的前期和工程的设计阶段。投资控制的重点放在设计阶段，特别是方案设计和初步设计阶段，并不是说其他阶段不重要，而是相对而言，设计阶段对建设项目投资的影响程度远远大于如采购阶段和工程施工阶段等的其他建设阶段。

在设计阶段，节约投资的可能性最大（图6-4）。其中，在方案设计阶段，节约和调节投资的余地最大，这是因为方案设计是确定建设项目的初始内容、形式、规模、功能和标准等的阶段，此时对其某一部分或某一方面的调整或完善将直接引起投资数额的变化。正因为如此，就必须加强方案设计阶段的投资控制工作，通过设计方案竞赛、设计方案的优选和调整、价值工程和其他技术经济方法，选择确定既能满足建设项目的功能要求和使用要求，又可节约投资，经济合理的设计方案。

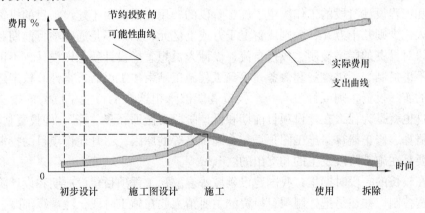

图6-4 节约投资的可能性

在初步设计阶段，相对方案设计来说节约和调节投资的余地会略小些，这是由于初步设计必须在方案设计确定的方案框架范围内进行设计，对投资的调节也在这一框架范围内，因此，节约投资的可能性就会略低于方案设计。但是，初步设计阶段的工作对建设项目投资还是具有重大的影响，这就需要做好各专业工程设计和技术方案的分析和比选，比如房屋建筑的建筑和结构方案选择、建筑材料的选用、建筑方案中的平面布置、进深与开间的确定、立面形式的选择、层高与层数的确定、基础类型选用和结构形式的选择等，需要精心编制并审核设计概算，控制与初步设计结果相对应的建设项目投资。

进入施工图设计阶段以后，工程设计的工作是依据初步设计确定的设计原则对建设项目开展详细设计。在此阶段，节约和调节建设项目投资的余地相对就更小。在此阶段的投资控制，重点是检查施工图设计的工作是否严格按照初步设计来进行，否则，必须对施工图设计的结果进行调整和修改，以使施工图预算控制在设计概算的范围以内。

而至设计完成，工程进入施工阶段开始施工以后，从严格按图施工的角度，节约投资的可能性就非常小了。

因此，进行建设项目的投资控制就必须抓住设计阶段这个重点，尤其是方案设计和初步设计，而且越往前期，节约投资的可能性就越大。

前已述及，建设项目的投资估算、设计概算、施工图预算与合同价格等都是在工程施工前需要编制的，这些计算确定投资费用的文件又均主要是在设计阶段形成的，是随着工程项目建设的不断深入，并通过一个又一个阶段的控制获得的。而这些经过层层控制所得来的投资费用文件有时仅仅是作为控制下一段投资费用的目标，实际需支出的费用并不一定按其发生。那么，为什么建设项目投资费用的确定不能像其他工业产品那样，待产品生产出以后再来计算确定产品的价格？原因是，这是建设项目及其建设特点所决定的，其中最主要的就是对工程项目的建设而言，预计的资金投放量主要取决于建设项目规划和设计的结果，项目前期和工程设计阶段的工作决定了施工阶段的费用支出。由于建设项目的投资往往很大，少则几十万元，大则成百上千万或上亿元，如果不是通过项目前期和设计阶段对投资的层层控制，放任自流，设计人员想怎样设计就怎样设计，不讲标准、不讲控制、不讲经济和效益，等到工程施工结束竣工以后再来计算核定建设项目的实际投资，则或许没有一个投资者能够承担这样的可能是巨大的投资风险。这也就是为什么在建设项目前期和设计阶段要做那么多"算"，即投资估算、设计概算、修正概算、施工图预算与合同价格等的原因，尽管建设项目的投资费用主要是在施工阶段发生的和支出的。

在较长的一段时期里，我国建设领域普遍忽视工程项目建设前期和设计阶段的投资控制，往往是把控制项目投资的主要精力放在施工阶段，注重算细账，包括审核施工图预算及结算建筑安装工程价款等。这样做尽管也是必须，但毕竟是"亡羊补牢"。要有效地控制建设项目投资，就要坚决地把工作重点转到项目前期和设计阶段上来。

某国际机场建设前期，经技术论证确定选址以后，项目建设方开始进行机场的总体规划，确定机场的总体位置及一期工程实施场地。总体规划完成后，项目建设方多次组织了各方面专家对工程位置再作深入研究，从社会环境、生态环境、经济因素和可持续发展的角度，对机场的总平面位置及一期工程平面进行了一次次的修改和优化。期间，有专家提出了将整个机场规划范围向长江滩涂平移

700m,即将机场位置东移700m的规划修改方案,从而可以避开搬迁量大的望海路,突破人民塘,一期工程平面位置移至沙脚河与新建圩及胜利塘之间。

机场位置东移的关键是要拆除现有防汛大堤人民塘,这是历史上从未有过的。对这一复杂且关系重大的问题,项目建设方组织水利专家进行进一步的专题研究,充分证实这一设想的正确性和可行性。经过专家的分析和计算论证,提出的防汛、促淤方案包括以下内容:加高加固新建圩围堤工程;加高加固江镇垃圾堆场围堤工程;建造抛石网笼促淤坝工程;建造促淤隔堤坝工程。基于科学的方案,项目建设方最终作出决策:将机场从原有的位置东移700m,加高加固新建圩,在东滩零米线处建造促淤坝来满足防汛要求,实施进一步的堆填造地。

围海造地的科学方案为国际机场可持续发展提供了可能,它使机场远期工程的建设基本上立足在围海所新造成的土地范围以内,为机场的发展提供了 $18km^2$ 的充足土地。促淤坝的建设加速了滩地泥沙淤积的速度,根据1999年初的实地观察测量,从建造促淤坝至机场一期工程接近完成的三年内,因促淤坝淤积的土方使原约为 1~2m 标高的滩地普遍淤涨升至 3.5m 高程,淤积土方量约2700万 m^3,节约了大量的造地资金和时间。

机场东移围海造地工程最大限度地保护了社会环境,避开了人口密集区域,可以减少5000多户居民的拆迁量,少占用良田 $5.6km^2$,节约了项目投资,并减少了社会不安定因素。围海造地工程,避开陆地,使机场主要噪声影响的区域进入海中和水面,也可缓解噪声污染问题。

根据测算,这一规划方案的优化调整,节省工程项目建设投资达20多亿元。试想如果仍旧按照原规划方案,后续阶段的工作做得再好也不可能会产生这样的成效。

6.2.3 设计阶段投资控制的技术方法

建设项目投资控制的重点在设计阶段,做好设计阶段的投资控制工作对实现项目投资目标有着决定性的意义。在工程设计阶段,可以应用价值工程和限额设计等管理技术和方法,对建设项目的投资实施有效的控制。

(1) 价值工程方法

价值工程是运用集体智慧和有组织的活动,对所研究对象的功能与费用进行系统分析并不断创新,使研究对象以最低的总费用可靠地实现其必要的功能,以提高研究对象价值的思想方法和管理技术。这里的"价值",是功能和实现这个功能所耗费用(成本)的比值。价值工程表达式为:

$$V = F/C \tag{6-1}$$

式中 V——价值系数;

F——功能系数;

C——费用系数。

1) 价值工程的特点

价值工程活动的目的是以研究对象的最低寿命周期费用，可靠地实现使用者所需的功能，以获取最佳综合效益，价值工程的主要特点如下。

□ 以提高价值为目标

研究对象的价值着眼于全寿命周期费用。全寿命周期费用指产品在其寿命期内所发生的全部费用，即是从为满足功能要求进行研制、生产到使用所花费的全部费用，包括生产成本和使用费用。提高产品价值就是以最小的资源消耗获取最大的经济效果。

□ 以功能分析为核心

功能是指研究对象能够满足某种需求的一种属性，也即产品的特定职能和所具有的具体用途。功能可分为必要功能和不必要功能，其中，必要功能是指使用者所要求的功能以及与实现使用者需求有关的功能。

□ 以创新为支柱

价值工程强调"突破、创新和求精"，充分发挥人的主观能动作用，发挥创造精神。首先，对原方案进行功能分析，突破原方案的约束。然后，在功能分析的基础上，发挥创新精神，创造更新方案。最后，进行方案对比分析，精益求精。能否创新及其创新程度是关系价值工程成败与效益的关键。

□ 技术分析与经济分析相结合

价值工程是一种技术经济方法，研究功能和成本的合理匹配，是技术分析与经济分析的有机结合。因此，分析人员必须具备技术和经济知识，做好技术经济分析，努力提高产品价值。

2) 价值工程的基本内容

价值工程可以分为四个阶段：准备阶段、分析阶段、创新阶段和实施阶段，其大致可以分为八项内容：价值工程对象选择、收集资料、功能分析、功能评价、提出改进方案、方案的评价与选择、试验证明和决定实施方案。

价值工程主要回答和解决下列问题：

□ 价值工程的对象是什么？
□ 它是干什么的？
□ 其费用是多少？
□ 其价值是多少？
□ 有无其他方法实现同样功能？
□ 新方案的费用是多少？
□ 新方案能满足要求吗？

3) 价值工程在建设项目设计阶段的应用

进行工程项目的建设，都需要投入资金，也都要求获得建设项目功能。在建设项目的设计阶段，应用价值工程具有重要的意义，其是投资控制的有效方法之一。尽管在产品形成的各个阶段都可以应用价值工程提高产品的价值，但在不同的阶段进行价值工程活动，其经济效果的提高幅度却是大不相同的。一旦设计图纸已经完成，产品的价值就基本决定了，因此应用价值工程的重点是在产品的研究和设计阶段。在设计阶段应用价值工程，对建设项目的设计方案进行功能与费用分析和评价，可以起到节约投资，提高建设项目投资收益的效果。

同一个建设项目、同一单项或单位工程可以有不同的设计方案，也就会有不同的投资费用，这就可用价值工程方法进行设计方案的选择。这一过程的目的在于论证拟采用的设计方案技术上是否先进可行，功能上是否满足需要，经济上是否合理，使用上是否安全可靠。因此，要善于应用价值工程的原理，以提高设计对象价值为中心，把功能分析作为重点，通过价值和功能分析将技术问题与经济问题紧密地结合起来。价值工程中价值的大小取决于功能和费用，从价值与功能和费用的关系式中可以看出提高产品价值的基本途径：

- 保持产品的功能不变，降低产品成本，以提高产品的价值；
- 在产品成本不变的条件下，提高产品的功能，以提高产品的价值；
- 产品成本虽有增加，但功能提高的幅度更大，相应提高产品的价值；
- 在不影响产品主要功能的前提下，针对用户的特殊需要，适当降低一些次要功能，大幅度降低产品成本，提高产品价值；
- 运用新技术，革新产品，既提高功能又降低成本，以提高价值。

在某自备电厂储灰场长江围堤筑坝工程的建设中，原设计方案为土石堤坝，造价在1500万元以上。建设方通过对钢渣物理性能和化学成分分析试验，经过反复计算和细致推敲，发现用钢渣代替抛石在技术上可行，对堤坝的使用功能没有影响。在取得可靠数据以后，为慎重起见，建设方先做了一段200m长的试验坝（全坝长2353m），取得成功经验后再大面积施工。经过工程建设参与各方的共同努力，长江边国内首座钢渣黏土夹心坝顺利建成。建成的大坝稳定而坚固，经受了强台风和长江特高潮位同时袭击仍巍然不动。该建设方案比原方案节省投资700多万元，取得了降低投资和保证功能的效果。

美国1972年在进行俄亥俄河大坝枢纽设计中，应用价值工程方法，从功能和成本两个方面对大坝和溢洪道等进行了综合分析，采取增加溢洪道闸门高度的方法，使闸门数量由17道减少到12道，并且改进闸门施工工艺使大坝的功能和稳定性不受影响，大坝所具有的必需功能得到保证。仅此，大坝建设投资就节约了1930万美元，用在聘请专家等进行价值工程分析的费用只花费了1.29万美元，取得了1美元收益接近于1500美元的投资效果。

某新建冷饮商品冷库地处城市交通要道的路口，设计方案为单一冷库建筑。在对方案进行分析研究过程中，发现所设计的冷库用于单纯储存冷饮商品，储存的季节性强，设备利用不足，经济效益不高，同时冷库立面光秃，街景十分难看。为此，建设方提出了改进方案，以冷藏为主兼冷饮品生产，沿街建设一座漂亮的生产大楼，街景典雅美观。新方案虽然需要增加投资，但由于充分发挥制冷设备潜力，生产企业投产后也可取得较好的经济效益。项目建成以后，冷库除了完成仓储计划外，每年生产冷饮品可多创利200多万元。

(2) 限额设计方法

在工程设计阶段采用限额设计方法控制建设项目投资，是投资控制的有力措施之一。在设计阶段对投资进行有效的控制，需要从整体上由被动反应变为主动控制；由事后核算变为事前控制，限额设计就是根据这一思想和要求提出的设计阶段控制建设项目投资的一种技术方法。

所谓限额设计方法，就是在设计阶段根据拟建项目的建设标准、功能和使用要求等，进行投资规划，对建设项目投资目标进行切块分解，将投资分配到各个单项工程、单位工程或分部工程；分配到各个专业设计工种，明确建设项目各组成部分和各个专业设计工种所分配的投资限额。而后，将其提交设计单位，要求各专业设计人员按分配的投资限额进行设计，并在设计的全过程中，严格按照分配的投资限额控制各个阶段的设计工作，采取各种措施，以使投资限额不被突破，从而实现设计阶段投资控制的目标。

1) 投资目标分解

采用限额设计方法，在工程设计开始之前就需要确定限额设计的限额目标，即进行投资目标的分解，确定拟分配至各专业设计工种和项目各组成部分的投资限额。投资目标及其分解的准确与合理，是限额设计方法应用的前提。投资限额目标若存在问题，则无法用于指导设计和控制设计工作，设计人员也无法按照分配的限额进行设计。因此，在设计准备阶段需要科学合理的编制投资规划文件，依据批准的可行性研究报告、拟定的工程建设标准、建设项目的功能描述和使用要求等，给出建设项目各专业和各组成部分的投资限额。由于工程设计尚未开始，建设项目的功能要求和使用要求就成为分配投资限额最主要的依据。限额设计的投资目标分解和确定，不能一味考虑节约投资，也不能简单地对投资进行裁剪，而应该是在保证各专业各组成部分达到使用功能和拟定标准的前提下，进行投资的合理分配。

因此，投资目标的分解和限额分配要尊重科学，实事求是，需要掌握和积累丰富的投资数据和资料，采用科学的分析方法，否则，限额设计很难取得好的效果。此外，投资限额目标一旦确定，必须坚持投资限额的严肃性，不能随意进行变动。

2) 限额设计的控制内容

投资目标的分解工作完成以后，就需在设计全过程中按分配的投资限额指导和控制工程设计工作，使各设计阶段形成的投资费用能够被控制在确定的投资限额以内。

□ 建设前期的工作内容

建设项目从可行性研究开始，便要建立限额设计的观念，充分理解和掌握建设项目的设计原则、建设方针和各项技术经济指标，认真做好项目定义及其描述等工作，合理和准确地确定投资目标。可行性研究报告和投资估算获得批准以后，就应成为下一阶段进行限额设计和控制投资的重要依据。

□ 方案设计阶段的工作内容

在进入设计阶段以后，首先就应将投资目标及其分配的限额向各专业的设计人员进行说明和解释，使其明确限额设计的基本要求和工作内容，明确各自的投资限额，取得设计人员的理解和支持。在方案设计阶段，以分配的投资限额为目标，通过多方案的分析和比较，合理选定经济指标，严格按照设定的投资限额控制设计工作。如果设计方案的投资费用突破投资限额，则需要对相应专业或工程相应的组成部分或内容进行调整和优化。

□ 初步设计阶段的工作内容

在初步设计阶段，严格按照限额设计所分配的投资限额，在保证建设项目使用功能的前提下进行设计，按确定的设计方案开展初步设计的工作。在设计过程中，要跟踪各专业设计的设计工作，与各专业的设计人员密切配合，对主要工程、关键设备、工艺流程及其相应各种费用指标进行分析和比较，研究实现投资限额的可行方案。随着初步设计工作的进展，经常分析和计算各专业设计和各工程组成部分设计形成的可能的投资费用，并定期或不定期地将可能的投资费用与设定的投资限额进行比较，若两者出现较大差异，需要研究调整方法和措施。工程设计是一项涉及面广和专业性强的技术工作，采用限额设计方法就是要用经济观念来引导和指导设计工作，以经济理念能动地影响工程设计，从而实现在设计阶段对建设项目投资进行有效的控制。

初步设计的设计文件形成以后，要准确编制设计概算，分析比较设计概算与投资估算的关系，分析比较设计概算中各专业工程费用与投资限额的关系，发现问题及时调整，按投资限额和设计概算对初步设计的各个专业设计文件做出确认。经审核批准后的设计概算，便是下一阶段，即施工图设计阶段控制投资的重要目标。

□ 施工图设计阶段的工作内容

施工图设计文件是设计的最终产品，施工图设计必须严格按初步设计确定的原则、范围、内容和投资限额进行设计。施工图设计阶段的限额设计工作应在各专业设计的任务书中，附上设定的投资限额和批准的设计概算文件，供设计人员在设计中参考使用。在施工图设计过程中，局部变更和修改是正常的，关键是要进行核算和调整，使施工图预算不会突破设计概算的限额。对于涉及建设规模和设计方案等的重大变更，则必须重新编制或修改初步设计文件和设计概算，并以批准的修改后的设计概算作为施工图设计阶段投资控制的目标值。

施工图设计的设计文件形成以后，要准确编制施工图预算，分析比较施工图预算与设计概算的关系，分析比较施工图预算中各专业工程费用与投资限额的关系，发现问题及时调整，按施工图预算对施工图设计的各个专业设计文件做出最后确认，实现限额设计确定的投资限额目标。

□ 加强对设计变更的管理工作

加强对设计变更的管理工作，对于确实可能发生的变更，应尽量提前解决，避免或减少可能的损失。对影响建设项目投资的重大设计变更，更需先算账后变更，这样才能保证工程设计的结果和费用不突破规定的投资限额。

从限额设计的控制内容可见，采用限额设计方法，就是要按照批准的可行性研究报告及投资估算控制初步设计；按照批准的初步设计和设计概算控制施工图设计，使各专业在保证达到功能要求和使用要求的前提下，按分配的投资限额控制工程设计，严格控制设计的不合理变更，通过层层控制和管理，保证建设项目投资限额不被突破，最终实现设计阶段投资控制的目标。

6.3 建设项目投资规划

投资规划是建设项目投资控制的一项重要工作，编制好投资规划文件，对建设项目实施全过程中的投资控制工作具有重要影响。

6.3.1 投资规划的概念和作用

项目投资规划是在建设项目实施前期对项目投资费用的用途做出的计划和安排，它是依据建设项目的性质、特点和要求等，对可行性研究阶段所提出的投资目标进行论证和必要的调整，将建设项目投资总费用根据拟定的项目组织和项目组成内容或项目实施过程进行合理的分配，进行投资目标的分解。

一般情况下，进行投资规划先要根据工程项目建设意图、项目性质、建设标准、基本功能和要求等进行项目构思和描述分析，进行项目定义，确定项目的基本规划框架，从而确定建设项目每一组成部分投资的控制目标；或是在建设项目的主要内容基本确定的基础上，确定建设项目的投资费用和项目各个组成部分的投资费用控制目标。

项目投资规划随着建设项目的进展可按需要进行调整。建设项目实施过程中，随着建设的不断深入，对建设项目的了解会越来越深入，对项目应有的构成及内容、相应的功能和使用要求等也会越来越清晰。此外，项目建设的外界条件等或许会有变化，从而导致项目投资的情况也相应发生变化，投资规划应与这些可能的变化相适应。

项目投资规划在工程项目的建设和投资控制中起着重要作用。

(1) 投资目标的分析和论证

在建设项目实施前期，通过投资规划对项目投资目标作进一步的分析和论证,可以确认投资目标的可行性。投资规划可以成为可行性研究报告的有效补充和项目建设方案的决策依据。在投资规划的基础上,通过进一步完善和优化建设方案,依据有关规定和指标合理确定投资目标,保证投资估算的质量。正确确定建设项目实施阶段的投资总量,对初步设计阶段的投资控制具有重要意义。

(2) 投资目标的合理分解

通过投资规划,将投资目标进行合理的分解,给出和确定建设项目各个组成内容和各个专业工程的投资目标。投资目标准确与合理的分解,才能真正起到有效控制投资的作用。

(3) 控制方案的制定实施

投资规划的目的之一是制定投资控制的实施方案,确定相关的控制工作流程,进行风险分析,制定控制的工作制度等,用以指导建设项目的实施。投资规划文件可以用于控制实施阶段的工作,尤其是控制和指导方案设计、初步设计和施工图设计等的设计工作。工程设计及其形成的投资费用文件是投资规划的进一步深化和细化,有了投资规划这一基本框架,能够使初步设计的设计概算和施工图设计的施工图预算不至偏离论证后的投资目标。

6.3.2 投资规划编制的依据

投资规划的基本意义在于进行投资目标的分析和分解,指导建设项目的实施工作。形成的投资规划文件是要能够起到控制初步设计及其设计概算、施工图设计及其施工图预算的作用。因此编制投资规划需要具有对建设项目投资总体上的把握能力,熟悉工程项目建设的整个运动过程和投资的细部组成。

投资规划编制依据是形成项目投资规划文件所必需的基础资料,主要包括工程技术资料、市场价格信息、建设环境条件、建设实施的组织和技术策划方案、相关的法规和政策等。

(1) 工程前期技术资料

在项目决策阶段包括项目意向、项目建议书和可行性研究等阶段形成的技术文件和资料,如项目策划文件、功能描述书、项目建议书、可行性研究报告和资料等,是项目投资规划文件编制的主要依据。由于是在工程设计之前,投资规划只能依照拟建项目的功能要求、使用要求和拟定的标准等来进行,这是进行项目投资规划最为重要的依据。项目投资规划的准确性,取决于掌握工程前期技术文件和资料的深度、完整性和可靠性。此外,已建同类建设项目的资料和数据也是投资规划的重要参考依据。

(2) 要素价格信息

工程建设所需资源和要素的价格是影响建设项目投资的关键因素。投资规划时,选用的要素和资源价格来自市场,因此必须随时掌握市场价格信息,了解市场价格行情,熟悉市场上各类资源的供求变化及价格动态。影响价格形成的因素是多方面的，除了商品价值之外，还有货币的价值、供求关系以及国家政策等，有历史的、自然的甚至是心理等方面因素的影响，也有社会经济条件的影响。进行项目投资规划，一般是按现行资源价格估计的，由于工程建设周期较长，实际投资费用会受市场价格的影响而发生变化。因此，更重要的是进行投资规划要预测工程项目建设实施期间价格的可能变化情况和趋势，除按现行价格估算外，还需分析物价总水平的变化趋势、物价变化的方向和幅度等。不同时期物价的相对变化趋势和程度是投资动态控制和管理的重要依据。这样，得出的投资规划费用才是能反映市场和反映工程建设所需的真实投资费用。

(3) 建设环境和条件

工程项目建设所处的环境和条件，也是影响投资规划的重要因素。环境和条件的差异或变化，会导致项目投资费用大小的变化。工程的环境和条件，包括工程地质条件、气象条件、现场环境与周边条件，也包括工程建设的实施方案、建设组织方案、建设技术方案等。如建设项目所在地的政治情况、经济情况、法律情况，交通、运输和通讯情况，生产要素市场情况，历史、文化和宗教情况，气象资料、水文资料和地质资料等自然条件，工程现场地形地貌、周围道路、临近建筑物和市政设施等施工条件，建设项目可能参与各方的情况，包括建设单位、设计单位、咨询单位、供货单位和施工单位的情况等。只有在充分掌握了建设项目的环境和条件以后，才能合理和准确确定在如此的条件下工程项目建设所需要的投资费用和进行投资目标的合理分解。

6.3.3 投资规划的主要内容

一般而言，建设项目投资规划文件主要包括以下内容：
- 投资目标的分析与论证；
- 投资目标的分解；
- 投资控制的工作流程；
- 投资目标的风险分析；
- 投资控制工作制度等。

(1) 投资目标的分析与论证

投资目标是工程项目建设预计的最高投资限额，是项目实施全过程中进行投资控制最基本的依据。投资目标确定得是否合理与科学，将直接关系到投资控制工作能否有效进行，关系到投资控制目标能否实现的问题。因此，进行项目投资规划，首先需要对投资目标进行论证和分析。分析实现投资目标的可能性，是既要防止高估冒算产生投资容余和浪费的现象，又要避免出现投资费用发生缺口的情况，使项目投资控制有一科学、合理与切实可行的工作目标。

(2) 投资目标的分解

为了在建设项目的实施过程中能够真正有效地对项目投资进行控制，单有一个项目总投资目标是不够的,还需要进一步将总投资目标进行分解。对建设项目的投资目标进行切块分解是投资规划最基本也是最主要的任务和工作。

投资目标分解是为了将建设项目及其投资分解成可以有效控制和管理的单元,能够更为容易也更为准确地确定这些单元的投资目标。通过这样的分解,可以清楚地认识到项目实施各阶段或各单元之间的技术联系、组织联系和费用联系,明确项目范围,从而对项目实施的所有工作能够进行有效的控制。建设项目投资的总体目标必须落实在建设的每一个阶段和每一项工程单元中才能顺利实现,各个阶段或各工程单元的投资目标基本能得以实现,是整个建设项目投资目标实现的基础。

对一个建设项目来说,存在多种投资目标分解的方式。投资目标的分解需要按照项目的特点和投资控制工作的要求来进行,通常,一个建设项目同时需要采用多种方式对投资目标作分解,以满足投资控制工作的需要。项目的投资目标一般需要按以下方式进行分解:

- 按投资的费用组成分解;
- 按年度、季度或月度分解;
- 按项目实施的阶段分解;
- 按项目结构组成分解;
- 按资金来源分解等。

(3) 投资控制工作流程图

建设项目的投资控制在实施的各个阶段或在各个工程单元上,一般均是由若干工作环节和步骤所构成。工作环节和步骤之间存在一定的内在逻辑关系,这些关系可以是时间上的、技术上的、管理上的或组织上的。因此,项目投资规划的一项任务就是要对投资控制的工作环节和步骤进行科学合理的组织,制定投资控制的工作流程,以工作流程图作为描述工具,用以指导项目实施过程中的各项投资控制工作。

投资控制的工作流程可以根据需要按照不同的方式进行组织,通常需要按照项目实施的不同阶段进行组织,制定相应的工作流程图,如:

- 设计准备阶段的投资控制工作流程;
- 初步设计阶段的投资控制工作流程;
- 施工图设计阶段的投资控制工作流程;
- 工程招标阶段的投资控制工作流程;
- 施工阶段的投资控制工作流程等。

此外,还需要根据投资控制工作的性质,按工作内容或专项制定控制的工作流程,如:

- 设计优化中投资控制的工作流程;
- 限额设计的工作流程;

- 合同价格确定与控制的工作流程;
- 工程变更及费用处理的控制工作流程;
- 工程计量与结算支付的控制工作流程;
- 工程索赔及费用处理的控制工作流程等。

(4) 投资目标的风险分析

在建设项目的实施过程中,会有各种影响因素对项目进展和目标实现形成干扰。对投资控制而言,可能出现影响项目投资目标实现的不确定因素,即实现投资目标存在风险。因此,编制投资规划时,需要对投资目标进行风险分析,对各种可能出现的干扰因素和不确定因素进行评估,分析实现投资目标的影响因素、影响程度和风险度等,进而制定投资目标风险管理和控制的措施和方案,采取主动控制的措施,保证投资目标的实现。

项目投资目标控制及其实现的风险可以来自各个方面,可能来自设计的风险、施工的风险、材料或设备供应的风险等。进行投资的目标控制还存在组织风险、工程资金供应风险、合同风险、工程环境风险和技术风险等。投资规划过程中需要分析影响投资目标的各种不确定因素,事先分析存在哪些风险,衡量各种投资目标风险的风险量,通过制定风险管理的对策和工作流程,制定相应的控制和管理方案,采取措施降低影响项目投资目标实现的风险量。

(5) 投资控制工作制度

建设项目的投资控制工作贯穿于项目实施的全过程,有些控制工作是常规性的,有些则是特殊性的。为提高项目投资控制的效率和有效性,在投资规划中,需要制定一系列投资控制的工作制度,对投资控制工作进行系统、合理和有效的组织,指导建设项目实施过程中投资控制工作的开展。

投资控制的工作制度,包括投资控制的组织制度、任务分工和管理职能分工制度,投资计划工作制度,费用支付工作制度,有关投资报表数据的采集、审核与处理制度等。

6.3.4 投资规划编制的方法

(1) 投资规划的编制程序

投资规划主要是在对建设项目进行构思和描述的基础上,做出项目定义,论证投资目标,并进一步按照一定的方式将投资目标进行分解。编制投资规划需要根据建设项目的基本特点确定相应程序,一般的主要编制步骤如下:

1) 项目总体构思和功能描述

进行项目的定义,编制建设项目的总体构思和功能描述报告。

2) 计算和分配投资费用

根据项目总体构思和功能描述报告中的项目定义,计算和分配项目各组成部分的投资费用。

例如,对于办公楼房屋建筑,则可以依据功能描述文件中的建筑方案构思、机电设备构思、建筑面积分配计划和分部分项工程等的描述,列出建筑工程(土建)的分项工程表,并根据工程的建筑面积,套用相似工程的分项工程量平方米估算指标,计算各分项工程量,再套用与之相适应的综合单价,计算出各分部分项工程的投资费用(图6-5)。同理,可以根据功能描述报告中对设备购置及安装工程的构思和描述,列出设备购置清单,参照或套用设备安装工程估算指标,计算设备及其安装费用(图6-6);根据项目建设期中涉及的其他部分的费用支出安排、前期工作设想和国家或地方的有关法律和规定,计算确定各项其他投资费用及需考虑的相关费用等(图6-7)。

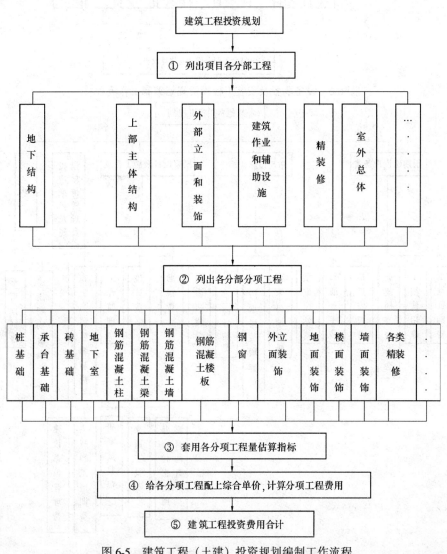

图6-5 建筑工程(土建)投资规划编制工作流程

178　6　建设项目投资控制

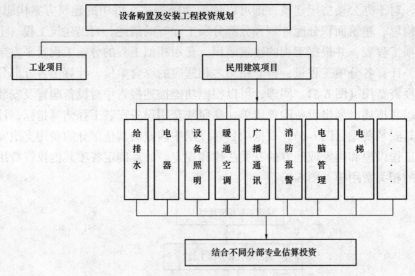

图6-6　设备购置及安装工程投资规划编制工作流程

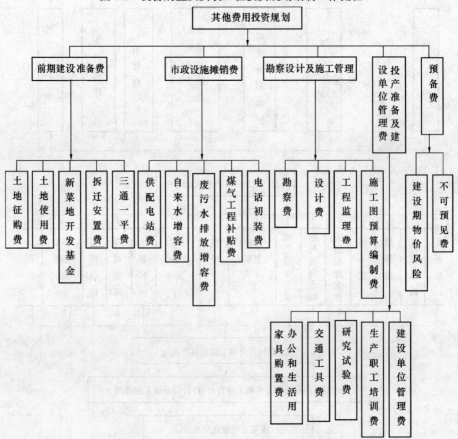

图6-7　其他投资规划编制工作流程图

3) 投资目标的分析和论证

根据所得到的项目各组成部分的投资费用，计算并做出建设项目总体投资费用的汇总（图6-8），对项目各组成部分的投资费用、汇总的总体投资费用进行分析。进而结合建设项目的功能要求、使用要求和确定的建设标准等，对拟定的投资目标进行分析和论证。

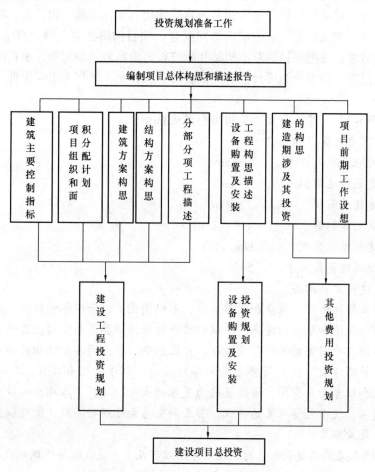

图 6-8 建筑项目投资规划编制工作流程

4) 投资方案的调整

根据投资目标分析和论证的结果，对项目总体构思方案和项目功能要求等作合理的修正或对项目投资目标作适当的调整。

5) 投资目标的分解

根据重新认定的项目投资目标，重新计算和分配项目各组成部分的投资费用，完成对投资目标的分解。

(2) 项目的总体构思和描述

要准确编制好建设项目投资规划，首先要编制好项目的总体构思和描述报告。如同编制设计概算先要有初步设计的设计文件、编制施工图预算先要有施工图设计文件一样，项目的总体构思和描述是投资规划的基础。项目的总体构思和描述报告，主要依据项目设计任务书或可行性研究报告的相关内容和要求，结合对建设项目提出的具体功能、使用要求、相应的建设标准等进行编制。项目总体构思和描述是对可行性研究报告相关内容的细化、深化和具体化，是一项技术性较强的工作，涉及各个专业领域的协同配合。项目构思必须合理、科学和恰当，描述必须清楚，要把项目的基本构架和脉络较为清晰地呈现出来。项目的总体构思和描述报告，应当成为可行性研究报告的有机补充，并作为工程设计工作的指导性文件。

【案例6-1】 某综合楼总体构思和描述报告

(1) 主要建筑指标

1) 用地面积　　　　　　6500m^2
2) 建筑占地面积　　　　3500m^2
3) 建筑总面积　　　　　32000m^2
4) 规划容积率　　　　　4.9
5) 建筑控制高度　　　　80m以内
6) 规划建筑覆盖率　　　50%

(2) 建筑方案构思

本项目须结合环境特点和使用功能，不以高见长，而以体量取胜，要反映本建筑庄重、气派和坚实的特点。本综合楼一翼安排证券交易空间，另一翼安排外汇交易空间，中间安排银行营业大厅，分区明确。各空间部分既相对独立，又内部联系，紧凑方便。各空间部分人流各行其道，利于管理和安保。银行营业大厅、外汇和证券营业空间，须设置较为气派的出入门厅。停车库出入口与道路衔接自然通顺，便于大量人流的集散。营业和交易大厅规整高敞，所处位置要求醒目显要，气度非凡。

本综合楼在构思建筑形象时，还须考虑以下几个要点，既要体现现代感，又要有地方文脉；既着力体现金融建筑的气派和实力，又注重刻画细腻的细部特征。

(3) 结构方案构思

1) 桩基持力层

根据勘察院提供的初步地质资料，该区域的地基土层分布情况属地区标准地层结构，本区域内可作为桩基持力层的地层主要为第⑥层的粉质黏土、第⑦-1层砂质粉土层以及第⑦-2层粉砂，其中第⑥层比较适合于作为20层左右建筑物桩基的持力层。桩基持力层埋置深度在-35m左右。

本综合楼桩基拟采用钻孔灌注桩或钢筋混凝土预制方桩，承台和地下室为整体箱形基础。

2) 层高和结构形式

主楼 18 层,其中裙房 7 层,地下室 2 层,其中 1 层为地下车库。主要屋面高度 75m。

大楼采用框架结构局部剪力墙体系,主楼和裙楼之间设沉降缝,主楼部分基底压力 $35t/m^2$,裙房基底压力 $16t/m^2$。

大楼抗震烈度按 7 度设防。

(4) 机电设备系统构思

1) 暖通空调

空调总面积约为 $20000m^2$,采用热泵主机系统(250 万 kcal)。

□ 空调方案

办公、接待和会议室等房间采用风机盘管加新风系统,营业大厅、多功能厅、交易大厅、外汇大厅和餐厅等大空间房间采用低速全空气系统,计算机房活动地板采用下送上回系统,金库内设置去湿和通风措施。

□ 空调冷热水系统

空调冷热水采用双管制,夏季送冷风,冬季送暖水。

□ 排风系统

浴室、汽车库、地下室、设备用房和卫生间等设排风系统,在消防前室设置防排烟系统,消防安全楼梯设正压风系统。

2) 给排水系统构思

□ 给水系统

最大日用量 $210m^3$,整个大楼分成低、中、高三个垂直给水分区。消防给水设消火栓系统、湿式喷淋系统。设热水系统和开水供应系统。设循环冷却水系统和液体灭火系统。

□ 排水系统

采用双立管制,厨房污水经隔油处理后接入排水系统。

□ 卫生洁具

采用进口卫生洁具。

3) 电气系统构思

□ 用电负荷预计

大楼电容量估算为 3500kVA,采用二路 10kV 独立电源供电,另备应急备用发电机组(二台)。

□ 配电系统

照明系统采用双电源树杆式供电,重要负荷设自切设备。消防设备采用双电源自切供电。电力一般设备采用双电源到底自切供电。电力一般设备采用树杆或放射式系统。

□ 消防报警系统

消防报警系统采用二线制智能型感烟探测器产品。

□ 防盗保安系统

一般机要场所设复合探头，摄像系统采用专用录像机系统。

□ 电脑管理系统

电脑管理系统采用 DDC，系统包含供电系统运行显示和各模拟量的记录，空调适时控制、湿度控制，温度控制和焓值控制；给水温度控制、压力控制、压差控制、显示和记录；电梯运行显示；空调给水自控，风机盘管采用湿控和变速手控。

□ 照明系统

照明标准参照国外标准（LX）。光源及灯具一般应采用节能型、高效率和显色好的光源，拟用日光型。多功能厅采用舞厅灯光和独立音响。

□ 防雷系统

考虑直接雷和侧向雷的雷击问题，不包括球形雷的防击。可采用脉冲式避雷针（进口）。

4) 弱电系统构思

□ 电话通讯系统

内部电话通讯系统设数字程控交换总机，总容量暂为 1000 门。在大楼各单位及部门均安装有市内直线电话、电传、传真及电脑联网线路。在重要办公室等安装专线电话机，初步统计约 20 对。

□ 公用天线电视系统

接收国际通讯卫星电视节目，按国际标准接收 36 个频道的电视节目。

□ 闭路电视监控系统

监控系统的系统配置和摄像机安装数量、位置均按照国内有关安保规定设计。

□ 办公自动化及信息处理系统。

大楼各层办公室均预留电脑系统信号线的管道（槽），以满足不同使用功能的系统联网要求。大楼预留足够的通讯管线。

□ 多功能厅

用于文艺娱乐多功能厅设独立音响、舞厅灯光、大屏幕投影电视和电影系统。

5) 电梯

设载重 1000kg 全进口电梯 8 台，速度 1.75m/s。

(5) 土建分部分项工程描述

1) 地下结构分部

采用钢筋混凝土钻孔灌注桩，桩基持力层按 -40m 计算，地下金库埋置深度 7m，钢筋混凝土箱形基础。基础施工措施拟采用水泥深层搅拌桩方案。

2) 上部主体结构分部

本综合楼为钢筋混凝土框架结构部分剪力墙体系，楼屋面板均为钢混凝土现浇结构。裙房层高4.5m，每层面积3000m² 左右；主楼标准层层高3.5m，标准层面积1500m² 左右，建筑总高度约80m。

3）外部立面及装饰分部

外部立面采用进口高标准铝合金窗配高级蓝片玻璃，外墙立面装饰采用进口花岗石，配以大理石搭配，局部采用不锈钢装饰面板。

4）建筑作业和辅助设施分部

本楼标准层办公室采用双面夹板硬木框木门，685清漆饰面，配选进口高级锁具。内隔断采用轻钢龙骨双面石膏板，墙面多彩纹喷涂，轻钢龙骨石膏板吊平顶。进口卫生洁具。裙房屋面设屋顶花园，钻石型艺术装饰一座，主楼屋面二布六油防水层上设预制平板隔热层。

5）精装修及特殊装饰分部

贵宾厅、门厅采用二级精装修标准，营业厅、多功能厅和电梯厅采用三级精装修标准，餐厅、理发厅、文体活动和健身房采用四级精装修标准，会议室采用五级精装修标准（级别标准详见表6-4）。

6）室外设停车场地及自行车棚1000m²，设音乐喷泉，设绿化、下水道及场地道路2000m²。

(6) 其他费用投资

本项目建设周期约四年，土地使用权转让费3000万元。本项目委托监理公司进行全过程监理。供电贴费、电话集资费和废污水排放增容费等均按有关规定估列。预备费中，须充分考虑建设期的物价风险因素。

(7) 项目组织结构与建筑面积分配计划

项目组织结构与建筑面积分配计划见表6-1。

某综合楼建筑面积分配计划表　　　　　表6-1

序号	部位	用房名称	层次	建筑面积(m²)	使用面积(m²) K = 0.6588
1	银行部分	计算机房	14	906	549
2		门卫及传达室	1	52	34
3		营业厅及办公室	2	1967	1296
4		接待室	夹	179	118
5		钱币陈列室	11	1172	772
6		一般办公室	7~10, 13	9306	5707
7		三总办公室	12	689	454
8		会议室	6	909	599
9		贵宾室	12	244	161
10		档案室	15	911	600
11		小餐厅及厨房	12	128	84
12		金库及保管库	地下	2263	1490
13		观赏厅	16	369	243

续表

序号	部位	用房名称	层次	建筑面积 (m^2)	使用面积 (m^2) $K=0.6588$
		小 计		18033	11800
14	公用部分	文体活动	4	340	244
15		多功能厅及贵宾厅	4	912	601
16		厨房及更衣	2	745	491
17		餐厅及库房	3	691	455
18		理 发	6	82	54
19		医 务	6	52	34
		小 计		2822	1859
20	票据交换部分	大 厅	2, 3	1421	936
21		办公室	2, 3	63	42
22		库 房	3	23	15
		小 计		1507	993
23	外汇交易部分	营业大厅	4	642	423
24		特殊交换厅	4	285	188
25		经纪人办公室	6	489	322
26		工作人员办公室	4, 5, 6	903	595
27		阅览室	5	197	130
28		监控室	5	148	98
29		接待室	5	361	238
30		计算机	4	80	53
		小 计		3107	2047
31	短期融资部分	营业厅	7	179	118
32		办公室	7	319	210
		小 计		498	322
33	辅助用房	汽车库及管理	1	2939	1936
34		自行车房	1	366	240
35		设备及其他用房	夹, 地下, 1	2737	1803
		小 计		6042	3979
		总 计		32000	21082

(3) 项目各组成部分投资费用规划的编制方法

投资规划的一个重要目的就是要将项目投资目标进行分解，确定项目各个组成部分的投资费用。在项目建设前期工作阶段,由于条件限制、未能预见因素多和技术条件不具体等原因,投资规划的技术条件伸缩性大,规划编制工作难度较高,需要认真收集整理和积累各类建设项目的投资数据和资料,尤其是需要掌握大量过去已经建成的同类项目的相关历史数据和资料。由于可以采用的编制方法较多,应依据项目的性质、拥有的技术资料和数据的具体情况,根据投资规划的要求、精度和用途等的不同,有针对性地选用适宜的方法编制项目各个组成部分投资费用的规划文件,可以采用综合指标估算方法、比例投资估算方法、单位工程指标估算方法、模拟概算方法或其他编制方法。模拟概算方法借用概算编制的基本思路,与其他方法相比具有较高的准确性,但这一方法的前提是项目方案要达到一定的深度,项目总体构思和功能描述较为完整。基于案例 6-1 的某综合楼总体构思和描述报告,案例 6-2 给出了应用模拟概算方法进行投资费用规划的简例。

应用模拟概算方法进行建筑工程投资费用规划的编制,主要采用分项工程量指标估算的方法,它是根据项目总体构思和描述报告,在列出项目分部工程的基础上,再划分出各个分项工程,再根据项目的建筑面积,套用类似工程量指标,计算出各个分项工程的工程量,以便能够借鉴套用概算指标或概算定额。

采用分项工程量指标的方法进行投资费用规划,由于是将整个建设项目分解到分项工程量的深度,故可适用于不同时间和不同地区的概算指标或定额,是较为准确的投资费用估算方法。采用这一方法,如何套用分项工程的工程量估算指标,是需要解决的一个关键问题。在没有完整的和系统性较强的分项工程量估算指标的情况下,需要依靠平时基础资料的积累,利用地区性的工程量技术经济指标作为参考。

【案例 6-2】 某综合楼建筑工程投资费用规划的编制(部分)

(1) 地下结构分部

地下结构分部工程可以根据不同的结构类型,划分为桩基、钢筋混凝土承台、砖基础和地下室等分项。编制地下结构投资费用规划时,若套用分项工程量指标,首先需要考虑拟建项目所在地的地质构造情况和桩基持力层的深度,并考虑设想可能采取的基础施工措施方案。

1) 确定地下结构分项子目

根据项目总体构思中结构工程的构思描述和建筑面积分配计划,初步确定地下室面积为 $3200m^2$,桩基持力层在 $-38.2m$,地下室埋深约 $6.5m$,据此可确定设置钻孔灌注桩、钢筋混凝土箱形基础和基础施工措施费用三个分项子目。

2) 确定各分项综合单价,计算分项工程费用

① 钻孔灌注桩分项

采用载荷法可以推算出钻孔灌注桩的数量和体积。本综合楼每 $1m^2$ 平均荷重 1.6t,大楼总荷重约 5.02 万 t。桩基持力层按 $-40m$ 计算,采用直径为 65cm 的钻

孔灌注桩，经计算单桩承载力175t。
- 桩总根数 = 50200t ÷ 175t/根 = 287根；
- 桩总体积 = $\left(\dfrac{0.65}{2}\right)^2 \times 3.14 \times 40m \times 287 = 3925(m^3)$
- 钻孔灌注桩综合单价为680元/m^3；
- 钻孔灌注桩总费用 = 680元 × 3925 = 267（万元）。

② 钢筋混凝土箱形基础分项
- 钢筋混凝土承台根据总荷重计算为1.90m厚，地下室顶板共二层厚度为0.4m；

$$承台和顶板体积 = 3200m^2 \times (1.90 + 0.4)m = 7360(m^3);$$

- 地下室墙板外周围长和内隔墙估算长度为574m，高度按7m计算，厚度0.25m。

$$墙板体积 = 574m \times 7m \times 0.25m = 1004(m^3);$$

- 箱形基础总体积8364m^3；
- 箱形基础综合单价为631元/m^3；
- 箱形基础总费用 = 631元/m^3 × 8364m^3 = 528(万元)。

③ 基础施工措施费分项

高层建筑地下结构施工的措施方案有钢板桩围护加井点抽水方案、钻孔桩加树根桩围护方案和水泥深层搅拌桩围护方案等。本工程基础施工尤其要考虑对周围环境的影响和邻近建筑物的保护。通过经济分析和各个方案的对比，采用水泥深层搅拌桩施工方案较为可靠，且费用和钢板桩不相上下，并略低于钻孔桩加树根桩方案。

水泥深层搅拌桩费用的测算：
- 基坑围护总长250m，搅拌桩打入深度14m，总体积为1.30万m^3（按搅拌桩标准宽度计算）；
- 搅拌桩综合单价102元/m^3；
- 水泥深层搅拌桩总费用 = 102元 × 13000m^3 = 133（万元）。

将地下结构三个分项子目费用相加，得地下结构分部投资费用合计为928万元。

(2) 上部主体结构分部

根据项目总体构思中结构方案的描述，本大楼采用框架结构局部剪力墙的结构体系方案，主体结构可划分为钢筋混凝土框架柱、框架梁、钢筋混凝土剪力墙、钢筋混凝土楼板、楼梯和高层施工措施费6个分项子目。

经查阅有关资料，某已建综合办公楼结构形式和各项建筑指标和本楼相仿。套用该综合办公楼分项平方米工程量估算指标，计算得出所需结果。

1) 上部主体结构分项工程

上部主体结构分项工程估算工程量表见表6-2。

上部主体结构分项工程量表　　　　　　表6-2

分项工程名称	计量单位	工程平方米含量指标	建筑面积（m²）	分项工程量合计
钢筋混凝土柱	m³	0.0604	32000	1896
钢筋混凝土梁	m³	0.0551	32000	1729
钢筋混凝土楼板	m³	0.0873	32000	2740
钢筋混凝土剪力墙	m³	0.988	32000	3132
钢筋混凝土楼梯	m³	0.0358	32000	1124

2) 确定各分项综合单价，计算分项工程费用

分项单价套用本综合楼所在地区19××年的建筑工程概算价目表；

经测算综合费率为92.1%；

计算每1m³钢筋混凝土中钢材、木材和水泥的市场差价：

钢筋：平均含钢量按250kg/m³计，市场差价1300元/t；

水泥：平均含量按380kg/m³计，市场差价130元/t；

木材：平均耗用量按0.063m³/m³计，市场差价300元/m³；

上部主体结构施工措施分部工程费用主要为高层建筑超高增加费和外脚手架费用，根据计算规则，超高增加费按建筑面积计算，外脚手架按外墙延长米乘以高度计算；

上部主体结构费用计算见表6-3。

上部主体结构分项费用计算表　　　　　　表6-3

分项工程名称	单位	工程量	单价（元）	直接费（万元）	综合费用 费率（%）	综合费用 费用（万元）	三材差价 单价	三材差价 费用（万元）	合价
钢筋混凝土柱	m³	1896	271	51.38	92.1	47.32	393	74.51	173.21
钢筋混凝土梁	m³	1729	248	42.88	92.1	39.49	393	67.95	150.32
钢筋混凝土楼板	m³	2740	217	59.46	92.1	54.76	393	107.68	221.90
钢筋混凝土剪力墙	m³	3132	209	65.46	92.1	60.29	393	123.09	248.84
钢筋混凝土楼梯	m³	1124	204	22.98	92.1	21.12	393	44.17	88.22
超高费	m³	32000	65.55	205.61	92.1	189.48			395.09
外墙脚手	m³	19977	37.80	75.51	92.1	69.55			145.06
其他金属结构	t	32	1350	4.32	92.1	3.98			2.30
商品混凝土差价	m³	13200	18.5	24.43	92.1	22.5			46.93
费用合计	万元								1471.87

(3) 精装修和特殊装修分部

精装修是比较高级的一种装饰类别，如茶色或镜面铝合金玻璃幕墙、花岗石、铝合金装饰板、大理石、高级地毯、进口墙纸或墙布、铝合金卷帘门、高级灯具以及各种特殊喷涂和高级喷涂等等。这类装饰从材料的选用、人工耗用、技术及等级要求、使用机械要求和精度等等，要比普通装饰的要求高得多。这类装饰由于和普通装饰差异太大，且同一品种之间的价格差异出入也会很大，如镜面玻璃幕墙，进口和国产的价格出入就达数倍。所以精装修费用的确定，主要由甲乙双方协商确定，或根据精装修实际成本价和预计耗用数量加上人工、机械和管理费用组成补充单价，由甲乙双方共同认可。

精装修投资的估算，因装饰标准和等级等的不同，费用出入很大，根据本综合楼投资规划时有关资料的统计分析，豪华型旅馆的精装修费用，每平方米建筑面积装饰造价可达 500~800 美元，此类精装修基本采用进口装饰材料和聘请国外装饰公司承包施工。一般旅馆每平方米建筑面积精装修费用在 100~500 美元不等。现根据精装修的不同装饰要求，试对精装修等级进行划分（表6-4）。

精装修等级表 表6-4

装饰等级	装 饰 要 求	费用控制 美元/m²建筑面积
特级装饰	全部高标准进口材料，国外装饰公司承包	800 以内
一级装饰	部分进口高标准材料，主要国外装饰公司承包	500 以内
二级装饰	以国产材料为主，国内装饰公司承包	300 以内
三级装饰	全部国产材料，国内装饰公司承包	200 以内
四级装饰	国产材料，部分粗装饰，国内装饰公司承包	100 以内

1) 确定精装修的装饰等级

本综合楼裙房面积占有较大的比重，对精装修均有一定的标准和要求，但又不同于宾馆的装饰要求，精装修材料考虑以国产为主，部分进口。精装修总装饰面积为 1 万 m² 左右，其中以门厅、大厅和贵宾厅的装饰要求为最高；营业厅、电梯厅和多功能厅次之；餐厅、理发室和接待室为一般装饰；文体活动和会议室精装修等级在四级以下（表6-5）。银行金库作为特殊装修项目，金库门需进口，费用昂贵。保险库房的保险箱费用不在精装修费用范围以内。

精装修及特殊装修等级费用控制表 表6-5

项目名称	装 饰 等 级	费 用 控 制 美元/m²建筑面积
大厅、门厅、贵宾厅	一 级	400 以内
营业厅、电梯厅、贵宾厅	二 级	250 以内
餐厅、理发、接待室	三 级	200 以内
文体活动室	四 级	100 以内
会议室、厅	五 级	50 以内

2) 根据不同等级的装饰面积估算投资

各个精装修部位的建筑面积根据项目总体构思中建筑面积分配计划表确定,费用等级按精装修及特殊装修等级费用控制表确定,得到所需的相应投资费用(表6-6)。

3) 精装修标准的控制

精装修由于其装饰等级标准差异较大,所以在投资规划阶段把精装修装饰等级及标准确定下来之后,在精装修的设计和施工阶段就必须严格加以控制,按既定的等级标准设计和施工。

精装修及特殊装修分项工程投资表 表6-6

分项工程名称	建筑面积 (m²)	装饰等级	单 价 (美元)	合 价 (万美元)
门厅、大厅	402	一级	400	16.08
贵宾厅	376	一级	400	15.04
银行营业厅	1200	二级	250	30.00
资融营业厅	118	二级	250	2.95
多功能厅	557	二级	250	14.37
外汇及特殊厅	611	二级	250	15.28
票据营业厅	936	二级	250	23.40
电梯厅	800	二级	250	20
金 库	1376	特 殊	200	27.52
餐 厅	503	三级	200	10.06
理发厅	54	三级	200	1.08
文体活动室	224	四级	100	2.24
会议室、厅	1240	五级	50	6.20
合 计	万美元			184.22

复 习 思 考 题

1. 建设项目投资控制的含义和任务是什么?
2. 投资控制的基本原理?
3. 为什么说设计阶段是投资控制的工作重点?
4. 价值工程的原理及应用意义?
5. 限额设计的应用方法?
6. 项目投资规划的概念和作用?
7. 投资规划的主要内容?
8. 投资规划编制的主要程序?

7 网络计划技术与建设项目进度管理

网络计划技术是20世纪50年代后期发展起来的一种科学的计划管理和系统分析方法，本章介绍了网络计划技术的基本概念和国内常用的双代号网络计划、单代号搭接网络计划等技术。在此基础上，引入了建设项目进度管理的主要内容，即建设项目进度计划和进度控制的方法。运用本章进度管理的理论、技术和方法，将有利于大中型建设项目进度目标的规划和控制。

7.1 网络计划技术概述

7.1.1 网络计划技术的起源与发展

网络计划技术是一种科学的计划管理方法。它是随着现代科学技术和工业生产的发展而产生的。20世纪50年代，为了适应科学研究和新的生产组织管理的需要，国外陆续出现了一些计划管理的新方法。

1956年，美国杜邦化学公司的工程技术人员和数学家共同开发了关键线路法（Critical Path Method，简称CPM）。它首次运用于化工厂的建造和设备维修，大大缩短了工作时间，节约了费用。1958年，美国海军军械局针对舰载洲际导弹项目研究，开发了计划评审技术（Program Evaluation and Review Technique，简称PERT）。该项目运用网络方法，将研制导弹过程中各种合同进行综合权衡，有效地协调了成百上千个承包商的关系，而且提前完成了任务，并在成本控制上取得了显著的效果。20世纪60年代初期，网络计划技术在美国得到了推广，一切新建工程全面采用这种计划管理新方法，并开始将该方法引入日本和西欧其他国家。目前，它已广泛地应用于世界各国的工业、国防、建筑、运输和科研等领域，已成为发达国家盛行的一种现代生产管理的科学方法。

近年来，由于电子计算机技术的飞速发展，边缘学科的相互渗透，网络计划技术同决策论、排队论、控制论、仿真技术相结合，应用领域不断拓宽，又相继产生了许多诸如搭接网络技术（PDN）、决策网络技术（DN）、图示评审技术（GERT）、风险评审技术（VERT）等一大批现代计划管理方法，广泛应用于工业、农业、建筑业、国防和科学研究领域。随着计算机的应用和普及，还开发了许多网络计划技术的计算和优化软件。

我国对网络计划技术的研究与应用起步较早，1965年，著名数学家华罗庚教授首先在我国的生产管理中推广和应用这些新的计划管理方法，并根据网络计划统筹兼顾、全面规划的特点，将其称为统筹法。改革开放以后，网络计划技术在我国的工程建设领域也得到迅速的推广和应用，尤其是在大中型工程项目的建设中，对其资源的合理安排、进度计划的编制、优化和控制等应用效果显著。目前，网络计划技术已成为我国工程建设领域中推行现代化管理的必不可少的方法。

1992年，国家技术监督局和国家建设部先后颁布了中华人民共和国国家标准《网络计划技术》（GB/T 13400.1、13400.2、13400.3—92）三个标准和中华人民共和国行业标准《工程网络计划技术规程》（JGJ/T 121—99），使工程网络计划技术在计划的编制与控制管理的实际应用中有了一个可遵循的、统一的技术标准，保证了计划的科学性，对提高工程项目的管理水平发挥了重大作用。

实践证明，网络计划技术的应用已取得了显著成绩，保证了工程项目质量、费用、进度目标的实现，也提高了工作效率，节约了项目资源。但网络计划技术同其它科学管理方法一样，也受到一定客观环境和条件的制约。网络计划技术是一种有效的管理手段，可提供定量分析信息，但工程规划、决策和实施还取决于各级领导和管理人员的水平。另外，网络计划技术的推广应用，需要有一批熟悉和掌握网络计划技术理论、应用方法和计算机软件的管理人员，需要提升工程项目管理的整体水平。

7.1.2 网络计划技术的分类

网络计划技术的基本模型是网络图。网络图是由箭线和节点组成的，用来表示工作流程的有向、有序的网状图形。所谓网络计划，是用网络图表达任务构成、工作顺序，并加注时间参数的进度计划。

网络计划技术可以从不同的角度进行分类。

（1）按工作之间逻辑关系和持续时间的确定程度分类

网络计划技术分为肯定型网络计划和非肯定型网络计划，如图7-1所示。肯

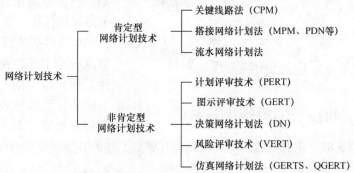

图7-1 网络计划技术的分类

定型网络计划,即工作、工作之间的逻辑关系以及工作持续时间都肯定的网络计划,如关键线路法(CPM)。非肯定型网络计划,即工作、工作之间的逻辑关系和工作持续时间三者中任一项或多项不肯定的网络计划,如计划评审技术(PERT)、图示评审技术(GERT)等。本章只讨论肯定型网络计划。

(2) 按网络计划的基本元素——节点和箭线所表示的含义分类

按网络计划的基本元素——节点和箭线所表示的含义不同,网络计划的基本形式有三种,如表7-1所示。在欧美发达国家中,网络计划技术有关的标准均定义了这三种形式的网络计划形式,如德国国家工业标准(DIN)。

网络元素表示形式   表7-1

	工 作	事 件
箭线	双代号网络(也可称之为工作箭线网络) ○—A—○ 工作表示为箭线。节点表示为工作的开始事件和完成事件,但这些事件不定义为联系。如CPM(关键线路法)。	
节点	单代号网络、单代号搭接网络(也可称之为工作节点网络) →□A□→ 工作表示为节点。箭线表示工作之间的逻辑关系,即为工作的确定时间点之间的顺序关系。如PDN(搭接网络计划法)。	事件节点网络(属单代号网络) —→○A○—→ 事件(状态)表示为节点。箭线表示为事件之间的顺序关系(不对应定义的工作)。如PERT(计划评审技术)。

1) 双代号网络计划(工作箭线网络计划)

双代号网络计划的示例如图7-2所示。在这里,箭线及其两端节点的编号表示工作,在箭线上标注工作持续时间。为了正确地反映逻辑关系,在网络图中填加了虚工作。

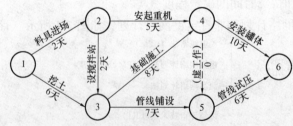

图 7-2 双代号网络计划示例

2) 单代号搭接网络计划、单代号网络计划(工作节点网络计划)

单代号搭接网络计划中,节点表示工作,在节点内标注工作持续时间,箭线及其上面的时距符号表示相邻工作间的逻辑关系,工作间的逻辑关系用前项工作的开始或完成时间与其紧后工作的开始或完成时间之间的间距来表示。

单代号搭接网络计划的示例如图7-3所示。在这里,节点的左边代表工作的开始，节点的右边代表工作的完成。可惜的是，在我国行业标准中没有规定这种单代号搭接网络的画法。

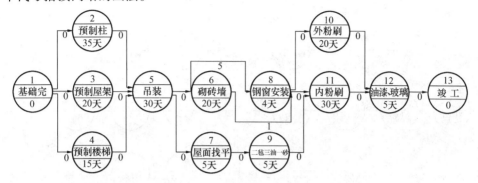

图 7-3 单代号搭接网络计划示例

关于单代号网络计划，国家标准和行业标准的含义有些不同。在国家标准《网络计划技术常用术语》（GB/T 13400.1—92）中，确认了双代号网络和单代号网络，没有再明确单代号搭接网络。在行业标准《工程网络计划技术规程》（JGJ/T 121—99）中，确认了双代号网络计划、单代号网络计划和单代号搭接网络计划。应该说，单代号网络是单代号搭接网络的一个特例，它的前后工作之间的逻辑关系是完成到开始关系等于零。

在实际应用中，由于单代号网络和单代号搭接网络中工作之间的逻辑关系表示方法的简易性和没有虚工作，以至于该种网络计划运用得越来越普遍，诸多网络计划软件也广泛采用了这种形式的网络计划。

3）事件节点网络计划

事件节点网络是一种仅表示工程项目里程碑事件的很有效的网络计划方法。

事件节点网络计划的节点表示事件，事件反映时刻，箭线表示事件之间的顺序关系，在箭线上标注箭头事件和箭尾事件的时距，示例如图 7-4 所示。事件节点网络计划属单代号网络计划。

(3) 按目标分类

可以分为单目标网络计划和多目标网络计划。只有一个终点节点的网络计划是单目标网络计划。终点节点不只一个的网络计划是多目标网络计划。

(4) 按层次分类

根据不同管理层次的需要而编制的范围大小不同、详略程度不同的网络计划，称为分级网络计划。以整个计划任务为对象编制的网络计划，称为总网络计划。以计划任务的某一部分为对象编制的网络计划，称为局部网络计划。

(5) 按表达方式分类

以时间坐标为尺度绘制的网络计划，称为时标网络计划。不按时间坐标绘制的网络计划，称为非时标网络计划。

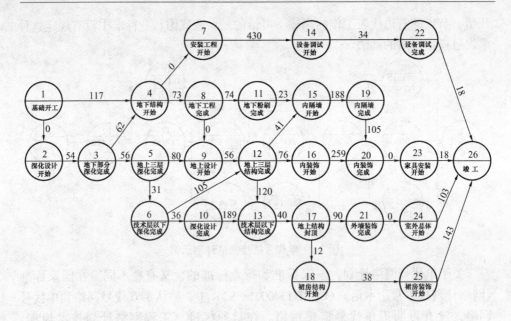

图 7-4　事件节点网络示例

(6) 按反映工程项目的详细程度分类

概要地描述项目进展的网络，称为概要网络。详细地描述项目进展的网络，称为详细网络。

7.1.3　网络计划技术的特点

网络计划技术作为现代管理的方法与传统的计划管理方法相比较，具有明显优点，主要表现为：

(1) 利用网络图模型，明确表达各项工作的逻辑关系。按照网络计划方法，在制订工程计划时，首先必须理清楚该项目内的全部工作和它们之间的相互关系，然后才能绘制网络图模型。它可以帮助计划编制者理顺那些杂乱无章的、无逻辑关系的想法，形成完整合理的项目总体思路。

(2) 通过网络图时间参数计算，确定关键工作和关键线路。经过网络图时间参数计算，可以知道各项工作的起止时间，知道整个计划的完成时间，还可以确定关键工作和关键线路，便于抓住主要矛盾，集中资源，确保进度。

(3) 掌握机动时间，进行资源合理分配。资源在任何工程项目中都是重要因素。网络计划可以反映各项工作的机动时间，制定出最经济的资源使用方案，避免资源冲突，均衡利用资源，达到降低成本的目的。

(4) 运用计算机辅助手段，方便网络计划的调整与控制。在项目计划实施过程中，由于各种影响因素的干扰，目标的计划值与实际值之间往往会产生一定的偏差，运用网络图模型和计算机辅助手段，能够比较方便、灵活、迅速地进行跟踪检查和调整项目施工计划，控制目标偏差。

7.2 常用网络计划技术

7.2.1 双代号网络计划

(1) 基本概念

双代号网络图是以箭线及其两端节点的编号表示工作的网络图，如图7-5所示。

1) 箭线（工作）

工作是泛指一项需要消耗人力、物力和时间的具体活动过程，也称工序、活动、作业。双代号网络图中，每一条箭线表示一项工作。箭线的箭尾节点 i 表示该工作的开始，箭线的箭头节点 j 表示该工作的完成。工作名称标

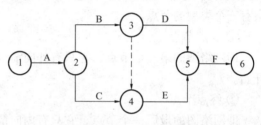

图7-5　双代号网络图

注在箭线的上方，完成该项工作所需要的持续时间标注在箭线的下方，如图7-6所示。由于一项工作需用一条箭线和其箭尾和箭头处两个圆圈中的号码来表示，故称为双代号表示法。

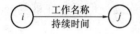

图7-6　双代号网络图工作的表示方法

在双代号网络图中，任意一条实箭线都要占用时间、消耗资源（有时，只占时间，不消耗资源，如混凝土养护）。在建筑工程中，一条箭线表示项目中的一个施工过程，它可以是一道工序、一个分项工程、一个分部工程或一个单位工程，其粗细程度、大小范围的划分根据计划任务的需要来确定。

在双代号网络图中，为了正确地表达图中工作之间的逻辑关系，往往需要应用虚箭线。虚箭线是实际工作中并不存在的一项虚拟工作，故它们既不占用时间，也不消耗资源，一般起着工作之间的联系、区分和断路三个作用。联系作用是指应用虚箭线正确表达工作之间相互依存的关系。区分作用是指双代号网络图中每一项工作都必须用一条箭线和两个代号表示，若两项工作的代号相同时，应使用虚工作加以区分，如图7-7所示。断路作用是用虚箭线断掉多余联系，即在网络图中把无联系的工作联接上了时，应加上虚工作将其断开。

在无时间坐标限制的网络图中，箭线的长度原则上可以任意画，其占用的时间以下方标注的时间参数为准。箭线可以为直线、折线或斜线，但其行进方向均应从左向右。在有时间坐标限制的网络图中，箭线的长度必须根据完成该工作所

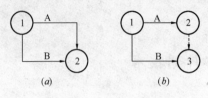

图 7-7 虚箭线的区分作用

需持续时间的大小按比例绘制。

在双代号网络图中,通常将被研究的工作用 i-j 工作表示。紧排在本工作之前的工作称为紧前工作。紧排在本工作之后的工作称为紧后工作。与之平行进行的工作称为平行工作。

2) 节点(又称结点、事件)

节点是网络图中箭线之间的连接点。在时间上节点表示指向某节点的工作全部完成后该节点后面的工作才能开始的瞬间,它反映前后工作的交接点。网络图中有三个类型的节点。

① 起点节点

即网络图的第一个节点,它只有外向箭线,一般表示一项任务或一个项目的开始。

② 终点节点

即网络图的最后一个节点,它只有内向箭线,一般表示一项任务或一个项目的完成。

③ 中间节点

即网络图中既有内向箭线,又有外向箭线的节点。

双代号网络图中,节点应用圆圈表示,并在圆圈内编号。一项工作应当只有惟一的一条箭线和相应的一对节点,且要求箭尾节点的编号小于其箭头节点的编号,即 $i<j$。网络图节点的编号顺序应从小到大,可不连续,但不允许重复。

3) 线路

网络图中从起点节点开始,沿箭头方向顺序通过一系列箭线与节点,最后达到终点节点的通路称为线路。在一个网络图中可能有很多条线路,线路中各项工作持续时间之和就是该线路的长度,即线路所需要的时间。一般网络图有多条线路,可依次用该线路上的节点代号来记述,例如网络图 7-5 中的线路有①—②—③—⑤—⑥、①—②—④—⑤—⑥、①—②—③—④—⑤—⑥等。

在各条线路中,有一条或几条线路的总时间最长,称为关键线路,一般用双线或粗线标注。其他线路长度均小于关键线路,称为非关键线路。

4) 逻辑关系

网络图中工作之间相互制约或相互依赖的关系称为逻辑关系,它包括工艺关系和组织关系,在网络中均应表现为工作之间的先后顺序。

① 工艺关系

生产性工作之间由工艺过程决定的、非生产性工作之间由工作程序决定的先后顺序叫工艺关系。

② 组织关系

工作之间由于组织安排需要或资源（人力、材料、机械设备和资金等）调配需要而规定的先后顺序关系叫组织关系。

网络图必须正确地表达整个工程或任务的工艺流程和各工作开展的先后顺序及它们之间相互依赖、相互制约的逻辑关系。因此，绘制网络图时必须遵循一定的基本规则和要求。

（2）绘图规则

1) 双代号网络图必须正确表达已定的逻辑关系。网络图中常见的各种工作逻辑关系的表示方法如表 7-2 所示。

网络图中常见的各种工作逻辑关系的表示方法　　　　表 7-2

序号	工作之间的逻辑关系	网络图中的表示方法
1	A 完成后进行 B 和 C	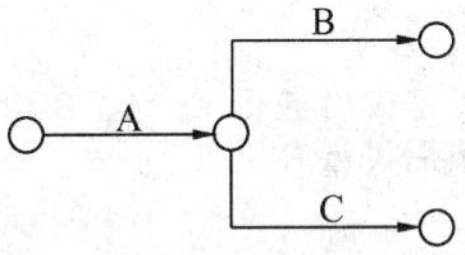
2	A、B 均完成后进行 C	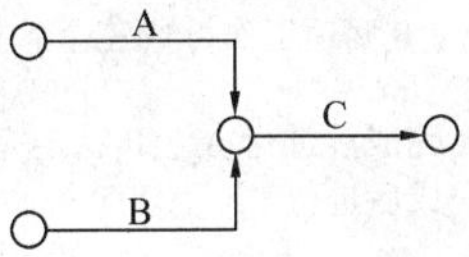
3	A、B 均完成后同时进行 C 和 D	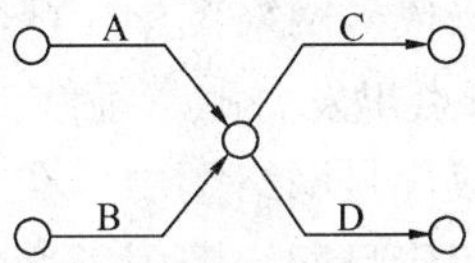
4	A 完成后进行 C A、B 均完成后进行 D	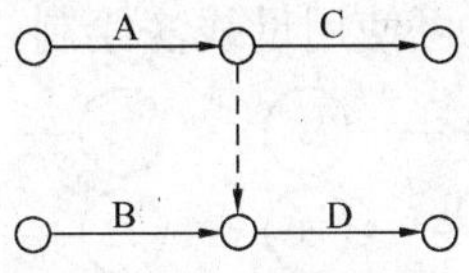
5	A、B 均完成后进行 D，A、B、C 均完成后进行 E，D、E 均完成后进行 F	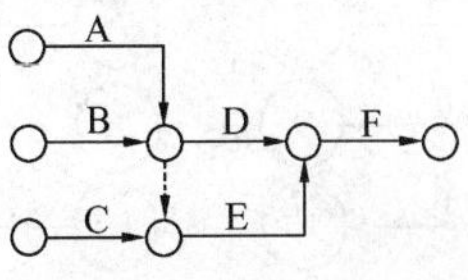

序号	工作之间的逻辑关系	网络图中的表示方法
6	A、B均完成后进行C，B、D均完成后进行E	
7	A、B、C均完成后进行D，B、C均完成后进行E	
8	A完成后进行C，A、B均完成后进行D，B完成后进行E	
9	A、B两项工作分成三个施工段，分段流水施工：A_1完成后进行A_2、B_1，A_2完成后进行A_3、B_2，B_1完成后进行B_2，A_3、B_2完成后进行B_3	有两种表示方法

2) 双代号网络图中，严禁出现循环回路。所谓循环回路是指从网络图中的某一个节点出发，顺着箭线方向又回到了原来出发点的线路。

3) 双代号网络图中，在节点之间严禁出现带双向箭头或无箭头的连线。

4) 双代号网络图中，严禁出现没有箭头节点或没有箭尾节点的箭线。

5) 当双代号网络图的某些节点有多条外向箭线或多条内向箭线时，为使图形简洁，可使用母线法绘制（但应满足一项工作用一条箭线和相应的一对节点表示），如图7-8所示。

6) 绘制网络图时，箭线不宜交叉。当交叉不可避免时，可用过桥法或指向法。如图7-9所示。

7) 双代号网络图中应只有一个起点节点和一个终点节点（多目标网络计划除外），而其他所有节点均应是中间节点。

8) 双代号网络图应条理清楚，布局合理。例如，网络图中的工作箭线不宜画

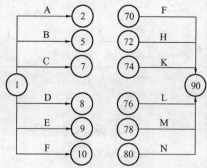

图7-8 母线法绘图

成任意方向或曲线形状,尽可能用水平线或斜线;关键线路、关键工作安排在图面中心位置,其他工作分散在两边;避免倒回箭头等。

(3) 双代号网络计划时间参数的计算

双代号网络计划时间参数计算的目的在于通过计算各项工作

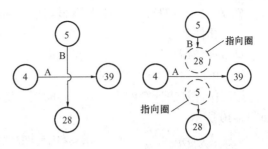

图 7-9 箭线交叉的表示方法

的时间参数,确定网络计划的关键工作、关键线路和计算工期,为网络计划的优化、调整和执行提供明确的时间参数。双代号网络计划时间参数的计算方法很多,一般常用的有按工作计算法和按节点计算法进行计算。本节只介绍按工作计算法在图上进行计算的方法。

1) 时间参数的概念及其符号

① 工作持续时间($D_{i\text{-}j}$)

工作持续时间是一项工作从开始到完成的时间。

② 工期(T)

工期泛指完成任务所需要的时间,一般有以下三种:

- 计算工期:根据网络计划时间参数计算出来的工期,用 T_c 表示。
- 要求工期:任务委托人所要求的工期,用 T_r 表示。
- 计划工期:根据要求工期和计算工期所确定的作为实施目标的的工期,用 T_p 表示。

网络计划的计划工期 T_p 应按下列情况分别确定:

当已规定了要求工期 T_r 时,

$$T_p \leqslant T_r \tag{7-1}$$

当未规定要求工期时,可令计划工期等于计算工期,

$$T_p = T_c \tag{7-2}$$

③ 网络计划中工作的六个时间参数

- 最早开始时间($ES_{i\text{-}j}$),是指在各紧前工作全部完成后,工作 $i\text{-}j$ 有可能开始的最早时刻。
- 最早完成时间($EF_{i\text{-}j}$),是指在各紧前工作全部完成后,工作 $i\text{-}j$ 有可能完成的最早时刻。
- 最迟开始时间($LS_{i\text{-}j}$),是指在不影响整个任务按期完成的前提下,工作 $i\text{-}j$ 必须开始的最迟时刻。
- 最迟完成时间($LF_{i\text{-}j}$),是指在不影响整个任务按期完成的前提下,工作 $i\text{-}j$ 必须完成的最迟时刻。

- 总时差（$TF_{i\text{-}j}$），是指在不影响总工期的前提下，工作 $i\text{-}j$ 可以利用的机动时间。
- 自由时差（$FF_{i\text{-}j}$），是指在不影响其紧后工作最早开始的前提下，工作 $i\text{-}j$ 可以利用的机动时间。

按工作计算法计算网络计划中各时间参数，其计算结果应标注在箭线之上，如图 7-10 所示。

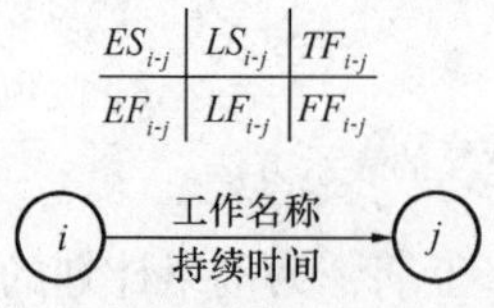

图 7-10 按工作计算法的标注内容

2）双代号网络计划时间参数计算

按工作计算法在网络图上计算六个工作时间参数，必须在清楚计算顺序和计算步骤的基础上，列出必要的公式，以加深对时间参数计算的理解。时间参数的计算步骤：

① 最早开始时间和最早完成时间的计算

工作最早时间参数受到紧前工作的约束，故其计算顺序应从起点节点开始，顺着箭线方向依次逐项计算。

以网络计划的起点节点为开始节点的工作最早开始时间为零。如网络计划起点节点的编号为 1，则：

$$ES_{i\text{-}j} = 0 \quad (i = 1) \tag{7-3}$$

最早完成时间等于最早开始时间加上其持续时间。

$$EF_{i\text{-}j} = ES_{i\text{-}j} + D_{i\text{-}j} \tag{7-4}$$

最早开始时间等于各紧前工作的最早完成时间 EF_{h-i} 的最大值。

$$ES_{i\text{-}j} = \max\{EF_{h-i}\} \tag{7-5}$$

或

$$ES_{i\text{-}j} = \max\{ES_{h-i} + D_{h-i}\} \tag{7-6}$$

② 确定计算工期 T_c

计算工期等于以网络计划的终点节点为箭头节点的各个工作的最早完成时间的最大值。当网络计划终点节点的编号为 n 时，计算工期：

$$T_c = \max\{EF_{i-n}\} \tag{7-7}$$

当无要求工期的限制时，取计划工期等于计算工期，即取 $T_p = T_c$。

③ 最迟开始时间和最迟完成时间的计算

工作最迟时间参数受到紧后工作的约束，故其计算顺序应从终点节点起，逆着箭线方向依次逐项计算。

以网络计划的终点节点（$j = n$）为箭头节点的工作的最迟完成时间等于计划工期，即：

$$LF_{i\text{-}n} = T_p \tag{7-8}$$

最迟开始时间等于最迟完成时间减去其持续时间：

$$LS_{i\text{-}j} = LF_{i\text{-}j} - D_{i\text{-}j} \tag{7-9}$$

最迟完成时间等于各紧后工作的最迟开始时间 $LS_{j\text{-}k}$ 的最小值：

$$LF_{i\text{-}j} = \min\{LS_{j\text{-}k}\} \tag{7-10}$$

或

$$LF_{i\text{-}j} = \min\{LF_{j\text{-}k} - D_{j\text{-}k}\} \tag{7-11}$$

④ 计算工作总时差

总时差等于其最迟开始时间减去最早开始时间，或等于最迟完成时间减去最早完成时间，即

$$TF_{i\text{-}j} = LS_{i\text{-}j} - ES_{i\text{-}j} \tag{7-12}$$

$$TF_{i\text{-}j} = LF_{i\text{-}j} - EF_{i\text{-}j} \tag{7-13}$$

⑤ 计算工作自由时差

当工作 $i\text{-}j$ 有紧后工作 $j\text{-}k$ 时，其自由时差应为：

$$FF_{i\text{-}j} = ES_{j\text{-}k} - EF_{i\text{-}j} \tag{7-14}$$

或

$$FF_{i\text{-}j} = ES_{j\text{-}k} - ES_{i\text{-}j} - D_{i\text{-}j} \tag{7-15}$$

以网络计划的终点节点（$j = n$）为箭头节点的工作，其自由时差 $FF_{i\text{-}n}$ 应按网络计划的计划工期 T_p 确定，即：

$$FF_{i\text{-}n} = T_p - EF_{i\text{-}n} \tag{7-16}$$

(4) 关键工作和关键线路的确定

1) 关键工作

网络计划中总时差最小的工作是关键工作。

2) 关键线路

自始至终全部由关键工作组成的线路为关键线路，或线路上总的工作持续时间最长的线路为关键线路。网络图上的关键线路可用双线或粗线标注。

【案例 7-1】 已知网络计划的资料如表 7-3 所示，试绘制双代号网络计划。若计划工期等于计算工期，试计算各项工作的六个时间参数并确定关键线路，标注在网络计划上。

某网络计划工作逻辑关系及持续时间表　　　　　　表 7-3

工作	紧前工作	紧后工作	持续时间	工作	紧前工作	紧后工作	持续时间
A_1	—	A_2、B_1	2	C_3	B_3、C_2	E、F	2
A_2	A_1	A_3、B_2	2	D	B_3	G	2
A_3	A_2	B_3	2	E	C_3	G	1
B_1	A_1	B_2、C_1	3	F	C_3	I	2
B_2	A_2、B_1	B_3、C_2	3	G	D、E	H、I	4
B_3	A_3、B_2	D、C_3	3	H	G	—	3
C_1	B_1	C_2	2	I	F、G	—	3
C_2	B_2、C_1	C_3	4				

【解】（1）根据表 7-3 中网络计划的有关资料，按照网络图的绘图规则，绘制双代号网络图如图 7-11 所示。

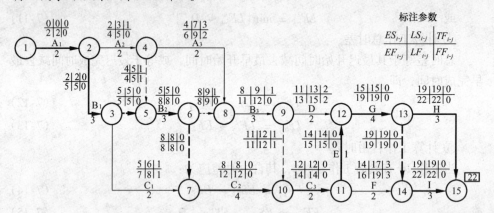

图 7-11 双代号网络图计算实例

（2）计算各项工作的时间参数，并将计算结果标注在箭线上方相应的位置。
1）计算各项工作的最早开始时间和最早完成时间

从起点节点（①节点）开始顺着箭线方向依次逐项计算到终点节点（⑮节点）。

① 以网络计划起点节点为开始节点的各工作的最早开始时间为零。

工作 1-2 的最早开始时间 ES_{1-2} 从网络计划的起点节点开始，顺着箭线方向依次逐项计算，因未规定其最早开始时间 ES_{1-2}，故按公式（7-3）确定：

$$ES_{1-2} = 0$$

② 计算各项工作的最早开始和最早完成时间

工作的最早开始时间 ES_{i-j} 按公式（7-5）和公式（7-6）计算，如：

$$ES_{2-3} = ES_{1-2} + D_{1-2} = 0 + 2 = 2$$
$$ES_{2-4} = ES_{1-2} + D_{1-2} = 0 + 2 = 2$$
$$ES_{3-5} = ES_{2-3} + D_{2-3} = 2 + 3 = 5$$
$$ES_{4-5} = ES_{2-4} + D_{2-4} = 2 + 2 = 4$$
$$ES_{5-6} = \max\{ES_{3-5} + D_{3-5}, ES_{4-5} + D_{4-5}\} = \max\{5+0, 4+0\}$$
$$= \max\{5,4\} = 5$$

工作的最早完成时间就是本工作的最早开始时间 ES_{i-j} 与本工作的持续时间 D_{i-j} 之和，按公式（7-4）计算，如：

$$EF_{1-2} = ES_{1-2} + D_{1-2} = 0 + 2 = 2$$
$$EF_{2-4} = ES_{2-4} + D_{2-4} = 2 + 2 = 4$$
$$EF_{5-6} = ES_{5-6} + D_{5-6} = 5 + 3 = 8$$

2) 确定计算工期 T_c 及计划工期 T_p

已知计划工期等于计算工期,即网络计划的计算工期 T_c 取以终点节点 15 为箭头节点的工作 13-15 和工作 14-15 的最早完成时间的最大值,按公式 (7-7) 计算:

$$T_c = \max\{EF_{13\text{-}15}, EF_{14\text{-}15}\} = \max\{22, 22\} = 22$$

3) 计算各项工作的最迟开始时间和最迟完成时间

从终点节点 (⑮节点) 开始逆着箭线方向依次逐项计算到起点节点 (①节点)。

① 以网络计划终点节点为箭头节点的工作的最迟完成时间等于计划工期。

网络计划结束工作 $i\text{-}j$ 的最迟完成时间按公式 (7-8) 计算,如:

$$LF_{13\text{-}15} = T_p = 22$$
$$LF_{14\text{-}15} = T_p = 22$$

② 计算各项工作的最迟开始和最迟完成时间

依次类推,算出其他工作的最迟完成时间,如:

$$LF_{13\text{-}14} = \min\{LF_{14\text{-}15} - D_{14\text{-}15}\} = 22 - 3 = 19$$
$$LF_{12\text{-}13} = \min\{LF_{13\text{-}15} - D_{13\text{-}15}, LF_{13\text{-}14} - D_{13\text{-}14}\}$$
$$= \min\{22 - 3, 19 - 0\} = 19$$
$$LF_{11\text{-}12} = \min\{LF_{12\text{-}13} - D_{12\text{-}13}\} = 19 - 4 = 15$$

网络计划所有工作 $i\text{-}j$ 的最迟开始时间均按公式 (7-9) 计算,如:

$$LS_{14\text{-}15} = LF_{14\text{-}15} - D_{14\text{-}15} = 22 - 3 = 19$$
$$LS_{13\text{-}15} = LF_{13\text{-}15} - D_{13\text{-}15} = 22 - 3 = 19$$
$$LS_{12\text{-}13} = LF_{12\text{-}13} - D_{12\text{-}13} = 19 - 4 = 15$$

4) 计算各项工作的总时差

可以用工作的最迟开始时间减去最早开始时间或用工作的最迟完成时间减去最早完成时间计算:

$$TF_{1\text{-}2} = LS_{1\text{-}2} - ES_{1\text{-}2} = 0 - 0 = 0$$
$$TF_{2\text{-}3} = LS_{2\text{-}3} - ES_{2\text{-}3} = 2 - 2 = 0$$
$$TF_{5\text{-}6} = LS_{5\text{-}6} - ES_{5\text{-}6} = 5 - 5 = 0$$

5) 计算各项工作的自由时差

网络中工作 $i\text{-}j$ 的自由时差等于紧后工作的最早开始时间减去本工作的最早完成时间,可按公式 (7-14) 计算,如:

$$FF_{1\text{-}2} = ES_{2\text{-}3} - EF_{1\text{-}2} = 2 - 2 = 0$$
$$FF_{2\text{-}3} = ES_{3\text{-}5} - EF_{2\text{-}3} = 5 - 5 = 0$$
$$FF_{5\text{-}6} = ES_{6\text{-}8} - EF_{5\text{-}6} = 8 - 8 = 0$$

网络计划中的结束工作 i-j 的自由时差按公式（7-16）计算。

$$FF_{13\text{-}15} = T_p - EF_{13\text{-}15} = 22 - 22 = 0$$
$$FF_{14\text{-}15} = T_p - EF_{14\text{-}15} = 22 - 22 = 0$$

将以上计算结果标注在图 7-11 中的相应位置。

(3) 确定关键工作及关键线路。

在图 7-11 中，最小的总时差是 0，所以，凡是总时差为 0 的工作均为关键工作。该例中的关键工作是：A_1、B_1、B_2、C_2、C_3、E、G、H、I。

在图 7-11 中，自始至终全由关键工作组成的关键线路用粗箭线进行标注。

7.2.2 双代号时标网络计划

(1) 双代号时标网络计划的特点

双代号时标网络计划是以水平时间坐标为尺度编制的双代号网络计划，其主要特点有：

1) 时标网络计划兼有网络计划与横道计划的优点，它能够清楚地表明计划的时间进程，使用方便；

2) 时标网络计划能在图上直接显示出各项工作的开始与完成时间，工作的自由时差及关键线路；

3) 在时标网络计划中可以统计每一个单位时间对资源的需要量，以便进行资源优化和调整；

4) 由于箭线受到时间坐标的限制，当情况发生变化时，对网络计划的修改比较麻烦，往往要重新绘图。但在使用计算机以后，这一问题已较容易解决。

(2) 双代号时标网络计划的一般规定

1) 双代号时标网络计划必须以水平时间坐标为尺度表示工作时间。时标的时间单位应根据需要在编制网络计划之前确定，可为时、天、周、月或季。

2) 时标网络计划应以实箭线表示工作，以虚箭线表示虚工作，以波形线表示工作的自由时差。

3) 时标网络计划中所有符号在时间坐标上的水平投影位置，都必须与其时间参数相对应。节点中心必须对准相应的时标位置。

4) 时标网络计划中虚工作必须以垂直方向的虚箭线表示，有自由时差时加波形线表示。

(3) 时标网络计划的编制

时标网络计划宜按各个工作的最早开始时间编制。在编制时标网络计划之前，应先按已确定的时间单位绘制出时标计划表，如表 7-4 所示。

双代号时标网络计划的编制方法有两种。

1) 间接法绘制

先绘制出时标网络计划，计算各工作的最早时间参数，再根据最早时间参数在时标计划表上确定节点位置,连线完成,某些工作箭线长度不足以到达该工作的完成节点时,用波形线补足。

时 标 计 划 表 表7-4

日　　历（时间单位)	1	2	3	4	5	6	7	8	9	10	11	12	13	14	15	16	17
网络计划																	
(时间单位)	1	2	3	4	5	6	7	8	9	10	11	12	13	14	15	16	17

2) 直接法绘制

根据网络计划中工作之间的逻辑关系及各工作的持续时间,直接在时标计划表上绘制时标网络计划。绘制步骤如下:

① 将起点节点定位在时标表的起始刻度线上。

② 按工作持续时间在时标计划表上绘制起点节点的外向箭线。

③ 其他工作的开始节点必须在其所有紧前工作都绘出以后,定位在这些紧前工作最早完成时间最大值的时间刻度上,某些工作的箭线长度不足以到达该节点时,用波形线补足,箭头画在波形线与节点连接处。

④ 用上述方法从左至右依次确定其他节点位置,直至网络计划终点节点定位,绘图完成。

【案例 7-2】 已知网络计划的资料如表 7-3 所示,试用直接法绘制双代号时标网络计划。

【解】 (1) 将起始节点①定位在时标表的起始刻度线上,如图 7-12 所示。

(2) 按工作的持续时间绘制①节点的外向箭线①~②,即按 A_1 工作的持续时间,画出无紧前工作的 A_1 工作,确定节点②的位置。

(3) 自左至右依次确定其余各节点的位置。如②、③、④、⑥、⑨、⑪节点之前只有一条内向箭线,则在其内向箭线绘制完成后即可在其末端将上述节点绘出。⑤、⑦、⑧、⑩、⑫、⑬、⑭、⑮节点则必须待其前面的两条内向箭线都绘制完成后才能定位在这些内向箭线中最晚完成的时刻处。其中,⑤、⑦、⑧、⑩、⑫、⑭各节点均有长度不足以达到该节点的内向实箭线,故用波形线补足。

(4) 用上述方法自左至右依次确定其他节点位置,直至画出全部工作,确定终点节点⑮的位置,该时标网络计划即绘制完成。

(4) 关键线路和计算工期的确定

1) 时标网络计划关键线路的确定,应自终点节点逆箭线方向朝起点节点逐

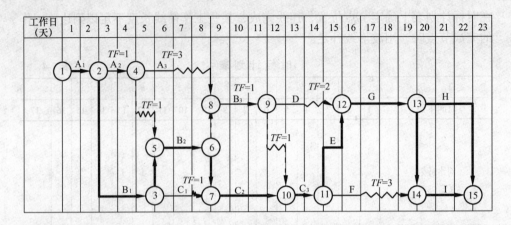

图 7-12 时标网络计划示例

次进行判定,即从终点到起点不出现波形线的线路即为关键线路。如图 7-12 中,关键线路用粗箭线表示。

2) 时标网络计划的计算工期,应是终点节点与起点节点所在位置之差。如图 7-12 中,计算工期 $T_c = 22 - 0 = 22$(天)。

(5) 时标网络计划时间参数的确定

在时标网络计划中,六个工作时间参数的确定步骤如下:

1) 最早时间参数的确定

按最早开始时间绘制时标网络计划,最早时间参数可以从图上直接确定。

① 最早开始时间 ES_{i-j}

每条实箭线左端箭尾节点(i 节点)中心所对应的时标值,即为该工作的最早开始时间。

② 最早完成时间 EF_{i-j}

如箭线右端无波形线,则该箭线右端节点(j 节点)中心所对应的时标值为该工作的最早完成时间。如箭线右端有波形线,则实箭线右端末所对应的时标值即为该工作的最早完成时间。

2) 自由时差的确定

时标网络计划中各工作的自由时差值应为表示该工作的箭线中波形线部分在坐标轴上的水平投影长度。

3) 总时差的确定

时标网络计划中工作的总时差的计算应自右向左进行,且符合下列规定:

① 以终点节点($j=n$)为箭头节点的工作的总时差 TF_{i-n} 应按网络计划的计划工期 T_p 计算确定,即:

$$TF_{i-n} = T_p - EF_{i-n} \tag{7-17}$$

② 其他工作的总时差等于其紧后工作 j-k 总时差与本工作自由时差之和的最

小值,即

$$TF_{i\text{-}j} = \min\{TF_{j\text{-}k} + FF_{i\text{-}j}\} \tag{7-18}$$

4) 最迟时间参数的确定

时标网络计划中工作的最迟开始时间和最迟完成时间可按下式计算:

$$LS_{i\text{-}j} = ES_{i\text{-}j} + TF_{i\text{-}j} \tag{7-19}$$

$$LF_{i\text{-}j} = EF_{i\text{-}j} + TF_{i\text{-}j} \tag{7-20}$$

由此类推,可计算出各项工作的最迟开始时间和最迟完成时间。由于所有工作的最早开始时间、最早完成时间和总时差均为已知,故计算容易,此处不再一一列举。

7.2.3 单代号网络计划

单代号网络图是以节点及其编号表示工作,以箭线表示工作之间逻辑关系的网络图,并在节点中加注工作代号、名称和持续时间,以形成单代号网络计划,如图7-13所示。

(1) 单代号网络图的特点

单代号网络图与双代号网络图相比,具有以下特点:

1) 工作之间的逻辑关系容易表达,且不用虚箭线,故绘图较简单;

2) 网络图便于检查和修改;

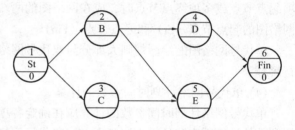

图 7-13 单代号网络计划图

3) 由于工作持续时间表示在节点之中,没有长度,故不够形象直观;

4) 表示工作之间逻辑关系的箭线可能产生较多的纵横交叉现象。

(2) 单代号网络图的基本符号

1) 节点

单代号网络图中的每一个节点表示一项工作,节点宜用圆圈或矩形表示。节点所表示的工作名称、持续时间和工作代号等应标注在节点内,如图7-14所示。

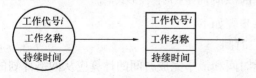

图 7-14 单代号网络图工作的表示方法

单代号网络图中的节点必须编号。编号标注在节点内,其号码可间断,但严禁重复。箭线的箭尾节点编号应小于箭头节点的编号。一项工作必须有唯一的一个节点及相应的一个编号。

2) 箭线

单代号网络图中的箭线表示紧邻工作之间的逻辑关系,既不占用时间、也不消耗资源。箭线应画成水平直线、折线或斜线。箭线水平投影的方向应自左向右,表示工作的行进方向。工作之间的逻辑关系包括工艺关系和组织关系,在网络图中均表现为工作之间的先后顺序。

3) 线路

单代号网络图中,各条线路应用该线路上的节点编号从小到大依次表述。

(3) 单代号网络图的绘图规则

1) 单代号网络图必须正确表达已定的逻辑关系。

2) 单代号网络图中,严禁出现循环回路。

3) 单代号网络图中,严禁出现双向箭头或无箭头的连线。

4) 单代号网络图中,严禁出现没有箭尾节点的箭线和没有箭头节点的箭线。

5) 绘制网络图时,箭线不宜交叉,当交叉不可避免时,可采用过桥法或指向法绘制。

6) 单代号网络图中只应有一个起点节点和一个终点节点。当网络图中有多项起点节点或多项终点节点时,应在网络图的两端分别设置一项虚工作,作为该网络图的起点节点(St)和终点节点(Fin)。

单代号网络图的绘图规则大部分与双代号网络图的绘图规则相同,故不再进行解释。

(4) 单代号网络计划时间参数的计算

单代号网络计划时间参数的计算应在确定各项工作的持续时间之后进行。时间参数的计算顺序和计算方法基本上与双代号网络计划时间参数的计算相同。单代号网络计划时间参数的标注形式如图 7-15 所示。

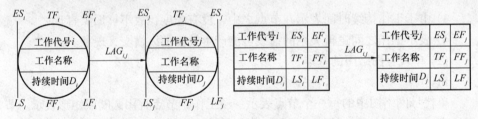

图 7-15　单代号网络计划时间参数的标注形式

单代号网络计划时间参数的计算步骤如下:

1) 计算最早开始时间和最早完成时间

网络计划中各项工作的最早开始时间和最早完成时间的计算应从网络计划的起点节点开始,顺着箭线方向依次逐项计算。

网络计划的起点节点的最早开始时间为零。如起点节点的编号为 1,则:

$$ES_i = 0 \quad (i = 1) \tag{7-21}$$

工作最早完成时间等于该工作最早开始时间加上其持续时间,即:

$$EF_i = ES_i + D_i \qquad (7-22)$$

工作最早开始时间等于该工作的各个紧前工作的最早完成时间的最大值,如工作 j 的紧前工作的代号为 i,则:

$$ES_j = \max\{EF_i\} \qquad (7-23)$$

或
$$ES_j = \max\{ES_i + D_i\}$$

式中　　ES_i——工作 j 的各项紧前工作的最早开始时间。

2) 网络计划的计算工期 T_c

T_c 等于网络计划的终点节点 n 的最早完成时间 EF_n,即:

$$T_c = EF_n \qquad (7-24)$$

3) 计算相邻两项工作之间的时间间隔 $LAG_{i\text{-}j}$

相邻两项工作 i 和 j 之间的时间间隔 $LAG_{i\text{-}j}$ 等于紧后工作 j 的最早开始时间 ES_j 和本工作的最早完成时间 EF_i 之差,即:

$$LAG_{i\text{-}j} = ES_j - EF_i \qquad (7-25)$$

4) 计算工作总时差 TF_i

工作 i 的总时差 TF_i 应从网络计划的终点节点开始,逆着箭线方向依次逐项计算。

网络计划终点节点的总时差 TF_n,如计划工期等于计算工期,其值为零,即:

$$TF_n = 0 \qquad (7-26)$$

其他工作 i 的总时差 TF_i 等于该工作的各个紧后工作 j 的总时差 TF_j 加该工作与其紧后工作之间的时间间隔 $LAG_{i\text{-}j}$ 之和的最小值,即:

$$TF_i = \min\{TF_j + LAG_{i\text{-}j}\} \qquad (7-27)$$

5) 计算工作自由时差

工作 i 若无紧后工作,其自由时差 FF_i 等于计划工期 T_p 减该工作的最早完成时间 EF_n,即:

$$FF_n = T_p - EF_n \qquad (7-28)$$

当工作 i 有紧后工作 j 时,其自由时差 FF_i 等于该工作与其紧后工作 j 之间的时间间隔 $LAG_{i\text{-}j}$ 的最小值,即:

$$FF_i = \min\{LAG_{i\text{-}j}\} \qquad (7-29)$$

6) 计算工作的最迟开始时间和最迟完成时间

工作 i 的最迟开始时间 LS_i 等于该工作的最早开始时间 ES_i 与其总时差 TF_i 之和,即:

$$LS_i = ES_i + TF_i \qquad (7-30)$$

工作 i 的最迟完成时间 LF_i 等于该工作的最早完成时间 EF_i 与其总时差 TF_i 之和,即:

$$LF_i = EF_i + TF_i \tag{7-31}$$

7) 关键工作和关键线路的确定

① 关键工作：总时差最小的工作是关键工作。

② 关键线路的确定按以下规定：从起点节点开始到终点节点均为关键工作，且所有工作的时间间隔为零的线路为关键线路。

【案例 7-3】 已知网络计划的资料如表 7-3 所示，试绘制单代号网络计划。若计划工期等于计算工期，试计算各项工作的六个时间参数并确定关键线路，标注在网络计划上。

【解】 (1) 根据表 7-3 中网络计划的有关资料，按照网络图的绘图规则，绘制单代号网络图如图 7-16 所示。

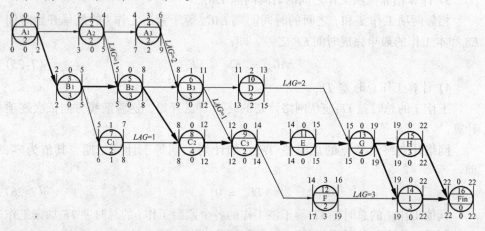

图 7-16 单代号网络图计算实例

(2) 计算最早开始时间和最早完成时间

因为未规定其最早开始时间，所以由公式 (7-21) 得到

$$ES_1 = 0$$

其他工作 i 的最早开始时间和最早完成时间按公式 (7-22)、(7-23) 依次计算，如：

$$EF_1 = 0 + 2 = 2$$
$$ES_5 = \max\{EF_2, EF_3\} = \max\{4, 5\} = 5$$
$$EF_5 = ES_5 + D_5 = 5 + 3 = 8$$

已知计划工期等于计算工期，故有 $T_p = T_c = EF_{16} = 22$

(3) 计算相邻两项工作之间的时间间隔 LAG_{i-j}，如：

$$LAG_{15,16} = T_p - EF_{15} = 22 - 22 = 0$$
$$LAG_{14,16} = T_p - EF_{14} = 22 - 22 = 0$$
$$LAG_{12,14} = ES_{14} - EF_{12} = 19 - 16 = 3$$

(4) 计算工作的总时差 TF_i

已知计划工期等于计算工期 $T_p = T_c = 22$，故终点节点⑯节点的总时差为零，即：

$$TF_{16} = T_p - EF_{16} = 22 - 22 = 0$$

其他工作总时差为：

$$TF_{15} = TF_{16} + LAG_{15,16} = 0 + 0 = 0$$
$$TF_{14} = TF_{16} + LAG_{14,16} = 0 + 0 = 0$$
$$TF_{13} = \min\{(TF_{15} + LAG_{13,15}), (TF_{14} + LAG_{13,14})\}$$
$$= \min\{(0 + 0), (0 + 0)\} = 0$$
$$TF_{12} = TF_{14} + LAG_{12,14} = 0 + 3 = 3$$

(5) 计算工作的自由时差 FF_i

已知计划工期等于计算工期 $T_p = T_c = 22$，故自由时差为：

$$FF_{16} = T_p - EF_{16} = 22 - 22 = 0$$
$$FF_{15} = LAG_{15,16} = 0$$
$$FF_{14} = LAG_{14,16} = 0$$
$$FF_{13} = \min\{LAG_{13,15}, LAG_{13,14}\} = \min\{0,0\} = 0$$
$$FF_{12} = LAG_{12,14} = 3$$

(6) 计算工作的最迟开始时间 LS_i 和最迟完成时间 LF_i，如

$$LS_1 = ES_1 + TF_1 = 0 + 0 = 0$$
$$LF_1 = EF_1 + TF_1 = 2 + 0 = 2$$
$$LS_2 = ES_2 + TF_2 = 2 + 1 = 3$$
$$LS_2 = EF_2 + TF_2 = 4 + 1 = 5$$

将以上计算结果标注在图 7-21 中的相应位置。

(7) 关键工作和关键线路的确定

根据计算结果，总时差为零的工作：A_1、B_1、B_2、C_2、C_3、E、G、H、I 为关键工作。

从起点节点①节点开始到终点节点⑯节点均为关键工作，且所有工作之间时间间隔为零的线路，即①—③—⑤—⑧—⑨—⑪—⑬—⑭—⑯、①—③—⑤—⑧—⑨—⑪—⑬—⑮—⑯为关键线路，用粗箭线标示在图 7-21 中。

7.2.4 单代号搭接网络计划

(1) 基本概念

在普通双代号和单代号网络计划中，各项工作按依次顺序进行，即任何一项工作都必须在它的紧前工作全部完成后才能开始。

图 7-17（a）以横道图表示相邻的 A、B 两工作，A 工作进行 4 天后 B 工作

即可开始，而不必要等 A 工作全部完成。这种情况若按依次顺序用网络图表示就必须把 A 工作分为两部分，即 A_1 和 A_2 工作，以双代号网络图表示如图 7-17（b）所示，以单代号网络图表示则如图 7-17（c）所示。

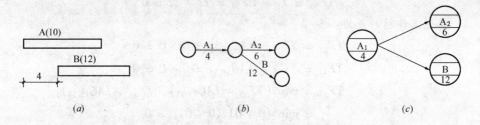

图 7-17 A、B 两工作搭接关系的表示方法
(a) 用横道图表示；(b) 用双代号表示；(c) 用单代号表示

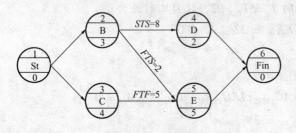

图 7-18 单代号搭接网络计划

但在实际工作中，为了缩短工期，许多工作可采用平行搭接的方式进行。为了简单直接地表达这种搭接关系，使编制网络计划得以简化，于是出现了搭接网络计划方法。单代号搭接网络图如图 7-18 所示。其中起点节点 St 和终点节点 Fin 为虚拟节点。

1) 单代号搭接网络图中每一个节点表示一项工作，宜用圆圈或矩形表示。节点所表示的工作名称、持续时间和工作代号等应标注在节点内。节点最基本的表示方法应符合图 7-19 的规定。

2) 单代号搭接网络图中，箭线及其上面的时距符号表示相邻工作间的逻辑关系，如图 7-20 所示。箭线应画成水平直线、折线或斜线。箭线水平投影的方向应自左向右，表示工作的进行方向。

图 7-19 单代号搭接网络图工作的表示方法

工作的搭接顺序关系是用前项工作的开始或完成时间与其紧后工作的开始或完成时间之间的间距来表示，具体有四类：

$FTS_{i,j}$——工作 i 完成时间与其紧后工作 j 开始时间的时间间距；

$FTF_{i,j}$——工作 i 完成时间与其紧后工作 j 完成时间的时间间距；

$STS_{i,j}$——工作 i 开始时间与其紧后工作 j 开始时间的时间间距；

$STF_{i,j}$——工作 i 开始时间与其紧后工作 j 完成时间的时间间距。

3) 单代号网络图中的节点必须编号。编号标注在节点内，其号码可间断，但严禁重复。箭线的箭尾节点编号应小于箭头节点编号。一项工作必须有惟一的一个节点及相应的一个编号。

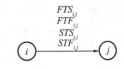

图 7-20 单代号搭接网络图箭线的表示方法

4) 工作之间的逻辑关系包括工艺关系和组织关系，在网络图中均表现为工作之间的先后顺序。

5) 单代号搭接网络图中，各条线路应用该线路上的节点编号自小到大依次表述，也可用工作名称依次表述。如图 7-18 所示的单代号搭接网络图中的一条线路可表述为 1→2→5→6，也可表述为 St→B→E→Fin。

6) 单代号搭接网络计划中的时间参数基本内容和形式应按图 7-21 所示方式标注。工作名称和工作持续时间标注在节点圆圈内，工作的时间参数（如 ES，EF，LS，LF，TF，FF) 标注在圆圈的上下。而工作之间的时间参数（如 STS，FTF，STF，FTS 和时间间隔 $LAG_{i,j}$ 标注在联系箭线的上下方。

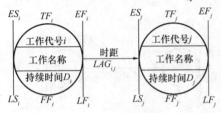

图 7-21 单代号搭接网络计划时间参数标注形式

(2) 绘图规则

1) 单代号搭接网络图必须正确表述已定的逻辑关系。

2) 单代号搭接网络图中，严禁出现循环回路。

3) 单代号搭接网络图中，严禁出现双向箭头或无箭头的连线。

4) 单代号搭接网络图中，严禁出现没有箭尾节点的箭线和没有箭头节点的箭线。

5) 绘制网络图时，箭线不宜交叉。当交叉不可避免时，可采用过桥法和指向法绘制。

6) 单代号搭接网络图只应有一个起点节点和一个终点节点。当网络图中有多项起点节点或多项终点节点时，应在网络图的两端分别设置一项虚工作，作为该网络图的起点节点 (St) 和终点节点 (Fin)。

(3) 单代号搭接网络计划中的搭接关系

搭接网络计划中搭接关系在工程实践中的具体应用，简述如下。

1) 完成到开始时距 ($FTS_{i,j}$) 的连接方法

图 7-22 表示紧前工作 i 的完成时间与紧后工作 j 的开始时间之间的时距和连接方法。

例如修一条堤坝的护坡时，一定要等土堤自然沉降后才能修护坡，这种等待的时间就是 FTS 时距。

当 $FTS = 0$ 时，就是说紧前工作 i 的完成时间等于紧后工作 j 的开始时间，这时紧前工作与紧后工作紧密衔接，当计划所有相邻工作的 $FTS = 0$ 时，整个搭

接网络计划就成为一般的单代号网络计划。因此，一般的依次顺序关系只是搭接关系的一种特殊表现形式。

2) 完成到完成时距（FTF）的连接方法

图 7-23 表示紧前工作 i 完成时间与紧后工作 j 完成时间之间的时距和连接方法。

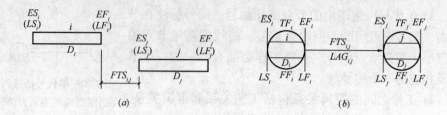

图 7-22 时距 FTS 的表示方法

（a）从横道图看 FTS 时距；（b）用单代号搭接网络计划方法表示

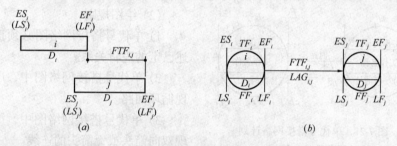

图 7-23 时距 FTF 的表示方法

（a）从横道图看 FTF 时距；（b）用单代号搭接网络计划方法表示

例如相邻两工作，当紧前工作的施工速度小于紧后工作时，则必须考虑为紧后工作留有充分的工作面，否则紧后工作就将因无工作面而无法进行。这种结束工作时间之间的间隔就是 FTF 时距。

3) 开始到开始时距（$STS_{i,j}$）的连接方法

图 7-24 表示紧前工作 i 的开始时间与紧后工作 j 的开始时间之间的时距和连接方法。

例如道路工程中的铺设路基和浇筑路面，待路基开始工作一定时间为路面工程创造一定工作条件之后，路面工程即可开始进行，这种开始工作时间之间的间隔就是 STS 时距。

4) 开始到完成时距（$STF_{i,j}$）的连接方法

图 7-25 表示紧前工作 i 的开始时间与紧后工作 j 的结束时间之间的时距和连接方法，这种时距以 $STF_{i,j}$ 表示。

例如要挖掘带有部分地下水的土，地下水位以上的土可以在降低地下水位工作完成之前开始，而在地下水位以下的土则必须要等降低地下水位之后才能开

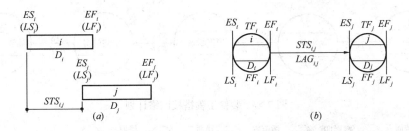

图 7-24 时距 STS 的表示方法
(a) 从横道图看 STS 间距；(b) 用单代号搭接网络计划方法表示

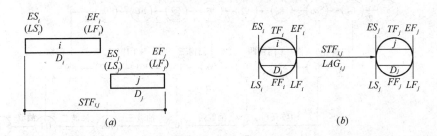

图 7-25 时距 STF 的表示方法
(a) 从横道图看 STS 间距；(b) 用单代号搭接网络计划方法表示

始。降低地下水位工作的完成与何时挖地下水位以下的土有关，至于降低地下水位何时开始，则与挖土没有直接联系。这种开始到结束的限制时间就是 STF 时距。

5) 混合时距的连接方法

在搭接网络计划中，两项工作之间可同时由四种基本连接关系中两种以上来限制工作间的逻辑关系，例如 i、j 两项工作可能同时由 STS 与 FTF 时距限制，或 STF 与 FTS 时距限制等等。

下面是单代号搭接网络计划实例以供参考。

一幢三单元五层家属宿舍的装修工程，以一层为一流水段组织流水施工，共五项工作，其工艺流程图如图 7-26 所示。

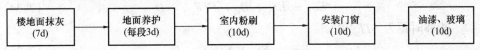

图 7-26 装修工程工艺流程图

如果用单代号搭接网络图绘制网络计划，则如图 7-27。
如果用双代号网络图来表示这个计划，则如图 7-28 所示。
对照图 7-27 和图 7-28，显然搭接网络计划要比一般双代号网络计划简单得多。

(4) 单代号搭接网络计划的时间参数计算

图 7-27 装修工程搭接网络计划

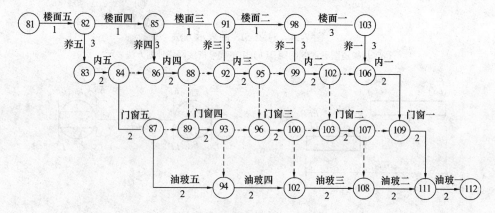

图 7-28 装修工程双代号网络计划

1) 计算工作最早时间

① 计算最早时间参数必须从起点节点开始依次进行,只有紧前工作计算完毕,才能计算本工作。

② 计算工作最早开始时间应按下列步骤进行:

起点节点的工作最早开始时间都应为零,即:

$$ES_i = 0 \ (\ i = 起点节点编号) \tag{7-32}$$

其他工作 j 的最早开始时间(ES_j)根据时距应按下列公式计算:

相邻时距为 $STS_{i,j}$ 时,

$$ES_j = ES_i + STS_{i,j} \tag{7-33}$$

相邻时距为 $FTF_{i,j}$ 时,

$$ES_j = ES_i + D_i + FTF_{i,j} - D_j \tag{7-34}$$

相邻时距为 $STF_{i,j}$ 时,

$$ES_j = ES_i + STF_{i,j} - D_j \tag{7-35}$$

相邻时距为 $FTS_{i,j}$ 时,

$$ES_j = ES_i + D_i + FTS_{i,j} \tag{7-36}$$

③ 计算工作最早时间,当出现最早开始时间为负值时,应将该工作 j 与起点节点用虚箭线相连接,并确定其时距为:

$$STS_{起点节点,j} = 0 \tag{7-37}$$

④ 工作 j 的最早完成时间 EF_j 应按下式计算:

$$EF_j = ES_j + D_j \tag{7-38}$$

⑤ 当有两种以上的时距（有两项工作或两项以上紧前工作）限制工作间的逻辑关系时，应分别进行计算其最早时间，取其最大值。

⑥ 搭接网络计划中，全部工作的最早完成时间的最大值若在中间工作 k，则该中间工作 k 应与终点节点用虚箭线相连接，并确定其时距为：

$$FTF_{k,\text{终点节点}} = 0 \tag{7-39}$$

⑦ 搭接网络计划计算工期 T_c 由与终点相联系的工作的最早完成时间的最大值决定。

⑧ 网络计划的计划工期 T_p 的计算应按下列情况分别确定：

当已规定了要求工期 T_r 时，$T_p \leqslant T_r$；

当未规定要求工期时，$T_p = T_c$。

2) 计算时间间隔 $LAG_{i,j}$

相邻两项工作 i 和 j 之间在满足时距之外，还有多余的时间间隔 $LAG_{i,j}$，应按下式计算：

$$LAG_{i,j} = \begin{bmatrix} ES_j - EF_i - FTS_{i,j} \\ ES_j - ES_i - STS_{i,j} \\ EF_j - EF_i - FTF_{i,j} \\ EF_j - ES_i - STF_{i,j} \end{bmatrix} \tag{7-40}$$

3) 计算工作总时差

工作 i 的总时差 TF_i 应从网络计划的终点节点开始，逆着箭线方向依次逐项计算。当部分工作分期完成时，有关工作的总时差必须从分期完成的节点开始逆向逐项计算。

终点节点所代表工作 n 的总时差 TF_n 值应为：

$$TF_n = T_p - EF_n \tag{7-41}$$

其他工作 i 的总时差 TF_i 应为：

$$TF_i = \min\{TF_j + LAG_{i,j}\} \tag{7-42}$$

4) 计算工作自由时差

终点节点所代表工作 n 的自由时差 FF_n 应为：

$$FF_n = T_p - EF_n \tag{7-43}$$

其他工作 i 的自由时差 FF_i 应为：

$$FF_i = \min\{LAG_{i,j}\} \tag{7-44}$$

5) 计算工作最迟完成时间

工作 i 的最迟完成时间 LF_i 应从网络计划的终点节点开始，逆着箭线方向依次逐项计算。当部分工作分期完成时，有关工作的最迟完成时间应从分期完成的节点开始逆向逐项计算。

终点节点所代表的工作 n 的最迟完成时间 LF_n，应按网络计划的计划工期 T_p 确定，即：

$$LF_n = T_p \tag{7-45}$$

其他工作 i 的最迟完成时间 LF_i 应为：

$$LF_i = EF_i + TF_i \tag{7-46}$$

或

$$LF_i = \min \begin{bmatrix} LS_j - LF_i - FTS_{i,j} \\ LS_j - LS_i - STS_{i,j} \\ LF_j - LF_i - FTF_{i,j} \\ LF_j - LS_i - STF_{i,j} \end{bmatrix} \tag{7-47}$$

6) 计算工作最迟开始时间

工作 i 的最迟开始时间 LS_i 应按下式计算：

$$LS_i = LF_i - D_i \tag{7-48}$$

或

$$LS_i = ES_i + TF_i \tag{7-49}$$

(5) 关键工作和关键线路的确定

① 确定关键工作

关键工作是总时差为最小的工作。搭接网络计划中工作总时差最小的工作，也即是其具有的机动时间最小，如果延长其持续时间就会影响计划工期，因此为关键工作。当计划工期等于计算工期时，工作的总时差为零是最小的总时差。当有要求工期，且要求工期小于计算工期时，总时差最小的为负值，当要求工期大于计算工期时，总时差最小的为正值。

② 确定关键线路

关键线路是自始至终全部由关键工作组成的线路或线路上总的工作持续时间最长的线路。该线路在网络图上应用粗线、双线或彩色线标注。

在搭接网络计划中，从起点节点开始到终点节点均为关键工作，且所有工作的时间间隔均为零的线路应为关键线路。

【案例 7-4】 已知单代号搭接网络计划如图 7-29 所示，若计划工期等于计算工期，试计算各项工作的六个时间参数并确定关键线路，标注在网络计划上。

【解】 单代号搭接网络时间参数计算总图如图 7-30 所示，其具体计算步骤说明如下。

(1) 计算最早开始时间和最早完成时间

计算最早时间参数必须从起点开始沿箭线方向向终点进行。因为在单代号网络图中起点和终点都是虚设的，故其工作持续时间均为零。

1) 因为未规定其最早开始时间，所以由公式 (7-32) 得到

$$ES_1 = 0$$

2) 相邻工作的时距为 $STS_{i,j}$ 时，如 A、B 时距为 $STS_{2,3} = 2$，

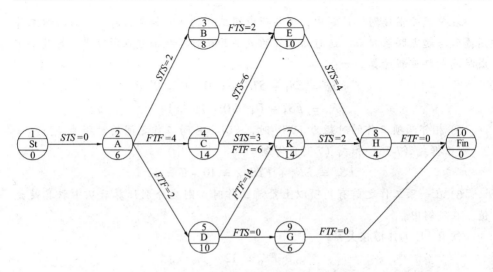

图 7-29 单代号搭接网络计划实例

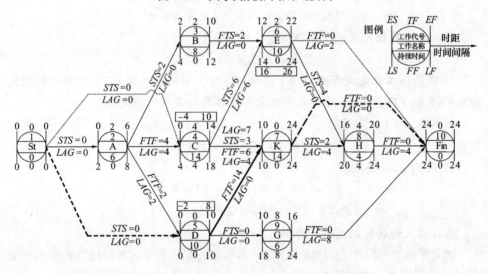

图 7-30 单代号搭接网络时间参数计算总图

$$ES_3 = ES_2 + STS_{2,3} = 0 + 2 = 2$$
$$EF_3 = ES_3 + D_3 = 2 + 8 = 10$$

3) 相邻两工作的时距为 $FTF_{i,j}$ 时，如 A、C 工作之间的时距为 $FTF_{2,4}=4$，

$$EF_4 = EF_2 + FTF_{2,4} = 6 + 4 = 10$$
$$ES_4 = EF_4 - D_4 = 10 - 14 = -4$$

节点 4（工作 C）的最早开始时间出现负值，这说明工作 C 在工程开始之前 4d 就应开始工作，这是不合理的，必须按以下的方法来处理。

4) 当中间工作出现 ES_i 为负值时的处理方法

在单代号搭接网络计划中，当某项中间工作的 ES_i 为负值时，应该将该工作用虚线与起点联系起来。这时该工作的最早开始时间就由起点所决定，其最早完成时间也要重新计算。如：

$$ES_4 = ES_1 + STS_{1,4} = 0 + 0 = 0$$
$$EF_4 = ES_4 + D_4 = 0 + 14 = 14$$

5）相邻两项工作的时距为 $FTS_{i,j}$ 时，如 B、E 两工作之间的时距为 $FTS_{3,6} = 2$，则根据式（7-36）和式（7-38）得到

$$ES_6 = EF_3 + FTS_{3,6} = 10 + 2 = 12$$

6）在一项工作之前有两项以上紧前工作时，则应分别计算后从中取其最大值。在实例中，

按 B、E 工作搭接关系，
$$ES_6 = 12$$
按 C、E 工作搭接关系，
$$ES_6 = ES_4 + STS_{4,6} = 0 + 6 = 6$$
从两数中取最大值，即应取 $ES_6 = 12$。
$$EF_6 = 12 + 10 = 22$$

7）在两项工作之间有两种以上搭接关系时，如两项工作 C、F 之间的时距为 $STS_{4,7} = 3$ 和 $FTF_{4,7} = 6$，这时也应该分别计算后取其中的最大值。

由 $STS_{4,7} = 3$ 决定时
$$ES_7 = ES_4 + STS_{4,7} = 0 + 3 = 3$$
由 $FTF_{4,7} = 6$ 决定时
$$EF_7 = EF_4 + FTF_{4,7} = 14 + 6 = 20$$
$$ES_7 = EF_7 - D_7 = 20 - 14 = 6$$

故按以上两种时距关系，应取 $ES_7 = 6$。

但是节点 7（工作 F）除与节点 4（工作 C）有联系外，同时还与紧前工作 D（节点 5）有联系，所以还应在这两种逻辑关系的计算值中取其最大值。

$$EF_7 = EF_5 + FTF_{5,7} = 10 + 14 = 24$$
$$ES_7 = 24 - 14 = 10$$

故应取
$$ES_7 = \max\{10, 6\} = 10$$
$$EF_7 = 10 + 14 = 24$$

网络计划中的所有其他工作的最早时间都可以依次按上述各种方法进行计算，直到终点为止。

8）根据以上计算则终点节点的时间应从工作 H 完成时间中取最大值，即：

$$ES_{\text{Fin}} = \max\{20, 18\} = 20$$

在很多情况下，这个值是网络计划中的最大值，决定了计划的工期。但是在

本例中，决定工程工期的完成时间最大值的工作却不在最后，而是在中间的工作 F，这时必须按以下方法加以处理。

9) 终点一般是虚设的，只与没有外向箭线的工作相联系。但是当中间工作的完成时间大于最后工作的完成时间时，为了决定终点的时间（即工程的总工期）必须先把该工作与终点节点用虚箭线联系起来，如图 7-30，然后再依法计算终点时间。在本例中，

$$ES_{Fin} = \max\{24, 20, 18\} = 24$$

已知计划工期等于计算工期，故有 $T_p = T_c = EF_{16} = 24$

(2) 计算相邻两项工作之间的时间间隔 $LAG_{i\text{-}j}$

应按式 (7-40) 计算。

起点与工作 A 是 STS 连接，故

$$LAG_{1,2} = 0$$

起点与工作 C 和工作 D 之间的 LAG 均为零。

工作 A 与工作 B 是 STS 连接

$$LAG_{2,3} = ES_3 - ES_2 - STS_{2,3} = 2 - 0 - 2 = 0$$

工作 A 与工作 C 是 FTF 连接

$$LAG_{2,4} = EF_4 - EF_2 - FTF_{2,4} = 14 - 6 - 4 = 4$$

工作 A 与工作 D 是 FTF 连接

$$LAG_{2,5} = EF_5 - EF_2 - FTF_{2,5} = 10 - 6 - 2 = 2$$

工作 B 与工作 E 是 FTS 连接

$$LAG_{3,6} = ES_6 - EF_3 - FTS_{3,6} = 12 - 10 - 2 = 0$$

工作 C 与工作 F 是 STS 和 FTF 两种时距连接，故

$$LAG_{4,7} = \min\{(ES_7 - ES_4 - STS_{4,7}), (EF_7 - EF_4 - FTF_{4,7})\}$$
$$= \min\{(10 - 0 - 3), (24 - 14 - 6)\} = 4$$

(3) 计算工作的总时差 TF_i

已知计划工期等于计算工期 $T_p = T_c = 24$，故

终点节点的总时差按式 (7-41)，$TF_{Fin} = T_p - EF_n = 24 - 24 = 0$

其他节点的总时差按式 (7-42)：

$$TF_8 = TF_{10} + LAG_{8,10} = 0 + 4 = 4$$
$$TF_6 = \min\{(TF_{10} + LAG_{6,10}), (TF_8 + LAG_{6,8})\}$$
$$= \min\{(0 + 2), (4 + 0)\} = 2$$

(4) 计算工作的自由时差 FF_i

各项工作的自由时差 FF_i，可按式 (7-43) 和 (7-44) 进行计算

$$FF_7 = 0$$
$$FF_2 = \min\{LAG_{2,3}, LAG_{2,4}, LAG_{2,5}\} = \min\{0, 4, 2\} = 0$$

(5) 计算工作的最迟开始时间 LS_i 和最迟完成时间 LF_i，如：

1) 凡是与终点节点相联系的工作，其最迟完成时间即为终点的完成时间，如：

$$LF_7 = LF_{11} = 24$$

$$LS_7 = LF_7 - D_7 = 24 - 14 = 10$$

$$LS_9 = LF_9 - D_9 = 24 - 6 = 18$$

2) 相邻两工作的时距为 $STS_{i,j}$ 时，如两工作 E、H 之间的时距为 $STS_{6,9} = 4$。

$$LS_6 = LS_9 - STS_{6,9} = 20 - 4 = 16$$

$$LF_6 = LS_6 + D_6 = 16 + 10 = 26$$

节点 6（工作 E）的最迟完成时间为 26 天，大于总工期 24 天，这是不合理的，必须对节点 6（工作 E）的最迟完成时间按下述方法进行调整。

3) 在计算最迟时间参数中出现某工作的最迟完成时间大于总工期时，应把该工作用虚箭线与终点节点连起来。

这时工作 E 的最迟时间除受工作 H 的约束之外，还受到终点节点的决定性约束，故

$$LF_6 = 24$$

$$LS_6 = 24 - 10 = 14$$

4) 若明确中间相邻两工作的时距后，可按照式（3-46）和（3-48）计算，如：

$$LF_5 = \min\{(LS_9 - FTS_{5,9}), (LF_8 - FTF_{5,8})\}$$

$$= \min\{(16 - 0), (24 - 14)\} = 10$$

$$LS_5 = LF_5 - D_5 = 10 - 10 = 0$$

$$LF_4 = \min\{(LS_7 - STS_{4,7} + D_4), (LF_7 - FTF_{4,7}), (LS_6 - STS_{4,6} + D_4)\}$$

$$= \min\{(10 - 3 + 14), (24 - 6), (14 - 6 + 14)\} = 18$$

$$LS_4 = LF_4 - D_4 = 18 - 14 = 4$$

(6) 关键工作和关键线路的确定

从图 7-30 看，关键线路为起点→D→F→终点。D 和 F 两工作的总时差为最小（零）是关键工作。同一般网络计划一样，把总时差为零的工作连接起来所形成的线路就是关键线路。因此用计算总时差的方法也可以确定关键线路。

还可以利用 LAG 来寻找关键线路，即从终点向起点方向寻找，把 $LAG = 0$ 的线路向前连通，直到起点，这条线路就是关键线路。但是这并不意味着 $LAG = 0$ 的线路都是关键线路，只有 $LAG = 0$ 从起点至终点贯通的线路才是关键线路。

7.3 建设项目进度计划

7.3.1 建设项目进度计划的种类

在工程建设中,为了控制工程项目进度,合理安排各项工作,建设单位(业主)、设计单位、施工单位、材料和设备供应单位、项目管理咨询单位等均要编制进度计划。按照不同的标准,对进度计划进行归类,如图 7-31 所示。

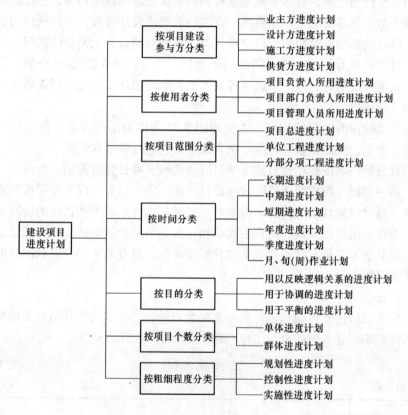

图 7-31 建设项目进度计划的种类

7.3.2 建设项目进度计划的编制方法

在建设行业,编制项目进度规划运用的计划方法和技术有横道图、垂直图表法(或称线条图)、流水作业图、网络计划技术等。作为进度计划必要准备工作的有项目结构图、工作表等。

(1) 项目结构图

项目结构图反映的是项目概要,按不同的着眼点可绘制不同的项目结构图。

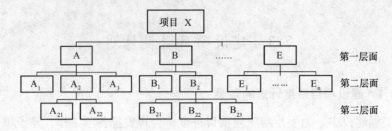

图 7-32 项目结构图

在编制进度计划之前，有必要从进度规划的角度绘制项目结构图，它反映项目进展过程中的全部必要的工作和事件。在项目前期或设计阶段，一旦项目内容基本清晰，就应绘制项目结构图，以使项目参与各方对项目有个完整的把握。

项目可分解为若干个第一层面的子项目，并可按图 7-32 继续分解。分解的深度，在进度规划时，取决于进度规划者的判断与估计。最底一层面的子项目一般称为"任务包"。

较大或较深的项目结构图，无法用图 7-32 类似的图形表示，而采用"项目结构表"表示，从而必须对各层子项目或任务包进行编号和编码。

项目分解一般按照项目对象或项目阶段进行。项目分解原则一般由项目领导决定。第一层面一般按照项目阶段（设计、施工等）划分。以下各层按照项目对象分解，项目对象具有的特点可能是：类似的技术特点、子项目间的协调工作量最小、与管理组织相一致、与业主构成相一致、与经验数据的应用相一致。按对象的项目分解不总是与投资或成本的分解相一致，只有当它们分解到同样的详细程度才有可能一致。

(2) 工作表

工作是反映任务包顺利进行的一系列的步骤，它是定义了开始和完成的需要花费时间的事。任务包的全部工作可列表，如表 7-5 所示。

工 作 表 示 例　　　　　表 7-5

项目名称：　　　　　　　　　　　　　　日期：　　　页号：

任务包编号	任务包说明	工作编号	工作说明	工作范围（数量）	资源（机具、人）	责任部门	持续时间	备注（其他工作说明，如：成本）
1	2	3	4	5	6	7	8	9

工作可根据项目结构图或任务包、管理流程（规划、执行、控制等）、影响因素（管理组织、明了程度或风险、成本、持续时间和日期、资源等）等确定，它的粗细取决于对格式化信息的要求。从项目领导角度，各项工作应明确规划、

执行、控制等的管理责任,并应反映质量、进度、成本等数据,使得在产生偏差时能采取纠偏措施。

成为工作应具备以下条件:任务定义明确,责任唯一,承担成本并不超过总成本的一个确定的百分数,在考虑项目周期下能计算和估计持续时间,尽可能保证只有一种资源在施工中是必需的,任务应均匀地进行。

(3) 横道图

横道图,也称甘特图,是由亨利·甘特(Henry Gatt)发明的,上世纪初从美国引入。横道图是一种最简单并运用最广的计划方法,尽管有新的计划技术的采用,横道图在建设行业仍占统治地位。

通常横道图的表头为工作及其简要说明,项目进展表示在时间表格上,如图 7-33 所示。按照所表示工作的详细程度,时间单位可以为小时、天、周、月等。经常这些时间单位用日历表示,此时可表示非工作时间,如:停工时间、公众假日、假期等。根据此横道图使用者的要求,工作可按照时间先后、责任、项目对象、同类资源等进行排序。

横道图的另一种可能的形式是将工作简要说明直接放在横道上,这样,一行上可容纳多项工作,这一般运用在重复性的任务上。横道图也可将最重要的逻辑关系标注在内,如果将所有逻辑关系均标注在图上,则横道图的简洁性的最大优点将丧失。

横道图用于小型项目或大型项目子项目上,或用于计算资源需要量、概要预示进度,也可用于其他计划技术的表示结果。

	工作名称	持续时间	开始时间	完成时间	紧前工作
1	基础完	0 d	1993-12-28	1993-12-28	
2	预制柱	35 d	1993-12-28	1994-2-14	1
3	预制屋架	20 d	1993-12-28	1994-1-24	1
4	预制楼梯	15 d	1993-12-28	1994-1-17	1
5	吊装	30 d	1994-2-15	1994-3-28	2,3,4
6	砌砖墙	20 d	1994-3-29	1994-4-25	5
7	屋面找平	5 d	1994-3-29	1994-4-4	5
8	钢窗安装	4 d	1994-4-19	1994-4-22	6SS+15 d
9	二毡三油一砂	5 d	1994-4-5	1994-4-11	7
10	外粉刷	20 d	1994-4-25	1994-5-20	8
11	内粉刷	30 d	1994-4-25	1994-6-3	8,9
12	油漆、玻璃	5 d	1994-6-6	1994-6-10	10,11
13	竣工	0 d	1994-6-10	1994-6-10	12

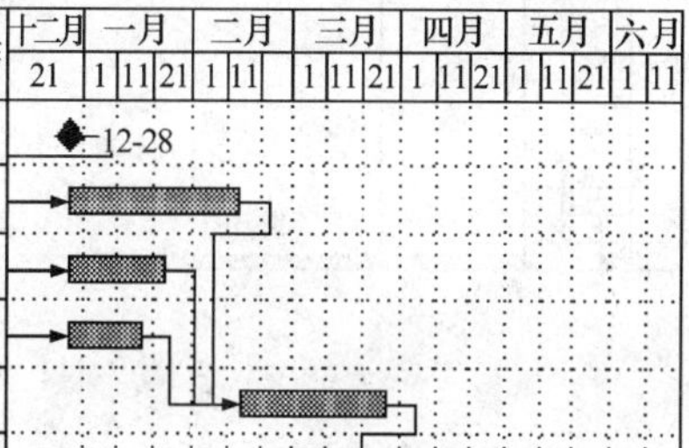

图 7-33 横道图

(4) 垂直图表法

垂直图表法是空间—时间图表的一种形式,有时间—任务量图、时间—路程图、时间—数量图等。它适宜于表示连续的、在一线段上的工作的规划和控制,因此,工作的进程是以一个速度(每个时间单位的长度)来表达。垂直图表法横坐标表示按比例的建筑工程线段,纵坐标是时间,并已去除了非工作时间。每项工作在图中用线条表示,图中线条不能交叉,如图7-34所示。垂直图表法首先运用在道路、铁路、隧道、管道等呈线形的建筑工程。

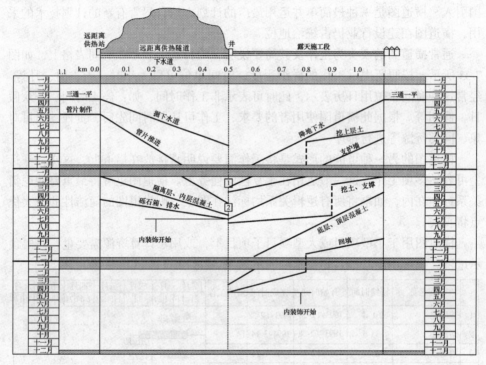

图7-34 远距离供热项目的线条图

(5) 流水作业图

流水作业图是空间—时间图表的另一种形式,它产生于其他工业对流水线操作的计划,其目的在于优化重复性工作的时间和资源。

流水作业图首先使用在结构工程施工计划上,因为在结构工程施工中只有很少的、总是重复的工作,如:支模、扎筋、浇混凝土,并且对模板等周转材料的投入有优化的要求,如图7-35所示。

(6) 网络计划技术

网络计划技术有诸多形式。由于它的简单、有效,在近几十年内得到广泛应用。这是本章的重点。

与横道图计划相比,网络计划的缺点是它不像横道图那么直观明了。因此,

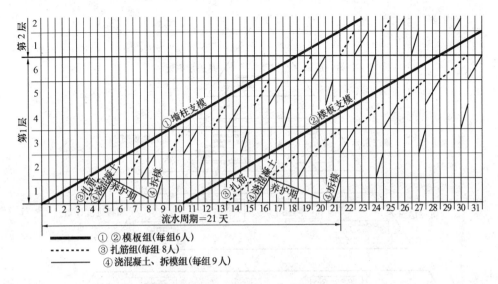

图 7-35 多层办公楼结构工程施工的流水图

在工程实践中,应该将网络计划技术和横道图计划结合起来使用,以充分发挥网络计划技术和横道图计划各自的优点。

7.3.3 建设项目进度计划系统

建设工程项目进度计划系统是由多个相互关联的进度计划组成的系统,它是项目进度控制的依据。由于各种进度计划编制所需要的必要资料是在项目进展过程中逐步形成的,因此项目进度计划系统的建立和完善也有一个过程,它是逐步形成的,建设项目进度计划系统如图 7-36 所示。图 7-37 是一个建设项目进度计划系统的示例,这个计划系统有 4 个计划层次。

建设项目进度计划系统的建立可按照不同的计划目的,具体如下。

(1) 根据项目进度控制不同的需要和不同的用途,业主方和项目建设参与其他各方可以构建多个不同的建设项目进度计划系统,如:
  □ 由多个相互关联的不同计划深度的进度计划组成的计划系统;
  □ 由多个相互关联的不同计划功能的进度计划组成的计划系统;
  □ 由多个相互关联的不同项目参与方的进度计划组成的计划系统;
  □ 由多个相互关联的不同计划周期的进度计划组成的计划系统。

(2) 由不同深度的计划构成进度计划系统,包括:
  □ 总进度规划(计划);
  □ 项目子系统进度规划(计划);
  □ 项目子系统中的单项工程进度计划等。

(3) 由不同功能的计划构成进度计划系统,包括:
  □ 控制性进度规划(计划);

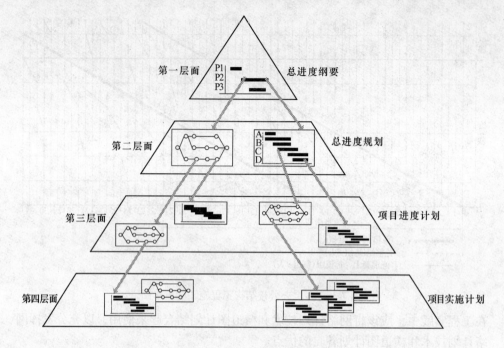

图 7-36 建设项目进度计划系统

□ 指导性进度规划（计划）；
□ 实施性（操作性）进度计划等。

(4) 由不同项目建设参与方的计划构成进度计划系统，包括：
□ 业主方编制的整个项目实施的进度计划；
□ 设计进度计划；
□ 施工和设备安装进度计划；
□ 采购和供货进度计划等。

(5) 由不同周期的计划构成进度计划系统，包括：
□ 5年建设进度计划；
□ 年度、季度、月度和旬计划等。

(6) 在建设工程项目进度计划系统中，各进度计划或各子系统进度计划编制和调整时必须注意其相互间的联系和协调，如：
□ 总进度规划（计划）、项目子系统进度规划（计划）与项目子系统中的单项工程进度计划之间的联系和协调；
□ 控制性进度规划（计划）、指导性进度规划（计划）与实施性（操作性）进度计划之间的联系和协调；
□ 业主方编制的整个项目实施的进度计划、设计方编制的进度计划、施工和设备安装方编制的进度计划与采购和供货方编制的进度计划之间的联系和协调等。

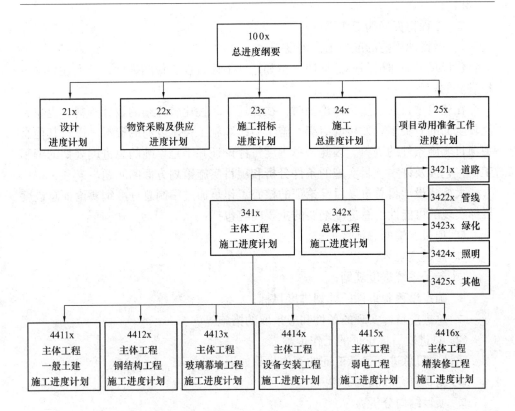

图 7-37 建设项目进度计划系统示例

7.3.4 建设项目总进度目标的论证

(1) 总进度目标论证的工作内容

建设项目总进度目标指的是整个项目的进度目标，它是在项目决策阶段项目定义时确定的，项目管理的主要任务是在项目的实施阶段对项目的目标进行控制。建设项目总进度目标的控制是业主方项目管理的任务（若采用建设项目总承包的模式，协助业主进行项目总进度目标的控制也是总承包方项目管理的任务）。在进行建设项目总进度目标控制前，首先应分析和论证目标实现的可能性。若项目总进度目标不可能实现，则项目管理者应提出调整项目总进度目标的建议，提请项目决策者审议。

在项目实施阶段，项目总进度包括：

- 设计前准备阶段的工作进度；
- 设计工作进度；
- 招标工作进度；
- 施工前准备工作进度；
- 工程施工和设备安装进度；

- 工程物资采购工作进度；
- 项目动用前的准备工作进度等。

建设项目总进度目标论证应分析和论证上述各项工作的进度，及上述各项工作进展的相互关系。

在建设项目总进度目标论证时，往往还不掌握比较详细的设计资料，也缺乏比较全面的有关工程发包的组织、施工组织和施工技术方面的资料，以及其他有关项目实施条件的资料。因此，总进度目标论证并不是单纯的总进度规划的编制工作，它涉及许多项目实施的条件分析和项目实施策划方面的问题。

大型建设项目总进度目标论证的核心工作是通过编制总进度纲要论证总进度目标实现的可能性。总进度纲要的主要内容包括：

- 项目实施的总体部署；
- 总进度规划；
- 各子系统进度规划；
- 确定里程碑事件的计划进度目标；
- 总进度目标实现的条件和应采取的措施等。

(2) 总进度目标论证的工作步骤

建设项目总进度目标论证的工作步骤如下：

- 调查研究和收集资料；
- 项目结构分析；
- 进度计划系统的结构分析；
- 项目的工作编码；
- 编制各层进度计划；
- 协调各层进度计划的关系，编制总进度计划；
- 若所编制的总进度计划不符合项目的进度目标，则设法调整；
- 若经过多次调整，进度目标无法实现，则报告项目决策者。

1) 调查研究和收集资料包括如下工作：

- 了解和收集项目决策阶段有关项目进度目标确定的情况和资料；
- 收集与进度有关的该项目组织、管理、经济和技术资料；
- 收集类似项目的进度资料；
- 了解和调查该项目的总体部署；
- 了解和调查该项目实施的主客观条件等。

2) 大型建设工程项目的结构分析是根据编制总进度纲要的需要，将整个项目进行逐层分解，并确立相应的工作目录，如：

- 一级工作任务目录，将整个项目划分成若干个子系统；
- 二级工作任务目录，将每一个子系统分解为若干个子项目；
- 三级工作任务目录，将每一个子项目分解为若干个工作项。

整个项目划分成多少结构层,应根据项目的规模和特点而定。

3) 大型建设项目的计划系统一般由多层计划构成,如:
- 第一层进度计划,将整个项目划分成若干个进度计划子系统;
- 第二层进度计划,将每一个进度计划子系统分解为若干个子项目进度计划;
- 第三层进度计划,将每一个子项目进度计划分解为若干个工作项。

整个项目划分成多少计划层,应根据项目的规模和特点而定。

4) 项目的工作编码指的是每一个工作项的编码,编码有各种方式,编码时应考虑下述因素:
- 对不同计划层的标识;
- 对不同计划对象的标识(如不同子项目);
- 对不同工作的标识(如设计工作、招标工作和施工工作等)。

图 7-38 是工作项编码的示例。

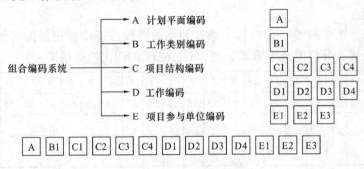

图 7-38 工作项编码示例

7.4 建设项目进度计划的检查与调整

将正式进度计划报请有关部门审批后,即可组织实施。在计划执行过程中,由于资源、环境、自然条件等因素的影响,往往会造成实际进度与计划进度产生偏差,如果这种偏差不能及时纠正,必将影响进度目标的实现。因此,在计划执行过程中采取相应措施来进行管理,对保证计划目标的顺利实现具有重要意义。

进度计划执行中的管理工作主要有以下几个方面:
(1) 检查并掌握实际进展情况;
(2) 分析产生进度偏差的主要原因;
(3) 确定相应的纠偏措施或调整方法。

7.4.1 进度计划的检查

(1) 进度计划的检查方法

1) 计划执行中的跟踪检查

在网络计划的执行过程中,必须建立相应的检查制度,定时定期地对计划的实际执行情况进行跟踪检查,收集反映实际进度的有关数据。

2) 收集数据的加工处理

收集反映实际进度的原始数据量大面广,必须对其进行整理、统计和分析,形成与计划进度具有可比性的数据,以便在网络图上进行记录。根据记录的结果可以分析判断进度的实际状况,及时发现进度偏差,为网络图的调整提供信息。

3) 实际进度检查记录的方式

① 当采用时标网络计划时,可采用实际进度前锋线记录计划实际执行状况,进行实际进度与计划进度的比较。

实际进度前锋线是在原时标网络计划上,自上而下地从计划检查时刻的时标点出发,用点划线依次将各项工作实际进度达到的前锋点连接而成的折线。通过实际进度前锋线与原进度计划中各工作箭线交点的位置可以判断实际进度与计划进度的偏差。

例如,图 7-39 是一份时标网络计划用前锋线进行检查记录的实例。该图有四条前锋线,分别记录了第 47、52、57、62 天的四次检查结果。

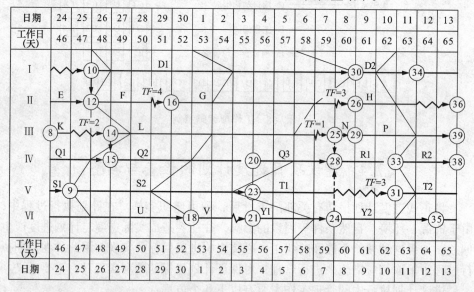

图 7-39 实际进度前锋线实例

② 当采用无时标网络计划时,可在图上直接用文字、数字、适当符号、或列表记录计划的实际执行状况,进行实际进度与计划进度的比较。

(2) 网络计划检查的主要内容

1) 关键工作进度;

2) 非关键工作的进度及时差利用情况;

3）实际进度对各项工作之间逻辑关系的影响；
4）资源状况；
5）成本状况；
6）存在的其他问题。

(3) 对检查结果进行分析判断

通过对网络计划执行情况检查的结果进行分析判断，可为计划的调整提供依据。一般应进行如下分析判断：

1）对时标网络计划宜利用绘制的实际进度前锋线，分析计划的执行情况及其发展趋势，对未来的进度做出预测、判断，找出偏离计划目标的原因及可供挖掘的潜力所在；

2）对无时标网络计划宜按表 7-6 记录的情况对计划中未完成的工作进行分析判断。

网络计划检查结果分析表 表 7-6

工作编号	工作名称	检查时尚需作业天数	按计划最迟完成前尚有天数	总时差 (d)		自由时差 (d)		情况分析
				原有	目前尚有	原有	目前尚有	

7.4.2 进度计划的调整

(1) 网络计划调整的内容
1）调整关键线路的长度；
2）调整非关键工作时差；
3）增、减工作项目；
4）调整逻辑关系；
5）重新估计某些工作的持续时间；
6）对资源的投入作相应调整。

(2) 网络计划调整的方法
1）调整关键线路的方法

① 当关键线路的实际进度比计划进度拖后时，应在尚未完成的关键工作中，选择资源强度小或费用低的工作缩短其持续时间，并重新计算未完成部分的时间参数，将其作为一个新计划实施。

② 当关键线路的实际进度比计划进度提前时，若不拟提前工期，应选用资源占用量大或者直接费用高的后续关键工作，适当延长其持续时间，以降低其资

源强度或费用；当确定要提前完成计划时，应将计划尚未完成的部分作为一个新计划，重新确定关键工作的持续时间，按新计划实施。

2) 非关键工作时差的调整方法

非关键工作时差的调整应在其时差的范围内进行，以便更充分地利用资源、降低成本或满足施工的需要。每一次调整后都必须重新计算时间参数，观察该调整对计划全局的影响。可采用以下几种调整方法：

① 将工作在其最早开始时间与最迟完成时间范围内移动；
② 延长工作的持续时间；
③ 缩短工作的持续时间。

3) 增、减工作项目时的调整方法

增、减工作项目时应符合下列规定：

① 不打乱原网络计划总的逻辑关系，只对局部逻辑关系进行调整；
② 在增减工作后应重新计算时间参数，分析对原网络计划的影响。当对工期有影响时，应采取调整措施，以保证计划工期不变。

4) 调整逻辑关系

逻辑关系的调整只有当实际情况要求改变施工方法或组织方法时才可进行。调整时应避免影响原定计划工期和其他工作的顺利进行。

5) 调整工作的持续时间

当发现某些工作的原持续时间估计有误或实现条件不充分时，应重新估算其持续时间，并重新计算时间参数，尽量使原计划工期不受影响。

6) 调整资源的投入

当资源供应发生异常时，应采用资源优化方法对计划进行调整，或采取应急措施，使其对工期的影响最小。

网络计划的调整，可以定期进行，亦可根据计划检查的结果在必要时进行。

7.5 建设项目进度控制

7.5.1 建设项目进度控制的含义和目的

建设项目管理有多种类型，代表不同利益方的项目管理（业主方和项目参与各方）都有进度控制的任务，但是，其控制的目标和时间范畴是不相同的。

建设项目是在动态条件下实施的，因此进度控制也就必须是一个动态的管理过程，它包括进度目标的分析和论证，在收集资料和调查研究的基础上编制进度计划和进度计划的跟踪检查与调整。

如只重视进度计划的编制，而不重视进度计划必要的调整，则进度无法得到控制。为了实现进度目标，进度控制的过程也就是随着项目的进展，进度计划不断调整的过程。

（1）进度目标分析和论证的目的是论证进度目标是否合理，进度目标有否可能实现。如果经过科学的论证，目标不可能实现，则必须调整目标。

（2）进度计划的跟踪检查与调整包括定期跟踪检查所编制的进度计划执行情况，以及若其执行有偏差，则采取纠偏措施，并视必要调整进度计划。

进度控制的目的是通过控制以实现工程的进度目标。

7.5.2 建设项目进度控制的任务

业主方进度控制的任务是控制整个项目实施阶段的进度，包括控制设计准备阶段的工作进度、设计工作进度、施工进度、物资采购工作进度，以及项目动用前准备阶段的工作进度。

设计方进度控制的任务是依据设计任务委托合同对设计工作进度的要求控制设计工作进度，这是设计方履行合同的义务。另外，设计方应尽可能使设计工作的进度与招标、施工和物资采购等工作进度相协调。在国际上，设计进度计划主要是各设计阶段的设计图纸（包括有关的说明）的出图计划，在出图计划中标明每张图纸的出图日期。

施工方进度控制的任务是依据施工任务委托合同对施工进度的要求控制施工进度，这是施工方履行合同的义务。在进度计划编制方面，施工方应视项目的特点和施工进度控制的需要，编制深度不同的控制性、指导性和实施性施工的进度计划，以及按不同计划周期（年度、季度、月度和旬）的施工计划等。

供货方进度控制的任务是依据供货合同对供货的要求控制供货进度，这是供货方履行合同的义务。供货进度计划应包括供货的所有环节，如采购、加工制造、运输等。

7.5.3 建设项目进度控制的方法

（1）建设工程项目进度控制的组织措施

1）组织是目标能否实现的决定性因素，为实现项目的进度目标，应充分重视健全项目管理的组织体系。

2）在项目组织结构中应有专门的工作部门和符合进度控制岗位资格的专人负责进度控制工作。

3）进度控制的主要工作环节包括进度目标的分析和论证、编制进度计划、定期跟踪进度计划的执行情况、采取纠偏措施，以及调整进度计划。

这些工作任务和相应的管理职能应在项目管理组织设计的任务分工表和管理职能分工表中标示并落实。

4）应编制项目进度控制的工作流程，如：

□ 确定项目进度计划系统的组成；

- 各类进度计划的编制程序、审批程序和计划调整程序等。

5) 进度控制工作包含了大量的组织和协调工作，而会议是组织和协调的重要手段，应进行有关进度控制会议的组织设计，以明确：
- 会议的类型；
- 各类会议的主持人及参加单位和人员；
- 各类会议的召开时间；
- 各类会议文件的整理、分发和确认等。

(2) 建设项目进度控制的管理措施

1) 建设项目进度控制的管理措施涉及管理的思想、管理的方法、管理的手段、承发包模式、合同管理和风险管理等。在理顺组织的前提下，科学和严谨的管理显得十分重要。

2) 建设项目进度控制在管理观念方面存在的主要问题是：
- 缺乏进度计划系统的观念，分别编制各种独立而互不联系的计划，形成不了计划系统；
- 缺乏动态控制的观念，只重视计划的编制，而不重视及时地进行计划的动态调整；
- 缺乏进度计划多方案比较和选优的观念，合理的进度计划应体现资源的合理使用、工作面的合理安排、有利于提高建设质量、有利于文明施工和有利于合理地缩短建设周期。

3) 用网络计划的方法编制进度计划必须很严谨地分析和考虑工作之间的逻辑关系，通过网络计算可发现关键工作和关键线路，也可知道非关键工作可使用的时差，网络计划的方法有利于实现进度控制的科学化。

4) 承发包模式的选择直接关系到项目实施的组织和协调。为了实现进度目标，应选择合理的合同结构，以避免过多的合同交界面而影响工程的进展。工程物资的采购模式对进度也有直接的影响，对此应作比较分析。

5) 为实现进度目标，不但应进行进度控制，还应注意分析影响项目进度的风险，并在分析的基础上采取风险管理措施，以减少进度失控的风险量。常见的影响项目进度的风险，如：
- 组织风险；
- 管理风险；
- 合同风险；
- 资源（人力、物力和财力）风险；
- 技术风险等。

6) 重视信息技术（包括相应的软件、局域网、互联网以及数据处理设备）在进度控制中的应用。虽然信息技术对进度控制而言只是一种管理手段，但它的应用有利于提高进度信息处理的效率、有利于提高进度信息的透明度、有利于促进进度信息的交流和项目各参与方的协同工作。

(3) 建设工程项目进度控制的经济措施

1) 建设工程项目进度控制的经济措施涉及资金需求计划、资金供应的条件和经济激励措施等。

2) 为确保进度目标的实现，应编制与进度计划相适应的资源需求计划（资源进度计划），包括资金需求计划和其他资源（人力和物力资源）需求计划，以反映工程实施的各时段所需要的资源。通过资源需求的分析，可发现所编制的进度计划实现的可能性，若资源条件不具备，则应调整进度计划。资金需求计划也是工程融资的重要依据。

3) 资金供应条件包括可能的资金总供应量、资金来源（自有资金和外来资金）以及资金供应的时间。

4) 在工程预算中应考虑加快工程进度所需要的资金，其中包括为实现进度目标将要采取的经济激励措施所需要的费用。

(4) 建设项目进度控制的技术措施

1) 建设项目进度控制的技术措施涉及对实现进度目标有利的设计技术和施工技术的选用。

2) 不同的设计理念、设计技术路线、设计方案会对工程进度产生不同的影响。

在设计工作的前期，特别是在设计方案评审和选用时，应对设计技术与工程进度的关系作分析比较。在工程进度受阻时，应分析是否存在设计技术的影响因素，为实现进度目标有无设计变更的可能性。

3) 施工方案对工程进度有直接的影响，在决策其选用时，不仅应分析技术的先进性和经济合理性，还应考虑其对进度的影响。在工程进度受阻时，应分析是否存施工技术的影响因素，为实现进度目标有无改变施工技术、施工方法和施工机械的可能性。

7.5.4 计算机辅助建设项目进度控制

国外有很多用于进度计划编制的商品软件，自20世纪70年代末期和80年代初期开始，我国也开始研制进度计划编制的软件，这些软件都是在网络计划原理的基础上编制的。应用这些软件可以实现计算机辅助建设项目进度计划的编制和调整，以确定网络计划的时间参数。

计算机辅助建设项目网络计划编制的意义如下：

(1) 解决当网络计划计算量大，而手工计算难以承担的困难；

(2) 确保网络计划计算的准确性；

(3) 有利于网络计划及时调整；

(4) 有利于编制资源需求计划等。

进度控制是一个动态编制和调整计划的过程,初始的进度计划和在项目实施过程中不断调整的计划,以及与进度控制有关的信息应尽可能对项目各参与方透明,以便各方为实现项目的进度目标协同工作。为使业主方各工作部门和项目各参与方便捷地获取进度信息,可利用项目专用网站作为基于网络的信息处理平台辅助进度控制。图 7-40 表示了从项目专用网站可获取的各种进度信息。

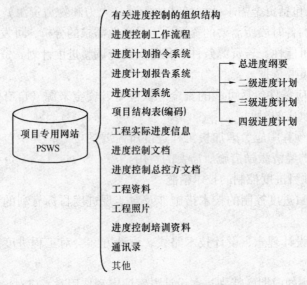

图 7-40　项目专用网站提供的进度信息

复习思考题

1. 网络计划技术如何分类?
2. 双代号网络计划如何绘图,时间参数如何计算以及关键工作和关键线路如何确定?
3. 双代号时标网络计划如何编制?
4. 单代号网络计划如何绘图,时间参数如何计算以及关键工作和关键线路如何确定?
5. 单代号搭接网络计划如何绘图,时间参数如何计算以及关键工作和关键线路如何确定?
6. 建设项目进度计划如何分类?
7. 建设项目进度计划的编制方法有哪些?
8. 简述建设项目进度计划系统的概念。
9. 简述建设项目总进度目标论证的工作内容和步骤。
10. 简述建设项目进度检查和调整的方法。
11. 简述建设项目进度控制的含义和任务。
12. 简述建设项目进度控制的措施。

8 建设项目质量和安全管理

本章介绍了建设项目质量、建设项目质量管理的基本概念，介绍了我国质量管理制度和项目建设参与各方的质量责任和义务，明确了建设单位、施工单位质量控制的内容和措施，并阐述了我国工程建设行业的安全管理制度、施工现场伤亡事故类别、安全管理的理论和方法。

8.1 建设项目质量管理概述

8.1.1 建设项目质量概述

（1）建设项目质量的概念

建设项目质量是国家现行的有关法律、法规、技术标准和设计文件及建设项目合同中对建设项目的安全、使用、经济、美观等特性的综合要求，它通常体现在适用性、可靠性、经济性、外观质量与环境协调等方面。

建设项目质量是按照建设项目建设程序，经过建设项目可行性研究、项目决策、工程设计、工程施工、工程验收等各个阶段而逐步形成的，而不仅仅决定于施工阶段。

建设项目质量包含工序质量、分项工程质量、分部工程质量和单位工程质量。

建设项目质量不仅包括工程实物质量，而且也包含工作质量。工作质量是指项目建设参与各方为了保证建设项目质量所从事技术、组织工作的水平和完善程度。

（2）建设项目质量的特点

1）影响因素多

建设项目的决策、设计、材料、机械、环境、施工工艺、施工方案、操作方法、技术措施、管理制度、施工人员素质等均直接或间接地影响建设项目的质量。

2）质量波动大

项目建设因其具有复杂性、单一性，不像一般工业产品的生产那样，有固定的生产流水线，有规范化的生产工艺和完善的检测技术，有成套的生产设备和稳定的生产环境，有相同系列规格和相同功能的产品，所以其质量波动性大。

3）质量变异大

由于影响建设项目质量的因素较多，任一因素出现质量问题，均会引起建设项目建设中的系统性质量变异，造成工程质量事故。

4）质量隐蔽性

建设项目在施工过程中，由于工序交接多，中间产品多，隐蔽工程多，若不及时检查并发现其存在的质量问题，事后只能看表面质量，容易将不合格的产品认为是合格的产品。

5）最终检验局限大

建设项目建成后，不可能像某些工业产品那样，可以拆卸或解体来检查内在的质量，建设项目最终验收时难以发现工程内在的、隐蔽的质量缺陷。

(3) 影响建设项目质量的因素

1）人的因素

人是指直接参与项目建设的决策者、组织者、指挥者和操作者，人的政治素质、业务素质和身体素质是影响质量的首要因素。

2）材料的因素

材料（包括原材料、半成品、成品、构配件等）是建设项目施工的物质条件，没有材料就无法施工；材料质量是建设项目质量的基础，材料质量不符合要求，建设项目质量也就不可能符合标准。

3）方法的因素

这里所指的方法，包含建设项目整个建设周期内所采取的技术方案、工艺流程、组织措施、检测手段、施工组织设计等。方法是否正确得当，是直接影响建设项目进度、质量、投资控制三大目标能否顺利实现的关键。

4）施工机械设备的因素

施工机械设备是实现施工机械化的重要物质基础，是现代化工程建设中必不可少的设施。机械设备的选型，主要性能参数和使用操作要求对建设项目的施工进度和质量均有直接影响。

5）环境的因素

影响建设项目质量的环境因素较多，有工程技术环境，如工程地质、水文、气象等；建设项目管理环境，如质量保证体系、质量管理制度等；劳动环境，如劳动组合、劳动工具、工作面等。环境因素对建设项目质量的影响，具有复杂而多变的特点。

8.1.2 建设项目质量管理的原则和基础工作

(1) 建设项目质量管理的概念

建设项目质量管理是指为保证提高建设项目质量而进行的一系列管理工作，它的目的是以尽可能低的成本，按既定的工期完成一定数量的达到质量标准的建设项目。它的任务就在于建立和健全质量管理体系，用企业的工作质量来保证建设项目实物质量。

从 20 世纪 70 年代末起，我国工程建设领域开始引进并推行全面质量管理。全面质量管理是指一个组织以质量为中心，以全员参与为基础，目的在于通过让顾客满意和本组织所有成员及社会受益而达到长期成功的管理途径。根据全面质量管理的概念和要求，建设项目质量管理是对建设项目质量形成进行全面、全员、全过程的管理。

(2) 建设项目质量管理的原则

1)"质量第一"是根本出发点

在质量与进度、质量与成本的关系中，要认真贯彻保证质量的方针，做到好中求快，好中求省，而不能以牺牲建设项目质量为代价，盲目追求速度与效益。

2) 以预防为主的思想

好的建设项目产品是由好的决策、好的规划、好的设计、好的施工所产生的，而不是检查出来的，必须在建设项目质量形成的过程中，事先采取各种措施，消灭种种不符合质量要求的因素，使之处于相对稳定的状态之中。

3) 为用户服务的思想

真正好的质量是用户完全满意的质量，要把一切为了用户的思想，作为一切工作的出发点，贯穿到建设项目质量形成的各项工作中，在内部树立"下道工序就是用户"的思想，要求每道工序和每个岗位都要立足于本职工作的质量管理，不给下道工序留麻烦，以保证建设项目质量和最终质量能使用户满意。

4) 一切用数据说话

依靠确切的数据和资料，应用数理统计方法，对工作对象和建设项目实体进行科学的分析和整理，研究建设项目质量的波动情况，寻求影响建设项目质量的主次原因，采取有效的改进措施，掌握保证和提高建设项目质量的客观规律。

(3) 建设项目质量管理的基础工作

1) 质量教育

为了保证和提高建设项目质量，必须加强全体职工的质量教育，其主要内容如下。

□ 质量意识教育

要使全体职工认识到保证和提高质量对国家、企业和个人的重要意义，树立"质量第一"和"为用户服务"的思想。

□ 质量管理知识的普及宣传教育

要使企业全体职工，了解质量管理知识的基本思想、基本内容，掌握常用的数理统计方法和质量标准，懂得质量管理小组的性质、任务和工作方法等。

□ 技术培训

让工人熟练掌握本人的"应知应会"技术和操作规程等。技术和管理人员要熟悉施工验收规范、质量评定标准、原材料、构配件和设备的技术要求及质量标准,以及质量管理的方法等。专职质量检验人员能正确掌握检验、测量和试验方法,熟练使用其仪器、仪表和设备。

2) 质量管理的标准化

包括技术工作和管理工作的标准化。技术工作标准有产品质量标准、操作标准、各种技术定额等,管理工作标准有各种管理业务标准、工作标准等,即管理工作的内容、方法、程序和职责权限。质量管理标准化工作的要求是:

- □ 不断提高标准化程度。各种标准要齐全、配套和完整,并在贯彻执行中及时总结、修订和改进。
- □ 加强标准化的严肃性。要认真严格执行,使各种标准真正起到法规作用。

3) 质量管理的计量工作

包括生产时的投料计量,生产过程中的监测计量和对原材料、半成品、成品的试验、检测、分析计量等。搞好质量管理计量工作的要求是:

- □ 合理配备计量器具和仪表设备,且妥善保管;
- □ 制定有关测试规程和制度,合理使用计量器具;
- □ 改革计量器具和测试方法,实现检测手段现代化。

(4) 质量信息

质量信息是反映产品质量、工作质量的有关信息。其来源一是通过对建设项目使用情况的回访调查或收集用户的意见;二是从企业内部收集到的基本数据、原始记录等信息;三是从国内外同行业搜集的反映质量发展的新水平、新技术的有关信息等。

做好质量信息工作是有效实现"预防为主"方针的重要手段。其基本要求是准确、及时、全面、系统。

(5) 建立健全质量责任制

使企业每一个部门、每一个岗位都有明确的责任,形成一个严密的质量管理工作体系。它包括各级行政领导和技术负责人的责任制、管理部门和管理人员的责任制和工人岗位责任制。其主要内容有:

1) 建立质量管理体系,开展全面质量管理工作。
2) 建立健全保证质量的管理制度,做好各项基础工作。
3) 组织各种形式的质量检查,经常开展质量动态分析,针对质量通病和薄弱环节,制定措施加以防治。
4) 认真执行奖惩制度,奖励表彰先进,积极发动和组织各种质量竞赛活动。
5) 组织对重大质量事故的调查、分析和处理。

(6) 开展质量管理小组活动

质量管理小组简称 QC 小组,是质量管理的群众基础,也是职工参加管理和"三结合"攻关解决质量问题提高企业素质的一种形式。QC 小组的组织形式主要有两种:一是由施工班组的工人或职能科室的管理人员组成;二是由工人、技术

（管理）人员、领导干部组成"三结合"小组。

8.1.3 建设项目质量管理体系

（1）质量管理体系的建立

质量管理体系是以保证和提高建设项目质量为目标，运用系统的概念和方法，把企业各部门、各环节的质量管理职能和活动合理地组织起来，形成一个有明确任务、职责、权限而互相协调、互相促进的有机整体。一般应做好下列工作：

1) 建立和健全专职质量管理机构，明确各级各部门的职责分工

一般公司设置质量管理部门；分公司（工程处）和项目部建立质量管理小组或配备专职检查人员；班组要有不脱产的质量管理员。同时各级各部门都按各自分工明确相应的质量职责，形成一个横向到边，纵向到底的完整的质量管理组织系统。

2) 建立灵敏的质量信息反馈系统

企业内来自对材料、构配件的检测、工序控制、质量检查、施工工艺、技术革新和合理化建议等方面；企业外来自材料、构件和设备供应部门、用户、协作单位、上级主管部门以及国内外同行业的情况等。为此要抓好信息流转环节，注意和掌握数据的检测、收集、处理、传递和贮存。

3) 实现管理业务标准化、管理流程程序化

质量管理的许多活动都是重复发生的，具有一定的规律性。应按照客观要求分类归纳，并将处理办法订成规章制度，使管理业务标准化。把管理业务处理过程所经过的各个环节、各管理岗位、先后工作步骤等，经过分析研究，加以改进，制定管理程序，使之程序化。

（2）质量管理体系的运转形式

质量管理体系运转的基本形式是PDCA管理循环，通过四个阶段把生产经营过程的质量管理活动有机地联系起来。

第一阶段是计划阶段（P）。这个阶段可分为四个工作步骤，即分析现状，找出存在的质量问题；分析产生质量问题的原因和各种影响因素；找出影响质量的主要原因；制定改善质量的措施；提出行动计划和预计效果。

在这一阶段，要明确回答为什么要提出这样的计划？为什么要这样改进？改进后要达到什么目的？有什么效果？改进措施在何处？哪个环节、哪道工序执行？计划和措施在什么时间执行完成？由谁来执行？用什么方法来完成？

第二阶段是实施阶段（D）。主要是根据措施和计划，组织各方面的力量分别去贯彻执行。

第三阶段是检查阶段（C）。主要是检查实施效果和发现问题。

第四阶段是处理阶段（A）。主要是对检查结果进行总结和处理。通过经验

总结，纳入标准、制度或规定，巩固成绩，防止问题再发生。同样，将本次循环遗留的问题提出来，以便转入下一循环去解决。

质量管理活动的全部过程就是反复按照 PDCA 循环不停地、周而复始地运转，每完成一次循环，解决一定质量问题，质量水平就提高一步，管理循环不停地运转，质量水平也就随之不断提高。

8.1.4 建设项目质量管理制度

(1) 建设工程质量监督管理制度

1) 监督管理部门

□ 国务院建设行政主管部门对全国的建设工程质量实施统一监督管理。

国务院铁路、交通、水利等有关部门按照国务院规定的职责分工，负责对全国的有关专业建设工程质量的监督管理。

□ 县级以上地方人民政府建设行政主管部门对本行政区域内的建设工程质量实施监督管理。

县级以上地方人民政府交通、水利等有关部门在各自的职责范围内，负责对本行政区域内的专业建设工程质量的监督管理。

2) 监督检查内容

□ 国务院建设行政主管部门和国务院铁路、交通、水利等有关部门应当加强对有关建设工程质量的法律、法规和强制性标准执行情况的监督管理。

□ 国务院发展改革部门按照国务院规定的职责，组织稽查特派员，对国家出资的重大建设项目实施监督检查。

国务院经济贸易主管部门按照国务院规定的职责，对国家重大技术改造项目实施监督检查。

3) 县级以上地方人民政府建设行政主管部门和其他有关部门应当加强对有关建设工程质量的法律、法规和强制性标准执行情况的监督检查。

建设工程质量监督管理，可以由建设行政主管部门或者其他有关部门委托的建设工程质量监督机构具体实施。

(2) 建设工程施工图设计文件审查制度

建设单位应当将施工图设计文件报县级以上人民政府主管部门或者其他有关部门审查。施工图设计文件未经审查批准，不得使用。

(3) 建设工程竣工验收备案制度

建设单位应当自建设工程竣工验收合格之日起 15 日内，将建设工程竣工验收报告和规划、公安消防、环保等部门出具的认可文件或者准许使用文件报建设行政主管部门或者其他有关部门备案。

建设行政主管部门或者其他有关部门发现建设单位在竣工验收过程中有违反国家有关建设工程质量管理规定行为的，责令停止使用，重新组织竣工验收。

(4) 建设工程质量事故报告制度

建设工程发生质量事故，有关单位应当在24小时内向当地建设行政主管部门和其他有关部门报告。

对重大质量事故，事故发生地的建设行政主管部门和其他有关部门应当按照事故类别和等级向当地人民政府和上级建设行政主管部门和其他有关部门报告。

特别重大质量事故的调查程序按照国务院有关规定办理。

任何单位和个人对建设工程的质量事故、质量缺陷都有权检举、控告、投诉。

(5) 建设工程质量检测制度

工程质量检测机构是对工程和建筑构件、制品以及建筑现场所用的有关材料、设备质量进行检测的法定单位，所出具的检测报告具有法定效力。当发生工程质量责任纠纷时，国家级检测机构出具的检测报告，在国内是最终裁定，在国外具有代表国家的性质。

工程质量检测机构的检测依据是国家、部门和地区颁发的有关建设工程的法规和技术标准。

1) 我国的工程质量检测体系是由国家级、省级、市（地区）级、县级检测机构所组成国家建设工程质量检测中心是国家级的建设工程质量检测机构。省级的建设工程质量检测中心，由省级建设行政主管部门和技术监督管理部门共同审查认可。

2) 各级检测机构的工作权限

国家检测中心受国务院建设行政主管部门的委托，有权对指定的国家重点工程进行检测复核，向国务院建设行政主管部门提出检测复核报告和建议。

各地检测机构有权对本地区正在施工的建筑工程所用的建筑材料、混凝土、砂浆和建筑构件等进行随机抽样检测，向本地建设行政主管部门和工程质量监督部门提出抽检报告和建议。

(6) 建设工程质量保修制度

工程自办理交工验收手续后，在规定的期限内，因勘察设计、施工、材料等原因造成的工程质量缺陷，要由施工单位负责维修、更换。

工程质量缺陷是指工程不符合国家现行的有关技术标准、设计文件以及合同中对质量的要求。

(7) 质量认证制度

所谓质量认证，是由具有一定权威，并为社会所公认的，独立于第一方（组织）和第二方（顾客）的第三方机构（认证机构），通过科学、客观的鉴定，用合格证书或合格标志的形式，来表明某一产品或服务，某一组织的质量管理的能力符合特定的标准或技术规范、相应法律法规和顾客要求。

按照质量认证的对象不同，可分为产品认证和质量体系认证两种。在建筑业,如果把建设项目作为一个整体产品来看待的话,因它具有单体性和通过合同定制的特点,因此不能像一般市场产品那样对它进行认证,而只能对其形成过程的主体单位,即对从事建设项目勘察、设计、施工、监理、检测等单位的质量体系进行认证,以确认这些单位是否具有按标准规范要求保证建设项目质量的能力。

质量认证不实行终身制,质量认证证书的有效期一般为三年,期间认证机构对获证的单位还需进行定期和不定期的监督检查,在监督检查中如发现获证单位在质量管理中有较大、较严重的问题时,认证机构有权采取暂停认证、撤销认证及注销认证等处理方法,以保证质量认证的严肃性、连续性和有效性。

8.2 建设参与各方的质量责任和义务

8.2.1 建设单位的质量责任和义务

建设单位的质量责任和义务如下所述:

(1) 应当将工程发包给具有相应资质等级的单位,不得将建设工程肢解发包。

(2) 应当依法对建设项目的勘察、设计、施工、监理以及与工程建设有关的重要设备、材料等的采购进行招标。

(3) 必须向有关的勘察、设计、工程监理等单位提供与建设工程有关的原始资料。原始资料必须真实、准确、齐全。

(4) 不得迫使承包方以低于成本的价格竞标,不得任意压缩合理工期。建设单位不得明示或者暗示设计单位或者施工单位违反工程建设强制性标准,降低建设工程质量。

(5) 应当将施工图设计文件报县级以上人民政府建设行政主管部门或者其他有关部门审查。施工图设计文件未经审查批准的,不得使用。

(6) 实行监理的建设工程,应当委托具有相应资质等级的工程监理单位进行监理,也可以委托具有工程监理相应资质等级并与被监理工程的施工承包单位没有隶属关系或者其他利害关系的该工程的设计单位进行监理。

下列建设工程必须实行监理:
1) 国家重点建设工程;
2) 大中型公用事业工程;
3) 成片开发建设的住宅小区工程;
4) 利用外国政府或者国际组织贷款、援助资金的工程;
5) 国家规定必须实行监理的其他工程。

(7) 在领取施工许可证或者开工报告前,应当按照国家有关规定办理工程质量监督手续。

(8) 按照合同约定，由建设单位采购建筑材料、建筑构配件和设备的，建设单位应当保证建筑材料、建筑构配件和设备符合设计文件和合同要求。不得明示或者暗示施工单位使用不合格的建筑材料、建筑构配件和设备。

(9) 涉及建筑主体和承重结构变动的装修工程，建设单位应当在施工前委托原设计单位或者具有相应资质等级的设计单位提出设计方案；没有设计方案的，不得施工。

房屋建筑使用者在装修过程中，不得擅自变动房屋建筑主体和承重结构。

(10) 收到建设工程竣工报告后，应当组织设计、施工、工程监理等有关单位进行竣工验收。建设项目经验收合格后，方可交付使用。

建设工程竣工验收应当具备下列条件：

1) 完成建设工程设计和合同约定的各项内容；
2) 有完整的技术档案和施工管理资料；
3) 有工程使用的主要建筑材料、建筑构配件和设备的进场试验报告；
4) 有勘察、设计、施工、工程监理等单位分别签署的质量合格文件；
5) 有施工单位签署的工程保修书。

(11) 应当严格按照国家有关档案管理的规定，及时收集、整理建设项目各环节的文件资料，建立、健全建设项目档案，并在建设项目竣工验收后，及时向建设行政主管部门或者其他有关部门移交建设项目档案。

8.2.2 勘察、设计单位的质量责任和义务

勘察、设计单位的质量责任和义务如下所述。

(1) 应当依法取得相应等级的资质证书，并在其资质等级许可的范围内承揽工程。

禁止超越其资质等级许可的范围或者以其他勘察、设计单位的名义承揽工程。禁止允许其他单位或者个人以本单位的名义承揽工程。不得转包或者违法分包所承揽的工程。

(2) 必须按照工程建设强制性标准进行勘察、设计，并对其勘察、设计的质量负责。注册建筑师、注册结构工程师等注册执业人员应当在设计文件上签字，对设计文件负责。

(3) 勘察单位提供的地质、测量、水文等勘察成果必须真实、准确。

(4) 设计单位应当根据勘察成果文件进行建设工程设计。设计文件应当符合国家规定的设计深度要求，注明工程合理使用年限。

(5) 设计单位在设计文件中选用的建筑材料、建筑构配件和设备，应当注明规格、型号、性能等技术指标，其质量要求必须符合国家规定的标准。除有特殊要求的建筑材料、专用设备、工艺生产线等外，设计单位不得指定生产厂、供应

商。

(6) 设计单位应当就审查合格的施工图设计文件向施工单位作出详细说明。

(7) 设计单位应当参与建设工程质量事故分析,并对因设计造成的质量事故,提出相应的技术处理方案。

8.2.3 施工单位的质量责任和义务

施工单位的质量责任和义务如下所述:

(1) 应当依法取得相应等级的资质证书,并在其资质等级许可的范围内承揽工程。

禁止超越本单位资质等级许可的业务范围或者以其他施工单位的名义承揽工程。禁止允许其他单位或者个人以本单位的名义承揽工程。不得转包或者违法分包工程。

(2) 对建设工程的施工质量负责

应当建立质量责任制,确定工程项目的项目经理、技术负责人和施工管理负责人。

建设工程实行总承包的,总承包单位应当对全部建设工程质量负责;建设工程勘察、设计、施工、设备采购的一项或者多项实行总承包的,总承包单位应当对其承包的建设工程或者采购的设备的质量负责。

(3) 总承包单位依法将建设工程分包给其他单位的,分包单位应当按照分包合同的约定对其分包工程的质量向总承包单位负责,总承包单位应当对其承包的建设工程的质量承担连带责任。

(4) 必须按照工程设计图纸和施工技术标准施工,不得擅自修改工程设计,不得偷工减料。在施工过程中发现设计文件和图纸有差错的,应当及时提出意见和建议。

(5) 必须按照工程设计要求、施工技术标准和合同约定,对建筑材料、建筑构配件、设备和商品混凝土进行检验,检验应当有书面记录和专人签字;未经检验或者检验不合格的,不得使用。

(6) 必须建立、健全施工质量的检验制度,严格工序管理,做好隐蔽工程的质量检查和记录。隐蔽工程在隐蔽前,应当通知建设单位和建设工程质量监督机构。

(7) 施工人员对涉及结构安全的试块、试件以及有关材料,应当在建设单位或者工程监理单位监督下现场取样,并送具有相应资质等级的质量检测单位进行检测。

(8) 对施工中出现质量问题的建设工程或者竣工验收不合格的建设工程,应当负责返修。

(9) 应当建立、健全教育培训制度,加强对职工的教育培训;未经教育培训或者考核不合格的人员，不得上岗作业。

8.2.4 工程监理单位的质量责任和义务

工程监理单位的质量责任和义务如下所述：

（1）应当依法取得相应等级的资质证书，并在其资质等级许可的范围内承担工程监理业务。禁止超越本单位资质等级许可的范围或者以其他工程监理单位的名义承担工程监理业务。禁止允许其他单位或者个人以本单位的名义承担工程监理业务。不得转让工程监理业务。

（2）与被监理工程的施工承包单位以及建筑材料、建筑构配件和设备供应单位有隶属关系或者其他利害关系的，不得承担该项建设工程的监理业务。

（3）应当依照法律、法规以及有关技术标准、设计文件和建设工程承包合同，代表建设单位对施工质量实施监理，并对施工质量承担监理责任。

（4）应当选派具备相应资格的总监理工程师和监理工程师进驻施工现场。未经监理工程师签字，建筑材料、建筑构配件和设备不得在工程上使用或者安装，施工单位不得进行下一道工序的施工。未经总监理工程师签字，建设单位不拨付工程款，不进行竣工验收。

（5）监理工程师应当按照工程监理规范的要求，采取旁站、巡视和平行检验等形式，对建设工程实施监理。

8.3 建设项目质量控制

建设项目质量控制是指为达到建设项目质量要求所采取的作业技术和活动。在建设项目实施过程中，项目建设参与各方包括建设单位、设计单位、施工单位和材料设备供应单位均必须进行建设项目质量控制。

8.3.1 建设单位项目质量控制的内容和措施

（1）建设单位项目质量控制的含义

建设单位进行项目的质量控制，其含义具体为：

1) 项目质量控制的目的是建设项目质量符合建设要求、有关技术规范和标准；

2) 项目质量控制的关键工作是建立建设项目质量目标系统；

3) 项目质量控制将以动态控制原理为指导进行质量计划值与实际值的比较；

4) 项目质量控制可采取组织、技术、经济、合同措施；

5) 有必要进行计算机辅助建设项目质量控制。

（2）建设单位项目质量目标

项目质量目标应从多方面进行定义，如图 8-1 所示。

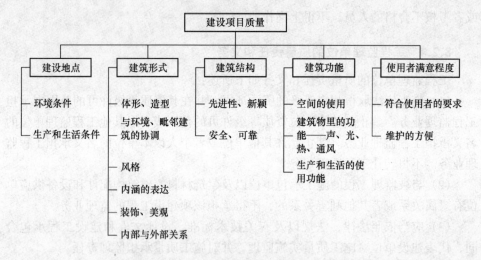

图 8-1 项目质量目标

项目质量目标包括建设要求、有关技术规范和标准等两方面，体现在设计、设备、材料、土建施工和设备安装、其他等多个环节。项目质量目标本身构成系统。

(3) 建设单位项目质量控制的主要工作内容

项目质量控制的主要工作内容包括：

1) 确定项目质量要求和标准（包括设计、施工、工艺、材料和设备等方面）；

2) 编制或组织编制设计竞赛文件，确定有关设计质量方面的评选原则；

3) 审核各设计阶段的设计文件（图纸与说明等）是否符合质量要求和标准；

4) 确定或审核招标文件和合同文件中的质量条款；

5) 审核或检测材料、成品、半成品和设备的质量；

6) 检查施工质量，组织或参与分部、分项工程和各隐蔽工程验收和竣工验收；

7) 审查或组织审查施工组织设计和施工安全措施；

8) 处理工程质量、安全事故的有关事宜；

9) 确认施工单位选择的分包单位，并审核施工单位的质量保证体系。

(4) 设计准备阶段项目质量控制工作流程

某项目设计准备阶段项目质量控制流程如图 8-2 所示。设计准备阶段质量控制包括确定项目质量要求和标准、确定设计方案比选原则等工作。

房屋建筑工程项目质量要求包括城市规划、建筑外部造型与朝向、建筑内部设计等方面。城市规划方面的要求包括邻近已有的建筑和道路、本项目在建筑基地的位置、本项目入口朝向及其与环境的关系、本项目在周围环境中的意义、外围场地的要求、本项目各组成部分的造型和今后本项目扩建的可能性。建筑外部

8.3 建设项目质量控制　251

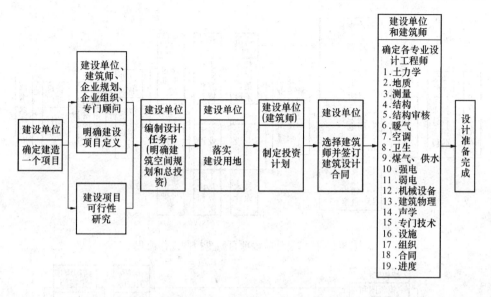

图 8-2　设计准备阶段项目质量控制工作流程

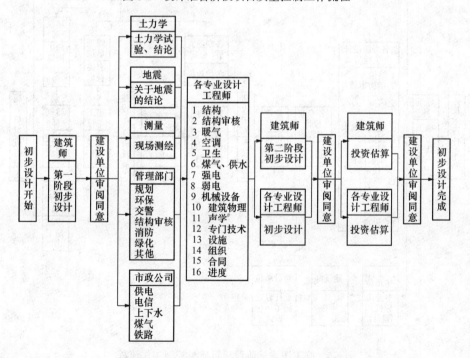

图 8-3　初步设计阶段项目质量控制工作流程

造型与朝向方面包括建筑外部造型与内部空间的协调、建筑体形大小与邻近建筑的协调、考虑市政配套、建筑主要单体各组成部分之间造型协调、材料选择和色彩等。建筑内部设计方面包括各内部空间的使用面积、走道和楼梯间的空间、内

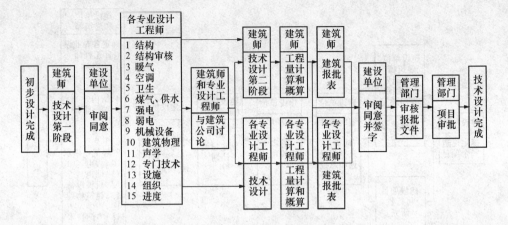

图 8-4 技术设计阶段项目质量控制工作流程

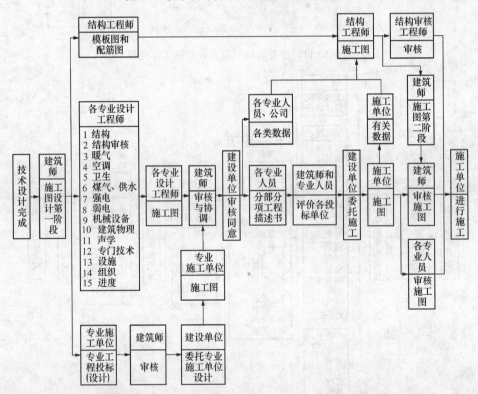

图 8-5 施工图设计阶段项目质量控制工作流程

部空间与外部空间之间的关系、特殊空间的材料选择和色彩等。

(5) 设计阶段项目质量控制工作流程

某项目采用初步设计、技术设计和施工图设计的三阶段设计,该项目三阶段设计的质量控制流程如图 8-3、图 8-4 和图 8-5 所示。图中可以看到,整个设计阶段建设单位要对设计文件至少进行六次审核,以达到控制建设项目质量的目的。

(6) 施工阶段项目质量控制工作流程

施工阶段项目质量控制工作主要包括材料、构件、制品和设备质量的检查、施工质量监督、中间验收和竣工验收等工作。某建设项目建设单位委托工程监理单位进行施工阶段的项目质量控制,其工作流程如8-6所示。

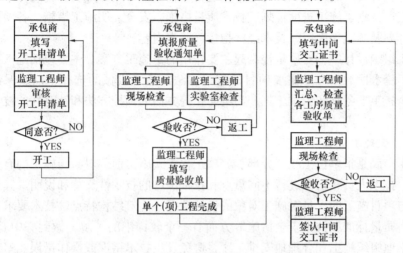

图8-6 施工阶段项目质量控制工作流程

8.3.2 工程施工质量控制的内容和措施

工程施工阶段的工作质量控制是工程质量控制的关键环节。工程施工是一个从对投入原材料的质量控制开始,直到完成工程质量检验验收和交工后服务的系统过程,分施工准备、施工、竣工验收和回访保修四个阶段。

(1) 施工准备阶段工作质量控制

1) 图纸学习与会审

设计文件和图纸的学习是进行质量控制和规划的一项重要而有效的方法。一方面使施工人员熟悉、了解工程特点、设计意图和掌握关键部位的工程质量要求,更好地做到按图施工。另一方面通过图纸审查,及时发现存在的问题和矛盾,提出修改与洽商意见,帮助设计单位减少差错,提高设计质量,避免产生技术事故或产生工程质量问题。

图纸会审由建设单位或监理单位主持,设计单位、施工单位参加,并写出会审纪要。图纸审查必须抓住关键,特别注意构造和结构的审查,必须形成图纸审查与修改文件,并作为档案保存。

2) 编制施工组织设计

施工组织设计是对施工的各项活动做出全面的构思和安排,指导施工准备和施工全过程的技术经济文件，它的基本任务是使工程施工建立在科学合理的基础上，保证项目取得良好的经济效益和社会效益。

施工组织设计根据设计阶段和编制对象的不同，大致可分为施工组织总设计、单位工程施工组织设计和难度较大、技术复杂或新技术项目的分部分项工程施工设计三大类。施工组织设计通常应包括工程概况、施工部署和施工方案、施工准备工作计划、施工进度计划、技术质量措施，安全文明施工措施、各项资源需要量计划及施工平面图、技术经济指标等基本内容。

施工组织设计中，对质量控制起主要作用的是施工方案，主要包括施工程序的安排、流水段的划分、主要项目的施工方法、施工机械的选择，以及保证质量、安全施工、冬季和雨季施工、污染防止等方面的预控方法和针对性的技术组织措施。

3）组织技术交底

技术交底是指单位工程、分部、分项工程正式施工前，对参与施工的有关管理人员、技术人员和工人进行不同重点和技术深度的技术性交待和说明。其目的是使参与项目施工的人员对施工对象的设计情况、建筑结构特点、技术要求、施工工艺、质量标准和技术安全措施等方面有一个较详细的了解，做到心中有数，以便科学地组织施工和合理地安排工序，避免发生技术错误或操作错误。

技术交底是一项经常性的技术工作，可分级分阶段进行。技术交底应以设计图纸、施工组织设计、质量验收标准、施工验收规范、操作规程和工艺卡为依据，编制交底文件，必要时可用图表、实样、小样、现场示范操作等形式进行，并做好书面交底记录。

4）控制物资采购

施工中所需的物资包括建筑材料、建筑构配件和设备等。如果生产、供应单位提供的物资不符合质量要求，施工企业在采购前和施工中又没有有效的质量控制手段，往往会埋下工程隐患，甚至酿成质量事故。因此，采购前应按先评价后选择的原则，由熟悉物资技术标准和管理要求的人员，对拟选择的供方通过对技术、管理、质量检测、工序质量控制和售后服务等质量保证能力的调查，信誉以及产品质量的实际检验评价，各供方之间的综合比较，最后做出综合评价，再选择合格的供方建立供求关系。

5）严格选择分包单位

工程总承包商或主承包商将总包的工程项目，按专业性质或工程范围（区域）分包给若干个分包商来完成是一种普遍采用的经营方式，为了确保分包工程的质量、工期和现场管理能满足总合同的要求，总承包商应由主管部门和人员对拟选择的分包商，包括建设单位指定的分包商，通过审查资格文件、考察已完工程和施工工程质量等方法，对分包商的技术及管理实务、特殊及主体工程人员资格、机械设备能力及施工经验，认真进行综合评价，决定是否可作为合作伙伴。

(2) 施工阶段施工质量控制

1) 严格进行材料、构配件试验和施工试验

对进入现场的物料，包括甲方供应的物料以及施工过程中的半成品，如钢材、水泥、钢筋连接接头、混凝土、砂浆、预制构件等，必须按规范、标准和设计的要求，根据对质量的影响程度和使用部位的重要程度，在使用前采用抽样检查或全数检查等形式，对涉及结构安全的应由建设单位或监理单位现场见证取样，送有法定资格的单位检测，判断其质量的可靠性。检验和试验的方法有书面检验、外观检验、理化检验和无损检验等四种。严禁将未经检验和试验或检验和试验不合格的材料、构配件、设备、半成品等投入使用和安装。

2) 实施工序质量监控

工程的施工过程，是由一系列相互关联、相互制约的工序所构成的，例如，混凝土工程由搅拌、运输、浇灌、振捣、养护等工序组成。工序质量包含两个相互关联的内容，一是工序活动条件的质量，即每道工序投入的人、材料、机械设备、方法和环境是否符合要求。二是工序活动效果的质量，即每道工序施工完成的工程产品是否达到有关质量标准。

工序质量监控的对象是影响工序质量的因素，特别是对主导因素的监控，其核心是管因素、管过程，而不单纯是管结果，其重点内容包括：

- 设置工序质量控制点；
- 严格遵守工艺规程；
- 控制工序活动条件的质量；
- 及时检查工序活动效果的质量。

3) 组织过程质量检验

过程质量检验主要指工序施工中或上道工序完工即将转入下道工序时所进行的质量检验，目的是通过判断工序施工内容是否合乎设计或标准要求，决定该工序是否继续进行（转交）或停止。具体形式有：

- 质量自检和互检；
- 专业质量监督；
- 工序交接检查；
- 隐蔽工程验收；
- 工程预检（技术复核）；
- 基础、主体工程检查验收。

4) 重视设计变更管理

施工过程中往往会发生没有预料到的新情况，如设计与施工的可行性发生矛盾；建设单位因工程使用目的、功能或质量要求发生变化，而导致设计变更。设计变更须经建设、设计、监理、施工单位各方同意，共同签署设计变更洽商记录，由设计单位负责修改，并向施工单位签发设计变更通知书。对建设规模、投

资方案有较大影响的变更,须经原批准初步设计单位同意,方可进行修改。接到设计变更,应立即按要求改动,避免发生重大差错,影响工程质量和使用。

5) 加强成品保护

在施工过程中,有些分项、分部工程已经完成,其他部位或工程尚在施工,对已完成的成品,如不采取妥善的措施加以保护,就会造成损伤,影响质量,更为严重的是有些损伤难以恢复到原样,成为永久性缺陷。产品保护工作主要抓合理安排施工顺序和采取有效的防护措施两个主要环节。

6) 积累工程施工技术资料

工程施工技术资料是施工中的技术、质量和管理活动的记录,是实行质量追溯的主要依据,是评定单位工程质量等级的三大条件之一,也是工程档案的主要组成部分。施工技术资料管理是确保工程质量和完善施工管理的一项重要工作,施工企业必须按各专业质量检验评定。

标准的规定和各地的实施细则,全面、科学、准确、及时地记录施工及试(检)验资料,按规定积累、计算、整理、归档,手续必须完备,并不得有伪造、涂改、后补等现象。

(3) 竣工验收交付阶段的工程质量控制

1) 坚持竣工标准

由于建设工程项目门类很多,性能、条件和要求各异,因此土建工程、安装工程、人防工程、管道工程、桥梁工程、电气工程及铁路建筑安装工程等都有相应的竣工标准。凡达不到竣工标准的工程,一般不能算竣工,也不能报请竣工质量核定和竣工验收。

2) 做好竣工预检

竣工预检是承包单位内部的自我检验,目的是为正式验收做好准备。竣工预检可根据工程重要程度和性质,按竣工验收标准,分层次进行。通常先由项目部组织自检,对缺漏或不符合要求的部位和项目,确定整改措施,指定专人负责整改。在项目部整改复查完毕后,报请企业上级单位进行复检,通过复检,解决全部遗留问题,由勘察、设计、施工、监理等单位分别签署质量合格文件,向建设单位发送竣工验收报告,出具工程保修书。

3) 整理工程竣工验收资料

工程竣工验收资料是使用、维修、扩建和改建的指导文件和重要依据,工程项目交接时,承包单位应将成套的工程技术资料进行分类整理、编目、建档后,移交给建设单位。

(4) 回访保修期的工作质量控制

工程项目在竣工验收交付使用后,按照有关规定,在保修期限和保修范围内,施工单位应主动对工程进行回访,听取建设单位或用户对工程质量的意见,对属于施工单位施工过程中的质量问题,负责维修,不留隐患,如属设计等原因造成的质量问题,在征得建设单位和设计单位认可后,协助修补。

施工单位在接到用户来访、来信的质量投诉后,应立即组织力量维修,发现影响安全的质量问题应紧急处理。

1) 回访的方式

一般有季节性回访、技术性回访和保修期满前回访三种形式。

2) 保修的期限

- 基础设施工程、房屋建筑的地基基础工程和主体结构工程,为设计文件规定的该工程的合理使用年限;
- 屋面防水工程、有防水要求的卫生间、房间和外墙面的防渗漏,为5年;
- 供热与供冷系统,为2个采暖期、供冷期;
- 电气管线、给排水管道、设备安装和装修工程,为2年。

其他项目的保修期限由发包方与承包方约定。

建设工程的保修期,自竣工验收合格之日起计算。

3) 保修的实施

- 保修范围

各类建筑工程及建筑工程的各个部位,都应实行保修,主要是指那些由于施工的责任,特别是由于施工质量不良而造成的问题。

- 检查和修理

在保修期内根据回访结果,以及建设单位或用户关于施工质量不良而影响使用功能的口头、书面通知,对涉及的问题,施工单位应尽快派人前往检查,并会同建设单位或用户共同做出鉴定,提出修理方案,组织人力物力进行修理,修理自检合格后,应经建设单位或用户验收签认。在经济责任处理上必须根据修理项目的性质、内容以及结合检查修理诸种原因的实际情况,在分清责任的前提下,由建设单位或用户与施工单位共同协商处理和承担办法。

8.3.3 工程施工质量验收

(1) 工程施工质量验收的概念

1) 工程施工质量验收的意义

工程施工质量验收是在施工单位自行质量检查评定的基础上,参与建设活动的有关单位共同对工程的施工质量进行抽查复验,根据相关标准以书面形式对工程施工质量达到合格与否做出确认。工程施工质量验收有利于全面评价工程施工质量、衡量承包商的施工质量水平、促进质量管理水平的提高。

2) 工程施工质量验收的依据

- 国家和主管部门颁发的建设工程施工质量验收标准和规范、技术操作规程、工艺标准;
- 设计图纸、设计修改通知单、标准图、施工说明书等设计文件;

- 设备制造厂家的产品说明书和有关技术规定；
- 原材料、半成品、成品、构配件及设备的质量验收标准等。

3) 建筑工程施工质量验收的基本要求
- 工程施工质量应符合《建筑工程施工质量验收统一标准》GB 50300—2001 和相关专业验收规范的规定；
- 工程施工应符合工程勘察、设计文件的要求；
- 参加工程施工质量验收的各方人员应具备规定的资格；
- 工程质量验收均应在施工单位自行检查评定的基础上进行；
- 隐蔽工程在隐蔽前应由施工单位通知有关单位进行验收，并应形成验收文件；
- 涉及结构安全的试块、试件以及有关材料，应按规定进行见证取样检测，即在监理单位或建设单位监督下，由施工单位有关人员现场取样，并送至具备相应资质的检测单位所进行的检测；
- 检验批的质量应按主控项目和一般项目验收；
- 对涉及结构安全和使用功能的重要分部工程应进行抽样检测；
- 承担见证取样检测及有关结构安全检测的单位应具有相应资质；
- 工程的观感质量应由验收人员通过现场检查，并共同确认。

(2) 工程施工质量验收的划分

一个建设工程，不论是建筑物、构筑物、线路管道及设备安装，还是道路基础设施的建设，多数工程项目是划分为检验批、分项、分部或单位工程，分级来进行质量检验与评定的，由于各种类型的工程其内容、形式、大小、形成的过程和管理方法的不同，划分的方法也不一样，但其目的和要求是基本相同的。下面以建筑工程为例介绍单位、分部、分项工程和检验批的划分原则和方法。

1) 单位工程

凡具备独立施工条件并能形成独立使用功能的建筑物及构筑物为一个单位工程。建筑规模较大的单位工程，可将其能形成独立使用功能的部分作为一个子单位工程。

2) 分部工程

单位工程（子单位工程）按专业性质、建筑部位可分为若干个分部工程，如地基与基础、主体结构、建筑装饰装修、建筑屋面、建筑给排水及采暖、建筑电气、智能建筑、通风与空调、电梯等分部工程。当分部工程较大或较复杂时，可按材料种类、施工特点、施工程序、专业系统及类别等划分为若干个子分部工程。

3) 分项工程

分部工程（子分部工程）按主要工种、材料、施工工艺、设备类别等可划分为若干个分项工程，如模板、钢筋、混凝土、给水管道及配件安装、给水设备安装等分项工程。

4）检验批

根据施工及质量控制和专业验收需要，分项工程按楼层、施工段、变形缝等划分为一个或若干个检验批。

(3) 工程施工质量验收的程序和合格标准

1）检验批由监理工程师（建设单位项目技术负责人）组织施工单位项目专业质量（技术）负责人等进行验收。其合格标准为：

- □ 主控项目和一般项目的质量经抽样检验合格；
- □ 具有完整的施工操作依据、质量检查记录。

2）分项工程由监理工程师（建设单位项目技术负责人）组织施工单位项目专业质量（技术）负责人等进行验收。其合格标准为：

- □ 所含的检验批均符合合格质量的规定；
- □ 所含的检验批的质量验收记录应完整。

3）分部工程（子分部工程）由总监理工程师（建设单位项目负责人）组织施工单位项目负责人和技术、质量负责人等进行验收；地基与基础、主体结构分部工程的勘察、设计单位工程项目负责人和施工单位技术、质量部门负责人也应参加相关分部工程验收。其合格标准为：

- □ 所含的分项工程的质量均验收合格；
- □ 质量控制资料完整；
- □ 地基与基础、主体结构和设备安装等分部工程有关安全及功能的检验和抽样检测结果符合有关规定；
- □ 观感质量验收符合要求。

4）单位工程（子单位工程）由施工单位自行组织有关人员进行检查评定，并向建设单位提交工程验收报告；再由建设单位（项目）负责人组织施工（含分包单位）、设计、监理等单位（项目）负责人进行验收；验收合格后，建设单位在规定时间内将工程竣工验收报告和有关文件，报建设行政管理部门备案。其合格标准为：

- □ 所含分部工程（子分部工程）的质量均验收合格；
- □ 质量控制资料完整；
- □ 所含分部工程有关安全和功能的检测资料完整；
- □ 主要功能项目的抽查结果符合相关专业质量验收规范的规定；
- □ 观感质量验收符合要求。

5）当建筑工程质量不符合要求时，应按规定进行处理，对通过返修或加固处理仍不能满足安全使用要求的分部工程、单位工程（子单位工程），严禁验收。

8.4 建设项目安全管理概述

8.4.1 安全与安全管理

(1) 安全和安全生产

在生产和其他活动中,没有危险,不受威胁,不出事故,这就是安全。安全不但包括人身安全,也包括财产(建筑产品、机械设备、物资等)安全。

安全生产是指为了预防生产过程中发生人身伤害、设备损毁等事故,保证职工在生产中的安全和健康而采取的各种措施和活动。

(2) 安全管理

安全管理是企业管理的重要组成部分,是为保证生产顺利进行,防止伤亡事故发生,确保安全生产而采取的各种对策、方针和行动的总称。

安全管理是一门综合性的系统科学,包括安全法规、安全技术、工业卫生等三个相互联系又相互独立的内容:

1) 安全法规,也叫劳动保护法规,侧重于以政策、规程、条例、制度等形式规范操作和管理行为,从而使劳动者的劳动安全与身体健康得到应有的法律保障。

2) 安全技术,侧重于生产过程中对劳动手段和劳动对象的管理,包括预防伤亡事故和减轻劳动强度所采取的工程技术和安全技术规范、规定、标准、条例等。

3) 工业卫生,也叫生产卫生、职业卫生,侧重于在生产过程中对高温、粉尘、振动、噪声、毒物的管理,包括防止其对劳动者身体造成危害所采取的防护、医疗、保健等措施。

8.4.2 安全管理的基本原则

(1) 必须贯彻预防为主的方针

安全生产的方针是"安全第一、预防为主"。进行安全管理不仅是处理事故,而更重要的是在生产活动中,针对生产的特点,对生产因素采取管理措施,有效地控制不安全因素的发展与扩大,把可能发生的事故消灭在萌芽状态。

(2) 管生产同时管安全

安全管理是生产管理的重要组成部分,安全与生产在实施过程中,两者存在着密切的联系,存在着进行共同管理的基础。各级领导人员在管理生产的同时,必须负责管理安全工作。

企业中一切与生产有关的机构、人员,都必须参与安全管理并在管理中承担责任。

(3) 坚持安全管理的目的性

安全管理的内容是对生产中的人、物、环境因素状态的管理，有效地控制人的不安全行为和物的不安全状态，消除或避免事故，达到保护劳动者的安全与健康的目的。

(4) 坚持"四全"动态管理

安全管理涉及到生产活动的方方面面，包括从开工到竣工交付的全部生产过程、全部的生产时间和一切变化着的生产因素。因此，生产活动中必须坚持全员、全过程、全方位、全天候的动态安全管理。

(5) 安全管理重在控制

安全管理的各项主要内容中，对生产因素状态的控制与安全管理的目的关系更直接、更突出。

因此，对生产中人的不安全行为和物的不安全状态的控制，必须看做是动态的安全管理的重点。

(6) 在管理中发展提高

安全管理是一种动态管理，需要不断发展、不断变化，以适应变化的生产活动，消除新的危险因素，摸索新的规律，总结管理的办法与经验，从而使安全管理上升到新的高度。

8.4.3 安全生产责任制

(1) 我国的安全生产管理体制

安全生产管理体制是在社会主义市场经济建设中不断总结经验的基础上发展起来的。

1993年国务院在《关于加强安全生产工作的通知》中，将原来的"国家监察、行政监察、群众监督"的安全生产管理体制，发展为"企业负责、行业管理、国家监察、群众监督"。1996年1月全国安全生产工作电视电话会议上增加了"劳动者遵章守纪"这一条规定。随着经济体制改革的深入，特别是2002年6月《中华人民共和国安全生产法》等法律法规的颁布与实施，这一管理体制在实践中又得到进一步的补充和完善。2004年1月9日国务院在《关于进一步加强安全生产工作的决定》中将其调整概括为"政府统一领导、部门依法监管、企业全面负责、群众参与监督、全社会广泛支持"，提出了构建全社会齐抓共管的安全生产工作格局的要求。

(2) 建设单位的安全责任

建设单位是建设工程的投资人，是整个工程的总负责人。建设单位的不规范行为，直接或者间接地导致安全事故的发生，因此必须明确建设单位的下述安全责任：

1) 应当向施工单位提供施工现场及毗邻区域内供水、排水、供电、供气、供热、通信、广播电视等地下管线资料，气象和水文观测资料，相邻建筑物和构筑物、地下工程的有关资料，并保证资料的真实、准确、完整。

2) 不得对勘察、设计、施工、工程监理等单位提出不符合建设工程安全生产法律、法规和强制性标准规定的要求，不得压缩合同约定的工期。

3) 在编制工程概算时，应当确定建设工程安全作业环境及安全施工措施所需费用。

4) 不得明示或者暗示施工单位购买、租赁、使用不符合安全施工要求的安全防护用具、机械设备、施工机具及配件、消防设施和器材。

5) 在申请领取施工许可证时，应当提供建设工程有关安全施工措施的资料。依法批准开工报告的建设工程，应当自开工报告批准之日起 15 日内，将保证安全施工的措施报送建设工程所在地的县级以上地方人民政府建设行政主管部门或者其他有关部门备案。

6) 应当将拆除工程发包给具有相应资质等级的施工单位。在拆除工程施工 15 日前，应将有关资料报送建设工程所在地的县级以上地方人民政府建设行政主管部门或者其他有关部门备案。

(3) 勘察、设计、工程监理及其他有关单位的安全责任

安全生产是一个系统工程，与工程施工安全有关的，不仅仅是施工单位，从生产安全事故的原因分析，不少是与勘察、设计、工程监理及其他有关单位有关的，其安全责任包括：

1) 勘察单位应当按照法律、法规和工程建设强制性标准进行勘察，提供的勘察文件应当真实、准确，满足建设工程安全生产的需要。在勘察作业时，应当严格执行操作规程，采取措施保证各类管线、设施和周边建筑物、构筑物的安全。

2) 设计单位应当按照法律、法规和工程建设强制性标准进行设计，防止因设计不合理导致生产安全事故的发生。应当考虑施工安全操作和防护的需要，对涉及施工安全的重点部位和环节在设计文件中注明，并对防范生产安全事故提出指导意见。采用新结构、新材料、新工艺的建设工程和特殊结构的建设工程，应当在设计中提出保障施工作业人员安全和预防生产安全事故的措施建议。设计单位和注册建筑师等注册执业人员应当对其设计负责。

3) 工程监理单位应当审查施工组织设计中的安全技术措施或者专项施工方案是否符合工程建设强制性标准。在实施监理过程中，发现存在安全事故隐患的，应当要求施工单位整改；情况严重的，应当要求施工单位暂时停止施工，并及时报告建设单位。施工单位拒不整改或者不停止施工的，应当及时向有关主管部门报告。工程监理单位和监理工程师应当按照法律、法规和工程建设强制性标准实施监理，并对建设工程安全生产承担监理责任。

4) 为建设工程提供机械设备和配件的单位，应当按照安全施工的要求配备

齐全有效的保险、限位等安全设施和装置。

5) 出租的机械设备和施工机具及配件,应当具有生产(制造)许可证、产品合格证。出租单位应当对出租的机械设备和施工机具及配件的安全性能进行检测,在签订租赁协议时,应当出具检测合格证明。禁止出租检测不合格的机械设备和施工机具及配件。

6) 在施工现场安装、拆卸施工起重机械和整体提升脚手架、模板等自升式架设设施,必须由具有相应资质的单位承担。安装、拆卸施工起重机械和整体提升脚手架、模板等自升式架设设施,应当编制拆装方案、制定安全施工措施,并由专业技术人员现场监督。施工起重机械和整体提升脚手架、模板等自升式架设设施安装完毕后,安装单位应当自检,出具自检合格证明,并向施工单位进行安全使用说明,办理验收手续并签字。

7) 施工起重机械和整体提升脚手架。模板等自升式架设设施的使用达到国家规定的检验检测期限的,必须经具有专业资质的检验检测机构检测。经检测不合格的,不得继续使用。检验检测机构对检测合格的施工起重机械和整体提升脚手架、模板等自升式架设设施,应当出具安全合格证明文件,并对检测结果负责。

(4) 施工单位的安全责任

建设工程安全生产主要是指施工过程中的安全生产,施工现场的安全生产由施工单位负责,其主要安全责任有:

1) 施工单位从事建设工程的新建、扩建、改建和拆除等活动,应当具备国家规定的注册资本、专业技术人员、技术装备和安全生产等条件,依法取得相应等级的资质证书,并在其资质等级许可的范围内承揽工程。

2) 施工单位主要负责人依法对本单位的安全生产工作全面负责。施工单位应当建立健全安全生产责任制度和安全生产教育培训制度,制定安全生产规章制度和操作规程,保证本单位安全生产条件所需资金的投入,对所承担的建设工程进行定期和专项安全检查,并做好安全检查记录。施工单位的项目负责人应当由取得相应执业资格的人员担任,对建设工程项目的安全施工负责,落实安全生产责任制度、安全生产规章制度和操作规程,确保安全生产费用的有效使用,并根据工程的特点组织制定安全施工措施,消除安全事故隐患,及时、如实报告生产安全事故。

3) 施工单位对列入建设工程概算的安全作业环境及安全施工措施所需费用,应当用于施工安全防护用具及设施的采购和更新、安全施工措施的落实、安全生产条件的改善,不得挪作他用。

4) 施工单位应当设立安全生产管理机构,配备专职安全生产管理人员。专职安全生产管理人员负责对安全生产进行现场监督检查。发现安全事故隐患,应当及时向项目负责人和安全生产管理机构报告;对违章指挥、违章操作的,应当立即制止。

5）建设工程实行施工总承包的，由总承包单位对施工现场的安全生产负总责。总承包单位应当自行完成建设工程主体结构的施工。总承包单位依法将建设工程分包给其他单位的，分包合同中应当明确各自的安全生产方面的权利、义务。总承包单位和分包单位对分包工程的安全生产承担连带责任。

分包单位应当服从总承包单位的安全生产管理，分包单位不服从管理导致生产安全事故的，由分包单位承担主要责任。

6）垂直运输机械作业人员、安装拆卸工、爆破作业人员、起重信号工、登高架设作业人员等特种作业人员，必须按照国家有关规定经过专门的安全作业培训，并取得特种作业操作资格证书后，方可上岗作业。

7）施工单位应当在施工组织设计中编制安全技术措施和施工现场临时用电方案，对下列达到一定规模的危险性较大的分部分项工程编制专项施工方案，并附具安全验算结果，经施工单位技术负责人、总监理工程师签字后实施，由专职安全生产管理人员进行现场监督：
- 基坑支护与降水工程；
- 土方开挖工程；
- 模板工程；
- 起重吊装工程；
- 脚手架工程；
- 拆除、爆破工程；
- 国务院建设行政主管部门或者其他有关部门规定的其他危险性较大的工程。

涉及深基坑、地下暗挖工程、高大模板工程的专项施工方案，施工单位还应当组织专家进行论证、审查。

8）建设工程施工前，施工单位负责项目管理的技术人员应当对有关安全施工的技术要求向施工作业班组、作业人员作出详细说明，并由双方签字确认。

9）施工单位应当在施工现场入口处、施工起重机械、临时用电设施、脚手架、出入通道口、楼梯口、电梯井口、孔洞口、桥梁口、隧道口、基坑边沿、爆破物及有害危险气体和液体存放处等危险部位，设置明显的安全警示标志。安全警示标志必须符合国家标准。施工单位应当根据不同施工阶段和周围环境及季节、气候的变化，在施工现场采取相应的安全施工措施。施工现场暂时停止施工的，施工单位应当做好现场防护，所需费用由责任方承担，或者按照合同约定执行。

10）施工单位应当将施工现场的办公、生活区与作业区分开设置，并保持安全距离，办公、生活区的选址应当符合安全性要求。职工的膳食、饮水、休息场所等应当符合卫生标准。施工单位不得在尚未竣工的建筑物内设置员工集体宿舍。

施工现场临时搭建的建筑物应当符合安全使用要求。施工现场使用的装配式活动房屋应当具有产品合格证。

11）施工单位对因建设工程施工可能造成损害的毗邻建筑物、构筑物和地下管线等，应当采取专项防护措施。施工单位应当遵守有关环境保护法律、法规的规定，在施工现场采取措施，防止或者减少粉尘、废气、废水、固体废物、噪声、振动和施工照明对人和环境的危害和污染。在城市市区内的建设工程，施工单位应当对施工现场实行封闭围挡。

12）施工单位应当在施工现场建立消防安全责任制度，确定消防安全责任人，制定用火、用电、使用易燃易爆材料等各项消防安全管理制度和操作规程，设置消防通道、消防水源，配备消防设施和灭火器材，并在施工现场入口处设置明显标志。

13）施工单位应当向作业人员提供安全防护用具和安全防护服装，并书面告知危险岗位的操作规程和违章操作的危害。作业人员有权对施工现场的作业条件、作业程序和作业方式中存在的安全问题提出批评、检举和控告，有权拒绝违章指挥和强令冒险作业。在施工中发生危及人身安全的紧急情况时，作业人员有权立即停止作业或者在采取必要的应急措施后撤离危险区域。

14）作业人员应当遵守安全施工的强制性标准、规章制度和操作规程，正确使用安全防护用具、机械设备等。

15）施工单位采购、租赁的安全防护用具、机械设备、施工机具及配件，应当具有生产（制造）许可证、产品合格证，并在进入施工现场前进行查验。施工现场的安全防护用具、机械设备、施工机具及配件必须由专人管理，定期进行检查、维修和保养，建立相应的资料档案，并按照国家有关规定及时报废。

16）施工单位在使用施工起重机械和整体提升脚手架、模板等自升式架设设施前，应当组织有关单位进行验收，也可以委托具有相应资质的检验检测机构进行验收；使用承租的机械设备和施工机具及配件的，由施工总承包单位，分包单位、出租单位和安装单位共同进行验收。

验收合格的方可使用。《特种设备安全监察条例》规定的施工起重机械，在验收前应当经有相应资质的检验检测机构监督检验合格。施工单位应当自施工起重机械和整体提升脚手架、模板等自升式架设设施验收合格之日起30日内，向建设行政主管部门或者其他有关部门登记。

登记标志应当置于或者附着于该设备的显著位置。

17）施工单位的主要负责人、项目负责人、专职安全生产管理人员应当经建设行政主管部门或者其他有关部门考核合格后方可任职。施工单位应当对管理人员和作业人员每年至少进行一次安全生产教育培训，其教育培训情况记入个人工作档案。安全生产教育培训考核不合格的人员，不得上岗。

18）作业人员进入新的岗位或者新的施工现场前，应当接受安全生产教育培训。未经教育培训或者教育培训考核不合格的人员，不得上岗作业。施工单位在采用新技术、新工艺、新设备、新材料时，应当对作业人员进行相应的安全生产教育培训。

19）施工单位应当为施工现场从事危险作业的人员办理意外伤害保险。

国家监察是一种执法监察，主要是监察国家法规、政策的执行情况，预防和纠正违反法规、政策的偏差，它不干预企事业内部执行法规、政策的方法、措施和步骤等具体事务。

20）行政管理。

企业行政主管部门管理本行业的安全生产工作。建立安全管理机构，配备安全技术干部；

组织贯彻执行国家安全生产方针、政策、法规；制定行业的规章制度和规范标准；对本行业安全生产工作进行计划、组织和监督、检查、考核。

21）群众（工会组织）监督。

工会对危害职工安全健康的现象有抵制、纠正以至控告的权利，这是一种自下而上的群众监督。这种监督是与国家安全监察和行政管理相辅相成的。

(5) 建筑企业安全管理组织机构

保证安全生产，领导是关键。建筑企业的经理是企业安全生产第一责任者，在任期内，应建立健全以经理为首、分级负责的安全管理保证体系，同时建立和健全专管成线、群管成网的安全管理组织机构。

1）公司安全管理机构

建筑企业要设专职安全管理部门，配备经过培训、持证上岗的专职人员。

2）分公司（工程处）安全管理组织

公司下属分公司（工程处）是组织和指挥施工的单位，对安全有极为重要的影响。其行政主要领导为本单位安全生产工作第一责任者，根据本单位的施工规模及职工人数，应设专职安全管理机构或配备专职安全员，并建立领导干部安全生产值班制度。

3）现场应成立以项目经理为负责人的安全生产管理小组

配备专（兼）职安全管理员，同时要建立项目管理人员轮流安全生产值日制度。解决和处理生产中的安全问题和进行巡回安全监督检查。

4）班组是企业的细胞，是搞好安全生产的前沿阵地，是企业加强安全生产管理的基础。

各生产班组要设不脱产的安全员，协助班组长搞好班组安全管理。各班组要坚持岗位安全检查、安全值日和安全日活动制度，同时要坚持做好班组安全记录。

(6) 建筑企业安全生产责任制的基本要求

1）企业经理对本企业的安全生产负总的责任，各副经理对分管部门的安全生产工作负责任。

2) 企业总工程师（主任工程师或技术负责人）对本企业安全生产的技术工作负总的责任。

3) 分公司（工程处）的行政主要领导，应对本单位安全生产工作负具体领导责任。

4) 工长、施工员、项目经理对所管工程的安全生产负直接责任。

5) 班组长要模范遵守安全生产规章制度。

6) 企业中的生产、技术、机动、材料、财务、教育、劳资、卫生等各职能机构，都应在各自业务范围内，对实现安全生产的要求负责。

7) 安全机构和专职人员应做好安全管理工作和监督检查工作。

8) 在有几个施工单位联合施工时，应由总包单位统一组织现场的安全生产工作，分包单位必须服从总包单位的指挥。对分包单位施工的工程，承包合同要明确安全责任，对不具备安全生产条件的单位，不得分包工程。

(7) 安全生产责任的贯彻落实

为了确保企业安全生产责任能落到实处，各级领导应自觉地执行安全生产各项规章制度，坚持"五同时"，即在计划、布置、检查、总结、评比生产的同时，计划、布置、检查、总结、评比安全生产工作，做遵章守纪的模范；企业各级领导和职能部门必须经常和定期检查企业内部安全生产责任制的贯彻执行情况，并将生产责任制检查结果与奖惩和经济利益紧密挂钩；发动和依靠群众监督，使人人都明白安全生产责任制，除自觉遵守外，还要监督他人遵守；各级经营承包责任制一定要有安全生产内容，要同质量、产值、利润等经济技术指标一样，有具体、明确的安全保证指标和措施、监督考核办法和奖罚标准，没有安全承包内容的方案不能实施；分类建立和健全规范化、标准化的安全档案资料，认真收集、积累、整理、鉴定、编目、装订和归档，为检查考核落实安全生产责任制提供真实、完整的资料依据。

8.4.4 安全教育与培训

(1) 安全教育的目的与意义

1) 安全教育是提高全员安全素质，实现安全生产的基础。

2) 安全工作是与生产活动紧密联系的，与经济建设、生产发展、企业深化改革、技术改造同步进行，只有加强安全教育工作，才能使安全工作适应不断变革的形势需要。

(2) 安全教育的内容

1) 安全生产思想教育

安全思想教育是为安全生产奠定思想基础。通常从加强思想路线和方针政策教育、劳动纪律教育两个方面进行。

2) 安全知识教育

安全基本知识教育的主要内容是企业的基本生产概况、施工（生产）流程、方法，企业施工（生产）危险区域及其安全防护的基本知识和注意事项，机械设备、场内动力的有关安全知识，有关电器设备（动力照明）的基本安全知识，高处作业安全知识，施工（生产）中使用的有毒有害原材料或可能散发的有毒有害物质的安全防护基本知识，消防制度及灭火器材应用的基本知识，个人防护用品的正确使用知识等等。

3) 安全技能教育

每个职工都要熟悉本工种、本岗位专业安全技术知识。安全技能知识是比较专业、细致和深入的知识，它包括安全技术、劳动卫生和安全操作规程。

(3) 安全教育的基本要求

1) 领导干部必须先受教育

安全生产工作是企业管理的一个组成部分，企业领导是安全生产工作的第一责任者。

2) 新工人三级安全教育

新工人（包括新招收的合同工、临时工、学徒工、农民工及实习和代培人员）都必须接受公司、分公司（工程处）、班组的三级安全教育。新工人经教育考试合格后才准许进入生产岗位；

不合格者必须补课、补考。新工人的三级安全教育情况，要建立档案。新工人工作一个阶段后还应进行重复性的安全再教育，以加深对安全的感性、理性认识。

3) 特种作业人员的培训

- 特种作业的定义："对操作者本人，尤其对他人和周围设施的安全有重大危害因素的作业，称为特种作业"。直接从事特种作业者，称特种作业人员。
- 特种作业范围：电气作业；锅炉司炉；压力容器操作；起重机械操作；爆破作业；金属焊接（气焊）作业；煤矿井下瓦斯检验；机动车辆驾驶、轮机操作；机动船舶驾驶；建筑登高架设作业；符合特种作业基本定义的其他作业。
- 从事特种作业的人员，必须经国家规定的有关部门进行专门的安全教育和安全技术培训，并经考核合格取得特种作业操作资格证书者，方准上岗作业。

4) 经常性教育

把经常性的普及教育贯穿于管理全过程，并根据接受教育对象的不同特点，采取多层次、多渠道和多种活动方法，可以取得良好的效果。

5) 安全教育培训形式

安全教育培训可以采取各种有效方式开展活动,应突出讲究实效,要避免枯燥无味和流于形式,可采取各种生动活泼的形式,并坚持经常化、制度化。同时,应注意思想性、严肃性、及时性。进行事故教育时,要避免片面性、恐怖性,应正确指出造成事故的原因及防患于未然的措施。

8.4.5 安全技术措施计划和施工安全技术措施

(1) 安全技术措施计划

安全技术措施计划是指企业从全局出发的年度或数年间在安全技术工作上的规划,是企业财务计划的一个组成部分,对保证安全生产,保护生产力,提高劳动生产率,促进国民经济发展是非常必要的。企业在编制生产、技术、财务计划的同时,必须编制安全技术措施计划,企业的负责人应对计划的编制和贯彻执行负责。

1) 计划的项目

包括以改善劳动条件,防止伤亡事故和职业病为目的的一切技术措施,具体项目和内容有:

- 安全技术,以防止工伤为目的的一切措施。
- 工业卫生,为改善职工身体健康的生产环境,防止职业病和职业中毒为目的的一切措施。
- 辅助房屋及设施,有关保证生产(卫生)方面所必需的房屋及一切设施(不含集体福利事业)。
- 宣传教育,例如编印安全技术和劳动保护的刊物和标语,开展安全技术和劳动保护研究、试验添置的工具和仪器等。

2) 编制原则

- 企业的安全技术措施计划应在编制企业的生产财务计划的同时进行编制。
- 安全技术措施计划的编制与执行应当纳入企业的议事日程,由各级负责生产、技术的领导具体负责这项工作。
- 应考虑必要与可能,掌握花钱少、效果大的原则,充分利用本单位的有利条件,制订出科学、先进、可靠、实用的安全技术措施计划。
- 既要抓住安全生产的关键问题,也要考虑迫切需要解决的一般问题,以便集中力量有计划地先解决那些严重影响职工安全健康的重大问题。
- 贯彻改革工艺与技术革新相结合的原则,是减少不安全因素的一条有效途径。

(2) 施工安全技术措施

施工安全技术措施是指工程施工中,针对工程特点、现场环境、施工方法、劳动组织、作业方法、使用的机械、动力设备、变配电设施、架设工具及各项安全防护设施等制定的确保安全施工的措施,它是对某项工程而言,不同于安全技术措施计划。建设部规定，所有建筑工程的施工组织设计（施工方案）都必须有施工安全技术措施。

1) 作用

在安全施工方面，尽管有国家、地区和企业的指令性文件，有各种规章制度和规范，但这些只是带普遍性的规定要求。对某一个具体工程（尤其是较为复杂的工程，或某些特殊项目）来说，还需要有具体的要求。根据不同工程的结构特点，提出各种有针对性的、具体的安全技术措施，它不仅具体地指导了施工，而且也是进行安全交底、安全检查和验收的依据，同样也是职工生命安全的根本保证。

2) 编制要求

- 要在工程开工前编制，并经过审批。在施工过程中，由于工程变更等情况，必须及时作相互补充完善。
- 要有针对性。编制安全技术措施的技术人员必须掌握工程概况、施工方法、场地环境和条件等第一手资料，并熟悉安全法规、标准等，才能针对不同工程的特点，找出可能造成的施工危害，进而制定有针对性的安全技术措施。
- 要考虑全面、具体。只有把多种因素和各种不利条件，考虑周全，有对策措施，才能真正做到预防事故。
- 对大型群体工程或一些面积大、结构复杂的重点工程，除必须在施工组织总设计中编制施工安全技术总体措施外，还应编制单位工程或分部分项工程安全技术措施，详细地制定出有关安全方面的防护要求和措施，确保该单位工程或分部分项工程的安全施工。

3) 主要内容

① 一般工程

- 土方工程。根据基坑、基槽、地下室等挖掘土方深度和土的种类，选择开挖方法，确定边坡的坡度或采取哪种护坡支撑和护坡桩，以防土方塌方。
- 脚手架、吊篮、工具式脚手架等选用及设计搭设方案和安全防护措施。
- 高处作业的上下安全通道。
- 安全网（平网、立网）的架设要求，范围（保护区域）、架设层次、段落。
- 对施工用的电梯、井架（龙门架）等垂直运输设备的位置和搭设要求，以及对其稳定性、安全装置等的要求和措施。
- 施工洞口及临边的防护方法和立体交叉施工作业区的隔离措施。
- 场内运输道路及人行通道的布置。
- 编制施工临时用电的组织设计和绘制临时用电图纸。建筑工程（包括脚手架具）的外侧边缘与外电架空线路的间距没有达到最小安全距离时，应采取的防护措施。
- 防火、防毒、防爆、防雷等安全措施。
- 在建工程与周围人行通道及民房的防护隔离设置等。

②特殊工程

结构复杂、危险性大、特性较多的分部分项工程，应编制专项施工方案和安全措施。如基坑支护与降水工程、土方开挖工程、模板工程、起重吊装工程、脚手架工程、拆除工程、爆破工程等，必须编制单项的安全技术措施，并要有设计依据、有计算、有详图、有文字要求。

③季节性施工安全措施

季节性施工安全措施，就是考虑夏季、雨季、冬季等不同季节的气候对施工生产带来的不安全因素可能造成的各种突发性事故，而从防护上、技术上、管理上采取的防护措施。一般建筑工程可在施工组织设计或施工方案的安全技术措施中编制季节性施工安全措施；危险性大、高温期长的建筑工程，应单独编制季节性的施工安全措施。

8.4.6 安全检查

(1) 安全检查的目的和意义

1) 通过检查，可以发现施工（生产）中的不安全（人的不安全行为和物的不安全状态）、不卫生问题，从而采取对策，消除不安全因素，保障安全生产。

2) 利用安全生产检查，进一步宣传、贯彻、落实党和国家的安全生产方针、政策和各项安全生产规章制度。

3) 安全检查实质上也是一次群众性的安全教育。通过检查，增强领导和群众安全意识，纠正违章指挥、违章作业，提高搞好安全生产的自觉性和责任感。

4) 通过检查可以互相学习、总结经验、吸取教训、取长补短，有利于进一步促进安全生产工作。

5) 通过安全生产检查，了解安全生产状态，为分析安全生产形势，研究加强安全管理提供信息和依据。

(2) 安全检查的内容及形式

安全检查内容主要应根据施工（生产）特点，制定具体检查项目、标准。但概括起来，主要是查思想、查制度、查机械设备、查安全设施、查安全教育培训、查操作行为、查劳保用品使用、查伤亡事故的处理等。

安全检查的组织形式，应根据检查目的、内容而定，参加检查的组成人员也不完全相同。

1) 针对主要问题进行检查

这类检查有针对性、调查性、也有批评性，同时，通过检查总结，扩大了安全生产经验的传播面，对基层推动作用较大。

2) 定期安全检查

这种制度性的定期检查，属全面性和考核性的检查。

3) 专业性安全检查

专业安全检查应由企业有关业务部门组织有关专业人员对某项专业（如：垂直提升机、脚手架、电气、塔吊、压力容器、防尘防毒等）安全问题或在施工中存在的普遍性安全问题进行单项检查，这类检查专业性强，也可以结合单项评比进行。

4) 经常性安全检查

在施工（生产）过程中进行经常性的预防检查，能及时发现隐患，消除隐患，保证施工（生产）正常进行。通常有：

□ 班组进行班前、班后岗位安全检查；
□ 各级安全员及安全值日人员巡回安全检查；
□ 各级管理人员在检查生产的同时检查安全。

5) 季节性及节假日前后安全检查

季节性安全检查是针对气候特点（如，冬季、暑季、雨季、风季等）可能给安全施工（生产）带来危害而组织的安全检查。

节假日（特别是重大节日，如元旦、春节、劳动节、国庆节）前后，为防止职工纪律松懈、思想麻痹等进行检查，应由单位领导组织有关部门人员进行。节日加班，更要重视对加班人员的安全教育，同时要认真检查安全防范措施的落实。

(3) 安全检查方法及要求

安全检查基本上都采用安全检查表和实测实量的检测手段，进行定性定量的安全评价。

不论何种类型的安全检查，都应做到以下几点：

1) 加强组织领导。
2) 要有明确的目的。
3) 检查记录是安全评价的依据，因此要认真、详细记录。
4) 安全评价。安全检查后要认真地、全面地进行系统分析，用定性和定量相结合的方法进行安全评价。
5) 整改是安全检查工作的重要组成部分，是检查结果的归宿。整改工作包括隐患登记、整改、复查、销案。

8.5 建设项目施工现场安全管理

8.5.1 建筑施工伤亡事故的主要类别

(1) 建筑施工安全生产的特点

建筑业的生产活动危险性大，不安全因素多，是事故多发行业，每年因工死亡人数仅次于矿山，居全国各行业的第二位。这主要是由于建筑行业的特点所决定的。

建筑产品固定庞大，变化大，规则性差，建筑施工复杂又变换不定；建筑施工露天、高空和地下作业多，受自然环境和周围环境影响大，工作条件较差；手工操作，劳动繁重，体力消耗大。

机电和交叉作业增加，安全防护难度较大；部分建筑工人素质较低，专业技术水平不高；生产流动分散、工期不固定，易产生临时观念，马虎凑合，不采取可靠的安全防护措施，存在侥幸心理等都使建筑施工安全管理工作显得十分复杂和严峻。

(2) 建筑施工中伤亡事故的六种主要类别

1) 高处坠落

操作者在高度基准面 2m 以上的作业，称为高处作业，其在高处作业时造成的坠落称为高处坠落。在建筑业中涉及到高处作业的范围，是相当广泛的。在建筑物或构筑物结构范围以内的各种形式的洞口与临边性质的作业，悬空与攀登作业，操作平台与立体交叉作业，在主体结构以外的场地上和通道旁的各类洞、坑、沟、槽等的作业，脚手架、井字架（龙门架）、施工用电梯、模板的安装拆除、各种起重吊装作业等，都易发生高处坠落事故。

2) 物体打击

施工现场在施工过程中，经常会有很多物体从上面落下来，打到了下面或旁边的作业人员即产生了物体打击事故。凡在施工现场作业的人，都有受到打击的可能，特别是在一个垂直平面的上下交叉作业，最易发生打击事故。

3) 触电事故

电是施工现场中各种作业的主要的动力来源，各种机械、工具等主要依靠电来驱动，即使不使用机械设备，也还要使用各种照明。触电事故主要是设备、机械、工具等漏电、电线老化破皮、违章使用电气用具，对在施工现场周围的外电线路不采取防护措施等所造成。

4) 机械伤害

主要指施工现场使用的木工机械，如电平刨、圆盘锯等，钢筋加工机械，如拉直机、弯曲机等，电焊机、搅拌机、各种气瓶及手持电动工具等在使用中，因缺少防护和保险装置，易对操作者造成伤害。

5) 坍塌事故

主要是指在土方开挖中或深基础施工中，造成的土石方坍塌；拆除工程、在建工程及临时设施等的部分或整体坍塌。

6) 火灾爆炸

主要指施工现场乱扔烟头、焊接与切割动火及用水、用电使用易燃易爆材料等不慎造成的火灾、爆炸。

8.5.2 建筑施工现场的安全管理工作

施工现场安全管理是企业安全管理的重点,也是预防与避免伤害事故,保证生产处于最佳安全状态的根本环节。因此,对施工现场的人、机、环境系统的可靠性,必须进行经常性的检查、分析、判断、调整,强化动态中的安全管理活动。其内容可归纳为安全组织管理、场地与设施管理、行为控制和安全技术管理四个方面。

(1) 施工准备阶段安全管理的主要工作

在工程项目正式开工前,项目部要对施工区域的周围环境、地下管线、施工地质情况进行全面考察和详细了解,并应注意以下问题:

1) 如施工区域内有地下电缆、水管或防空洞等,项目部要指令专人进行妥善处理。

2) 施工现场的周围如临近居民住宅或交通街道,要充分考虑施工扰民、妨碍交通、发生事故的各种可能因素,以确保人员安全;

3) 在工程项目正式开工前,对项目的全体管理人员要进行必要的教育,让大家了解工程状况、环境和安全要求,要拟定施工平面图,严格按平面布置安排各种设备和设施。

4) 要认真审核参加施工的单位和人员,抓上岗安全教育。

5) 修筑好临时道路、供电、供水及临建设施。

(2) 基础施工阶段安全管理的主要工作

基础施工阶段的安全生产主要是防范因土方坍塌和深坑井内窒息中毒两类事故,应注意以下几类问题:

1) 在开挖土方时,要严格遵照施工方案作业。

2) 在雨季或地下水位较高的区域施工时,要做好排水、挡水和降水措施。

3) 根据土质条件,合理确定放坡比例。

4) 深基础施工,要考虑作业人员的工作环境,通风是否良好。当基础较深,作业人员工作位置距基坑表面2m以上时,要采取预防高空坠落、物体打击的措施。基坑四周应设护栏、平支安全网等设施。

(3) 结构施工阶段安全管理的主要工作

1) 完善结构施工层的外防护,预防高处坠落事故。

2) 做好结构内各种洞口的防护,防止落人落物。

3) 加强起重作业的管理,预防机械伤害事故。

4) 做好预防坠落物伤人的安全管理工作。

5) 对于一些特殊结构工程,要制订施工方案和安全措施,并且要指定专业技术人员现场监护。

(4) 装修阶段安全管理的主要工作

1) 外装修工作是危险性较大的工作，常用的装修设施是外装修脚手架、外吊篮架、桥式脚手架等，不论使用何种脚手架，均应认真审核施工方案，组织有关人员严格验收所用的架体设施，督促作业人员必须带好安全带、使用保险绳，并加强日常安全检查，及时排除施工中出现的各种险情。

2) 内装修时应注意室内各种水平洞口和立洞口的防护是否齐全；室内使用的单梯、双梯、高凳等工具是否符合安全技术规定；内装修的脚手架是否符合安全技术标准，特别是搭设满堂装修架子时，要严格按标准铺板；进行涂料作业时，要做好通风和防毒作业保护工作。

(5) 冬雨季施工时的安全管理主要工作

1) 在冬季大风大雪之后，应尽快组织人清扫现场作业层和脚手架。检查架子在大风后是否有隐患，防滑措施是否落实。

2) 参加冬季施工的人员衣着要灵便。

3) 在冬季施工中现场蒸汽锅炉要选用安全装置齐全的合格的锅炉。

4) 冬季室内取暖要防止煤气中毒。

5) 在雨季到来之前，要组织电气人员认真检查现场的所有电器设备。

6) 在雨季来临之前，还要做好塔式起重机、外用电梯、钢管脚手架、钢管井字架、龙门架等高大设施的防雷保护。

7) 在雨季中，应尽可能避开开挖土方管沟等作业，尽可能在雨季施工之前做好地下工程施工，做好基础回填。

8) 雨季要认真做好现场的排水，发现基础下沉时要及时加固。雨后要检查脚手架、井字架、塔式起重机等设备的基础，如发现下沉要及时处理。

(6) 制定施工现场安全生产事故应急救援预案

对施工现场各个施工阶段中易发生重大事故的部位、环节进行监控，制定施工现场生产安全事故应急救援预案，建立应急救援组织或配备应急救援人员，配备必要的应急救援器材、设备，并定期组织演练。

8.5.3 建筑施工安全管理的检查评价

(1) 建筑施工安全检查标准

执行《建筑施工安全检查标准》（JCJ 59—99）。对建筑施工中易发生伤亡事故的主要环节、部位和工艺等做安全检查评价时，标准将检查对象分为十个分项，每个分项又设立若干检查项目。

1) 安全管理，是对施工单位安全管理工作的评价。

2) 文明施工，是对施工现场文明施工的评价。

3) 脚手架，是对落地式脚手架、悬挑式脚手架、门型脚手架、挂脚手架、吊篮脚手架、附着式升降脚手架等六种脚手架的评价。

4) 基坑支护与模板工程，是对施工现场基坑支护工程和施工过程中模板工作的安全评价。

5) "三宝"、"四口"防护，是对安全帽、安全网、安全带、楼梯口、预留洞口、坑井口、通道口及阳台、楼板、屋面等临边使用及防护情况的评价。

6) 施工用电，是对施工现场临时用电情况的评价。

7) 物料提升机与外用电梯，是对龙门架、井字架等物料提升机的设计制作、搭设和使用情况和施工现场用人货两用电梯的评价。

8) 塔吊，是塔式起重机使用情况的评价。

9) 起重吊装，是对施工现场起重吊装作业和起重吊装机械的安全评价。

10) 施工机具，是对施工中使用的平刨、圆盘锯、手持电动工具、钢筋机械、电焊机、搅拌机、气瓶、翻斗车、潜水泵、打桩机械等十种施工机具安全状况的评价。

(2) 安全生产情况检查评价方法

1) 检查评分方法

根据十个分项的检查内容，共列出十七张分项检查表和一张汇总表，用定量的方法，为安全评价提供了直观数字和综合评价标准。检查表中，一般设立保证项目和一般项目，保证项目是安全检查的重点和关键，满分为100分，由各分项按加权平均后填入汇总表作为现场安全管理检查的最终整体评价分，满分也是100分。采用分项检查评分、汇总分析评价方式进行。

2) 安全生产情况评价

建筑施工安全检查评分，应以汇总表的总得分及保证项目达标与否，作为对一个施工现场安全生产情况的评价依据，评价结果分为优良、合格、不合格三个等级。

① 优良

施工现场内无重大事故隐患，各项工作达到行业平均先进水平。

保证项目分值不小于40分，并且无不得分项，汇总得分值应在80分及其以上。

② 合格

达到施工现场安全保证的基本要求，或对于有一项工作存在隐患，其他工作都比较好，本着帮助和督促企业做好安全工作的精神，也定为合格。具体又分为以下三种情况：

- 保证项目分值不小于40分，并且无不得分项，汇总表得分值应在70分及其以上；
- 有一分表未得分，但汇总表得分值必须在75分及其以上；
- 当起重吊装检查评分表或施工机具检查评分表未得分，但汇总表得分值在80分及其以上。

③ 不合格

施工现场隐患多，出现重大伤亡事故的几率比较大。具体又分为以下三种情况：

- 汇总表得分值不足 70 分；
- 有一分表未得分，且汇总表得分在 75 分以下；
- 当起重吊装检查评分表或施工机具检查评分表未得分，且汇总表得分值在 80 分以下。

复 习 思 考 题

1. 简述建设项目质量的概念和特点。影响建设项目质量的因素是什么？
2. 什么是建设项目质量管理？建设项目质量管理的基础工作包含哪些？
3. 简述建设项目质量管理体系。
4. 简述我国建设项目质量管理制度。
5. 简述我国建设参与各方的质量责任和义务。
6. 简述建设单位项目质量控制的内容和措施。
7. 简述工程施工质量控制的内容和措施。
8. 简述工程施工质量验收的概念和工程施工质量验收的方法。
9. 简述我国安全生产管理体制和项目建设参与各方的安全责任。
10. 简述安全教育的内容和基本要求。
11. 简述安全技术措施计划和施工安全技术措施。
12. 简述安全检查的内容、形式和方法。
13. 简述建筑施工伤亡事故的主要类别。
14. 简述建筑施工现场的安全管理工作。

9 建设项目信息管理

信息资源是建设项目实施过程中需要进行充分开发和利用的重要的资源之一，随着信息技术、计算机技术和通讯技术的飞速发展以及建设项目规模的巨大，信息资源的有效组织与管理对建设项目的顺利实施有着越来越重要的意义。本章对建设项目信息管理的含义和任务，信息管理的过程和内容，建设项目文档资料管理等内容进行分析阐述。

9.1 建设项目信息管理的含义和目的

9.1.1 信息的含义和类别

(1) 信息的内涵及其特点

建设项目的决策和实施过程，不仅是物质生产过程，而且还是信息的生产、处理、传递和应用过程。从信息管理的角度可把纷繁复杂的建设项目决策和实施过程归纳为两个主要过程，一是信息过程（Information Processes），二是物质过程（Material Processes）。项目策划阶段、设计阶段和招投标阶段等的主要任务之一就是生产、处理、传递和应用信息，这些阶段的主要工作成果是建设项目信息。虽然建设项目施工阶段的主要任务是按图施工，其主要工作成果是完成建设项目的实体，但施工阶段的物质生产过程始终伴随着信息的产生、处理等过程，它一方面需要施工之前的信息过程产生的信息，另一方面又不断地产生新的信息。实际上建设项目的施工阶段是物质过程和信息过程的高度融合，如图 9-1 所示。

信息是建设项目实施和管理的依据，是决策的基础，是组织要素之间联系的主要内容，是工作过程之间逻辑关系的桥梁。虽然工程建设活动很难完全实现自动化，并且大部分工作需要人工去完成，可是，项目建设的生产活动和过程是非常依赖信息的。建设项目信息资源的组织与管理对项目成功实施有着重要作用。建设项目的实施需要人力资源和物质资源，信息资源也是建设项目实施的重要资源之一。

据国际有关文献资料介绍，建设项目实施过程中存在的诸多问题，其中三分之二与信息交流（信息沟通）的问题有关；建设项目 10%～33% 的费用增加与信息交流存在的问题有关；在大型建设项目中，信息交流的问题导致工程变更和工程实施的错误约占工程总成本的 3%～5%。由此可见建设项目管理中信息管理的重要性。

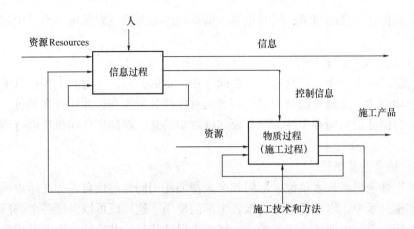

图 9-1　项目建设中的信息过程及物质过程

我国从工业发达国家引进建设项目管理的概念、理论、组织、方法和手段，历时 20 年左右，取得了不少成绩。但是，应认识到，在建设项目管理中最薄弱的工作环节是信息管理。至今多数建设单位和工程施工单位的信息管理还相当落后，其落后表现在对信息管理的理解，以及信息管理的组织、方法和手段基本上还停留在传统的方式和模式上。

信息（information）一词来源于拉丁文，意思是解释和陈述。自美国贝尔实验室的申农第一次将其作为通信理论的专门术语进行深入研究并提出科学概念以来，信息这一概念已广泛渗透到其他各门学科，成为一个内容丰富、运用极广的概念。信息在自然界、社会以及人体自身都广泛存在着，人类进行的每一社会实践、生产实践和科学实验都在接触信息、获得信息、处理信息和利用信息。

信息指的是用口头的方式、书面的方式或电子的方式传输（传达、传递）的知识、新闻，或可靠的或不可靠的情报。声音、文字、数字和图像等都是信息表达的形式。在管理科学领域中，信息通常被认为是一种已被加工或处理成特定形式的数据。信息的接受者将依据信息对当前或将来的行为作出决策。建设项目信息是指反映和控制建设项目管理活动的信息，包括各种报表、数字、文字和图像等。

和人们一般意义上理解的消息不同，信息在产生、传递和处理过程中具有以下特性和要求：

1）信息的准确性

信息客观反映现实世界事物的程度称为准确性。通常人们希望获得的信息是准确的，而事实并非总是如此。信息的准确与否增加了信息收集的鉴别工作量，此外，信息的准确性还要求传送和储存时的不失真。

2）信息的时效性

信息是有生命周期的，在生命周期内，信息有效。为保证信息有效，要求配备有快速传递消息的通道，同时也要求信息流经处理的道路最短，而且中间的停顿最少。

3) 信息的有序性

信息的有序性即信息发生先后之间存在一定的关系，在时间上是连贯的、相关的和动态的。人们可以利用过去信息的有序性分析现在，并从现在和过去预测将来，为保证信息的有序性，则需要连续收集信息、存储信息和快速进行信息检索。

4) 信息的共享性

共享性表现在许多单位、部门和个人都能使用同样的信息，如在建设项目决策和实施过程中，许多信息可以被各个部门使用。这样既可以保证各个部门使用信息的统一性，也保证了决策的一致性。为保证信息的共享性，需要利用网络技术和通讯设备。

5) 信息的可存储性

它是指信息存储的可能性。信息的多种形式必然产生多种存储方式，并影响其可存储性，信息的可存储性还表现在要求能存储信息的真实内容而不畸变，要求在较小的空间中存储更多的信息，要求存储安全而不丢失，要求在不同的形式和内容之间很方便进行转换和连接，要求在对已存储的信息中随时随地的以最快的速度检索出所需的信息。

6) 信息的适用性

信息是一种资源。但用来辅助决策的信息资源的利用价值可以因人、因事、因时和因地而异，这就是信息的适用性。也就是说，信息资源的价值与不同的时空和用户有关。

7) 信息的系统性

信息的系统性，包含信息构成的整体性、信息构成的全面性、信息运动的连续性和信息运动的双向性等方面的内容。

建设项目信息包括在项目决策过程、实施过程（设计准备、设计、施工和物资采购过程等）和运行过程中产生的信息以及其他与项目建设有关的信息，包括项目的组织类信息、管理类信息、经济类信息、技术类信息和法规类信息。每类信息根据工程建设各阶段项目管理的工作内容又可进一步细分，如建设项目的组织类信息可以包含所有项目建设参与单位、项目分解及编码信息、管理组织信息等等。建设项目的管理类信息包括项目投资管理、进度管理、合同管理、质量管理、风险管理和安全管理等各方面信息。建设项目的经济类信息包括资金使用计划、工程款支付、材料、设备和人工市场价格等信息。建设项目的技术类信息包括国家或地区的技术规范标准、项目设计图纸、施工技术方案和材料设备技术指标等信息。建设项目的法规类信息包括国家或地方的建设程序法规要求等。建设项目信息分类可以有很多方法，也可以按照信息产生的阶段、信息的管理层次和适用对象、信息的稳定程度（相对固定和变动信息）等进行划分。进行建设项目信息分类标准化的研究和实践对整个建筑行业的发展有重要的理论和实践意义。建设项目信息分类和相应建立的编码体系将在本书有关章节中专门进行论述。

(2) 信息与数据

1) 数据的概念

数据是用来记录客观事物的性质、形态、数量和特征的抽象符号。不仅文字、数字和图形可以看作是数据，声音、信号和语言也可以认为是数据。

2) 数据与信息的关系

信息是根据要求，将数据进行加工处理转换的结果。同一组数据可以按管理层次和职能不同，将其加工成不同形式的信息；不同数据如采用不同的处理方式，也可得到相同的信息。数据转化为信息的方式示意如图9-2所示。

图 9-2 数据转化为信息方式示意图

9.1.2 信息管理的含义和原则

(1) 信息管理的内涵

信息管理是指对信息的收集、加工、整理、存储、传递与应用等一系列工作的总称。信息管理的目的就是通过有组织的信息流通，使决策者能及时、准确地获得相应的信息。为了达到信息管理的目的，就要把握信息管理的各个环节，并做到：

□ 了解和掌握信息来源，对信息进行分类；

□ 掌握和正确运用信息管理的手段（如计算机）；

□ 掌握信息流程的不同环节，建立信息管理系统。

建设项目信息资源的组织与管理指的是在建设项目决策和实施的全过程中，对工程建设信息的获取、存储、存档、处理和交流进行合理的组织和控制。建设项目的信息管理是通过对各个系统、各项工作和各种数据的管理，使建设项目信息能方便和有效地获取、存储、存档、处理和交流。建设项目信息管理的目的旨在通过信息传输的有效组织管理和控制为建设项目建设提供增值服务。

(2) 建设项目信息管理的工作原则

建设项目产生的信息数量巨大，种类繁多。为便于信息的搜集、处理、储存、传递和利用，建设项目信息管理应遵从以下基本原则。

1) 标准化原则

要求在建设项目的实施过程中对有关信息的分类进行统一，对信息流程进行规范，产生项目管理报表则力求作到格式化和标准化，通过建立健全的信息管理制度，从组织上保证信息生产过程的效率。

2）有效性原则

建设项目的信息管理应针对不同层次管理者的要求进行适当的加工，针对不同管理层提供不同要求和浓缩程度的信息。例如对于项目的高层管理者而言，提供的决策信息应力求精练、直观，尽量采用形象的图表来表达，以满足其战略决策的信息需要。这一原则是为了保证信息产品对于决策支持的有效性。

3）定量化原则

建设项目产生的信息不应是项目实施过程中产生数据的简单记录，应该经过信息处理人员的比较与分析。采用定量工具对有关信息进行分析和比较是十分必要的。

4）时效性原则

考虑建设项目决策过程的时效性，建设项目信息管理成果也应具有相应的时效性。建设项目的信息都有一定的生产周期，如月报表、季度报表和年度报表等，这都是为了保证信息产品能够及时地服务于决策。

5）高效处理原则

通过采用高性能的信息处理工具（如建设项目管理信息系统），尽量缩短信息在处理过程中的延迟，建设项目信息管理的主要精力应放在对处理结果的分析和控制措施的制订上。

6）可预见原则

建设项目产生的信息可以作为以后项目实施的历史参考数据，也可以用于预测未来的情况。建设项目信息管理应通过采用先进的方法和工具为决策者制订未来目标和行动规划提供必要的信息。如通过对以往投资执行情况的分析。对未来可能发生的投资进行预测，作为采取事前控制措施的依据。

(3) 建设项目信息管理的任务

建设项目一般具有周期较长、参与单位多、单件性和专业性强等特征，一个项目在决策和实施的过程中，项目信息往往会数量巨大、变化多而且错综复杂，项目信息资源的组织与管理任务十分重大。具体来讲，应主要做好以下几方面的工作。

1）编制建设项目信息管理规划

在整个工程决策和实施过程中，建设项目参与各方都有各自的信息资源组织与管理任务。为充分利用和发挥信息资源的价值、提高信息管理的效率、以及实现有序的和科学的信息管理，各方都应编制各自的信息管理规划，以规范各自的建设项目信息管理工作。信息管理规划描述和定义在整个建设项目实施过程的各个阶段信息管理做什么、谁来做、什么时候做和其工作成果是什么等。

建设项目信息管理规划的编制是建设项目管理各方的重要工作。为了编制一份切实有效的信息管理规划，必须依据建设项目特点和建设项目管理者控制项目目标的要求，在深入分析建设项目具体实际情况和实施过程中各有关信息的种类、流程、各层次项目管理需要以及功能要求，信息的输入、输出等情况的基础上，并征询建设项目各有关方特别是项目领导者的意见，在综合考虑项目参与各方信息管理的具体情况由各方项目管理负责领导组织编制。

建设项目信息管理规划编制完成并经项目管理班子和领导审核同意后，就要成为一个制度加以管理，建设项目管理班子应严格按此执行。但应明确，建设项目的信息管理规划在编制完成后并非永远一成不变。在建设项目实施过程中，随着项目的进展，某些具体和实际情况可能会发生变化，信息管理规划也应根据实际情况做适当的调整，以使其能更好地指导建设项目管理工作。

建设项目信息管理规划主要内容包括：
- 信息管理的任务（信息管理任务目录）；
- 信息管理的任务分工表和管理职能分工表；
- 信息的分类；
- 信息的编码体系和编码；
- 信息输入输出模型；
- 各项信息管理工作的工作流程图；
- 信息流程图；
- 信息处理的工作平台及其使用规定；
- 各种报表和报告的格式以及报告周期；
- 项目进展的月度报告、季度报告、年度报告和工程总报告的内容及其编制；
- 工程档案管理制度；
- 信息管理的保密制度等。

2) 明确建设项目管理班子中信息管理部门的任务

建设项目管理班子中各个工作部门的管理工作都与信息处理有关，而信息管理部门的主要工作任务是：
- 负责编制信息管理规划和更为详细具体的信息管理手册，在项目实施过程中进行信息管理规划和手册的必要的修改和补充，并检查和督促其执行；
- 负责协调和组织项目管理班子中各个工作部门的信息处理工作；
- 负责信息处理工作平台的建立和运行维护；
- 与其他工作部门协同组织收集信息、处理信息和形成各种反映项目进展和项目目标控制的报表和报告；
- 负责工程档案管理等。

3) 编制和确定信息管理的工作流程

信息管理的工作流程对整个项目管理的顺利实施有重要意义，其内容有：

- 信息管理规划和手册编制和修订的工作流程；
- 为形成各类报表和报告，收集信息、录入信息、审核信息、加工信息、信息传输和发布的工作流程；
- 工程档案管理的工作流程等。

4）建立建设项目信息管理的处理平台

由于建设项目大量数据处理的需要，在当今的时代应重视利用信息技术的手段进行信息管理。其核心的手段是基于网络的信息处理平台。

在传统工程建设模式中普遍存在的信息交流和沟通障碍及问题，不但进一步加剧了已经支离破碎的建设生产过程，造成了项目建设过程中的信息孤岛现象及孤立生产状态，严重地破坏了组织的有效性，大大地降低了组织的工作效率，而且是造成项目建设过程中的变更、返工、拖延、浪费、争议、索赔甚至诉讼等问题的重要原因，其最终后果必然是导致工程建设成本增加，工期拖延，质量下降，甚至可能会造成整个建设项目建设的失败。

5）建立建设项目信息中心

在国际上，许多建设项目都专门设立信息管理部门（或称为信息中心），以确保信息管理工作的顺利进行。也有一些大型建设项目专门委托咨询公司从事项目信息动态跟踪和分析，以信息流指导工程建设的物质流，从宏观上对项目的实施进行控制。

许多国外的研究在分析未来工程建设项目信息管理发展趋势时，都把信息交流和沟通置于非常重要的位置。未来工程建设信息资源的组织和管理具有以下特征：

- 在项目建设各阶段，项目建设参与各方都能随时随地获得所需要的各种项目信息；
- 用基于虚拟现实（Virtual Reality）的、逼真的建设项目模型指导项目建设的设计与施工全过程；
- 在建设项目各组成部分之间，项目建设实施各阶段之间以及在建设参与的各方之间不再有分离现象；
- 减少距离的影响，使项目团队成员相互进行信息交流和沟通时有同处一地的感觉；
- 对信息的产生、保存及传播进行有效管理。

信息交流与沟通也是实现虚拟建设模式的思想、组织及方法的基础手段，是研究虚拟建设模式信息系统的前提。信息资源的组织与管理就是交换和共享数据、信息和知识的过程，可理解为工程参建各方在项目建设全过程中，运用现代信息和通讯技术及其他合适的手段，相互传递、交流和共享项目信息和知识的行为及过程。这一含义的要点包括：

- 信息的交流与沟通包括建设项目参与各方；

□ 时间贯穿项目建设全过程；
□ 信息交流与沟通手段主要指基于计算机网络的现代信息技术和通信技术，但也不排除传统的信息交流与沟通方式；
□ 信息交流与沟通内容包括与项目建设有关的所有知识和信息，特别是需要在参与各方之间共享的核心知识和信息。

信息交流与沟通的重要目的是在项目建设参与各方之间共享项目信息和知识，具体目标是努力做到在恰当的时间，恰当的地点，为恰当的人及时地提供恰当的项目信息和知识。

随着现代信息和通讯技术的发展，如视频会议、远程在线讨论等，信息交流技术使分处异地的项目建设参与各方可以利用功能丰富的现代信息和通讯技术实现"遥在"式"异处本地化"的交流和沟通，传统的时空观在建设项目信息的交流和沟通中不再重要。

9.2 建设项目信息管理的过程和内容

建设项目信息管理的过程主要包括信息的收集、加工整理、存储、检索和传递。在这些信息管理过程中，建设项目信息管理的具体内容很多。

9.2.1 建设项目信息的收集

建设项目信息的收集，就是收集项目决策和实施过程中的原始数据，这是很重要的基础工作，信息管理工作的质量好坏，很大程度上取决于原始资料的全面性和可靠性。其中，建立一套完善的信息采集制度是十分有必要的。

(1) 建设项目建设前期的信息收集

建设项目在正式开工之前，需要进行大量的工作，这些工作将产生大量的文件，文件中包含着丰富的内容。

1) 收集设计任务书及有关资料

设计任务书是确定建设项目建设方案（包括建设规模、建设布局和建设进度等原则问题）的重要文件，也是编制工程设计文件的重要依据。所有新建或扩建的建设项目，都要根据资源条件和国民经济发展规划按照建设项目的隶属关系，由主管部门组织有关单位提前编制设计任务书。此阶段的建设项目信息包括项目前期的一系列信息资料，如项目建议书、可行性研究报告以及项目建设上级单位和政府主管部门对建设项目的要求和批复，还包括项目建设用地的自然、社会、经济环境等有关信息资料。

2) 设计文件及有关资料的收集

建设项目的设计任务书经建设单位审核批准后需委托工程设计单位编制工程设计文件。在进行工程项目设计之前，工程设计单位通常要收集以下内容方面的资料信息：
- 社会调查情况及自然灾害等调查情况。
- 工程技术勘测调查情况。收集建设地区的自然条件资料，如河流、水文水资源、地质、地形、地貌、水文地质、气象等资料。如修建水库水电站，是否对已选定的坝址做进一步调查勘探，对岩土基础是否进行分析试验。如利用当地材料建坝，对各种石料的性质是否进行试验分析等。
- 技术经济勘察调查情况。主要收集工程建设地区的原材料、燃料来源，水电供应和交通运输条件，劳力来源、数量和工资标准等资料。

对于大型建设项目，项目设计一般分如下三个阶段：即初步设计、技术设计和施工图设计，这三个阶段的设计成果构成工程项目设计文件的主要内容。初步设计含有大量的工程建设信息，如建设项目的目的和主要任务、工程的规模、总体规划布置、主要建筑物的位置、结构形式和设计尺寸，各种建筑物的材料用量，主要技术经济指标，建设工期和总概算等。

技术设计是根据初步设计所提供的资料，更进一步加以深化，要求收集补充更详细的资料，对工程中的各种建筑物，做出具体的设计计算。技术设计与初步设计相比，提供了更确切的数据资料，如对建筑物的结构形式和尺寸等提出修正，并编制修正后的总概算。

施工图设计阶段，通过图纸反映出大量的信息，如施工总平面图、建筑物的施工平面图和剖面图、安装施工详图、各种专门工程的施工图以及各种设备和材料的明细表等。依据施工图设计所提出的预算，一般情况下不得超过初步设计概算。

3) 招标投标合同文件及其有关资料的收集

建设项目的招标文件由建设单位编制或委托咨询单位编制，在招投标过程中及在决标以后，招标、投标文件及其他一些文件将形成一套对工程建设起制约作用的合同文件。其主要内容包括：投标邀请书、投标须知、合同双方签署的合同协议书、履约保函、合同条款、投标书及其附件、工程报价表及其附件、技术规范、招标图纸、建设单位在招投标期内发生的所有补充通知、承建单位补充的所有书面文件、承建单位在招标时随同招标书一起递送的资料与附图、建设单位发布的中标通知、在商谈合同时双方共同签字的补充文件。

在招投标文件中包含了大量的信息。包括建设单位的全部"要约"条件，承建单位的全部"承诺"条件。如建设单位所提供的材料供应、设备供应、水电供应、施工道路、临时房屋、征地情况和通讯条件等等。承建单位所投入的人力、机械方面的情况，工期保证、质量保证、投资保证、施工措施和安全保证等等。

项目建设前期除以上各个阶段所产生的各种文件资料外，上级单位关于建设项目的批示和有关指示，有关征用土地、迁建赔偿等协议式的批准文件等，均是工程建设过程中十分重要的文件信息。

(2) 建设项目施工期的信息收集

建设项目在整个工程施工阶段，每天都发生各种各样的情况，相应地包含着各种信息，需要及时收集和处理。因此，项目的施工阶段，可以说是大量的信息发生、传递和处理的阶段。

1) 建设单位提供的信息

建设单位作为建设项目的组织者，在施工中要按照合同文件规定提供相应的条件，并要不时表达对工程各方面的意见和看法，下达某些指令。因此，应及时收集建设单位提供的信息。

当建设单位负责某些材料的供应时，需收集提供材料的品种、数量、质量、价格、提货地点、提货方式等信息。如建设单位对钢材、木材、水泥、砂石等主要材料在施工过程中以某一价格提供承建单位使用，建设单位应及时将这些材料在各个阶段提供的数量、材质证明、试验资料、运输距离等情况告诉有关方面。

建设单位在建设过程中对各种有关进度、质量、投资、合同等方面的意见和指令，以及建设单位的上级单位对工程建设的各种意见和指令，都是工程建设过程中十分重要的信息。

2) 承建商提供的信息

承建商在施工中，现场所发生的各种情况均包含了大量的内容，工程建设的各参与单位根据自身项目管理工作需要必须要掌握和收集这些内容。经收集和整理后，汇集成丰富的信息资料。

承建商在施工中必须经常向有关单位，包括上级部门、设计单位、监理单位及其他方面发出某些文件，传达一定的内容。如向工程监理单位报送施工组织设计、报送各种计划、单项工程施工措施、月支付申请单、各种建设项目自检报告、质量问题报告、有关的意见等等。

3) 工程监理的记录

工地现场的工程监理单位的记录包括驻地工程师（工地工程师）的监理记录工程质量记录、工程计量和工程款记录、竣工记录等内容。

□ 现场监理人员的日报表

主要内容包括：当天的施工内容；当天参加施工的人员（工种、数量等）；当天施工用的机械（名称、数量等）；当天发现的施工质量问题；当天的施工进度与计划施工进度的比较（若发生施工进度拖延，应说明其原因）；当天的综合评语；其他说明（应注意的事项）等。

□ 工地日记

主要内容包括：现场监理人员的日报表；现场每日的天气记录；监理工作纪要；其他有关情况与说明等。

□ 现场每日的大气记录

主要内容包括：当天的最高、最低气温；当天的降雨、降雪量；当天的风力及天气状况；因气候原因当天损失的工作时间等。

　　□ 驻施工现场监理负责人月报

　　驻施工现场监理负责人每月向监理总负责人及建设单位汇报下列情况：工程施工进度状况（与合同规定的进度作比较）；工程款支付情况；工程进度拖延的原因分析；工程质量情况与问题；工程进展中的主要困难与问题，如施工中的重大差错、重大索赔事件；材料、设备供货困难；组织、协调方面的困难；异常的天气情况等。

　　□ 驻施工现场监理负责人对施工单位的指示

　　主要内容为：正式函件（用于重大的指示）日常指示，如在每日的工地协调会中发出的指示；在施工现场发出的指示等。

　　□ 工程质量记录

　　主要包括试验结果记录及样本记录等。

　　4）工地会议信息

　　工地会议是建设项目管理工作的一种重要内容和方法，会议中包含着大量的工程信息。建设项目管理应建立一套完善的会议制度，以便于会议信息的收集。会议制度包括会议的名称、主持人、参加人、举行会议的时间、会议地点等，每次工地会议都应有专人记录，会议后应有正式会议纪要等。

　　(3) 工程竣工阶段的信息收集

　　工程竣工并按要求进行竣工验收时，需要大量的对竣工验收有关的各种资料信息。这些信息一部分是在整个施工过程中，长期积累形成的；一部分是在竣工验收期间，根据积累的资料整理分析而形成的，完整的竣工资料应由承建单位编制，经工程监理单位和有关方面审查后，移交建设单位并通过建设单位移交项目管理运行单位以及相关的政府主管部门。

9.2.2　建设项目信息的加工整理和存储

　　建设项目的信息管理除应注意各种原始资料的收集外，更重要的要对收集来的资料进行加工整理，并对工程决策和实施过程中出现的各种问题进行处理。按照工程信息加工整理的深浅可分为如下几个类别：第一类为对资料和数据进行简单整理和滤波；第二类是对信息进行分析，概括综合后产生辅助建设项目管理决策的信息；第三类是通过应用数学模型统计推断可以产生决策的信息。

　　在项目建设过程中，依据当时收集到的信息所作的决策或决定有如下几个方面。

　　(1) 依据进度控制信息，对施工进度状况的意见和指示。

　　每月、每季度应有对工程进度进行分析对比并做出综合评价，包括当月建设项目各方面实际完成量，实际完成数量与合同规定的计划数量之间的比较。如果某一部分拖后，应分析其原因、存在的主要困难和问题，提出如何解决的意见。

(2) 依据质量控制信息，对工程质量控制情况提出意见和指示。

建设项目信息管理应当系统地将当月施工中的各种质量情况，包括现场检查监理中发现的各种问题、施工中出现的重大事故，对各种情况、问题、事故的处理等情况，除在月报、季报中进行阶段性的归纳和评价外，以及必要时的专门的质量情况报告。

(3) 依据投资控制信息，对工程结算和决算情况的意见和指示。

工程价款结算一般按月进行，要对投资完成情况进行统计、分析，在统计分析的基础上作一些短期预测。

(4) 依据合同管理信息，对索赔的处理意见。

在工程施工中，由于建设单位的原因或客观条件使承建单位遭受损失，承建单位提出索赔要求；或承建单位由于违约使工程遭受损失，建设单位提出索赔要求。

信息的存储是将信息保留起来以备将来应用。对有价值的原始资料、数据及经过加工整理的信息，要长期积累以备查阅。

9.2.3 建设项目信息的检索和传递

无论是存入档案库还是存入计算机存储器的信息、资料，为了查找的方便，在入库前都要拟定一套科学的查找方法和手段，作好编目分类工作。健全的检索系统可以使报表、文件、资料、人事和技术档案既保存完好，又查找方便。否则会使资料杂乱无章，无法利用。

信息的传递是指借助于一定的载体（如纸张、软盘、磁带等）在建设项目信息管理工作的各部门、各单位之间的传递。通过传递，形成各种信息流。畅通的信息流，将利用报表、图表、文字、记录、电讯、各种收发文、会议、审批及计算机等传递手段，不断地将建设项目信息输送到项目建设各方手中，成为他们工作的依据。

信息管理的目的，是为了更好地使用信息，为决策服务。处理好的信息，要按照需要和要求编印成各类报表和文件，以供项目管理工作使用。信息检索和传递的效率和质量是随着计算机的普及而提高。存储于计算机数据库中的数据，已成为信息资源，可为各个部门所共享。因此，利用计算机做好信息的加工储存工作，是更好地进行信息检索和传递，信息的使用前提。

建设项目信息管理工作中涉及的信息量巨大，要实现高效、快速的信息管理，使项目管理工作流程程序化、记录标准化、报告系统化，传统的手工操作管理办法已无法满足需要。可以利用计算机存储量大的特点，集中存储与建设项目有关的各种信息。利用计算机运算速度快特点，及时、准确地加工处理项目所需要的各种数据，形成文字、图表、图像等各种信息，以辅助在建设项目管理过程中，及时发现问题，检查项目的实施情况，以便做出进一步调整或规划的决策。

随着科学技术的不断发展，在建设项目信息管理工作中，计算机应用的范围和程度将越来越宽广，对信息处理的能力将越来越大，实现建设项目管理工作本身的自动化、标准化、规范化和系统化，其前景是十分广阔的。

9.3 建设项目文档资料管理

9.3.1 文档资料概念与特征

（1）文档资料概念

建设项目文档资料是指建设项目在立项、设计、施工、监理和竣工活动中形成的具有归档保存价值的基建文件、监理文件、施工文件和竣工图的统称。建设项目的文档资料主要由以下文件资料组成。

1）建设单位文件

由建设单位在工程建设过程中形成并收集汇编，关于立项、征用工地、拆迁、地质勘查、测绘、设计、招投标、工程验收等文件或资料的统称。

2）工程监理单位文件

由工程监理单位在工程建设监理全过程中形成并收集汇编的文件或资料统称。

3）施工单位文件

由施工单位在工程施工过程中形成并收集汇编的文件或资料的统称。

4）竣工图

建设项目竣工图是真实地记录建设工程各种地下、地上建筑物竣工实际情况的技术文件。它是对工程进行交工验收、维护、扩建、改建的依据。也是使用单位长期保存的资料。竣工图可利用蓝图改绘或在底图上修改或重新绘制，竣工图的绘制工作应由建设单位完成，也可委托承建总承包单位、工程监理单位或设计单位完成。

（2）建设项目文档资料载体

建设工程文档资料载体主要由以下四种。

1）纸质载体：以纸张为基础的载体形式。

2）缩微品载体：以胶片为基础，利用缩微技术对工程资料进行保存的载体形式。

3）光盘载体：以光盘为基础，利用计算机技术对工程资料进行存储的形式。

4）磁性载体：以磁性记录材料（磁带、磁盘等）为基础，对工程资料的电子文件、声音、图像进行存储的方式。

（3）文档资料特征

建设项目文档资料有以下方面的特征：

1) 分散性和复杂性

建设项目周期长，生产工艺复杂，建筑材料种类多，建筑技术发展迅速，影响建设项目因素多种多样，工程建设阶段性强并且相互穿插，由此导致了建设项目文档资料的分散性和复杂性。这个特征决定了建设项目文档资料是多层次、多环节、相互关联的复杂系统。

2) 继承性和时效性

随着建筑技术、施工工艺、新材料以及建筑业技术和管理水平的不断提高和发展，文档资料可以被继承和积累。新的项目在施工过程中可以吸取以前的经验，避免重犯以往的错误。同时建设项目文档资料有很强的时效性，文档资料的价值会随着时间的推移而衰减，有时文档资料一经生成，就必须传达到有关部门，否则会造成严重后果。

3) 全面性和真实性

建设项目文档资料只有全面反映项目的各类信息才更有实用价值，必须形成一个完整的系统。有时只言片语地引用往往会起到误导作用。另外建设项目文档资料必须真实反映工程情况，包括发生的事故和存在的隐患。真实性是对所有文档资料的共同要求，但在工程建设领域对这方面要求更为迫切。

4) 随机性

建设项目文档资料可能产生于工程建设的整个过程中，工程开工、施工、竣工等各个阶段和各个环节都会产生各种文档资料，部分建设项目文档资料的产生有规律性（如各类报批文件），但还有相当一部分文档资料产生是由具体工程事件引发的，因此建设项目文档资料具有随机性。

5) 多专业性和综合性

建设项目文档资料依附于不同的专业对象而存在，又依赖不同的载体而流动。它涉及建筑、市政、公用、消防、保安等多种专业，也涉及电子、力学、声学、美学等多种学科，并同时综合了质量、进度、造价、合同，组织协调等多方面内容。

9.3.2 建设项目档案资料管理职责

建设项目档案资料的管理涉及到建设单位、工程监理单位、施工单位以及地方城建档案部门。以下内容根据我国目前政府主管部门有关文件规定对工程建设参与有关各方管理职责进行介绍。

(1) 通用职责

1) 工程各参建单位填写的工程档案资料应以工程合同、设计文件、工程质量验收标准、施工及验收规范等为依据。

2) 工程档案资料应随工程进度及时收集、整理，并应按专业归类，认真书写，字迹清楚，项目齐全、准确、真实，无未了事项。表格应采用统一表格，特殊要求需增加的表格应统一归类。

3) 工程档案资料进行分级管理,各单位技术负责人负责本单位工程档案资料的全过程组织工作,工程档案资料的收集、整理和审核工作由各单位档案管理员负责。

4) 对工程档案资料进行涂改、伪造、随意抽撤或损毁、丢失等,应按有关规定予以处罚。

(2) 建设单位职责

1) 应加强对基建文件的管理工作,并设专人负责基建文件的收集、整理和归档工作。

2) 在与勘察、设计单位、监理单位、施工单位签订勘察、设计、监理、施工合同时,应对监理文件、施工文件和工程档案的编制责任、编制套数和移交期限作出明确规定。

3) 必须向参建的勘察设计、施工、监理等单位提供与建设项目有关的原始资料,原始资料必须真实、准确、齐全。

4) 负责在工程建设过程中对工程档案资料进行检查并签署意见。

5) 负责组织工程档案的编制工作,可委托总承包单位或监理单位组织该项工作;负责组织竣工图的绘制工作,可委托总承包单位或监理单位或设计单位具体执行。

6) 编制基建文件的套数不得少于地方城建档案部门要求。但应有完整基建文件归入地方城建档案部门及移交产权单位,保存期应与工程合理使用年限相同。

7) 应严格按照国家和地方有关城建档案管理的规定,及时收集、整理建设项目各环节的资料,建立、健全工程档案,并在建设项目竣工验收后,按规定及时向地方城建档案部门移交工程档案。

(3) 工程监理单位职责

1) 应加强监理资料的管理工作,并设专人负责监理资料的收集、整理和归档工作。

2) 监督检查工程资料的真实性、完整性和准确性。在设计阶段,对勘察、测绘、设计单位的工程资料进行监督、检查;在施工阶段,对施工单位的工程资料进行监督、检查。

3) 接收建设单位的委托进行工程档案的组织编制工作。

4) 在工程竣工验收后三个月内,由项目总监理工程师组织对监理档案资料进行整理、装订与归档。监理档案资料在归档前必须由项目总监理工程师审核。

5) 编制的监理文件的套数不得少于地方城建档案部门要求,但应有完整监理文件移交建设单位及自行保存,保存期根据工程性质以及地方城建档案部门有关要求确定。如建设单位对监理档案资料的编制套数有特殊要求的,可另行约定。

(4) 工程施工单位职责

1) 应加强施工文件的管理工作,实行技术负责人负责制,逐级建立健全施工文件管理工作。建设项目的施工文件应设专人负责收集和整理。

2) 总承包单位负责汇总整理各分包单位编制的全部施工文件,分承包单位应各自负责对分承包范围内的施工文件进行收集和整理,各承包单位应对其施工文件的真实性和完整性负责。

3) 接受建设单位的委托进行工程档案的组织编制工作。

4) 按要求在竣工前将施工文件整理汇总完毕并移交建设单位进行工程竣工验收。

5) 负责编制的施工文件的套数不得少于地方城建档案部门要求,但应有完整施工文件移交建设单位及自行保存,保存期根据工程性质以及地方城建档案部门有关要求确定。如建设单位对施工文件的编制套数有特殊要求的,可另行约定。

(5) 地方城建档案部门职责

1) 负责接收和保管所辖范围应当永久和长期保存的工程档案和有关资料。

2) 负责对城建档案工作进行业务指导,监督和检查有关城建档案法规的实施。

3) 列入向本部门报送工程档案范围的建设项目,其竣工验收应有本部门参加并负责对移交的工程档案进行验收。

9.3.3 建设项目档案资料编制质量要求与组卷方法

对建设项目档案资料编制质量要求与组卷方法,各行政管理区域以及各行业都有自己的要求,但就全国来讲还没有统一的标准体系。以下介绍我国对地方城建档案部门的一般性要求。

(1) 编制质量要求

1) 工程档案资料必须真实地反映工程实际情况,具有永久和长期保存价值的文件材料必须完整、准确、系统,责任者的签章手续必须齐全。

2) 工程档案资料必须使用原件;如有特殊原因不能使用原件的,应在复印机或抄件上加盖公章并注明原件存放处。

3) 工程档案资料的签字必须使用档案规定用笔。工程资料宜采用打印的形式并应手工签字。

4) 工程档案资料的编制和填写应适应档案缩微管理和计算机输入的要求,凡采用施工蓝图改绘竣工图的,必须使用新蓝图并反差明显,修改后的竣工图必须图面整洁,文字材料字迹工整、清楚。

5) 工程档案资料的缩微制品,必须按国家缩微标准进行制作,主要技术指标（解像力、密度、海波残留量等）要符合国家标准，保证质量，以适应长期安全保管。

6) 工程档案资料的照片（含底片）及声像档案，要求图像清晰，声音清楚，文字说明或内容准确。

(2) 组卷一般要求

1) 组卷的质量要求

组卷前要详细检查建设单位文件、工程监理文件、工程施工文件和竣工图，按要求收集齐全、完整。达不到质量要求的文字材料和图纸一律重做。

2) 组卷的基本原则

建设项目工程档案组卷应遵从以下基本原则：
- 建设项目按单位工程组卷；
- 工程档案资料应按建设单位文件、工程监理文件、施工文件和竣工图分别进行组卷，施工文件、竣工图还应按专业分别组卷，以便于保管和利用。
- 工程档案资料应根据保存单位和专业工程分类进行组卷；
- 卷内资料排列顺序要依据资料内容构成而定，一般顺序为：封面、目录、文件部分、备考表、封底、组成的案卷力求美观、整齐；
- 卷内资料若有多种资料时，同类资料按日期顺序排序，不同资料之间的排列顺序应按资料分类排列。

3) 组卷的具体要求

工程建设各参与单位的档案资料文件可根据数量的多少组成一卷或多卷，如建设单位的建设项目报批卷、用地拆迁卷、地质勘探卷、工程竣工总结卷、工程照片卷、录音录像卷等。工程监理单位和施工单位同样根据文档资料数量的多少组成一卷或多卷。整个组卷可以参照各地方城建档案馆专业工程分类编码参考表的类别进行组卷。

工程建设的竣工图一般按专业进行组卷。可分综合图卷、建筑、结构、给排水、燃气、电气、通风与空调、电梯、工艺卷等，每一专业根据图纸多少可组成一卷或多卷。

文字材料和图纸材料原则上不能混装在一个装具内；如文件材料较少需装在一个装具内，文字材料和图纸材料必须装订。

工程档案资料应按单项工程编制总目录卷和总目录卷汇总表。

4) 案卷页号的编写

编写页号以独立卷为单位。在案卷内文件材料排列顺序确定后，均以有书写内容的页面编写页号。

用打号机或钢笔依次逐张标注页号，采用黑色、蓝色油墨或墨水。

工程档案资料以及折叠后图纸页号的编写位置应按城建档案馆要求统一。

5) 案卷封面、案卷脊背、工程档案卷内目录、卷内备考表的编制、填写方法应按照地方城建档案部门具体填写说明执行。

9.3.4 建设项目档案资料验收与移交

(1) 档案资料的验收

工程档案资料的验收是工程竣工验收的重要内容。在工程竣工验收时建设单位必须先提供一套工程竣工档案报请有关部门进行审查、验收。

工程档案资料由建设单位进行验收，属于向地方城建档案部门报送工程档案资料的建设项目还应会同地方城建档案部门共同验收。

国家、省市重点建设项目或一些特大型、大型的建设项目的预验收和验收会，应由地方城建档案部门参加验收。

为确保工程档案资料的质量，各编制单位、监理单位、建设单位、地方城建档案部门、档案行政管理部门等要严格进行检查、验收。编制单位、制图人、审核人、技术负责人必须进行签字或盖章。对不符合技术要求的，一律退回编制单位进行改正、补齐，问题严重者可令其重做。不符合要求者，不能交工验收。

凡报送的工程档案资料，如验收不合格将其退回建设单位，由建设单位责成责任者重新进行编制，待达到要求后重新报送。检查验收人员应对接收的档案负责。

地方城建档案部门负责工程档案资料的最后验收，并对编制报送工程档案资料进行业务指导、督促和检查。

(2) 档案资料的移交

施工单位、监理单位等有关单位应在工程竣工验收前将工程档案资料按合同或协议规定的时间、套数移交给建设单位，办理移交手续。

竣工验收通过后3个月内，建设单位将汇总的全部工程档案资料移交地方城建档案部门。如遇特殊情况，需要推迟报送日期，必须在规定报送时间内向地方城建档案部门申请延期报送并申明延期报送原因，经同意后办理延期报送手续。

9.3.5 建设项目档案资料的分类

建设项目文档案资料归档过程的组卷工作上应按照当地城建档案主管部门的有关要求进行。本部分内容反映了对一般性城建档案主管单位对工程建设过程档案资料的总体管理情况。

(1) 基建文件

1) 决策立项文件

项目建议书；对项目建议书的批复文件；可行性研究报告；对可行性报告的批复文件；关于立项的会议纪要、领导批示；专家对项目的有关建议文件；项目评估研究资料；计划部门批准的立项文件；计划部门批准的计划任务

2) 建设用地、征地、拆迁文件

政府计划管理部门批准征用土地的计划任务；国有土地使用证；政府部门批准用农田的文件；使用国有土地时，房屋土地管理部门拆迁安置意见；选址意见通知书及附图；建设用地规划许可证、许可证附件及附图。

3) 勘察、测绘、设计文件

工程地质勘察报告；水文地质勘察报告；建筑用地界桩通知单；验线通知单；规划设计条件通知书及附图；审定设计方案通知书及附图；审定设计方案通知书要求征求有关人防、环保、消防、交通、园林、市政、文物、通讯、保密、河湖、教育等部门的审查意见和要求取得的有关协议；初步设计图纸及说明；施工图设计及说明；设计计算书；消防设计审核意见；政府有关部门对施工图设计文件的审批意见。

4) 工程招投标及承包合同文件

建设项目的招标文件包括勘察招投标文件；设计招投标文件；施工招投标文件；设备材料采购招投标文件、工程监理招投标文件等等。

建设项目的合同文件包括工程勘察合同；设计合同；施工合同；供货合同、监理合同等。

5) 工程开工文件

年度施工任务批准文件；工程施工图纸修改通知书；建设项目规划许可证、附件及附图；固定资产投资许可证；建设工程开工证；工程质量监督手续。

6) 商务文件

工程投资估算材料；工程设计概算；施工图预算；施工预算；工程决算；交付使用固定资产清单；建设工程概况。

7) 工程竣工备案文件

工程竣工验收备案表；工程竣工验收报告；由规划、公安消防、环保等部门出具的认可文件或准许使用文件；工程质量保证书、保修书，住宅使用说明书。

8) 其他文件

工程竣工总结；由建设单位委托长期进行的工程沉降观测记录；工程未开工前的原貌、竣工新貌照片；工程开工、施工、竣工的录音录像资料。

(2) 工程监理资料

1) 监理合同类文件

委托工程监理合同；有关合同变更的协议文件。

2) 工程的监理管理资料

工程监理规划、监理实施细则；监理月报；监理会议纪要；监理通知；监理工作总结。

3) 监理工作记录

工程技术文件报审表；工程质量控制报验审批文件（工程物资进场报验表；

施工测量放线报审文件；见证取样记录文件；分部、分项工程施工报验表；监理抽检文件；质量事故报告及处理资料）；工程进度控制报验审批文件（工程开工报审文件；施工进度计划（年、季、月）报审文件；月工、料、机动态文件；停、复工、工程延期文件）；造价控制报验、审批文件。

4) 监理验收资料

竣工移交证书；工程质量评估报告。

(3) 施工资料

1) 施工管理资料

工程概况表；施工进度计划分析；项目大事记；施工日志；不合格项处置记录；工程质量事故报告（建设工程质量事故调（勘）查笔录、建设工程质量事故报告书）；施工总结。

2) 施工技术资料

工程技术文件报审表；技术管理资料（技术交底记录；施工组织设计；施工方案）；设计变更文件（图纸审查记录；设计交底记录设计变更；洽商记录）。

3) 施工物质资料

工程物资选样送审表；工程物资进场报验表；产品质量证明文件（半成品钢筋出厂合格证；预拌混凝土构件出厂合格证；钢构件出厂合格证）；材料、设备进厂检验记录（设备开箱检查记录；材料、配件检验记录；设备及管道附件试验记录）；产品复试记录、报告（材料试验报告（通用）；水泥试验报告；钢筋原材试验报告；砌墙砖（砌块）试验报告；砂试验报告；碎（卵）石试验报告；轻集料试验报告；防水卷材试验报告；防水涂料试验报告；混凝土掺合料试验报告；钢材机械性能试验报告；金相试验报告）。

4) 施工测量记录

工程定位测量记录；基槽验线记录；楼层放线记录；沉降观测记录。

5) 工程施工记录

□ 通用记录

隐蔽工程检查记录表；预检工程检查记录表；施工通用记录表；中间检查交接记录。

□ 土建专用施工记录

地基处理记录；地基勘探记录；桩基施工记录；混凝土搅拌测温记录表；混凝土养护测温记录表；砂浆配合比申请单、通知单；混凝土配合比申请单、通知单；混凝土开盘鉴定；预应力筋张拉记录；有黏结预应力结构灌浆记录；建筑烟（风）道、垃圾道检查记录。

□ 电梯专用施工记录

电梯承重梁、起重吊环埋设隐蔽工程检查记录；电梯钢丝绳头灌注隐蔽工程检查记录；自动扶梯、自动人行道安装条件记录。

6）施工试验记录

□ 施工试验记录（通用）

□ 设备试运转记录

设备单机试运转记录；调试报告。

□ 土建专用施工试验记录

钢筋连接试验报告；回填土干密度试验报告；土工击实试验报告；砌筑砂浆抗压强度试验报告；混凝土抗压强度试验报告；混凝土抗渗试验报告；超声波探伤报告；超声波探伤记录；钢构件射线探伤记录；砌筑砂浆试块强度统计、评定记录；混凝土试块强度统计、评定记录；防水工程试水检查记录。

□ 电气专用施工试验记录

电气接地电阻试验记录；电气绝缘电阻试验记录；电气器具通电安全检查记录；电气照明、动力试运行记录；综合布线测试记录；光纤损耗测试记录；视频系统末端测试记录。

□ 管道专用施工试验记录

管道灌水试验记录；管道强度严密性试验记录；管道通水试验记录；管道吹（冲）洗（脱脂）试验记录；室内排水管道通球试验记录；伸缩器安装记录表。

□ 通风空调专用施工试验记录

现场组装除尘、空调机漏风检测记录；风管漏风检测记录；各房间室内风量测量记录；管网漏风平衡记录；通风系统试运行记录；制冷系统气密性试验记录。

□ 电梯专用施工试验记录

电梯主要功能检查试验记录表；电梯电气安全装置检查试验记录；电梯整机功能检验记录；电梯层门安全装置检查试验记录；电梯负荷运行试验记录；轿厢平层准确度测量记录表；电梯负荷运行试验曲线图表；电梯噪声测试记录表；自动扶梯、自动人行道运行试验记录。

7）施工验收资料

分部、分项工程施工报验表；分部工程验收记录（竣工验收通用记录；基础、主体工程验收记录；幕墙工程验收记录）；单位工程验收记录；工程竣工报告；质量评定资料（参阅 GB 50300 系列表格）

8）竣工图

9）工程资料、档案封面和目录

□ 工程资料总目录卷汇总表

工程资料总目录卷。

□ 工程资料封面和目录

工程资料案卷封面；工程资料卷内目录；工程资料卷内备考表。

□ 工程档案封面和目录

城市建设档案封面；城建档案卷内目录；城建档案案卷审核备考表。

□ 移交资料

城市建设档案移交书；城市建设档案缩微品移交书；城市建设档案移交目录。

复习思考题

1. 如何理解建设项目管理中信息的含义，它有哪些特征和要求？
2. 什么是信息管理，其工作基本原则有哪些？
3. 建设项目信息管理的任务有哪些？
4. 建设项目信息管理规划的主要内容是什么？
5. 建设项目信息管理有哪些主要工程？
6. 建设项目文档资料的含义是什么？它有哪些主要特征？
7. 建设项目档案资料编制的质量要求有哪些？

第二篇
工程项目管理
(二)

第二篇
工程地质管理
（二）

10 设计准备阶段的项目管理

建设项目设计准备阶段和设计阶段的工作对整个项目的经济性影响很大,因此加强设计准备阶段项目管理工作对提高项目的经济性有非常重要意义。本章主要说明建设项目的设计准备阶段项目管理工作的任务,包括设计前的准备工作和项目管理规划的具体内容及其编制方法。

10.1 项目管理工作的任务

建设项目决策立项后,就可以进行建设项目实施。建设项目的实施阶段包括设计准备阶段、设计阶段、施工阶段、动用前准备阶段和保修期,建设项目设计准备阶段是项目实施的第一个阶段,即从立项后到设计开始前的工作阶段。在设计准备阶段,由于项目设计和施工等工作还没有正式开始,因此该阶段项目管理只是业主方的项目管理,项目管理工作由业主方或委托专业咨询单位承担。

设计准备阶段项目管理工作的任务,包括投资控制、进度控制、质量控制、合同管理、信息管理和组织协调以及安全管理等。从项目管理的策划和控制两方面工作而言,设计准备阶段项目管理工作任务应更着重于策划工作。

(1) 设计准备阶段的投资控制

设计准备阶段的投资控制工作主要是:
- 在可行性研究的基础上,进行项目总投资目标的分析和论证;
- 编制项目总投资切块和分解的初步规划;
- 分析总投资目标实现的风险,编制投资风险管理的初步方案。

(2) 设计准备阶段的进度控制

设计准备阶段的进度控制工作主要是:
- 分析和论证总进度目标;
- 编制项目实施的总进度规划;
- 分析总进度目标实现的风险、编制进度风险管理的初步方案。

(3) 设计准备阶段的质量控制(包括安全管理)

设计准备阶段的质量控制(包括安全管理)工作主要是:
- 分析和论证项目的功能;
- 确定项目的质量要求和标准;
- 分析质量目标实现的风险和编制质量风险管理的初步方案。

(4) 设计准备阶段的合同管理

设计准备阶段的合同管理工作主要是：
分析和论证项目实施的特点及环境，编制项目合同管理的初步规划。

(5) 设计准备阶段的信息管理

设计准备阶段的信息管理工作主要是：
- 建立项目的信息编码体系及信息管理制度；
- 收集、整理和分类归档各种项目管理信息；
- 建立会议制度，管理各种会议记录；
- 建立各种报表和报告制度。

(6) 设计准备阶段的组织与协调

设计准备阶段的组织与协调工作主要是：
- 分析项目实施的特点及环境，提出项目实施的组织方案；
- 编制项目管理总体规划；
- 协调设计准备过程中的各种工作关系。

某房屋建筑的设计准备阶段项目管理任务示例，如表 10-1 所示。

某房屋建筑的设计准备阶段项目管理任务清单　　　　表 10-1

设计准备阶段的投资控制		
	01	在可行性研究的基础上，进行项目总投资目标的分析和论证
	02	编制项目总投资切块分解的初步规划
	03	分析总投资目标实现的风险，编制投资风险管理的初步方案
	04	编制设计任务书中有关投资控制的内容
	05	对设计方案提出投资评价建议
	06	根据选定的方案审核项目总投资估算
	07	编制设计阶段资金使用计划并控制其执行
	08	编制各种投资控制报表和报告
设计准备阶段的进度控制		
	01	分析和论证总进度目标
	02	编制项目实施总进度规划
	03	分析总进度目标实现的风险，编制进度风险管理的初步方案
	04	审核设计进度计划并控制其执行
	05	编制设计任务书中有关进度控制的内容
	06	编制各种进度控制报表和报告
设计准备阶段的质量控制和安全管理		
	01	理解业主的要求，分析和论证项目的功能
	02	协助业主确定项目的质量要求和标准
	03	分析质量目标实现的风险，编制质量风险管理的初步方案

续表

设计准备阶段的质量控制和安全管理		
	04	编制项目的功能描述书及主要空间的房间手册
	05	编制设计任务书
	06	比较设计方案是否符合设计竞赛文件的要求
	07	编制设计竞赛总结报告
设计准备阶段的合同管理		
	01	分析和论证项目实施的特点及环境,编制项目合同管理的初步规划
	02	分析项目实施的风险,编制项目风险管理的初步方案
	03	从合同管理的角度为设计文件的编制提出建议
	04	根据设计竞赛的结果,提出委托设计的合同结构
	05	协助业主起草设计合同,参与设计合同的谈判和签订工作
	06	从目标控制的角度分析设计合同的风险,制定设计合同管理方案
	07	编制索赔管理初步方案,以防范索赔事件的发生
设计准备阶段的信息管理		
	01	建立项目的信息编码体系及信息管理制度
	02	收集、整理、分类归档各种项目管理信息
	03	协助业主建立会议制度,管理各种会议记录
	04	建立各种报表和报告制度,确保信息流畅通、及时和准确
	05	填写项目管理工作日志
	06	每月向业主递交项目管理工作月报
	07	运用计算机进行项目的信息管理,随时向业主提供有关项目管理的各类信息、各种报表和报告
	08	将所有项目管理信息分类装订成册,在项目管理工作结束后递交业主
设计准备阶段的组织与协调		
	01	分析项目实施的特点及环境,提出项目实施的组织方案
	02	编制项目管理总体规划
	03	编制设计工作的组织方案并控制其实施
	04	协助业主组织设计竞赛
	05	组织设计方案的评审,协助业主办理设计审批方案
	06	根据竞赛及评审结果,提出委托设计单位的建议
	07	协调设计准备过程中的各种工作关系,协助业主解决有关纠纷事宜

10.2 设计前的准备工作

设计前的准备工作包括明确设计过程的组织和提出对设计的要求等。

10.2.1 设计过程的组织

一个建设项目的设计过程的组织,主要有三种方式:

(1) 直接委托设计

业主寻找一个合适的设计单位,并将设计任务委托给它。所谓合适的设计单位主要指该设计单位必须具有承担该建设项目设计资格等。在我国对从事设计工作的单位实行资质管理制度,规定不同等级资质的设计单位可以承担相应范围内的建设项目的设计任务。

(2) 设计招标

业主通过设计招标,愿意承接该项设计任务的设计单位进行设计投标,通过评标,决定将设计任务委托给中标设计单位;

(3) 设计竞赛

业主通过对区域规划、城市建筑规划、风景规划、建筑物、室内空间和设施和构件等进行不同深度的设计竞赛,如设想性的竞赛、原则性的方案性竞赛和具体实施性竞赛等;评选出中选的设计,业主可将设计任务委托给竞赛优胜者,业主也可以综合几个中选设计,再行设计委托。在设计进展过程中,业主可根据具体需要再组织设计竞赛,通过多轮设计竞赛不断地寻求设计优化的可能。

在建设项目设计准备阶段,应该根据建设项目的特点明确将采用哪种设计过程的组织方式,可以是一种方式也可以是多种方式的组合。

10.2.2 对设计的要求

在设计前的准备工作中,应明确提出对设计的要求。所提出的对设计的要求,是设计的主要依据。对于已进行了可行性研究的建设项目,特别是大型工业建设项目和土木工程建设项目,由于其可行性研究报告的内容已经明确了对设计的要求,因此可以用经批准的建设项目可行性研究报告作为设计的依据。以下对设计的要求主要是针对民用房屋建筑,主要包括设计基本依据、设计原则及标准和对设计成果的要求。

(1) 设计的基本依据

按 2000 年 9 月 25 日国务院颁布的《建设工程勘察设计管理条例》中第二十五条规定,"编制建设工程勘察、设计文件,应当以下列规定为依据:

- 项目批准文件;
- 城市规划;
- 工程建设强制性标准;
- 国家规定的建设工程勘察、设计深度要求。

铁路、交通、水利等专业建设工程,还应当以专业规划的要求为依据。"

对于民用建设项目(如住宅小区),设计依据除包括建设基地的内外环境条件、政府规划管理部门的区域规划规定要求作为设计的基本依据以外,还应提出对拟建项目的设计原则和标准、建设规模和项目组成以及未来发展规划和用户的组织管理模式等,一般用建设项目任务书表示。建设项目任务书一般应包括以下几方面内容:①建设项目名称和建设地点;②批准项目建设的文号、协议书文号及其有关内容;③建设项目的用地情况和场地周围道路及建筑等环境情况(包括建设用地范围地形、场地内原有建筑物、构筑物、要求保留的树木及文物古迹的拆除和保留情况等);④项目所在地区的气象、地理条件和建设场地的工程地质条件;⑤水、电、气和燃料等能源供应情况以及公共设施和交通运输条件;⑥用地、环保、卫生、消防、人防和抗震等方面要求和依据资料;⑦材料供应及施工条件情况;⑧建设项目的规模和项目组成;⑨项目的使用要求和⑩项目的设计标准及总投资。另外,也可以提出对建筑造型及建筑室内外装修方面的要求。

(2) 设计原则

对于民用建设项目,设计原则一般应包括以下方面的原则建议:
- 设计的主题和整体风格;
- 相关建筑和周围环境的协调关系;
- 建筑内部各功能区域的联系;
- 人与环境的关系;
- 主要景观意向等。

由于设计是设计人员的一种创造性思维实践活动,所提出的设计原则通常是原则性要求,但必须反映对设计的导向性要求,供设计人员在具体设计工作中参考。比如设计除应体现独特反映建设项目性质、目的和用途的建筑风格外,还应反映社会时代的要求。随着社会时代的发展,当今建筑特别关注人与环境的和谐关系,提出"既满足当代人的需要,又不对后代人满足其需要的能力构成危害的发展"的可持续发展观(联合国与世界环境发展委员会,1987年)。绿色建筑、智能建筑以及创造无废、无污和可持续发展的建筑环境并在此基础上发展建筑文化,已成为现代建筑设计应遵循的重要原则。

例如,针对办公和商业服务等各功能区组成的某商务区的城市设计的原则如下,可作为参考。

1) 整个商务区的城市设计应主题鲜明,体现现代化、都市化、生活化的整体风格,并突出高科技的特色。

2) 整个区域的城市设计应结合城市发展现状,以城市的总体发展思想为指导,充分考虑和谐发展和可持续发展的原则。

3) 充分考虑总体功能布局的协调和地块开发的系统性,体现以人为本的设计思路,注意处理好办公和商业服务等各功能区之间的关系。

4) 处理好人与环境的关系,充分结合商务区的都市环境,考虑地块开发和环境组合的合理性,体现商务区内繁华、高雅、舒适等多种环境要求,做到:

"商业服务、商务服务、办公研发、都市生活和谐共存"。

5）处理好与区域内已有建筑物之间的关系，充分考虑商业活动、商务活动和都市生活的不同特点，组织好各功能区内及功能区之间开敞空间、半开敞空间与封闭空间之间的关系，营造适合功能区特点的都市环境。

6）处理好城市街道交通系统的规划，保证商务区内车流顺畅及与周围联系。结合人流的流量和流向，考虑公交车站的位置。停车场应满足商业和商务活动群体、上班族及附近居民的不同需要。

7）注重道路景观的设计。处理好主要街道的路口、街道照明系统、街道标示系统、广告发布系统等的设计，以及临街景观设计。

8）提出对开发模式与分期建设的建议，基本原则是先改造街道以营造环境，后开发地块上的建筑设施。整体性和灵活性相统一，分别考虑不同群体和机构对城市改造和发展的要求。

(3) 建设项目的规模和项目组成

一般民用建设项目的总规模可根据批准立项的城市规划所规定的条件确定，城市规划规定的指标包括：用地红线范围、建筑面积指标（容积率）、建筑密度指标、建筑高度限制、绿地道路和停车面积指标及公共建筑指标等。

建设项目的组成可用项目结构图表示，项目结构图也描述了项目组成的功能。对建设项目的组成（包括各功能组成）所需要的使用面积大小的分配，就需要用定量数据表示，在进行具体的设计时可以以此作为参考和依据。建设项目的组成（包括各功能组成的使用面积大小的分配需要），可以用占地面积和建筑面积分配表描述。

(4) 建设项目的设计标准

对建设项目的不同部位或系统，有不同的设计标准，通常建筑技术标准和要求由建筑规范所规定，在设计要求中应提出除规范所规定之外的特殊要求。这种特殊要求也体现了建设项目的质量水平、独特个性和建设意图，能提供设计的导向作用。设计的标准和要求一般可以分为建筑设计要求、结构设计要求和机电设计要求等。

(5) 设计成果

设计成果指要求的设计文件内容和深度，包括设计说明和设计图纸（必要时包括电子文件）等。重大建设项目的设计阶段包括总体设计、初步设计、技术设计和施工图设计等。各个设计阶段完成后所编制的书面材料，统称为设计文件。

根据设计任务委托的范围和阶段，设计人员应及时提交相应内容和深度的设计文件。在2000年9月25日国务院公布的《建设工程勘察设计管理条例》中详细规定各阶段设计文件的内容组成和编排顺序。如初步设计文件由设计说明书（包括设计总说明和各专业的设计说明书）、设计图纸、主要设备及材料表和工程概算书等四部分组成，其编排顺序为：

- 封面；
- 扉页；
- 初步设计文件目录；
- 设计说明书；
- 图纸；
- 主要设备及材料表；
- 工程概算书。

《建设工程勘察设计管理条例》规定了各个设计阶段完成后所编制的设计文件深度："编制建设工程勘察文件，应当真实、准确，满足建设工程规划、选址、设计、岩土治理和施工的需要。编制方案设计文件，应当满足编制初步设计文件和控制概算的需要。编制初步设计文件，应当满足编制施工招标文件、主要设备材料订货和编制施工图设计文件的需要。编制施工图设计文件，应当满足设备材料采购、非标准设备制作和施工的需要，并注明建设工程合理使用年限。"如对初步设计文件的深度具体规定如下：

- 应符合已审定的设计方案；
- 能据以确定土地征用范围；
- 能据以准备主要设备及材料；
- 应提供工程设计概算，作为审批确定项目投资的依据；
- 能据以进行施工图设计；
- 能据以进行施工准备。

当然，在此基础上，业主方（作为设计委托方）也可根据项目特点和管理工作需要提出对设计成果具体要求。例如针对某科技商务区，要求其方案设计成果具体包括：

1) 设计总说明

说明书应对设计思想、设计原则等做出阐释，并就设计图中的内容做出详细说明。

2) 设计图纸（以彩色图像文件格式提供）

- 现状分析图；
- 总平面彩图；
- 总体方案鸟瞰图；
- 沿街立面图；
- 综合功能区区位图；
- 功能结构和用地规划图；
- 区位分析图；
- 区域现状图；
- 大范围用地规划（功能方向）图；

- 地块开发模式及分期建设分析图;
- 开发强度和建设容量分析图;
- 组团模式图;
- 道路交通分析图;
- 景观绿化图;
- 主要街道、路口和主要景观设计效果图;
- 照明设计和小品设计图。

10.3 项目管理规划

项目管理规划是针对一个具体建设项目编制的,是指导建设项目实施项目管理的文件。在项目设计准备阶段,需要编制项目管理总体规划(也称为项目管理纲要),这也是该阶段项目管理的基本任务。

10.3.1 项目管理规划的类型

项目管理规划主要分析和说明项目实施各阶段项目管理工作中的费用控制、时间控制、质量控制、合同管理、信息管理和组织协调以及安全管理等方面工作做什么、怎样做和什么时候做,从而把项目管理工作纳入规范化和标准化的轨道。在项目设计准备阶段,由于对项目管理各项工作的认识还不深入,可以只提出总体性和纲要性的工作计划,即项目管理总体规划(或称为项目管理纲要)。随着项目实施的进展,需要对上述问题进一步具体化。

项目管理规划涉及项目整个实施阶段,属于业主方项目管理范畴。如果采用建设项目总承包的模式,业主方也可以委托建设项目总承包方编制项目管理规划,因为建设项目总承包的工作涉及项目整个实施阶段。另外,建设项目的其他参与单位,如设计单位、施工单位和供货单位等,为做好本身的项目管理工作也需要编制相应的项目管理规划,可称为设计方项目管理规划、施工方项目管理规划和供货方项目管理规划。项目管理规划的类型,如图10-1所示。

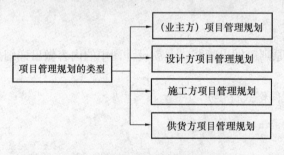

图 10-1 项目管理规划的类型

项目管理规划的编制应由业主方项目负责人负责,并邀请项目管理班子的主要人员参加。值得注意的是,由于项目实施过程中主客观条件在变化项目管理规划必须随着情况的变化而进行动态的调整。

10.3.2 项目管理规划的内容

项目管理规划的内容主要包括如下几方面，其涉及的内容范围和深度并没有统一规定，应根据具体需要确定：
- 项目概况；
- 项目的目标分析和论证；
- 项目管理的组织；
- 项目采购和合同结构；
- 投资控制的方法和手段；
- 进度控制的方法和手段；
- 质量控制的方法和手段；
- 安全、健康与环境管理的方法和手段；
- 信息管理的方法和手段；
- 技术路线和关键技术的分析；
- 设计过程的管理；
- 施工过程的管理；
- 风险管理策略等。

(1) 项目概况

在项目概况中，应说明以下方面：项目简况、项目结构图和项目组成目录表。其中项目简况包括建设目的、建设单位、项目名称、建设地点、总建筑面积、占地面积、城市规划指标以及计划开竣工日期等。

(2) 项目的目标分析和论证

在项目的目标分析和论证中，应明确地提出整个项目的总投资目标、总进度目标和质量标准。项目目标必须是切实可行的，即项目的目标需要经过科学的分析和论证。

(3) 项目管理的组织

项目目标确定以后，项目管理的任务就是采取各种措施确保项目目标的实现。系统的目标决定系统的组织，而组织是目标能否实现的决定性因素，这是组织论的一个重要结论，因此需要设立合理的项目管理组织以实现项目目标。

在项目管理规划中，项目管理的组织应利用组织结构图、任务分工表、管理职能分工表和工作流程图等组织工具来描述承担整个项目各项管理工作的项目管理组织结构模式和组织分工以及工作流程组织。

(4) 项目采购和合同结构

建设项目采购指对项目管理的委托、设计任务的委托、施工任务的委托和物资采购等，每个任务的委托有多种可能的模式，如施工任务的委托模式有施工总包模式、施工总包管理模式和施工平行发包模式等。根据具体项目的特点，业主方可以选用适当的采购模式来完成建设工程任务。建设项目采购模式确定后，即明确了承担各项建设工程任务的单位与业主之间的合同关系，形成可能的项目采购合同结构。在项目管理规划中项目采购和合同结构分析应描述：

- 对项目管理的委托、设计任务的委托、施工任务的委托和物资采购的可能模式特点和优缺点比较；
- 建设工程项目采购模式下的合同结构图；
- 建设任务的分配方案以及技术界面描述。

(5) 投资控制的方法和手段

在投资控制的方法和手段中，应描述将采用的投资控制的具体方法和手段，主要包括以下几方面内容：

- 项目投资分解和编码体系；
- 不同阶段投资数据比较关系；
- 投资控制软件的应用。

(6) 进度控制的方法和手段

应描述将采用的进度控制的具体方法和手段，主要包括以下几方面内容：

- 项目进度分解结构和编码，并列出整个项目的建设过程、任务名称和编码对照表；
- 对项目实施阶段各有关单位编制的进度计划进行审核的方法；
- 进度数据的比较方法；
- 进度控制软件的应用。

(7) 质量控制的方法和手段

应描述将采用的质量控制的具体方法和手段，主要包括以下几方面内容：

- 设计质量控制的方法；
- 招投标质量控制的方法；
- 施工质量控制的方法；
- 材料设备质量控制的方法
- 质量控制软件的应用等。

(8) 安全、健康与环境管理的方法和手段

安全、健康与环境管理的方法和手段，主要包括以下几方面：

- 以保护产品生产者和使用者的健康与安全为目的的建设项目的职业安全健康策略；
- 以保护生态环境，使社会的经济发展与人类生存环境相协调为目的的建设项目环境管理策略。

(9) 信息管理的方法和手段

信息管理的方法和手段，应明确以下内容：

- 项目信息的分类和编码的方法；

- 项目会议制度；
- 标准文档格式，包括项目管理开展日常工作所可能用到的文档标准格式（如各种函件和会议纪要等）；
- 文档处理流程文档管理制度，包括收文流程和不同类型函件的发文流程以及文档管理制度；
- 项目管理信息系统（PMIS）的应用，主要是用计算机手段，进行项目管理有关数据的收集、记录、存储、过滤及把数据处理的结果提供给项目管理班子的成员。

(10) 风险管理的策略

应在以下方面提出风险管理的具体方法和策略：
- 风险识别，分析存在哪些风险；
- 风险分析，对各种风险衡量其风险量；
- 风险控制，制定风险管理方案，采取措施降低风险量；
- 风险转移，对难以控制的风险进行投保等。

一般大型建设项目的项目管理规划的内容（目录），如表10-2所示。

大型建设项目管理规划的内容　　　　表10-2

序号	内容目录	
1	项目概况	1.1 项目简况
		1.2 项目结构图
		1.3 项目组成目录表
2	项目的目标分析和论证	2.1 项目的总投资以及总投资组成
		2.2 项目的总进度目标及规划
		2.3 项目的总质量目标（质量标准和要求）
3	项目管理的组织	3.1 项目管理组织结构模式
		3.2 项目管理组织分工
		3.3 项目管理工作流程组织
		3.4 有关单位和部门一览表
4	项目采购和合同结构	4.1 对可能模式特点和优缺点比较
		4.2 建设工程项目采购模式下的合同结构图
		4.3 工程建设任务范围分配以及技术界面描述
5	投资控制的方法和手段	5.1 项目投资分解和编码体系
		5.2 不同阶段投资数据比较图或比较关系表
		5.3 投资控制软件的应用（其功能模块的说明）
6	进度控制的方法和手段	6.1 项目进度分解结构和编码
		6.2 进度计划审核方法

续表

序号	内容目录	
6	进度控制的方法和手段	6.3 进度数据的比较
		6.4 进度控制软件的应用（其功能模块应用说明）
7	质量控制的方法和手段	7.1 设计质量控制的方法
		7.2 招投标质量控制的方法
		7.3 施工质量控制的方法
		7.4 材料设备质量控制的方法
8	安全、健康与环境管理的策略	8.1 职业健康安全策略
		8.2 环境管理策略
9	信息管理的方法和手段	9.1 项目信息的分类和编码的方法
		9.2 项目会议制度
		9.3 文档处理流程文档管理制度
		9.4 项目管理信息系统（PMIS）的应用
10	技术路线和关键技术的分析	
11	设计过程的管理	
12	施工过程的管理	
13	风险管理策略	

【案例 10-1】 香港会议展览中心项目实施规划

"香港会议展览中心"（Hong Kong Convention & Exhibition Center）项目主要由填筑工程和会展中心楼两大部分组成，批准的预算投资为 375 亿港币（按 1993 年价格水平），并严格规定 1997 年 7 月 1 日前投入使用。为保证项目顺利完成，受香港政府委托全面负责组织项目实施的香港贸易发展局，编制了指导项目实施的"项目实施规划"（Project Implementation Plan）。其规划目录如下，从总体上描述了对这些方面的分析和确定内容，属于项目管理总体规划。

(1) 总体说明（Vision Statement）

(2) 项目范围（Project Scope）

(3) 咨询工程师的选用（Appointment of Consultants）

(4) 项目管理（Project Management）

(5) 合同策略（Contract Strategy）

(6) 设计管理（Design Management）

(7) 投资管理（Cost Management）

(8) 进度管理（Program and Time Management）

(9) 招投标程序（Tender Procedures）

(10) 委托与授权（Delegate Authorities）

(11) 报告（Reporting）
(12) 质量保证/质量控制（Quality Assurance / Quality Control）
(13) 竣工与移交（Handover and Completion）
(14) 项目实施程序（Project Procedures）
(15) 风险管理（Risk Management）
(16) 信息管理（Information Management）
(17) 价值管理（Value Management）
(18) 安全（Safety）
(19) 租赁协议（Leasing / Tenancy Agreements）
(20) 管理协议（Management Agreements）
(21) 环境管理（Environmental Management）
(22) IMF 会议文件（IMF Conference Implications）
(23) 意外事件管理（Contingency Management）

附件（Appendices）

1) 委托协议（Entrustment Agreement）
2) 批准的设计方案（Approved Concept Study）
3) 咨询协议（Consultants Agreements）
4) 项目实施程序手册（Project Procedures Manual）
5) 施工现场安全手册（Construction Site Safety Manual）

总之，项目管理规划作为指导工程建设项目全过程进行项目管理的纲领性文件，必须在项目管理正式开展工作前（甚至在项目决策阶段）明确上述各方面项目管理工作的方法和手段。

10.3.3 项目管理的组织

大型建设项目本身是一个复杂的系统，为了确保项目目标的实现，业主方必须建立适应环境、组织严密、指挥有力并能承担整个项目管理任务的组织。在设计准备阶段就必须对项目管理的组织进行分析和策划，项目管理的组织策划结果是项目管理规划的重要内容。

(1) 项目管理的组织环境

建设项目的组织系统包括业主方的组织、业主方项目管理的组织、设计方的组织、施工方的组织和供货方的组织，项目建设的成功取决于系统组织的协调。与项目的组织直接相关的组织（如：政府建设审批部门、金融保险机构和社会公共团体等）作为项目组织系统的直接环境，也将对项目的组织系统产生影响，因此项目的组织系统也需与这些机构进行协调。在项目的组织系统中，各组织的任务和作用是不同的，其中业主方项目管理的组织承担项目实施的组织和项目管理的各项任务，是项目的组织系统的核心。

所谓组织环境，指对组织行为起着潜在影响的组织内外部的机构或力量。业主方项目管理的组织作为项目的组织系统的一个子系统，它是指代表业主利益的项目管理人员组成的群体。项目管理的组织环境包括必须协调的机构、标准和条件等，如业主班子、设计方的组织、施工方的组织和供货方的组织等。业主方项目管理的组织环境可以分为外部环境和内部环境，如图10-2所示。这些环境因素不同程度对项目管理组织的行为产生影响和相互影响，因此项目管理的组织是一个开放的系统。

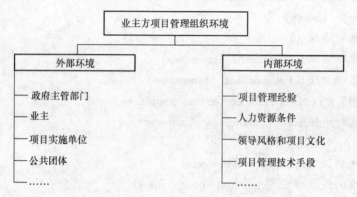

图10-2 业主方项目管理组织环境

（2）项目管理的组织结构策划

业主方项目管理组织的层面划分、部门设置和组织关系建立，是项目管理组织结构策划的三个要素。业主方项目管理的组织结构策划的成果包括业主方项目管理的组织结构（通常用组织结构图表示）、各部门和各岗位的任务分工（通常用任务分工表表示）以及组织中各部门和各岗位的管理职能分工（通常用管理职能分工表表示），如图10-3所示。

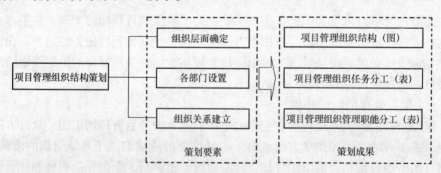

图10-3 项目管理组织结构策划要素和成果

根据组织论基本原理，建立好一个组织的基本原则包括：组织适应环境原则、目标统一原则、统一指挥原则、有效管理幅度和合理分层原则、分工协作原则、合理授权和权责相符原则、信息传递灵活方便原则以及精干高效原则等。这些原则分别涉及项目管理组织结构模式、项目管理组织各部门（包括项目管理组织内部）之间的关系以及项目管理工作流程等各方面。

对于一个大型建设项目，进行项目管理组织结构策划时，需要着重考虑以下几方面问题：

1) 力求项目管理决策路径短

在项目实施过程中，各管理层面的项目经理的决策体现了项目管理工作对项目实施过程的控制。为了提高项目管理的工作效率，项目管理的决策路径应尽可能短，在满足有效管理跨度的条件下项目管理的结构层面应尽可能少。

2) 力求对项目目标的整体控制

所谓对项目目标的整体控制，是指对项目或子项目实施全过程的控制。因为项目实施全过程中的各个阶段之间存在密切的技术和经济的联系，所以针对项目或子项目设置全过程的项目管理班子，有利于保持项目目标控制的连续性，从而有利于实现项目管理组织的目标。

但是，要实现对项目目标的整体控制，对项目经理提出了更高的要求。如果项目经理具有足够的全过程项目管理的知识和经验，采用按项目分解结构设置项目经理有利于项目整体目标的实现，并有利于发挥项目经理的能力。

3) 有利于发挥专业优势

项目管理工作具体依赖组织中各层面和各部门管理人员完成。由于各管理人员客观上拥有专门领域内的知识和经验，应体现发挥专业优势的原则，以有利于提高项目管理的工作质量和效果。

由于建筑业的特殊性，设计（管理）专业人员和施工（管理）专业人员在专业知识和经验方面往往是"分离的"，因此采用按设计和施工两阶段分开设置不同专业的项目经理及配置相关专业的管理人员，将有利于发挥管理人员的专业优势。

另外，尽管项目管理的组织一般不按工程专业类别设置项目经理，但是工程项目中主要或重要的专业系统（如建筑智能化系统）可以是项目分解结构中的单元，对此设置项目经理，同时也发挥了专业的优势。

4) 高效地利用项目管理资源

项目管理资源主要指参与项目管理组织中的管理部门和管理人员。高效地利用项目管理资源原则要求在服从由项目管理组织部门所决定的管理工作需要的前提下，组织更加精干。纵向力求减少管理层面，横向力求精简项目经理的设置及其职能管理部门的人员。

由于在项目管理组织结构中采取矩阵组织结构模式有利于纵横两个方面上的管理部门之间资源共享，因此采用项目管理的矩阵组织结构模式与采用线型组织结构模式相比，在利用项目管理资源方面有一定的优势。

5) 力求组织结构具有灵活性和适应性

应充分考虑项目管理组织结构的灵活性，力求能随着项目管理工作进展的需要而增减管理部门。具有较好灵活性和适应性的业主方项目管理组织结构有利于适应业主委托项目管理班子。一般来说，采用业主分散委托多家项目管理班子的方式比业主集中委托一家项目管理班子的方式更灵活。这种灵活性，适应了业主对进行委托前准备的需要，并可降低项目管理班子的工作风险。如在整个项目中各子项目（或项目实施合同对象）开始和完成时间必然有先后，因此如果采取按项目分解结构（或按项目实施的合同结构）分别设置项目经理的方式，则业主可以分时段组建或委托项目管理班子。一旦该子项目工作完成，则可以撤消该项目管理班子。

6) 项目管理任务和管理职能的分工遵循分工合作原则

进行项目管理任务和管理职能的分工时，项目管理各任务之间应保持清晰的界面，处理好项目决策职能的集权和分权关系并保证执行和检查职能由不同部门承担。

项目管理各项任务（工作）都应落实相应的项目管理部门，即项目管理组织结构的最底层管理部门承担的任务范围的总和应覆盖整个建设项目管理的任务。除此之外，每项任务的责任者应明确，不应多人或多个部门负责，否则将产生"人人有责即人人无责"的不良后果。

【案例10-2】 ××市地铁首期工程项目管理组织结构

××市地铁首期工程，正线14.7km，沿途设13个车站。该工程分5个功能区段，除土建工程外，有车辆工程和信号工程等11个系统工程。其项目管理组织结构，如图10-4所示。

××市地铁首期工程项目管理组织结构主要分为三个管理层面。其中，第一管理层是业主班子，由地铁公司各部门组成。围绕着项目管理的任务设置了项目主任（负责工程进度控制和组织协调）、项目技术主任（负责工程质量控制）和项目财务法律主任（负责工程投资控制和合同管理），并设置若干职能部门协助项目主任、项目技术主任和项目财务法律主任工作。在项目主任、项目技术主任和项目财务法律主任之下设置项目主任办公室（项目管理部），负责日常项目管理工作（包括信息管理）。第二管理层，按××地铁首期工程的实施阶段（设计和施工阶段）设置项目经理。另外，还把风险管理纳入了项目管理的范畴，设置了风险管理和工程保险顾问班子。第三管理层，按项目分解结构（分区段和系统）设立项目经理。若分区段分系统规模较大或较复杂，其下可按项目分解结构进一步设置细化的工程（如车站）项目经理。

该项目管理结构属于线型组织结构模式和矩阵型组织结构模式结合，其实施阶段项目管理组织结构中的主导指令线为：地铁公司总经理→项目主任→项目主任办公室→分阶段项目经理→分区段和分系统项目经理。

10.3 项目管理规划

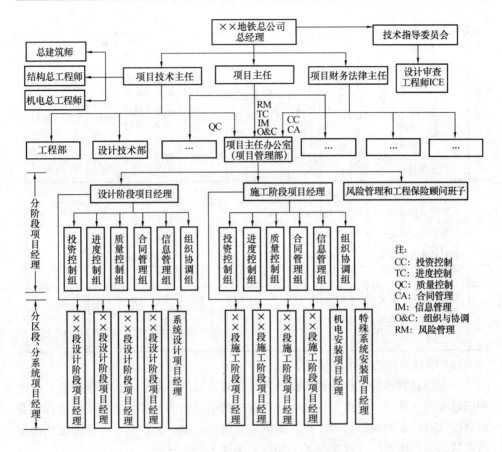

图 10-4 ××地铁工程项目管理组织结构

表 10-3 反映了××地铁工程××区段设计阶段项目管理任务和管理职能分工情况。

××地铁工程××区段设计阶段的管理职能分工表（示例） 表 10-3

任务编码	P—规划 E—决策 D—执行 C—检查 I—信息 Ke—了解 B—顾问 工作任务	业主班子							OPM						
		技术指导委员会	公司总经理	项目主任	项目技术主任	项目财务主任	总建筑师结构机电总工程师	设计技术部	工程部	...	设计项目经理	设计阶段项目经理职能部门	××区段设计阶段项目经理	××区段设计阶段投资控制部门	××区段设计阶段进度控制部门	××区段设计阶段质量控制部门	...
......																	
编制设计任务书		Ke	Ke	E	E	B	C				C	I	D	P	P	P	
组织与审核方案设计		Ke	Ke	E	E	B	C				C	I	D	P	P	P	
......																	

续表

任务编码	P—规划 E—决策 D—执行 C—检查 I—信息 Ke—了解 B—顾问 工作任务	业主班子							OPM					
		技术指导委员会	公司总经理	项目主任	项目技术主任	项目财务主任	总建筑师结构机电总工程师	设计技术部	工程部	…	设计项目经理	设计阶段项目经理职能部门	××区段设计阶段项目经理	××区段设计阶段投资控制部门	××区段设计阶段进度控制部门	××区段设计阶段质量控制部门	…
	编制总投资规划	Ke	Ke	Ke	I	E					C	I	D	D/P	I	I	
	设计合同谈判	Ke	Ke	Ke	Ke	Ke	B	I			E	E	D	P	P	P	
	审核设计进度				Ke	Ke					E	I	C		I		
	设计技术经济分析				Ke	Ke	I	I	E	I	C		E	P		P	
	……																
	建立信息管理制度			Ke	I	I	I	I	I		E/C	P	D				
	协调设计之间关系			Ke	I		C				D	P					
	……																

(3) 项目管理的工作流程组织

一个项目管理的工作流程应反映项目管理人员的活动、项目管理信息、决策和信息流向,其中"决策"可能改变流程中的信息流向。项目管理工作流程的策划是指针对特定的项目管理工作,识别项目管理活动,确定其顺序,并由此确定承担活动的职能部门(或参与者)和信息传递关系的过程。

项目管理活动、项目管理活动开展顺序、项目管理活动参与者和项目管理活动信息内容及其流向四方面,是一个项目管理工作流程组织的要素。

项目管理活动指项目管理工作流程中所定义的有具体承担者的过程,每个项目管理工作流程中的项目管理活动都有明确的规划和执行等管理职能的部门,因此与完成该项目管理活动无关的部门不应出现在工作流程中,从而保证每个活动的有效性,以提高项目管理工作的效率。项目管理活动所产生的信息必须对完成某项目管理工作和实现计划和控制目的有影响或有及时反馈的能力,即在完成该项管理工作的过程中,若发生目标偏离时,能及时采取纠偏措施。因此,在每个项目管理工作流程中,不能缺少项目目标控制的信息处理活动。项目管理工作流程中项目管理活动的详细程度,取决于项目管理者对该活动的信息期望。因此,这种活动的确定取决于各工作流程的计划和控制目的和作用,并与计划和控制周期有关。由此可见,每个项目管理工作流程中项目管理活动的确定与该管理工作的复杂程度、计划和控制的周期以及与参与该项工作的部门(参与者)有关。

项目管理工作流程中各项目管理活动的开展存在着时间上、逻辑上以及特定要求的先后顺序，这种顺序主要遵循管理循环原理和动态控制原理。但是，有些活动之间的顺序可以根据特定条件来确定，比如 CM 模式和采用施工总包模式的招标发包管理工作流程是不同的。

具体项目的实施和管理组织结构不同，项目实施和管理参与者也有所不同，在各项项目管理工作流程中所承担着的管理任务和管理职能也各异，必须进行管理任务和管理职能分工。因此，对于某具体项目管理工作流程，落实各管理活动的参与者或落实各管理职能的责任人，需要结合项目管理组织结构和项目实施方组织结构。

信息资源、有形资源和人力资源是构成项目建设过程的不可缺少的资源。对于项目管理工作流程中的每一项活动，都需要信息的输入和产生新的信息（信息输出）。

项目管理工作流程策划工作是以项目管理目标控制为中心，以项目管理活动分析为内容，通过建立项目管理活动与相关部门之间的联系，确定项目管理信息流（包括信息输入和输出）的过程。大型建设项目管理工作流程策划的工作流程，如图 10-5 所示。

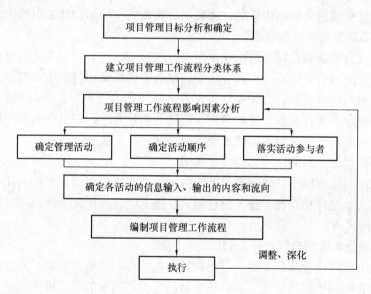

图 10-5　大型建设项目管理工作流程策划的工作流程

项目管理工作流程策划的目的就是要促使项目管理目标的顺利实现，因此首先应分析和确定项目管理目标。通过对各种项目管理工作进行分类并建立明确的体系，明确项目管理各项工作任务及其相互关系。通过影响因素分析，为开展项目管理工作流程策划作必要准备。在工作流程影响因素分析基础上，确定该项目管理工作流程要素的具体内容。根据项目管理工作流程的具体内容，编制项目管理工作流程;在执行的过程中,还需要根据实际情况进行调整和深化。

【案例10-3】 德国某大型建设项目初步设计和技术设计管理工作流程

设计管理工作流程策划的影响因素包括业主方管理组织模式、项目设计的组织结构和对设计过程控制周期的长短等方面,其中最关键的是对设计过程控制的周期。在德国,为加强控制设计过程,把初步设计过程分为第一阶段初步设计和第二阶段初步设计;把技术设计也分为第一阶段技术设计和第二阶段技术设计,并在每个阶段结束时都进行审查。审批设计在德国也是一个设计阶段,它平行于初步设计和技术设计,因此需要编制专门的审批设计报政府主管部门审批。图10-6是德国某大型建设项目初步设计和技术设计管理工作流程,该流程与我国传统的设计管理工作流程相比,增加了设计审查活动,这有利于在设计阶段及时发现目标偏差,可及时采取纠偏措施。

10.3.4 项目实施的合同结构

由于项目实施的合同结构直接影响项目管理工作的效率,影响项目投资、进度和质量目标的实现,因此必须在项目管理规划中研究和确定项目建设组织模式和进行项目实施的合同结构策划,明确项目实施的合同结构和组织结构。

(1) 项目实施的组织概述

所谓项目实施的合同结构指业主与参与项目实施各方(主要是承担设计和施工的单位)之间的合同关系,其合同中必须有明确反映项目实施方组织关系的条款,形成参与项目实施各方和项目管理方之间的指令关系(组织结构)。项目实施的合同确定了项目实施阶段的费用、进度和质量要求,项目实施的组织决定了项目实施阶段进行目标控制的效果和效率。在项目实施前,进行项目实施的组织结构策划对目标控制的实现起着重要作用。

在国际建筑市场中,建设项目实施的组织模式主要有设计平行委托和施工平行发包模式、设计总委托和施工总包模式、施工联合体模式、建设项目总承包模式和CM模式等。

(2) 项目实施的合同结构策划的影响因素

对一个具体建设项目来说,进行项目实施的合同结构策划时,应综合考虑与项目建设有关的法律和法规、项目分解结构、项目实施的组织模式和建筑市场情况等方面。

项目实施的合同结构策划必须符合有关的法律和法规的规定。比如我国现行的《建筑法》有关工程发包的条款第24条规定:提倡对建筑工程实行总承包,禁止将建筑工程肢解发包。

项目分解结构反映了一个项目的组成规模和技术复杂程度。项目分解结构中的每个单元都可能是发包的合同对象,所以进行项目实施的组织结构策划时,需要保证合同结构与项目分解结构相协调。

10.3 项目管理规划　323

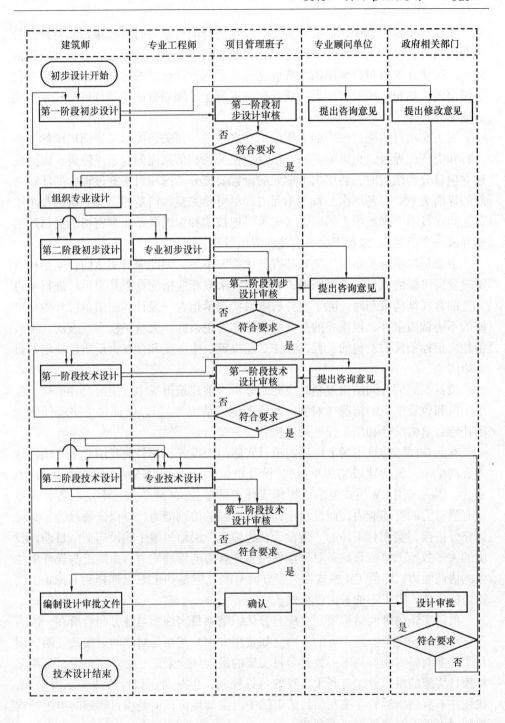

图 10-6　德国某大型建设项目初步设计和技术设计管理工作流程

在项目实施过程中，需要针对每个发包的合同对象进行目标跟踪和管理，分析合同执行情况。为保证有效地进行相关数据信息的收集、汇总、分析和查询的需要，所建立的项目分解结构系统应充分考虑到设计任务的委托和工程施工发包组织模式，如相应地设置按设计任务和施工发包范围划分的项目分解结构系统层面或单元。

因为在项目实施过程中的工作或活动之间的界面关系揭示了界面周围的工作内容和责任的界限，也影响界面上信息交换关系和信息流的畅通或障碍，因此在建立项目分解结构时，各层次上单元的设置要充分考虑项目实施过程中的活动之间的界面关系。即各层次上每个单元内容尽可能完整和清楚的定义、明确每个单元之间在技术上和组织上的联系（如可以把技术和组织联系非常密切的类目适当归并成一个类目），以利于项目实施的界面管理。

由于每种项目实施组织模式都有其优势和不足，因此项目实施的合同结构方案应发挥可能的项目实施组织模式的优势并采取相应措施克服其不足。进行项目实施的合同结构策划时，除了要分析项目实施承担者（设计和施工单位）内部可能的不协调因素外，很重要的是分析招标和发包条件。大量工程实践表明，不具备相应招标条件而发包的工程，往往是超投资、拖进度和存在大量质量缺陷的重要原因。

项目实施的合同结构策划时应充分分析当前建筑市场中可能的设计单位、施工单位和供货单位的情况（如能力和任务饱满情况等），以保证每个实施任务能委托给合适的设计和施工任务的承担者。

有的在国际建筑市场上应用的项目实施组织模式，而目前我国业主、项目管理咨询单位（包括建设监理单位）、设计单位和施工单位还比较陌生，比如 CM 模式。因为采用 CM 模式要求承担施工任务的单位（CM 单位）不仅对各分包单位有强有力的管理能力，而且对设计单位有强的协调能力，以保证通过施工与设计充分搭接，实现有条件的"边设计、边施工"而缩短整个建设周期。目前，我国的大多数施工单位只具备对分包单位有强有力的管理能力，而缺乏与设计单位强的协调能力。尽管 CM 模式在很多方面有利，但是如果难以选择到有 CM 工作能力的单位，则也不能采用该模式。

项目实施的合同结构策划时应充分认识到项目实施参与各方利益所在，因为各方利益并非完全一致，有的方面（如费用方面）甚至是对立的。实践证明，项目实施参与各方利益的不一致是项目实施的最大风险来源。对业主来说，采用某种项目实施的组织模式有利于自身的目标控制，但是对于设计方或施工方来说，往往并不有利。尽管业主在项目的组织中占主动地位，但是项目实施的组织结构策划时也需要注意平衡各方利益。

建设项目投资、进度和质量三大目标是对立统一关系，对于一个具体项目来说，因为受当时条件要求，某一个目标可能占主导地位。比如，某一项目需要缩短建设周期,应以项目建设以进度目标控制为导向。就缩短建设周期的可能性而言,采用 CM 模式有利于缩短建设周期。当然,项目目标能否实现,还需要采取其他各种进度控制措施,并在项目实施过程中进行有效控制。

(3) 项目设计的合同结构方案

下面结合一个大型建设项目实例,提出该项目设计的合同结构,以进一步分析说明项目设计的合同结构策划的方法。

【案例 10-4】 ××地铁工程项目设计的合同结构

××地铁工程,全长 14.7km,设置 13 个车站。考虑到车站与区间隧道之间存在复杂的界面关系,在其项目分解结构中已将车站和区间隧道进行适当组合,即组成若干"项目段"。

(1) 设计合同结构

该地铁工程项目设计合同结构策划过程如下(经简化处理),其项目设计合同结构方案之一,如图 10-7 所示。

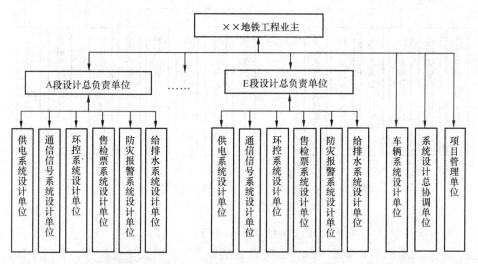

图 10-7 ××地铁工程设计合同结构方案一(示意)
注:A 段设计单位为系统设计总协调单位

对××地铁工程项目设计合同结构方案,说明如下:

1) 根据项目分解结构,确定了该项目设计的主要设计合同任务为:A 段、B 段、C 段、D 段、E 段、供电系统、通信信号系统、环控系统、售检票系统、防灾报警系统、给排水系统和车辆系统。

2) 车辆系统向国外直接定货,因此车辆系统单独由国外专业单位设计。

3) 针对主要设计合同任务的特点,把各专业系统组合在各项目段中,形成 5 个设计任务合同对象。在总体上,采用设计平行委托模式(也有比较竞争考虑)。

4) 考虑到我国建筑市场中有很多具有相当实力的大型设计院和专业设计院并存，因此针对每个设计任务合同对象，采用设计总负责模式，委托各个大型设计院。每个设计总负责单位把该项目段的各专业系统设计分包出去。

(2) 设计组织结构

相应上述合同结构方案的××地铁工程项目设计组织结构，如图10-8所示。

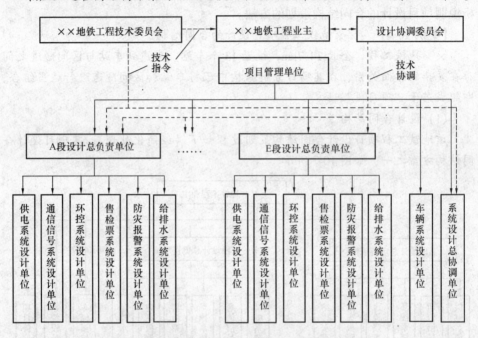

图10-8 ××地铁工程设计组织结构方案（示意）
注：A段设计单位为系统设计总协调单位

对××地铁工程项目设计组织结构说明如下。

1) 业主委托项目管理单位，主要负责项目投资控制、进度控制、合同管理、信息管理和安全管理。业主通过项目管理单位向各项目段设计总负责单位下达工作指令。

2) 指定一个项目段设计总负责单位为设计总体协调单位，并由它牵头组成设计协调委员会。设计协调委员会负责组织和协调各项目段设计总负责单位的设计工作，并向业主反映无法协调解决的问题。

3) 专门委托一家设计单位负责系统设计的总协调。在本案例中，设计总体协调单位（A段设计总负责单位）对其他段设计总负责单位进行技术协调，系统设计总协调单位对所有系统设计工作进行协调。

4) 业主聘请中外专家组成"技术委员会"，负责审查全部设计图纸、协调设计总体单位和系统设计总协调单位无法解决的问题，并参与技术问题的决策。

(4) 项目施工组织结构方案

以下用一个大型建设工程项目作为案例说明项目施工组织结构策划的具体方法。

【案例 10-5】 ××国际会展中心项目施工组织结构

××国际会展中心,建筑面积约 15 万 m^2,地上为 7 层(地下 1 层),基础采用有多种类型桩基,大跨度钢屋盖体系,外墙为玻璃、铝板及花岗石幕墙,弱电系统标准和内部装饰要求高。

假定已经进行了建筑市场调查和分析,潜在的承包商情况清楚,采用我国建设部颁布的建筑施工承包合同文本(GF-0201)。该工程施工合同结构的策划过程如下(已经简化):

(1) 根据项目的特点划分子项目,即确定工程主要施工任务内容为:桩基工程、结构和装饰工程、机电工程、弱电工程、辅楼工程和广场及室外总体工程。

(2) 针对主要施工任务,采用施工平行发包模式为主的合同结构。

(3) 尽管业主将委托工程建设监理单位,但是考虑到施工单位多、施工协调难度较大,因此将委托一家施工总包管理单位,统一指挥和协调施工。

(4) 对每一个主要施工任务的特点进行分析,针对每一个主要施工任务(作为合同对象)将采用施工主承包和施工平行发包模式。比如,由于对于桩基工程施工任务中有 PHC 桩和灌注桩两类且数量多,因此桩基工程施工任务采取施工平行发包模式,再划分为四个子任务。由于结构和装饰工程较复杂,划分为地下

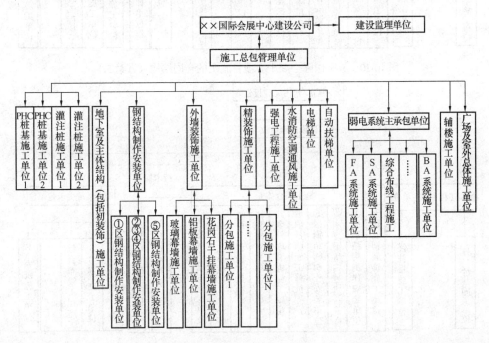

图 10-9 ××国际会展中心项目施工的合同结构(方案一)

室及主体结构工程、外墙装饰工程、内部精装饰工程分别发包。由于弱电系统工程由多个相互协调且专业性很强的子系统组成,因此针对弱电系统工程任务采用施工主承包模式,并由一个弱电系统工程主承包单位负责总协调,弱电系统工程任务再划分为FA系统、SA系统和综合布线系统等再进行分包。

(5) 委托建设监理单位,负责施工阶段的项目管理。

根据以上分析,提出该建设项目施工合同结构方案,如图10-9所示。

作为探讨,该项目施工合同结构也可以采用其他方案如图10-10所示。该项目施工合同结构(方案二)与合同结构(方案一)相比,有如下特点:

(1) 针对主要施工任务,结合施工单位组成施工联合体的可能性,采用施工联合体模式为主的合同结构。施工联合体的主要任务包括:土建结构和装饰工程、钢结构工程、机电工程、辅楼工程和广场及室外总体工程等。

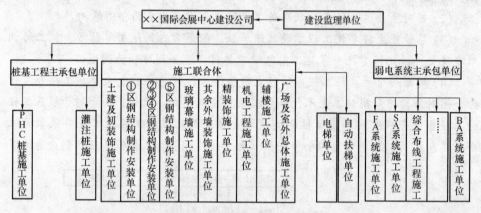

图10-10 ××国际会展中心项目施工的合同结构(方案二)

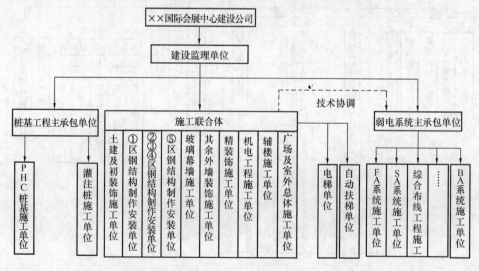

图10-11 ××国际会展中心施工合同结构(方案二)下的组织结构方案

(2) 为了缩短施工周期，考虑把桩基工程任务单独发包出去，并根据两种类型桩基工程任务可能再分包。

(3) 在机电工程任务中，考虑到电梯制作安装和自动扶梯安装工程的特殊性，而且业主对电梯制作安装和自动扶梯安装单位有较高要求，因此这两部分任务采取业主指定分包商的方式。

对××国际会展中心项目建立的施工合同结构（方案二），根据以上思路，形成该项目施工组织结构方案，如图10-11所示。

复 习 思 考 题

1. 设计准备阶段项目管理任务主要有哪些？包括哪些主要工作？
2. 建设项目设计前需要做好哪些准备工作？设计过程的组织方式主要有哪些？
3. 国家对设计依据有什么规定？对工程设计文件的深度有什么规定？
4. 如何理解设计要求和建筑技术标准的关系？
5. 项目管理规划有哪几种类型？其主要内容是什么？
6. 项目管理的组织要素有哪些？建立一个大型建设项目管理的组织应从哪些方面考虑？
7. 项目管理工作流程组织的要素有哪些？如何理解各要素对项目管理工作流程组织策划的作用？
8. 建设项目实施的合同结构要素有哪些？如何理解各要素对项目实施的合同结构策划的作用？

11 设计阶段的项目管理

设计过程是项目实施阶段的重要环节，项目管理的"三控三管一协调"六大基本职能也贯穿于整个设计过程的始终，成为设计阶段的项目管理的核心任务。此外，设计过程自身的独特性，则决定了设计阶段的六大基本项目管理职能的特殊性。与实现其他阶段的项目管理职能不同，它们具有一套特殊的管理措施和方法。本章内容包括设计阶段的项目管理概述、设计任务的委托及设计合同的管理、设计阶段的目标控制、设计协调、设计阶段信息管理。

11.1 设计阶段的项目管理概述

建设项目设计阶段是项目全寿命周期中非常重要的一个环节，它是在前期策划和设计准备阶段的基础上，通过设计文件将项目定义和策划的主要内容予以具体化和明确化，并是下阶段建设的具体指导性依据。因此，设计过程是实现策划、建设和运营衔接的关键性环节。策划的内容能否充分得以适当的体现，是关系到项目最终交付使用后的运营效果和项目成败的关键问题。因此，必须对设计阶段的项目管理工作予以高度的重视。

建设项目设计是集社会、经济、技术和管理为一体的复杂的特殊的系统性生产过程，它不单是设计单位的个体创造，而是业主、设计单位、政府主管部门和其他项目参与方共同参与和协作的成果。而设计阶段项目管理的核心并不是对设计单位工作进行监督，而是通过建立一套沟通、交流与协作的系统化管理制度，帮助业主和设计方去解决设计阶段中，设计单位与业主（建设单位）、政府有关建设主管部门、承包商以及其他项目参与方的组织、沟通和协作问题，实现建设项目建设的艺术、经济、技术和社会效益的平衡。

11.1.1 设计过程特点

(1) 设计过程的范围

对于建设项目的设计过程，可以从狭义和广义两个层次进行理解。狭义上的"设计过程"是指从组织设计竞赛或委托方案（或设计概念）设计开始，到施工图设计结束为止的设计过程，可以划分为方案设计、初步设计和施工图设计3个主要阶段。但是从建设项目管理角度出发，建设项目的设计工作往往贯穿于工程建设的全过程，从选址、可行性研究、决策立项，到设计准备、方案设计、初步设计、施工图设计、招投标以及施工，一直延伸到项目的竣工验收、投入使用以及回访总结为止。与此同时，与之相应的业主方对设计的管理和协调也贯穿于这个过程的始终。在实际工程中，由于采用的工程承发包模式及项目管理模式不同，设计过程和施工过程的划分并非泾渭分明，在整个施工过程中图纸存在大量的修改和细化，因此，在设计阶段的项目管理中，必须考虑与招投标、材料设备采购和施工等工作的配合和搭接等问题，设计阶段必须与施工过程统一考虑。在采购和施工过程中设计人员要参与解决大量的技术问题，作为项目管理者，应当从广义角度上来理解设计过程，广义上的设计过程贯穿项目实施始终，如图11-1所示。

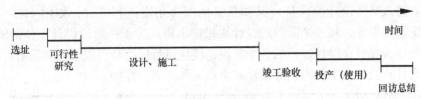

图11-1 项目管理中广义的设计过程

除了狭义的三阶段设计，在国内一些重大工程建设项目设计过程中，往往还会增加概念设计、扩初设计或者技术设计的阶段，就国家正式设计程序要求来看，这些设计阶段不是国家法规强制要求的。所以，是否增加该设计阶段通常是由业主方根据项目实际情况来决定。

此外，对于城市开发或成片土地开发项目还应该有城市设计或规划设计阶段，规划设计又可分为规划方案设计、控制性详细规划设计和修建性详细规划设计等。对于一些复杂的大型工程建设项目，在大的设计阶段划分中，根据项目的具体情况，还可以增加或细分出总体设计、总体设计优化、方案设计优化、扩初设计优化、专业细部设计等细化的设计阶段。图11-2 表示通常的三阶段设计的主要设计阶段划分及相互关系。

(2) 设计过程特点

要进行设计阶段的项目管理工作，先必须对设计过程的特点有所了解。与施工过程相比，设计过程具有三个方面的特点：创造性；专业性；参与性。

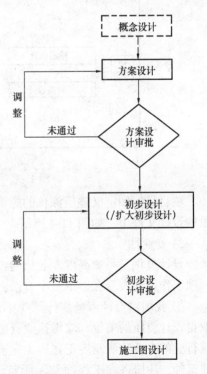

图11-2 设计过程主要阶段划分及相互关系

1) 创造性

设计过程是一个创造过程，它是一个"无中生有"、从粗到细、从轮廓到清晰的过程。应当注意的是，在工程设计中，设计的原始构思就是一种创造，应最大限度地发挥建筑师的创造性思维。但是在整个设计过程中又并非所有的设计工作都是无中生有的，每个阶段的设计都应当是在上一阶段的设计成果及相关文件依据下而进行的，后阶段设计的重点应该是把设计的原始构思在优化的基础上进行细化，并将好的创意贯彻到底。

正因为如此，建设项目设计过程是由若干个阶段构成的，它们之间是逐步深化的。有人又将设计阶段从广义和狭义的两个角度进行区分，如图11-3所示。但无论怎样划分，每一个阶段的设计成果输出将成为下一阶段设计工作的输入，这个循环过程贯穿设计过程的各个阶段，使项目目标逐步得以明确和清晰。在不同的设计阶段，业主承担设计管理和协调工作是不一样的。

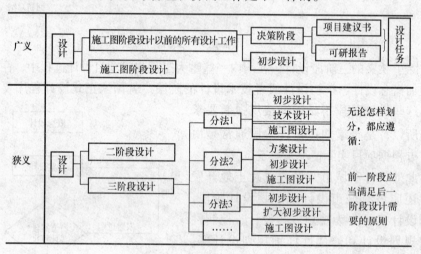

图 11-3 不同设计阶段的分类

项目目标和定义逐层深化的螺旋上升逻辑关系充分体现在设计过程中不同阶段的设计文件中，如图11-4所示。

2) 专业性

设计过程是一项高度专业化的工作，它是由各工程专业设计工种协作配合的一项工作，这表现在以下三个方面：

① 我国对设计市场实行从业单位资质、个人执业资格准入管理制度，只有取得设计资质的单位和取得执业资格的个人才允许进行设计工作。目前，我国建筑行业的专业注册制度正在逐步完善中，目前已基本实行注册结构工程师、注册建筑师、注册咨询工程师和注册监理工程师等等，注册建造师制度也正在推行中，一套基本完整的系统的专业注册管理制度已基本建立，这将进一步推动我国

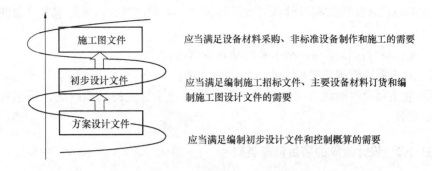

图 11-4　不同设计过程阶段的设计文件间逻辑关系

建筑行业的专业化进程。

② 工程建设项目的设计工作是一项非常复杂的系统工程，决不是某一个人可以完成的。它必须通过分工合理、专业完备且协调良好的团队来进行这项工作。通常，项目设计工作需要由一个设计总负责人主持，在他的统一领导下，建筑、结构、暖通、给排水、电气、智能化、概预算等多个专业协同工作，各司其职，共同完成设计任务。

③ 随着社会经济的发展和技术的迅速发展，建设项目的规模越来越大，标准越来越高，越来越多的新技术、新材料得到应用，导致专业设计分工越来越细化。主设计单位不可能了解如此数目繁多、需要使用新材料和新技术的专业设计，所以很多专业性更强的设计是由专业分包商来进行的，主设计单位只需对专业分包商的设计成果进行确认是否符合总体设计要求即可。例如，现在很多大型公共建筑的幕墙工程通常是由专业的幕墙分包商承担从设计到施工的所有工作，主设计单位只要提出边界、节点、结构等要求，并对专业设计单位的设计文件和图纸进行确认即可。

由此可以看出，设计工作是一项专业性很强的工作，同时也是一项很严肃的工作，在项目实施全过程中，任何设计的修改都必须由设计单位完成，在未得到设计方同意的情况下，包括业主方在内的任何一方不得擅自变更设计，对专业责任的承担国际上通行"谁设计、谁负责"的原则。

3) 参与性

如前所述，设计工作必须委托专业人士承担。但这并不意味着业主方委托了设计就万事大吉，只管等着拿设计成果。大量工程实践证明，设计过程是由业主、设计单位、咨询单位和施工单位以及材料设备供货商等众多项目参与方共同参与的一个过程，其中，业主方的参与是非常重要的。《园冶》有云："第园筑之主，犹须什九，而用匠什一。"其实不止造花园如此，对于所有建设项目，业主方的作用都是至关重要的，尤其是在项目设计阶段。业主是建设项目全过程的最高决策者，也是项目功能需求的提出者，往往还是最终用户和使用者，设计阶段业主方参与设计阶段的项目管理对今后建设项目的实施及投入使用起着重要的作用。

业主在设计阶段参与活动主要包括两方面内容：
① 业主要明确提出各阶段设计的功能要求；
② 业主要及时确认有关的设计文件和需要业主解决的其他问题，承担及时决策的责任。

11.1.2 设计阶段的项目管理类型

设计阶段的项目管理按照管理主体主要可分为设计单位项目管理与业主方项目管理。本文所指设计阶段的项目管理是指业主方的设计阶段的项目管理。在设计阶段，业主方的项目管理类型主要有三种形式：完全业主自管式；委托式；混合式。其中委托式又分为完全委托式和部分委托式两种。如图 11-5 所示。具体项目究竟采用哪种管理模式，由业主自身管理力量及所建项目的具体情况来确定。

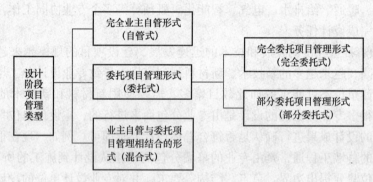

图 11-5 设计阶段的项目管理的类型

不同类型的项目管理模式的含义、适用范围及工作重点都是有所差异的。

(1) 设计阶段完全自管式项目管理

设计阶段的业主完全自管式项目管理，是业主自己组织项目管理人员组成项目管理团队。这种形式的项目管理组织工作比较容易，但要求业主自身有较强项目管理力量，适用于拥有足够丰富经验的项目管理人员的业主，我国以前大部分项目的设计阶段管理都采用这种形式。

(2) 委托式设计阶段的项目管理

设计阶段的委托式项目管理分为两种形式，即完全委托式和部分委托式，这两种委托方式又有很多不同。完全委托式是业主把设计阶段的项目管理完全委托给专业的项目管理公司，代替业主进行设计阶段的项目管理。在这种形式中，业主方的自身项目管理团队可以规模很小，依靠专业项目管理公司进行设计管理，发挥其专业技能和实践经验的优势，提高设计阶段的项目管理质量。部分委托式是指业主自行完成部分设计阶段的项目管理，把其中对专业化要求比较高的部分委托给专业项目管理公司来完成，在这种方式中，业主与项目管理公司的协调工作量比较大。委托式项目管理适用于业主方缺少经验丰富的设计项目管理人员，仅靠自己的力量难以完成设计阶段的项目管理任务的情况。

(3) 混合式设计阶段的项目管理

设计阶段的混合式项目管理，是指由业主方的部分项目管理人员与项目管理公司的经验丰富项目管理人员，共同组成混合的设计阶段的项目管理团队。聘请专业项目管理人员可以弥补业主方项目管理人员在技术和管理经验上的不足，这种形式的项目管理适用于业主自身拥有一定数量的项目管理人员和设计管理经验，但缺乏大型项目的设计管理经验，不足以独立完成设计阶段的项目管理工作。与部分委托式项目管理相比，混合式项目管理团队内部协调工作量会大大减少。

随着我国建筑市场专业化的深入发展和逐步与国际接轨，通过完全或部分委托专业项目管理公司来进行设计阶段的项目管理将成为一种趋势。此外，对于国内大型公共建设项目的设计管理，完全或部分委托给专业项目管理公司是不太适合的，采用混合式将更为适用，这也是当前在发展中国家大型建设项目设计管理较为通用的模式。

11.1.3 设计项目管理工作内容

设计阶段的项目管理从根本上来说，是为了保证建设项目目标的实现而进行的。因此，它的工作内容也是围绕着建设项目管理的核心任务"三控"、"三管"和"一协调"而展开的。按照设计阶段和建设项目管理内容，可以确定设计阶段的项目管理的工作内容，如表 11-1 所示。

设计项目管理工作内容和范围　　　　表 11-1

实施阶段＼工作内容	安全管理	投资控制	进度控制	质量控制	合同管理	信息管理	组织协调
方案设计阶段	√	√	√	√	√	√	√
初步设计阶段	√	√	√	√	√	√	√
施工图设计阶段	√	√	√	√	√	√	√
招投标阶段	√	√	√	√	√	√	√
施工阶段	对承包商和监理单位做好必要的配合						

11.2 设计任务的委托及设计合同管理

11.2.1 设计竞赛

近些年来，在我国设计方案竞赛成为一种在概念设计或方案设计阶段常用的形式，但对这一概念还存在不少误解。

(1) 设计竞赛的概念

提到设计竞赛，人们很容易联想到设计方案竞赛，并将其工作流程理解成如图 11-6 所示。

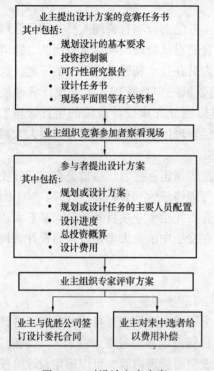

图 11-6　对设计方案竞赛工作过程的理解

实际上，这种观念与当前国际惯例不甚一致。其关键在于，这种理解混淆了设计竞赛与设计招标的区别。主要是在以下 3 个方面：① 设计竞赛的优胜者并不意味着中标（与业主签订合同）；② 参加设计方案竞赛者也不需要报设计费的价；③ 国际上的设计竞赛并不限于设计方案竞赛，它有不同范围和不同深度的竞赛，因此它并不叫方案竞赛，而称设计竞赛。

按照国际惯例，设计竞赛有如下特点：

1) 设计竞赛有多种类型，如：

——区域规划设计竞赛；

——城市建筑规划设计竞赛；

——风景规划设计竞赛；

——建筑物设计的设计竞赛；

——室内空间和设施设计的设计竞赛；

——构件设计的设计竞赛等。

2) 设计竞赛参加者一般以公司名义参加，但也可以以个人名义参加。

3) 设计竞赛只涉及设计内容（设计的技术和经济的先进性），而不涉及设计费用与设计进度。

4) 设计竞赛的评选结果仅限于对参选设计作品进行入选排名，而不直接涉及设计任务的委托。

5) 设计竞赛参加者若未中奖，则将得到一定的经济补偿。

(2) 设计竞赛的内容

设计竞赛的类型（指涉及的范围）有多种，大到一个区域规划的设计竞赛，小到一个构件的设计竞赛。而设计竞赛的内容（指设计工作的深度）也有很多种：设想性的竞赛；原则性的方案性竞赛；具体实施性竞赛。

其中设想性的竞赛是指，竞赛发起者要求竞赛参加者对一项设计任务提出一些设想性的建议，即提出一些想法。其中原则性的方案性竞赛的设计深度要比设想性深，竞赛参加者对一项设计任务应提出原则性、方案性的解决办法。所谓原则性、方案性指的是所提出的解决办法不必过分详细，不必过分具体。

其中具体实施性竞赛则应当更具体，竞赛者提出的设计可付诸实施。它比上述的原则性方案竞赛的设计深度当然要深。

(3) 设计竞赛的组织

设计竞赛就其参加者的范围而言，可分为如图 11-7 所示的两种。

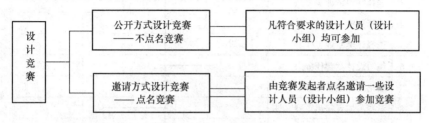

图 11-7　设计竞赛的类型

由于竞赛发起者有义务对非中选的竞赛参加者为参加竞赛而做的设计工作予以经济补偿，因此，公开方式设计竞赛一般限于竞赛参加者工作量不太大的设计任务，否则经济补偿总额对竞赛发起者负担过大，以致无力承担。

根据设计任务的规模和复杂程度，或根据设计任务的其他特点，设计竞赛可组织为单轮竞赛或多轮竞赛，如图 11-8 所示。

(4) 设计竞赛的工作流程

下面通过具体的项目实例来说明设计竞赛的工作流程。

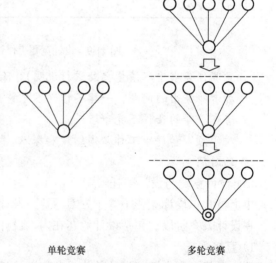

单轮竞赛　　　多轮竞赛

图 11-8　单轮竞赛及多轮竞赛示意图

【案例 11-1】　德国某著名汽车公司发起一项新办公楼设计竞赛，其任务与特点如下：

- 属邀请方式设计竞赛，共邀请 11 位参加者；
- 属单轮的具体实施性竞赛；
- 工程概况：供 2000 人使用的办公楼，使用面积 55000m^2，建筑面积 90000m^2，建筑体积 380000m^3；

图 11-9 为该项设计竞赛的工作计划图。

该项设计竞赛由德国某汽车公司委托专业项目管理咨询公司代为组织，整个设计竞赛过程历时九个半月的时间，取得非常圆满的结果。

对于整个设计竞赛过程，有两点必须予以说明：

- 设计竞赛任务书发出之后，竞赛发起人要举办一次公开答疑会（对设计

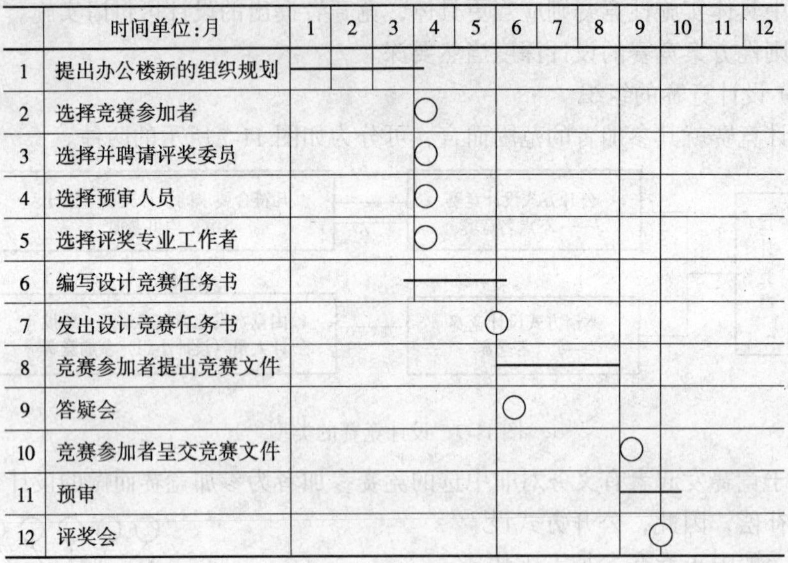

11 设计阶段的项目管理

时间单位:月	1	2	3	4	5	6	7	8	9	10	11	12
1 提出办公楼新的组织规划	├─	─	─┤									
2 选择竞赛参加者				○								
3 选择并聘请评奖委员				○								
4 选择预审人员				○								
5 选择评奖专业工作者				○								
6 编写设计竞赛任务书				├─	─┤						
7 发出设计竞赛任务书					○							
8 竞赛参加者提出竞赛文件					├─	─	─┤				
9 答疑会						○						
10 竞赛参加者呈交竞赛文件								├─┤			
11 预审									├─┤		
12 评奖会									○			

图 11-9 设计竞赛工作计划图

竞赛任务书中不清楚之处进行说明)。除答疑会外,竞赛发起人对竞赛参加者所提出的问题,一律不作(不允许作)个别回答,以确保竞赛参加者在平等的条件下竞争。

□ 对于预审和评审工作必须细致和深入,案例中的预审工作就花了一个月的时间。

(5) 设计竞赛与设计委托

由上可知:设计竞赛不等于方案竞赛,设计竞赛不等于设计的招标、投标。在设计方案阶段,包括设计竞赛在内,设计任务的委托主要有三种途径。

1) 直接委托

业主寻找一个合适的设计单位,并将设计任务委托给它。

2) 设计招标

业主通过设计招标,由愿意承接该项设计任务的设计单位进行设计投标,通过评标,决定将设计任务委托给中标设计单位。

3) 设计竞赛

业主通过设计竞赛,评选出中选的设计,业主可将设计任务委托给竞赛优胜者,业主也可以综合几个中选设计,再行设计委托。在设计进展过程中,业主可根据具体需要,再组织设计竞赛,不断地寻求设计优化的可能。

按照目前我国现行法规的要求,设计委托应该采用设计招标的方式。然而按照国际惯例,设计竞赛作为一种手段,与其他两种方法相比,它更有利于提高投资效益,有利于提高设计质量;当然它也有利于活跃设计市场,并有利于促进设计技术的发展。

11.2.2 设计任务的委托方式及合同结构

(1) 设计任务的委托方式

在现代工程建设项目设计阶段中，参与一个项目的设计单位往往不止一家。这是由于以下两方面原因所造成的：①现代建设项目规模日益增大，功能和技术要求日趋复杂而导致设计工作本身的复杂性，一家设计单位很难完全满足业主方的要求；②设计任务是可以分阶段完成的，如通常划分的方案设计、初步设计和施工图设计3个设计阶段，这也便于分阶段将设计任务分包。因此，设计任务的委托方式也由过去直接委托一家设计单位转变为多种委托方式，主要有平行委托、总设计、设计合作体和设计联合体四种方式，如图11-10所示。

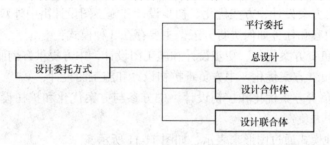

图11-10 设计委托方式类型

1) 平行委托

这种方式是业主将设计任务同时分别委托给多个设计单位，各设计单位之间的关系是平行的。它的优点在于：①可以加快设计进度；②甲方可以直接对设计分包发出修改或变更的指令。

其缺点在于：①业主对于各家设计单位的协调工作量很大；②分包合同较多，合同管理工作也较为复杂；③由于各设计单位分别设计，因此较难进行总体的投资控制；④参与单位众多也对整体设计进度控制造成相当的难度。因此，它适用于业主有设计项目管理经验和相关资源。

2) 总设计

该方式中，业主只与牵头的设计总包单位签约，由设计总包单位与其他设计单位签订总分包的合同。其优点在于：①由于有设计总包单位的参与，业主方设计协调的工作量大大减少；②由于业主方的设计合同只有一个和总包单位的合同，因此合同管理较为有利。

其缺点在于：①总包单位选取很重要，如果由主要承担施工图设计的单位承担，很难对于方案设计单位进行有效控制，如果由承担方案设计的设计单位承担，对于后期控制也不利，必须慎重考虑；②业主对设计分包单位的指令是间接的，直接指令必须通过总包单位，管理程序比较复杂。

3) 设计合作体

在这种方式中，业主与由两家以上设计单位组成的设计合作体签署一个设计委托合同，各家设计单位按照合作协议分别承担设计任务，通常是按照设计阶段分别承担的。其优点在于：①业主方设计协调的工作量大大减少；②由于业主方的设计合同只有一个和设计合作体的合同，因此合同管理较为有利。

其缺点在于：①缺乏一家设计单位对设计成果的总体质量负责；②缺乏有利的激励手段促进各家设计单位相互的沟通和协调。这种方式通常用于中外合作设计以及本地和外地设计单位的合作设计中。近些年来，使用较为广泛，但在合作单位界面管理上存在一定的障碍。

当前，中外合作设计正成为设计委托的一种主要趋势，其中大部分都是以组成设计合作方式进行的，在中外合作设计中，为了获得一个优秀的方案，往往都是由外方负责方案设计，方案优化、初步设计和施工图设计由中外双方的哪一方负责，工作内容和任务如何进行分工，主要存在3种模式：

① 外方负责方案优化、初步设计和施工图设计，中方提供咨询服务；

② 外方负责方案优化，中方负责扩初设计和施工图设计；

③ 外方负责方案优化和扩初设计，中方参与方案优化和扩初设计，最后施工图设计由中方负责。

以上三种模式通过图形来表示，如图11-11所示。

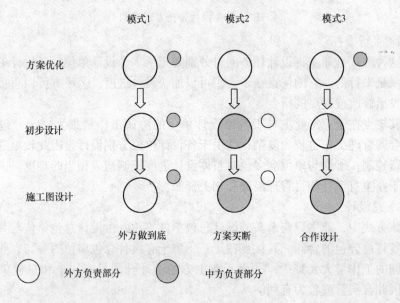

图 11-11 中外合作设计的各阶段分工

图11-11中大圆圈表示具体做设计，小圆圈表示做对方的咨询顾问。根据我国现行有关法律规定，境外设计机构已经不允许负责施工图设计，必须由国内设

计公司承担,因为外方设计单位往往不了解中国的施工工艺,施工图设计深度也往往不够,在施工过程中的配合也有困难,所以模式1现在已不被采用,但在20世纪90年代该种方式在工程设计中还是有所应用的。模式2又称为方案买断,存在的问题是中方不能充分理解和领会外方原始设计意图和构想,在后续设计中容易造成与最初方案设计有较大的出入,不能实现业主当初采用中外合作设计提高设计质量的初衷。方式3介于两者之间,延长中外设计方的交接时间,在初步设计阶段合作设计,中、外方进行专业分工,各做一部分,到施工图阶段再完全由中方单位来承担。经过工程实践的检验,该种方式基本适合我国的国情,也能较好地发挥中外合作设计的长处。图11-12是上海××大厦的合作设计组织图。

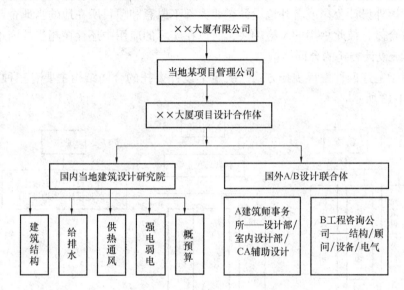

图 11-12 上海××大厦项目设计合作体组织结构图

4) 设计联合体

在这种方式中,业主与由两家以上设计单位组成的设计联合体签署一个设计委托合同,各家设计单位按照合作协议分别承担设计任务,通常是按照设计阶段分别承担的。其优点在于:①业主方设计协调的工作量较少;②由于业主方的设计合同只有一个和设计联合体的合同,因此合同管理较为有利;③由于存在共同的利益,各家设计单位交流和合作更为紧密。其缺点在于各设计单位一般不太愿意组成负有连带责任的设计联合体,风险较大。这种方式尽管存在许多优点,但是国内应用较少。

在这里,对设计联合体和设计合作体两种方式的异同进行比较,以说明两者之间存在的区别。设计合作体和设计联合体都是针对某个特定工程设计而组成的临时性组织,工程结束,组织也就解散。其具体的差异主要表现在以下几个方面:

① 设计工作的组织上,设计联合体通常对内和对外都有明确的代表,负责对

外与业主联系沟通和内部的沟通协调，各家单位共同组成一个完整设计团队；设计合作体内部类似独立承包，各家对于各自的设计任务都投入完整的设计力量。

② 在经济分配上，设计联合体是按照各家投入进行分配的，设计合作体通常是按照承担的工作内容进行分配的。

③ 在承担经济责任上，设计联合体各单位间承担连带责任，倘若设计过程中，联合体中一家单位倒闭了，所引起的经济责任由联合体的其他企业承担，而设计合作体不承担这种责任，一般根据内部合同，设计过程中某家单位倒闭的经济责任风险是由业主自行承担的，其他设计合作体单位不会予以承担。

尽管从业主方的角度出发，设计联合体比设计合作体对业主方更为有利，但是通常国外设计公司或者外地设计企业大都不愿意和项目所在地的当地企业组成设计联合体，彼此承担的风险较大，所以在实际的应用中还存在相当的困难。

(2) 设计委托的合同结构

由于上述四种设计委托方式，决定了设计委托的合同结构主要有三种方式，如图 11-13 所示。

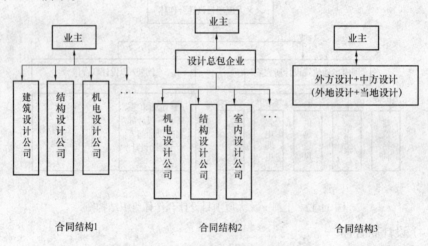

图 11-13 设计委托的 3 种合同结构

其中，合同结构 1 主要用于平行委托设计；合同结构 2 主要用于设计总承包；合同结构 3 主要用于设计合作体或设计联合体。

11.2.3 设计合同的签订

(1) 设计合同的类型

设计合同是设计阶段的项目管理和协调的基础和依据，项目业主必须根据项目实际情况，选择适合的合同文本。

1) 国内设计合同文本

国内大部分建设项目设计合同主要采用建设部和国家工商行政管理局联合颁

布的《建设工程设计合同（示范文本）》。《建设工程设计合同（示范文本）》有两种类型，分别针对民用建设工程和专业建设工程，民用建设工程设计合同由 8 部分内容组成；专业建设工程由于复杂性，其设计合同由 12 部分内容组成。下面仅以专业建设工程设计合同为例，来说明建设工程设计合同的内容组成。《建设工程设计合同（示范文本）》的内容包括以下 12 个部分：

① 本合同签订依据；
② 设计依据；
③ 合同文件的优先次序；
④ 本合同项目的名称、规模、阶段、投资及设计内容；
⑤ 发包人向设计人提交的有关资料、文件及时间；
⑥ 设计人向发包人交付的设计文件、份数、地点及时间；
⑦ 费用；
⑧ 支付方式；
⑨ 双方责任；
⑩ 保密；
⑪ 仲裁；
⑫ 合同生效及其他。

此外，各省市自治区也有自行制定和颁布实施的地方性设计合同文本，如《上海市建设工程设计合同》、《浙江省建设工程设计合同》等。但这些设计合同版本往往主要适合于当地实际情况。所以，在可能条件下，建议尽量采用建设部推荐的设计合同文本。

2) 国际设计合同文本

目前国际上比较典型的、有影响的且应用广泛的设计合同文本主要有：

① 国际咨询工程师联合会（FIDIC）制订的 FIDIC 合同"业主/咨询工程师标准服务协议书"（The Client/Consultant Model Services Agreement，1990）；

② 美国建筑师协会（AIA）制订的 AIA B141 "业主与建筑师的标准协议书"（AIA Document B141，Standard Form of Agreement Between Owner and Architect-1987 Edition）；

③ 英国皇家建筑师协会、皇家测量师协会、咨询工程师联合会等机构组成的联合委员会（简称 JCT）制订的"设计与施工总承包协议书"（JCT81，Design and Building，简称 JCT81）；

④ 世界银行制订的"咨询工程师标准服务协议书（固定总价）"（Standard Form of Contract，Consultants' Services（Lump Sum Remuneration），The World Bank，Washington D.C.，June 1995）；等等。

以上合同文本被广泛用于国际上的合作或者联合设计、中国的外方投资以及世行贷款的项目中。其中国内采用较多的是国际咨询工程师联合会（FIDIC）制订的 FIDIC 合同"业主/咨询工程师标准服务协议书"（The Client/Consultant Model Services Agreement, 1990）。

(2) 设计合同条款的分析

在起草设计合同时，标准条款一般参考选定的标准合同文本即可，但对特殊应用条款的起草要特别谨慎，反复推敲，因为这些条款是对标准条款的细化、补充、修改和说明，最容易引起合同争议和索赔，尤其是对于中外合作设计合同。

1) 合同语言与遵守的法律

我国的建设项目，无论是本国设计，还是中外合作设计，建议尽可能首选语言为中文，参考法律体系为我国的法律体系。否则，在中外合作设计中，由于中文和英文这两种语言不完全对等，当项目参与人员对合同条款理解有分歧时，对项目双方的协商不利。参考法律体系也主要出于对项目利益的保护。

2) 设计费计取及其支付

设计费的计取通常有两种方式：固定价格和可变价格。固定价格可以按项目投资的百分比计算，或按照建筑面积计算，也可以按照合同双方商定的固定价格；可变价格可以按成本加酬金计算，也可以按单位工作量的报酬乘以设计工作量计算。两种方式各有优缺点，可酌情采用。目前国内大多采用固定价格合同，但应注意总投资或总建筑面积有较大变动时，如何对设计费进行调整应在合同中注明。对于业主要求设计单位提供的服务超出设计合同规定的范围，则超出部分的酬金需另补偿。

设计费用支付还涉及到付款时间和结算货币的问题，按照我国的工程惯例，付款时间一般在阶段性工作完成后，例如设计合同签订生效时、设计方案审定结束时、扩初设计审批通过时等。需要指出的是，设计合同与施工合同是两种性质完全不同的合同，对于设计合同来说，设计质量和设计进度是核心问题，而不是合同价格。

3) 双方的责任及其期限

设计合同中要明确规定双方的责任，业主的责任一般包括向设计单位提供设计资料、设计要求文件等文件，及时确认设计成果等条款。设计单位的责任一般包括在规定时间内完成并提交设计文件和图纸，根据项目进展情况对设计图纸进行修改，负责与合作设计单位的设计协调并对所有设计文件图纸质量负责等条款。此外，还应该明确规定双方的违约责任和双方责任的期限。

4) 设计转让与设计分包

由于设计合同的转让会大大增加业主的风险，业主应在设计合同中明确规定该合同不得转让。业主可以同意外方设计单位聘请国外分包以及国内合作设计单位承担机电设备、结构设计、二次装修等工作，但这些单位必须经过业主审查，其资质和设计经验必须满足业主的要求。任何设计分包合同的签订、修改和终止，必须经业主书面确认后才可成立，且这些设计分包合同不允许再行分包。

设计合同条款需要注意的内容还有很多,由于合同条款的重要性,在起草设计合同时要引起充分的重视。要根据项目设计具体情况,在设计合同中要拟订适当的特殊条款对于可能发生的问题予以充分的说明,减少将来可能出现的纠纷和索赔。

11.2.4 设计阶段合同管理任务

设计阶段无论业主签订的任何合同,都与项目的投资、进度和质量有关,因此,项目管理中应该充分重视合同管理。设计阶段合同管理的任务主要包括以下方面:

(1) 分析、论证项目实施的特点及环境,编制项目合同管理的初步规划;

(2) 分析项目实施的风险,编制项目风险管理的初步方案;

(3) 从合同管理的角度为设计文件的编制提出建议;

(4) 根据方案竞赛的结果,提出并确定设计合同的结构;

(5) 选择标准合同文本,起草设计合同及特殊条款,进行设计合同的谈判、签订;

(6) 从目标控制的角度分析设计合同的条款,分析合同执行过程中可能出现的风险以及如何进行风险转移,制定设计合同管理方案;

(7) 进行设计合同执行期间的跟踪管理,包括合同执行情况检查,以及合同的修改、签订补充协议等事宜;

(8) 分析可能发生索赔的原因,制定防范性对策,编制索赔管理初步方案,以减少索赔事件的发生;如发生索赔事件,对合同纠纷进行处理;

(9) 编制设计合同管理的各种报告和报表。

设计阶段合同管理的任务还可以按照设计阶段的划分来进一步分解,分别分解归类到方案设计阶段、初步设计阶段(或扩初设计阶段)和施工图设计阶段。

11.2.5 设计合同索赔管理

(1) 设计合同索赔管理概述

设计合同索赔是合同签署的双方要求或申请他认为应有的、但尚未达成协议的权利或付款,是双方各自享有的权利。索赔并不一定是由违约引起。如在建设项目的设计阶段,当发生政治风险、经济风险、设计风险或其他未预测到的风险时,项目的投资可能大大增加超过总投资概算,设计周期可能延长影响项目进度。因此,应该通过设计合同索赔重新划分设计合同责任,由业主和设计单位分别承担各自应承担的风险费用,使受损失方的损失降到最低。

(2) 设计合同索赔的形成

设计合同索赔主要是由以下几方面原因引起的:

1) 设计合同的执行参与人员众多,各自可能会对设计合同资料(包括设计委托书、设计要求文件、设计合同协议及条款、设计图纸、设计变更文件、来往函件、会议纪要、设计规范等)、法律规范、技术经济要求等有不同的理解,可以做不同解释等问题,可能会导致分歧;

2)设计阶段经常会出现的项目范围、建设规模、功能、内容、标准和设计时间等发生变化,造成设计方工作量增加;

3)业主或设计单位可能认为对方没有完全承担应付的责任,没有完全尽到应尽的义务,在设计图纸文件的进度和深度、设计付款计算等方面可能会出现争议。

所有的这些分歧和争议都是随着设计工作的开展逐步暴露出来的,这些都可能导致设计合同索赔。从最初的单项索赔直到后期的综合索赔,索赔管理难度逐步增大。业主方应当力求把单项索赔在设计合同执行过程中陆续加以解决。

(3) 设计合同索赔的一般程序

设计合同索赔一般包括以下几个步骤:

1) 提出索赔要求;

2) 报送索赔报告;

3) 被索赔方评估索赔报告;

4) 谈判解决索赔争端;

5) 解决索赔争端;

6) 提交仲裁或诉讼。

设计合同索赔解决方式主要有 4 种:①协商;②调解;③仲裁;④诉讼。其中,协商解决索赔争端和调解解决索赔争端属于友好解决方式,具有处理周期短、花费少、不影响双方合作关系等优点,国际上设计合同争端绝大部分都是通过友好方式解决的。仲裁或诉讼是解决设计合同争端的两种极端方式,属于法律最终解决方式。尽管仲裁或诉讼不是设计合同双方希望的、最合适的方式,但由于其具有法律的强制性,双方最终都应服从。

11.3 设计阶段的目标控制

11.3.1 设计阶段投资控制

(1) 设计阶段投资控制的意义

建设项目投资控制的目标是使项目的实际总投资不超过项目的计划总投资。建设项目投资控制贯穿于建设项目管理的全过程,即从项目立项决策直至工程竣工验收,在项目进展的全过程中,以循环控制的理论为指导,进行计划值和实际值的比较,发现偏离及时采取纠偏措施。

建设项目不同阶段对投资的影响程度是不同的,国内外无数项目实践证明,项目前期和设计阶段的投资控制是整个项目实施期控制的关键。

(2) 设计阶段投资控制的任务

设计阶段投资控制的主要任务按照设计阶段划分，如表 11-2 所示。

设计过程各阶段投资控制任务　　　　　　　　表 11-2

设计阶段	设计阶段投资控制任务
设计方案优化阶段	1. 编制设计方案优化任务书中有关投资控制的内容 2. 对设计单位方案优化提出投资评价建议 3. 根据优化设计方案编制项目总投资修正估算 4. 编制设计方案优化阶段资金使用计划并控制其执行 5. 比较修正投资估算与投资估算，编制各种投资控制报表和报告
扩初设计阶段	1. 编制、审核扩初设计任务书中有关投资控制的内容 2. 审核项目设计总概算，并控制在总投资计划范围内 3. 采用价值工程方法，挖掘节约投资的可能性 4. 编制本阶段资金使用计划并控制其执行 5. 比较设计概算与修正投资估算，编制各种投资控制报表和报告
施工图设计阶段	1. 根据批准的总投资概算，修正总投资规划，提出施工图设计的投资控制目标 2. 编制施工图设计阶段资金使用计划并控制其执行，必要时对上述计划提出调整建议 3. 跟踪审核施工图设计成果，对设计从施工、材料、设备等多方面作必要的市场调查和技术经济论证，并提出咨询报告，如发现设计可能会突破投资目标，则协助设计人员提出解决办法 4. 审核施工图预算，如有必要调整总投资计划，采用价值工程的方法，在充分考虑满足项目功能的条件下进一步挖掘节约投资的可能性 5. 比较施工图预算与投资概算，提交各种投资控制报表和报告 6. 比较各种特殊专业设计的概算和预算，提交投资控制报表和报告 7. 控制设计变更，注意审核设计变更的结构安全性、经济性等 8. 编制施工图设计阶段投资控制总结报告 9. 审核、分析各投标单位的投标报价 10. 审核和处理设计过程中出现的索赔和与资金有关的事宜 11. 审核招标文件和合同文件中有关投资控制的条款

(3) 设计阶段投资控制的方法

1) 设计阶段投资控制基本原理

设计阶段是投资控制最为关键的阶段。设计阶段投资控制的基本工作原理是动态控制原理，即在项目设计的各个阶段，分析和审核投资计划值，并将不同阶段的投资计划值和实际值进行动态跟踪比较，当其发生偏离时，分析原因，采取纠偏措施，使项目设计在确保项目质量的前提下，充分考虑项目的经济性，使项目总投资控制在计划总投资范围之内。

设计阶段的投资控制工作不单纯是项目财务方面的工作，也不单纯是项目经济方面的工作，而是包括组织措施、经济措施、技术措施、合同措施在内的一项综合性工作。设计阶段投资控制的方法如图 11-14 所示。

设计阶段投资控制技术措施中，在各设计阶段进展中和各设计阶段完成时都

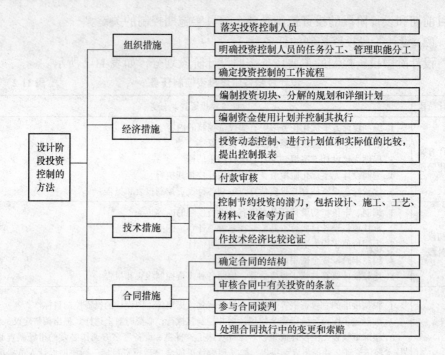

图 11-14 设计阶段投资控制的方法

要进行技术经济比较,进行优化设计,寻求节约投资的可能。技术经济比较是对建筑、结构、水、电、暖等专业工种设计和工艺、设备、材料等多个方面进行全面比较,减少一次性投资和考虑经常费用的项目全寿命投资,使项目的投资效益最大化。如果业主方没有能力单独完成此项工作,可以聘请专家进行技术经济论证,辅助业主进行决策,并督促设计单位进行设计挖潜。

2) 价值工程

价值工程(Value Engineering,简称 VE)是对于现有技术的系统化应用策略,它通过辨识产品或服务的功能,确定其经济成本,进而在可靠地保障其必要功能前提下实现其全寿命周期成本最小化三个主要步骤来完成的(Society of American Value Engineers, 1958)。它于 20 世纪 60 年代应用于建筑业,并逐步从施工、采购阶段拓展到设计、运营和维护阶段,甚至向前延伸到项目前期的策划和决策阶段。

价值工程对于项目的意义在于为业主增值,不仅是经济方面。根据美国著名 VE 专家 Dell' Isola 对 500 个项目进行的跟踪调查结果表明,VE 研究可节约建设成本 5%~35%,每年可节约费用 5%~20%。Dell' Isola 本人 35 年的经验表明,VE 研究与应用的成本仅占建设成本的 0.1%~0.3%,而结果却可节约 5%~10%,每年节约运营成本 5%~10%。由于 VE 投入的不同和项目之间的差异,VE 的效果也不一定相同,通常大型复杂的项目节约潜力较大。表 11-3 列举了几个典型应用和效果。

VE 的典型应用和效果（单位：百万美元）　　　　表 11-3

机　构	年均投资额	统计时间	VE 年均成本	年均节约总额	节约百分比
EPA	1100	1981～1996	11～5	30	11～3
Federal Highways	10000～20000	1981～1996	差别很大	150～200	1.5
Corps of Engineers	3400	1965～1996	3	200	5～7
Naval Facilities-Engineering Command	2400	1964～1996	11.5	100	11～5
Veterans Administration	200	1988～1996	0.5	10	11～5
School Facilities State of Washington	200	1984～1996	4	5～10	11～5
Office of Management and Budget, NYC	2000 1700	1984～87, 1988～1996	1～1.5	80 200～400	11～5 10～20
Design & Construction United Technology	300	1981～1985	0.5	36	12
GDMW-MODA, Saudi Arabia	2000	1986～1996	3	150	5～10

对建设项目投资影响最大的阶段是设计阶段，如果等到施工阶段再应用价值工程来提高建设项目的价值是很有限的，要使建设项目的价值得以大幅度的提高，以获得较好的经济效益，必须首先在设计阶段应用价值工程，使建设项目的功能与投资合理匹配。我国的很多大型建设项目在设计过程中应用价值工程相关理论，对设计进行优化，大大提高了设计质量，节约了项目投资，取得了很好的经济效益。

11.3.2　设计阶段进度控制

（1）设计阶段进度控制的任务

设计阶段进度控制的主要任务按照设计阶段划分，如表 11-4 所示。

设计过程各阶段进度控制任务表　　　　表 11-4

设计阶段	设计阶段进度控制任务
设计方案优化阶段	1. 编制设计方案优化进度计划并控制其执行 2. 比较进度计划值与实际值，编制本阶段进度控制报表和报告 3. 编制本阶段进度控制总结报告
扩初设计阶段	1. 编制扩初设计阶段进度计划并控制其执行 2. 审核设计单位提出的设计进度计划 3. 比较进度计划值与实际值，编制本阶段进度控制报表和报告 4. 审核设计进度计划和出图计划，并控制执行，避免发生因设计单位推迟进度而造成施工单位要求的索赔 5. 编制本阶段进度控制总结报告

续表

设计阶段	设计阶段进度控制任务
施工图设计阶段	1. 编制施工图设计进度计划，审核设计单位的出图计划，如有必要，修改总进度规划，并控制其执行 2. 协助业主编制甲供材料、设备的采购计划，协助业主编制进口材料、设备清单，以便业主报关 3. 督促业主对设计文件尽快作出决策和审定，防范业主违约事件的发生 4. 协调主设计单位与分包设计单位的关系，协调主设计与装修设计、特殊专业设计的关系，控制施工图设计进度满足招标工作、材料及设备定货和施工进度的要求 5. 比较进度计划值与实际值，提交各种进度控制报表和报告 6. 审核招标文件和合同文件中有关进度控制的条款 7. 控制设计变更及其审查批准实施的时间 8. 编制施工图设计阶段进度控制总结报告

(2) 设计阶段进度控制的方法

设计阶段进度控制的方法仍是规划、控制和协调。规划是指编制、确定项目设计阶段总进度规划和分进度目标；控制是指在设计阶段，以控制循环理论为指导，进行计划进度与实际进度的比较，发现偏差，及时采取纠偏措施；协调是指协调参加单位之间的进度关系。

对于进度控制工作，应明确一个基本思想：计划的不变是相对的，变是绝对的；平衡是相对的，不平衡是绝对的，为了针对变化采取措施，要利用计算机作为工具定期、经常地调整进度计划。

1) 设计阶段进度计划

在设计单位提交的设计进度计划基础上，综合考虑与施工、设备采购搭接的问题，与设计协商，确定项目设计各阶段进度计划（主要是设计单位出图计划）。同时，根据设计实际进展情况，及时对进度计划作出调整，并协助设计单位解决出现的问题。

2) 设计进度报告

业主应当要求设计单位提交每月的设计进度报告。进度报告是对设计单位对当月设计工作情况的小结，它应当包括以下内容：

- 设计所处的阶段；
- 建筑、结构、水、暖、电等各专业当月设计内容和进展情况；
- 业主变更对设计的影响；
- 设计中存在的需要业主方决策的问题；
- 需提供的其他参数和条件；
- 招投标文件准备情况；
- 拟发出图纸清单；

□ 如出现进度延迟情况,还需说明原因及拟采取的加快进度的措施;
　　□ 对下个月设计进度的估计等。
　　项目管理单位应当定期审阅设计单位提交的进度报告,并协助设计单位解决设计进度方面存在的问题,并对可能出现的问题提出参考意见或预防措施。

11.3.3　设计阶段质量控制

　　(1) 设计阶段质量控制存在的问题
　　2001年5月25日,建设部发出《关于进一步加强勘察设计质量管理的紧急通知》,该通知中指出"部分勘察设计单位或建设单位由于对建设工程质量重视不够,不按建设程序办事,不执行国家法律法规和工程建设强制性标准;……使工程建设质量事故时有发生,给国家和人民生命财产造成重大损失",说明在当前设计质量管理中存在相当严重的问题,也充分说明设计阶段质量控制的重要性。
　　当前,就业主方的设计质量管理中往往存在下列问题:
　　1) 业主方缺乏必要的能力对一些大的、技术复杂的工程进行全面质量控制,也不聘请有能力的设计项目管理咨询机构;
　　2) 业主盲目压低设计费,或者拖延设计付款,造成设计人员积极性降低,影响设计质量或设计进度,留有大量后遗症;
　　3) 业主对设计要求朝令夕改,增加了设计工作量,使图纸质量降低,原图与修改图混合使用,各工种经常出现矛盾;
　　4) 业主要求抢工期,而设计跟不上,设计与施工的矛盾突出,再加上设计人员不熟悉施工过程,设计与施工的脱节使工程质量先天不足;
　　5) 业主在设计过程中,由于对技术没有把握,该决策的不及时决策,或对设计瞎指挥,或对阶段设计成果不及时确认,或确认后随意变更,影响设计。
　　(2) 设计质量控制目标
　　设计质量目标分为直接效用质量目标和间接效用质量目标两方面,这两种目标表现在建设项目中都是设计质量的体现。直接效用质量目标在建设项目中表现形式为符合规范要求、满足业主功能要求、符合市政部门要求、达到规定的设计深度、具有施工和安装的可建造性等方面。间接效用质量目标在建设项目中表现形式为建筑新颖、使用合理、功能齐全、结构可靠、经济合理、环境协调、使用安全等方面。直接效用质量目标和间接效用质量目标及其表现形式共同构成了设计质量目标体系,如图11-15所示。
　　(3) 设计阶段质量控制的任务
　　设计阶段质量控制的主要任务按照设计阶段划分,如表11-5所示。

设计过程各阶段质量控制任务　　　　　　　　　表 11-5

设计阶段	设计阶段质量控制任务
设计方案优化阶段	1. 编制设计方案优化任务书中有关质量控制的内容 2. 审核优化设计方案是否满足业主的质量要求和标准 3. 审核优化设计方案是否满足规划及其他规范要求 4. 组织专家对优化设计方案进行评审 5. 在方案优化阶段进行设计协调，督促设计单位完成设计工作 6. 从质量控制角度对优化设计方案提出合理化建议
扩初设计阶段	1. 编制扩初设计任务书中有关质量控制的内容 2. 审核扩初设计方案是否满足业主的质量要求和标准 3. 对重要专业问题组织专家论证，提出咨询报告 4. 组织专家对扩初设计进行评审 5. 分析扩初设计对质量目标的风险，并提出风险管理的对策与建议 6. 若有必要，组织专家对结构方案进行分析论证 7. 对智能化总体方案进行专题论证及技术经济分析 8. 对建筑设备系统技术经济等进行分析、论证，提出咨询意见 9. 审核各专业工种设计是否符合规范要求 10. 审核各特殊工艺设计、设备选型，提出合理化建议 11. 在扩初设计阶段进行设计协调，督促设计单位完成设计工作 12. 编制本阶段质量控制总结报告
施工图设计阶段	1. 跟踪审核设计图纸，发现图纸中的问题，及时向设计单位提出 2. 在施工图设计阶段进行设计协调，督促设计单位完成设计工作 3. 审核施工图设计与说明是否与扩初设计要求一致，是否符合国家有关设计规范，有关设计质量要求和标准，并根据需要提出修改意见，确保设计质量达到设计合同要求及获得政府有关部门审查通过 4. 审核施工图设计是否有足够的深度，是否满足施工要求，确保施工进度计划顺利进行 5. 审核特殊专业设计的施工图纸是否符合设计任务书的要求，是否符合规范及政府有关规定的要求，是否满足施工的要求 6. 协助智能化设计和供货单位进行建设项目智能化总体设计方案的技术经济分析 7. 审核招标文件和合同文件中有关质量控制的条款 8. 对项目所采用的主要设备、材料充分了解其用途，并作出市场调查报告；对设备、材料的选用提出咨询报告，在满足功能要求的条件下，尽可能降低工程成本 9. 控制设计变更质量，按规定的管理程序办理变更手续 10. 编制施工图设计阶段质量控制总结报告

(4) 设计阶段质量控制的方法

设计阶段质量控制与投资控制、进度控制一样，也应该进行动态控制。通常是通过事前控制和设计阶段成果优化来实现的。其最重要的方法就是在各个设计阶段前编制一份好的设计要求文件，分阶段提交给设计单位，明确各阶段设计要求和内容，在各阶段设计过程中和结束后及时对设计提出修改意见，或对设计进行确认。

设计要求文件的编制过程实质是一个项目前期策划的过程，是一个对建筑产

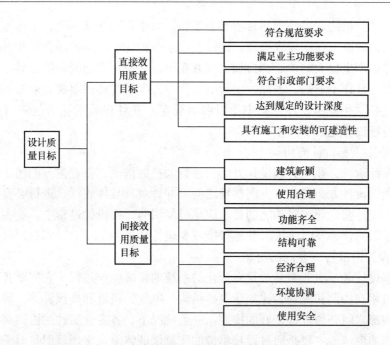

图 11-15 设计质量目标体系

品的目标、内容、功能、规模和标准进行研究、分析和确定的过程。因此，设计阶段要重视设计要求文件的编制。

11.4 设 计 协 调

11.4.1 设计协调的内涵

(1) 设计协调的内涵和内容

设计阶段是一个由多个方面、多家单位、多个部门和众多人员共同参与的复杂的特殊生产过程，为了使这个复杂系统中所有参加元素有机结合、顺利运作，就必须进行有效的组织和管理协调。

按照协调内容和对象进行划分，设计协调主要包含以下6个方面的内容，如图11-16所示。

1) 中方设计单位与外方设计单位的协调

由于中外合作设计模式在国内项目上应用日益广泛，所以，

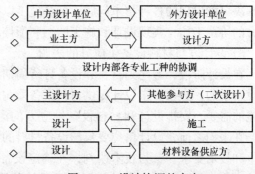

图 11-16 设计协调的内容

中外方设计单位协调是一项非常重要的工作。由于双方在技术上、工作方式上以及对项目的理解上存在较大差异，往往会产生各种误会，这种误会日积月累，可能在合作中产生很大的矛盾，再加上双方在语言、文化和制度上的差异，甚至可能造成双方合作不下去，因此一定要引起业主方项目管理的重视。双方的任务分工和责任必须在合作设计合同中予以明确规定，并且在后期花力气进行双方协调，及时解决和化解双方矛盾。

2) 业主方和设计方协调

在设计阶段，业主方和设计方必须进行大量的沟通，将业主方的想法和意见及时反馈给设计方，尤其双方的领导之间，并针对其具体建议，进行必要的设计修改。在设计前，业主对功能的要求应尽可能明确，在设计过程中，业主对设计应及时予以确认，及时决策，并尽可能减少设计变更。

3) 设计内部各专业间的协调

工程设计是一项非常复杂且专业化的系统的特殊生产过程，它需要各种设计工种进行相互协调和配合，比如建筑、结构、电气、机电和概预算等，因此，在设计方内部之间必须进行良好的协调。一般情况下，各专业工种的协调属于设计单位内部的事情，主要是通过设计单位的质量保证体系来实现，但是对于一些技术复杂的大型项目，或工期要求十分紧的项目，业主方也必须参与设计各工种的协调。

4) 主设计方与其他参与方的协调

现代工程设计专业分工呈现越来越细化的趋势，同时建筑材料和建造技术发展也日新月异，所以，所有设计工作不可能由一家设计单位来完成。需要有其他设计方参与细部设计，这些细部设计还可能涉及到物资供应单位、加工制作单位和施工安装单位，因此，与这些细部设计单位之间的协调也是很重要的，协调工作通常取决于主设计单位的设计管理能力，同时业主方也可能会参与。

5) 设计方与施工方的协调

设计与施工的协调是项目实施永久的话题。在设计阶段中，要充分考虑设计的可建造性，尤其是施工单位的能力和技术特点。在施工过程中，设计单位要负责解决可能出现的各种技术问题，配合施工以确保工期和质量。所以，必须做好双方的协调工作，实现设计和施工的顺利衔接。

6) 设计方与材料设备供应方的协调

在设计阶段，考虑到材料和设备订货周期问题以及部分与包含细部设计的专业设备采购，必须要求设计提供材料设备采购清单，并制订采购计划，根据工程实施的需要，安排设计和材料设备供应方的沟通和协调，以保障工程的顺利实施。在采购之前，设计单位要参与设备材料的询价，在采购过程中，要提出采购清单和技术要求，参与技术谈判，在确定设备选型后，要负责完善设计。因此，设计方与材料设备供应方的协调也是设计阶段项目管理中的一项重要的协调工作。

(2) 设计协调的工作任务

在设计阶段，业主方或其聘请的项目管理公司应通过设计协调，协助和确保设计单位做好以下工作：

1) 编制和及时调整设计进度计划；
2) 督促各工种人员参加相关设计协调会和施工协调会；
3) 及时进行设计修改，满足施工要求；
4) 协助和参与材料、设备采购以及施工招标；
5) 如有必要，出综合管线彩色安装图，确保各专业工种的协调；
6) 如有必要，进行现场设计，及时提供施工所需图纸；
7) 如有必要，成立工地工作组，及时解决施工中出现的问题。

11.4.2 设计协调的方法

设计协调方法主要包括三种方式。

(1) 设计协调会议制度

对于设计协调工作，应建立定期设计协调会议制度。按照设计协调内容的差异，设计协调会议制度主要包括三种类型的设计协调会议，即：

- □ 设计方与业主方设计协调会议；
- □ 设计方的现场协调会议；
- □ 设计方与材料设备供应方设计协调会议。

设计方与业主方设计协调会议主要用于设计方与业主方的定期交流和沟通，将业主方对于设计方工作的想法和意见反馈给业主方；设计方的现场协调会议主要用于施工过程出现的设计问题的解决，及时解决施工过程中出现的技术问题；设计方与材料设备供应方设计协调会议是针对材料设备采购中出现需要设计方解决和确认的问题。

每个会议的参加人员、会议召开的时间、讨论内容、主持人员以及记录人员都应该在设计过程中事先以书面形式予以明确规定，形成规章制度。要做好会议记录管理和文件流转工作，保证会议上的决议能及时传递给相关各方。通常是由业主代表或是业主方项目管理公司主持该类例会的召开。

(2) 项目管理函件

项目管理函件除了根据项目管理手册要求，对工程日常事务进行记录和确认以外，还可以用于对于工程设计中突发问题的解决，是业主方项目经理的书面指令，是对于设计协调会议制度的重要补充。它可以按照函件发出人或是接收人进行分类，比如对于业主方而言，可以将项目管理函件划分为设计方、承包商、供应商、政府部门、自行发出以及其他6大类。此外，对于项目管理函件的格式、书写内容、收发流程以及管理归档都应当在设计阶段形成书面制度，予以明确规定。

(3) 设计报告制度

设计报告制度在设计阶段主要是指设计方向业主方提交的月报，它主要是包括每个月的工作进度报告。其具体内容在本章 11.3.2 已有详细的论述，这里就不再赘述了。

11.5 设计阶段信息管理

11.5.1 设计阶段信息管理任务

设计阶段信息管理的主要任务包括：
(1) 建立设计阶段的工程信息的编码体系；
(2) 建立设计阶段信息管理制度，并控制其执行；
(3) 进行设计阶段各类工程信息的收集、分类归档和整理；
(4) 运用计算机作为项目信息管理的手段，随时向业主方提供有关项目管理的各类信息，并提供各类报表和报告；
(5) 协助业主建立有关会议制度，整理各类会议记录；
(6) 督促设计单位整理工程技术经济资料和档案；
(7) 填写项目管理工作记录，每月向业主递交设计阶段的项目管理工作月报。

11.5.2 设计文件的分类与编码

建立设计阶段信息编码体系对项目设计阶段的信息进行分类和管理，是进行有效信息管理的基础。就设计阶段而言，信息编码体系包括信息分类规则与编码形式和规则。

(1) 信息分类规则

对于设计阶段信息分类有多种方式，通常是按照项目信息来源进行分类。按照这种方式，设计阶段信息分为前期资料、设计单位、业主、承包商和其他 5 个大类。

(2) 信息编码形式和规则

除了对信息进行分类以外，还要对信息进行编码，以便信息使用和查询。编码形式可视项目具体的情况编写，通常采用数字、英文字母和汉语拼音等。编码规则要求能充分反映信息的属性，主要包括信息产生时间、签发人、来源等。

在设计阶段，设计图纸是主要设计文件，现以某工业厂房技改项目的施工图纸编号为例，说明其编码方式和规则。

该项目施工图阶段设计文件的信息分类与编码形式定义如下：

$$P1\times\times/S/\times/\times\times/\times\times$$

各分段含义依次为：

项目（子项目）/阶段/专业/顺序号/版本号

编码定义如表 11-6 所示。

项目编码定义说明　　　　　　　　　　表 11-6

项目/子项目	设计阶段	专业与科技文件材料
P100 总项目 P101 联合生产工房 P101-¹ 联合生产工房制丝部分 P102 连廊 P103 动力中心 P104 污水处理站 P105 一号物流大门及门卫室	S 施工图设计	0 原始资料（设计基础资料）及设计前期工作文件 1 综合专业(指一份文件中包含两个及两个以上专业) 2 总图运输专业 3 工艺专业 4 土建专业 5 给水、排水专业 6 采暖、通风与空气调节专业 7 热机专业 8 电气（包括电信）专业 9 非标准设备专业 10 技术经济 11 工业炉专业 12 计算机软件开发 K 自动控制专业 H 环境保护专业 A 安全技术专业

11.5.3 设计文件管理

设计阶段的项目管理的信息管理制度，不仅与业主、项目管理单位有关，它还与设计阶段中有关的主要单位均有很大的关联，如设计单位、施工单位、建设监理单位等。信息管理制度的建立，对于各方的信息传递进行了必要的规定，不仅便于工程的顺利进行，还能督促各方对建设项目实施过程中信息的分类、整理、收集、传递进行规范化和科学化。

下面主要以设计文件及图纸分发管理为例，来说明设计文件管理制度。

(1) 优化方案设计及扩初设计的分发管理

优化方案设计及扩初设计文件由设计单位发出，业主方设计管理部门负责管理。设计单位每次发出设计图纸和技术说明时，应致函业主方设计管理部门，说明发出图纸文件的用途、内容，并附上图纸和技术说明清单，进行归类、登记和整理，并分发到其他相关人员（如业主代表、总工或设计项目管理经理等），同时准备好供规划、市政及建设主管部门审批的设计图纸及文件，落实和安排有关审批事宜。

(2) 施工图设计的分发管理

施工图设计文件应由设计单位发出，业主方设计管理部门负责管理。设计单位每次发出设计图纸和技术说明时，应致函业主方设计管理部门，说明发出图纸文件的用途、内容，并附上图纸和技术说明清单，同时抄送其他相关人员（如业主代表、设计项目管理经理或施工总监等）。业主方设计管理部门根据收到的图纸和说明清单目录，进行归类、登记和整理，并分发给其他相关人员及部门单位（如业主代表、设计项目管理经理或施工总监等）。

送交承包商用于施工的图纸，由施工监理工程师根据收到的图纸和技术说明目录清单，发函至业主方设计管理部门，说明需要发给各施工单位的单位名称、图纸目录和份数，业主方设计管理部门按此发放下去。

复 习 思 考 题

1. 设计过程具有哪些特点？
2. 设计阶段的项目管理包括哪些内容？
3. 设计阶段目标控制的内容、任务和方法是什么？
4. 设计协调的任务包括哪些？
5. 调查某个具体项目的某阶段设计图纸编码系统，了解其编码的含义和方式，从项目管理信息管理角度来看，其图纸编码设计是否合理？如不甚合理，请给出优化建议和理由。

12 工程发包与物资采购的项目管理

工程发包与物资采购是建设项目实施阶段的一项重要工作内容,它贯穿于项目实施全过程中的多个环节,即发包与采购工作可能分散在建设项目的设计准备阶段、设计阶段和施工阶段等环节。本阶段项目管理工作的成效,将直接决定项目实施的参与方,影响项目实施的投资、进度和质量,因此,应对本阶段的项目管理给予足够的重视。

本章主要介绍业主方在工程发包与物资采购项目管理的任务,包括投资、进度、质量三大目标的控制,合同管理、信息管理和组织与协调的具体任务;为了进行工程发包和物资采购而进行的采购策划与计划;另外,还针对不同的采购内容,介绍招标文件的主要内容,以及评标的方法等。

12.1 工程发包与物资采购项目管理的任务

工程发包与物资采购工作主要是在设计阶段以及设计完成后进行,许多物资采购工作也可能在施工阶段进行,而设计招标或工程总承包单位的选择也可能在设计准备阶段或设计进行到一定阶段才进行。

在工程发包与物资采购过程中,业主方项目管理的任务仍然包括六个主要方面,即投资控制、进度控制、质量控制、合同管理、信息管理、组织与协调等。

12.1.1 工程发包与物资采购的投资控制

工程发包与物资采购投资控制的任务主要有以下几个方面:

(1) 审核项目投资概算和施工图预算。项目的采购招标可以基于初步设计,也可以基于施工图设计,因此,工程发包与物资采购投资控制工作的计划文件就可能是初步设计概算或者施工图预算。设计概算一般由设计单位负责编制,施工图预算往往由业主委托专门的咨询公司编制,业主方应该进行审核,分析其是否合理、准确。如果不合理或者不符合投资计划,就要进行调整。

(2) 编制和审核标底。为招标采购的需要,业主应自行编制或委托咨询公司编制标底,并对标底进行审核,是否存在遗漏或者计算错误。

(3) 将标底与初步设计概算或者施工图预算进行比较,分析是否存在偏差以及存在偏差的原因,并采取相应的控制措施。

(4) 审核招标文件和合同文件中有关投资的条款,从有利于投资控制的角度选择确定招标文件和合同文件的有关条款。

(5) 对各投标文件中的主要施工技术方案作必要的技术经济比较论证，寻求最经济的技术方案。在招标文件中也可以加入鼓励投标人进行价值工程的条款，通过优化设计和施工方案，加快进度，降低造价。

(6) 审核、分析各投标单位的投标报价，并进行对比分析，寻求最低评标价格。

(7) 对投资控制工作进行分析总结，提出投资控制报告。

(8) 在评标及合同谈判过程中继续寻求节约投资的可能性。

12.1.2 工程发包与物资采购的进度控制

工程发包与物资采购进度控制的主要任务有以下几个方面：

(1) 编制工程发包与物资采购工作的详细进度计划，并控制其执行；

(2) 编制施工总进度规划，并在招标文件中明确工期总目标；

(3) 审核招标文件和合同文件中有关进度的条款；

(4) 审核、分析各投标单位的进度计划，审核其是否符合施工总进度规划和工期总目标的要求，审核其施工进度计划是否合理；

(5) 定期提交进度控制报告；

(6) 参加评标及合同谈判。

12.1.3 工程发包与物资采购的质量控制

工程发包与物资采购质量控制的主要任务有以下几个方面：

(1) 审核初步设计和施工图设计，保证设计质量；

(2) 审核招标文件和合同文件中有关质量控制的条款；

(3) 审核、分析各投标单位的质量计划；

(4) 定期提交质量控制报告；

(5) 参加评标及合同谈判。

12.1.4 工程发包与物资采购的合同管理

工程发包与物资采购合同管理的主要任务有以下几个方面：

(1) 合理划分子项目，明确各子项目的范围；

(2) 确定项目的合同结构；

(3) 策划各子项目的发包方式和各种物资的采购模式；

(4) 起草、修改或审核施工承包合同以及甲供材料、设备的采购合同；

(5) 参与合同谈判工作。

12.1.5 工程发包与物资采购的信息管理

工程发包与物资采购信息管理的主要任务有以下几个方面：

(1) 起草、修改各类招标文件;
(2) 建立项目的结构和各子项目的编码,为计算机辅助的进度控制、投资控制奠定基础;
(3) 招投标过程中各种信息的收集、分类与存档。

12.1.6 工程发包与物资采购的组织与协调

工程发包与物资采购组织与协调的主要任务有以下几个方面:
(1) 组织对投标单位的资格预审;
(2) 组织发放招标文件,组织投标答疑;
(3) 组织对投标文件的预审和评标;
(4) 组织、协调参与招投标工作的各单位之间的关系;
(5) 组织各种评标会议;
(6) 向政府主管部门办理各项审批事项;
(7) 组织合同谈判。

12.2 建设项目采购规划

12.2.1 建设项目采购规划的目的和作用

项目管理的核心任务是进行项目的目标控制,而目标控制的前提和基础工作是项目管理规划,项目管理规划中确定了在什么时间、由谁、采取何种方法去完成哪些工作任务。

建设项目采购规划是项目管理总体规划的一个重要的组成部分,用于指导项目采购内容的分解、采购工作什么时候做、如何做、由谁做、具体做哪些工作等。

采购规划既是指导项目采购各项工作的基础,也是用于控制和检查、监督管理的基础。任何一项工作,如果没有计划的指引,也就无法对实际工作进行检查对比,更谈不上进行动态跟踪和控制,其目标是很难实现的。因此,要非常重视建设项目采购规划的意义和作用,加强建设项目采购规划的编制工作。

12.2.2 建设项目采购规划的内容

建设项目采购规划至少应该包括以下几个方面的主要内容:
(1) 发包模式的选择,如采用平行发包、施工总承包、项目总承包等工程承包模式的可能性和利弊的分析。关于发包采购的模式,有多种可能的选择,可以根据项目的特点和要求等具体情况进行选择。
(2) 将项目进行适当、合理地分解,确定各项采购的范围和内容。要按照最有利于项目目标控制的原则对项目进行分解,并对分解了的各个部分进行费用估算,以便发包采购。

(3)落实项目采购的组织机构,建立采购工作班子或者委托招标代理机构进行采购,确定采购工作流程等。

(4)落实采购工作的时间安排,制订采购工作进度计划。要根据项目实施的总进度目标安排各项采购工作的进度计划。

(5)选择适当的采购方式,如选择国际竞争性招标或是国内竞争性招标,公开招标或是邀请招标等。

表12-1是某厂技术改造项目招标工作计划的一部分——土建部分项目分解和招标工作的时间安排。

某项目招标工作计划(土建部分项目分解和招标工作时间安排) 表12-1

序号	项目标段名称			总天数(公告时间)	开始时间	结束时间
1	工程项目监理(地基基础工程)			45(7)	2003.4.15	2003.5.30
2	工程项目监理(上部建筑安装工程)			60(7)	2003.6.30	2003.8.30
3	地基处理工程			45(7)	2003.3.15	2003.4.30
4	联合工房		联合工房基础工程	60(7)	2003.5.15	2003.7.15
5		总包	联合工房建筑安装工程施工总承包及施工管理	60(7)	2003.7.28	2003.9.28
6		专业分包	钢结构及屋面制作、安装工程	60(7)	2003.9.15	2003.11.15
7			连廊及屋面制作、安装工程	60(7)	2003.9.15	2003.11.15
8			网架及屋面制作、安装工程	60(7)	2003.9.15	2003.11.15
9			二次装饰工程(室内外精装修)	60(7)	2003.10.30	2003.12.30
10			地面装饰工程	60(7)	2003.10.30	2003.12.30
11		材料招标	门、窗、玻璃材料分品目	60(7)	2003.9.30	2003.11.30
12			钢格栅材料	60(7)	2003.10.15	2003.12.15
13			吊顶材料分品目	60(7)	2003.10.15	2003.12.15
14			金属墙面板分品目	60(7)	2003.9.15	2003.11.15
15			防水材料分品目	60(7)	2003.10.15	2003.12.15
16			防火涂料	60(7)	2003.12.15	2004.2.15
17			其他材料	60(7)	2003.10.20	2003.12.20
18	动力中心		动力中心、污水处理站施工总承包及施工管理	60(7)	2003.10.20	2003.12.20
19			动力中心精装修装饰工程	60(7)	2004.3.15	2004.5.15
20			其他专业分项工程(见各专业组标段划分)	60(7)	2003.10.5	2003.12.5
21	附属工程		室外广场附属工程	60(7)	2003.12.20	2004.2.20
22			室外道路工程	60(7)	2004.1.30	2004.3.30

某招标代理公司对某项目进行货物采购的国际招标的工作流程如下:
(1) 招标人与招标机构签订招标委托协议;
(2) 招标人网上注册;
(3) 招标人向招标机构提供招标设备的货物需求一览表及技术规格,由招标机构整理成完整的招标文件,招标人代表须对终稿签字认可(2~3天);
(4) 招标机构网上项目建档,上传招标文件评审稿,并网上随机抽取专家评审招标文件(1天);
(5) 专家评审招标文件(2天);
(6) 网上上传招标文件送审稿,并将送审稿及专家评审意见报省机电办审批(5天);
(7) 省机电办批复后,网上发布招标公告,开始发售标书(20个工作日);
(8) 网上抽取评标专家;
(9) 开标,组织评标委员会评标(评标委员会由外聘专家、招标人及招标机构组成),并推荐中标候选人(最长90天);
(10) 网上公示中标候选人及不中标理由(10个工作日);
(11) 公示截止后,若无质疑,由进口代理公司凭省机电办的中标结果通知到机电办办理进口批文;
(12) 招标人与中标人谈判,并签订商务合同。

12.2.3 建设项目采购规划的制订

建设项目采购规划应该包括在项目管理总体规划中,在项目实施的开始阶段就要编制,并随着项目的进展不断调整。
(1) 制订建设项目采购规划的工作步骤
制订建设项目采购规划可按照如下的工作步骤:
1) 首先将项目分解,并列举所有需要采购的各种内容;
2) 对采购内容进行分类,可以按照工程、货物、服务来划分;
3) 对采购内容进行分解或打包合并,确定合同包;
4) 选择确定采购的方法,如采用国际竞争性招标、国内竞争性招标、询价采购等方法;
5) 制订采购工作的进度计划。
(2) 项目分解与合同包的确定
在进行项目分解与合同打包时要考虑以下几个因素:
1) 将类似的产品或服务放在一起考虑,实行批量采购往往容易获得更加优惠的报价;
2) 工程进度计划和采购计划的安排,计划先实施的工程或先安装的设备要先采购,采购工作量要适当均衡,不能过于集中;

3) 地理因素，有些土木工程如公路、铁路等要考虑将地理位置比较集中的工程放在一起采购，避免过于分散；

4) 合同额度要适中，如果太大，会限制投标人的条件，导致够格的投标人数量太少；而如果太小，则许多承包商缺乏投标的兴趣，也会导致竞争不足。

【案例 12-1】

某路桥建设项目，工程内容包括新建 30km 长的公路、新建 8 座桥梁、修复 250km 长的旧公路、修复 32 座老桥梁等；需要安排专门机构在完工后的若干年内负责公路的维护保养工作；为了维护保养，需要添置维护设备，引进一些预防性维护的专门技术；另外，项目实施期间还需要进行项目管理和采购管理等。

采购规划的制订过程如下。

(1) 首先，对采购的内容按照货物、工程和服务进行分类，如表 12-2 所示。

采购内容分类表　　　　　　　　　　　　　表 12-2

采购内容	服务	工程	货物
新建 30km 长的公路		√	
新建 8 座桥梁		√	
修复 250km 长的旧公路		√	
修复 32 座老桥梁		√	
添置维护设备			√
维护保养		√	
预防性维护的技术援助	√		
项目管理和采购管理	√		

(2) 其次，对项目进行分解，确定合同包如表 12-3 所示。

项目分解与合同打包计划　　　　　　　　　表 12-3

采购内容	服务,工程或货物	价值（百万美元）	项目年限	国内能力	国外投标人感兴趣的可能性	可能的标段
新建 30km 长的公路	工程	45	2~4	5km/a	有	一个合同包含 6 个 5km 的标段
新建 8 座桥梁	工程	15	2~4	无	有	一个合同包一个标段
修复 250km 长的旧公路	工程	15	1~3	50km/a	有	一个合同包 5 个 50km 的标段
修复 32 座老桥梁	工程	15	1	有	有	不需要
添置维护设备	货物	3	2~4	小型	主要	每个大的设备组 每个小的设备组
维护保养	工程	2		有	无	年度合同
预防性维护的技术援助	服务	2	3~4	无	有	一个合同包
项目管理和采购管理	服务	3	1~4	有限	有	一个合同包

(3) 根据以上的划分和对市场的分析，确定采购方式如表 12-4 所示。

项目分解、合同打包与采购方式　　　　　　表 12-4

采购内容	服务，工程或货物	价值（百万美元）	项目年限	国内能力	国外投标人感兴趣的可能性	可能的标段	采购方式
新建 30km 长的公路	工程	45	2~4	5km/a	有	一个合同包包含 6 个 5km 的标段	ICB
新建 8 座桥梁	工程	15	2~4	无	有	一个合同包一个标段	ICB
修复 250km 长的旧公路	工程	15	1~3	50km/a	有	一个合同包 5 个 50km 的标段	ICB
修复 32 座老桥梁	工程	15	1	有	有	不需要	ICB
添置维护设备	货物	3	2~4	小型	主要	每个大的设备组 每个小的设备组	ICB/I.S NCB/N.S
维护保养	工程	2	4	有	无	年度合同	NCB
预防性维护的技术援助	服务	2	3~4	无	有	一个合同包	短名单
项目管理和采购管理	服务	3	1~4	有限	有	一个合同包	短名单

12.3 资格审查

12.3.1 资格审查的目的和作用

招标人可以根据招标项目本身的特点和要求，在招标公告或者招标邀请书中要求投标申请人提供有关资质、业绩和能力等的证明，并对投标申请人进行审查。资格审查分为资格预审和资格后审。

资格预审是指招标人在招标开始之前或者开始初期，由招标人对申请参加投标的潜在投标人进行资质条件、业绩、信誉、技术、资金等多方面的情况进行资格审查；经认定合格的潜在投标人，才可以参加投标。通过资格预审可以使招标人了解潜在投标人的资信情况；通过资格预审，可以有效地控制投标人的数量，减少多余的投标，从而降低招标和投标的无效成本；通过资格预审，招标人可以了解潜在投标人对项目投标的兴趣。如果潜在投标人的兴趣大大低于招标人的预料，招标人可以修改招标条款，以吸引更多的投标人参加竞争。

资格后审一般是在开标后对投标人进行的资格审查。世界银行贷款项目的招标采购中，资格后审通常只针对拟选定的中标人，对其他投标人则不进行资格后审。

12.3.2 资格审查的内容和方法

资格预审应主要审查潜在投标人或者投标人是否符合下列条件：具有独立订立合同的权利；具有履行合同的能力，包括专业、技术资格和能力，资金、设备和其他物质设施状况，管理能力、经验、信誉和相应的从业人员；没有处于被责令停业、投标资格被取消、财产被接管或冻结、破产等状态；在最近几年内没有骗取中标和严重违约及重大工程质量问题；法律、行政法规规定的其他资格条件。

资格预审时，招标人不得以不合理的条件限制、排斥潜在投标人或者投标人，不得对潜在投标人或者投标人实行歧视待遇。任何单位和个人不得以行政手段或者其他不合理方式限制投标人的数量。

资格预审程序：发布资格预审通告；发售资格预审文件；资格预审资料分析并发出资格预审合格通知书。

对选中的投标人进行资格后审的评审标准有：类似项目的经验及过去项目的执行情况，当前的实际生产能力和技术能力，流动资金来源，如果是货物采购，还需要考察其零配件及售后服务情况，是否满足法律要求。与资格预审相比，资格后审更强调对发出中标通知书时的当前情况进行审查。

如果选中的投标人不满足资格后审的要求，不能对其授予合同，要立即审查评标价次低的投标人资格，直至满足条件，授予合同为止。

12.4 招 标 文 件

根据建设项目招标方式的不同，招标文件的内容和编制要点也不尽相同，以下介绍设计、施工、物资采购、工程监理等招标文件的主要内容和编制要点。

12.4.1 设计招标文件

(1) 设计招标文件的主要内容

国内选择设计单位也往往采用招标的办法，其设计招标文件的内容与施工招标文件的内容有所不同。设计招标文件仅提出设计依据，工程项目应达到的技术指标、项目限定的工作范围、项目所在地的基本资料、要求完成的时间等内容，而无具体的工作量。

设计招标文件的内容主要有：

1) 工程名称、地址、占地面积、建筑面积等；

2) 投标须知，包括所有对投标要求的有关事项；

3) 设计依据文件，包括已批准的项目建议书、可行性研究报告和其他设计要求等；

4) 项目设计任务说明，包括工作内容、涉及范围和深度、总投资限额、建设周期和设计进度要求等；

5) 合同的主要条件；

6) 设计依据的有关资料，包括工程经济技术要求，城市规划管理部门确定的规划控制条件和用地红线图，可供参考的工程地质、水文地质、工程测量等建设场地勘察成果报告，供水、供电、供气、供热、环保、市政道路等方面的基础资料；

7) 投标文件编制要求及评标原则等。

(2) 设计招标文件的编制要点

在设计招标文件中，明确设计任务及要求是非常重要和关键的内容，大致可包括以下几个方面：

1) 设计文件的编制依据；

2) 国家有关行政主管部门对规划方面的要求；

3) 有关功能的要求；

4) 技术经济指标要求；

5) 平面布局要求；

6) 建筑设计方面的要求；

7) 结构设计方面的要求；

8) 设备设计方面的要求；

9) 特殊工程方面的要求；

10) 其他有关方面的要求，如环保、消防等。

比如，关于建筑设计方面的要求，应提出需要考虑的问题，有关于城市规划方面，关于建筑的外部造型与朝向，有关建筑的内部设计等。

城市规划方面需要考虑的问题包括：根据邻近已有的建筑物、道路等如何安排该项目，总图方面该项目在建筑基地上的布置，该项目的入口、朝向及与环境的关系，该建筑物在周围环境中的意义，外围场地的质量要求，该项目各个组成部分的造型，今后最大的扩建可能与造型的关系等。

有关建筑的外部造型与朝向方面，需要考虑：

1) 造型：建筑造型与项目的含义如何协调，建筑外部造型与内部如何协调（内部功能及内部空间的组成）；

2) 体形大小：建筑体形大小如何与邻近建筑协调，整幢建筑与其组成部分的体形大小；

3) 朝向：考虑市政设施、邻近建筑、地形位置和建筑物各个组成部分等；

4) 影响：从远处考虑建筑造型的要求，从近处考虑建筑主体的各个组成部分的造型要求等；

5) 其他具体要求：与邻近建筑物的关系，外墙面的形式和划分，正面和背面的关系，材料选择，色彩等。

有关建筑的内部设计，需要考虑：

1) 内部空间：根据各使用面积的使用要求提出空间的设计要求；

2) 尺寸关系：各内部空间之间的大小尺寸关系及房间与交通面积的尺寸关系；

3) 交通面积：走道与楼梯间的空间质量，大概造型，与内部空间和外部空间的关系，从形式和光线辅助辨别方向和行走路线；

4) 其他具体要求：空间的使用和造型的关系，建筑设备和造型的关系，对特殊空间的材料选择，色彩等。

以下是某会议室房间标准的要求（具体的数字和要求描述略）：

1) 房间名称；

2) 房间编号；

3) 最小面积和最大面积；

4) 空间的尺寸、柱距；

5) 使用的人员和机器设备；

6) 楼顶要求，所属类型（A，B，C），保暖层；

7) 吊顶［所属类型（A，B，C）、颜色］；

8) 外墙、窗、窗台、门、玻璃、遮阳、遮光、窗帘等；

9) 内墙［所属类型（A，B，C），色彩］、门、窗、玻璃；

10) 地面的底层、面层、色彩等；

11) 防干扰措施；

12) 采光要求；

13) 视野要求；

14) 照明（昼照明、灯光、紧急状况照明等）；

15) 排风要求；

16) 空调（关于湿度调整、热风、冷风等）；

17) 暖气（暖气装置、尺寸、色彩、外围措施）；

18) 能源（供电或煤气）；

19) 卫生设施；

20）通讯（电话设施、时钟设施、电视设施、对话设施、天线）；
21）声；
22）波动的建筑物理值等。

[备注：类型（A，B，C）是对某个功能要求的具体分类，相同的要求归为同一类，每个类型都专门进行详细描述，对某个房间的具体要求进行描述时可以从中选择]

(3) 设计招标文件的编制要求

招标文件中包括设计任务要求和说明，它是设计的重要依据，要全面反映招标人对项目功能要求和投资意图，其表达应该注意：

1）清晰严谨，不要被误解；
2）全面完整，任务要求不要有遗漏；
3）要求灵活，应为投标人发挥设计的创造性留有充分的余地。

12.4.2 施工招标文件

(1) 施工招标文件的主要内容

工程建设项目施工招标文件一般包括下列内容：

1）投标邀请书；
2）投标人须知；
3）合同主要条款、合同协议书格式以及银行履约保函格式、履约担保书格式、预付款担保格式等；
4）采用工程量清单招标的，应当提供工程量清单；
5）技术规范和要求，包括工程建设地点的现场自然条件和施工条件，采用的技术规范和标准等；
6）设计图纸；
7）评标标准和方法；
8）投标文件格式，包括投标书及投标书附录、工程量清单与报价表、辅助资料表、资格审查表等。

【案例 12-2】

以下是某工程施工招标文件的投标邀请书实例，可供参考。

某某工程施工投标邀请书

××建设工程招标代理有限责任公司受　（业主）的委托，按《　省实施〈中华人民共和国招标投标法〉办法》的规定，对其　项目联合工房建安工程进行国内公开招标。通过资格预审，贵公司已获得参加投标的资格。

(1) 招标编号：
(2) 项目名称：　　项目联合工房建安工程
(3) 工　　期：接到业主开工通知后 510 天（日历日）完工。

(4) 招标文件发售时间、地点：即日起至　年　月　日到××建设工程招标代理有限责任公司招标一处购买招标文件。

(5) 招标文件售价：招标文件及资料费每套400元（售后不退），图纸押金2000元/套。

(6) 招标答疑会时间、地点：　年　月　日上午　时在　进行答疑，请投标人派技术负责人参加会议，并以书面形式向招标公司分别提出对招标文件和设计图纸的疑问。答疑文件由××建设工程招标代理有限责任公司统一以书面或传真形式向所有投标人送达，并请投标人给予回执。

(7) 投标截止日期：　年　月　日上午9:30时整（北京时间）

(8) 投标地点：

(9) 开标日期：

(10) 开标地点：

(11) 联系单位及联系人：

单　　位：××建设工程招标代理有限责任公司

联系人：

地　　址：

电　　话：

传　　真：

邮政编码：

银行账户：

全　　称：

开户银行：

保证金账号：　　　公司账号：

(2) 施工招标文件的编制要点

1) 工程施工合同条件

工程施工的合同条件不同于货物采购的合同条件和咨询服务的合同条件。世界银行贷款项目中，对土建工程招标所采用的合同条件一般都采用FIDIC土木工程施工合同条件。在国内，建设部和国家工商行政管理总局根据工程建设的有关法律、法规，结合我国建设项目施工合同的实际情况和有关经验，并借鉴国际上通用的土木工程施工合同的成熟经验和有效做法，于1999年12月24日颁发了修改的《建设工程施工合同示范文本》（GF-99-0201）。该文本适用于各类公用建筑、民用住宅、工业厂房、交通设施及线路、管道的施工和设备安装等工程。

由于各种建设项目之间的差异性很大，特别是不同行业之间的建设项目，如水利水电、公路、电力、石油化工、冶炼等，其某些特殊性要求有符合项目需要的专门的施工合同文本，因此，有关行业管理部门颁布了专门的合同文本。如，交通部颁布《公路工程国内招标文件范本》，其中包含合同文本；水利部、国家电力公司和国家工商行政管理总局于2000年颁布了修订的《水利水电土建工程施工合同条件》（GF-2000-0208）等等。

各种施工合同示范文本一般都由以下3部分组成：
- 协议书；
- 通用条款；
- 专用条款。

各种施工合同示范文本的内容一般包括：
- 词语定义与解释；
- 合同双方的一般权利和义务，包括代表业主利益进行监督管理的监理人员的权力和职责；
- 工程施工的进度控制；
- 工程施工的质量控制；
- 工程施工的费用控制；
- 施工合同的监督与管理；
- 工程施工的信息管理；
- 工程施工的组织与协调；
- 施工安全管理与风险管理等。

2）投标人须知

投标人须知一般应包括的内容有：招标范围、投标人的资格要求、投标费用、现场考察、招标文件的内容、澄清和修改、投标文件、投标价格和货币、投标有效期、投标保证金、投标书的形式和签署要求、投标书的密封与标志、投标截止日期、开标与评标、投标书的澄清、投标书的检查与响应性的确定、错误修正、投标书的评价与比较、授标、中标通知书、合同协议书的签署、履约保证金等等。

关于投标价格，一般对于结构不太复杂或工期在12个月以内的工程，可以采用固定总价合同，再考虑一定的风险系数。而结构比较复杂，工期超过12个月的项目，应采用可调整价格的总价合同。价格的调整方法以及调整范围应在招标文件中确定。

在招标文件中应该明确投标保证金的数额，一般保证金的数额不超过投标总价的2%，投标保证金的有效期应该超过投标有效期。

在招标文件中应该明确，要求中标单位应按规定提交履约担保，履约担保可以采用银行保函或履约担保书的形式。

投标有效期即从投标截止日期到公布中标日为止的一段时间。投标有效期的确定应依据工程大小和繁简等具体情况而定，即要保证招标单位有足够的时间对全部投标进行比较和评价。结构不太复杂的中小型工程，投标有效期可以定为28天或以内，结构复杂的大型工程投标有效期可以定为56天或以内。按照国际惯例，一般为90～120天，通常不应超过182天。在此期间，全部投标文件应保持有效，投标人不得修改或撤销其投标。世界银行规定，如果业主要求延长投标有效期，应在有效期终止前征求所有投标人意见，投标人有权同意或者拒绝延长投标有效期，业主不能因此而没收其投标保证金。同意延长投标有效期的投标人不得要求在延长期内修改其投标文件，而且投标人必须同时延长其投标保证的有效期，对投标保证的各种有关规定在延长期内同样有效。

材料或者设备采购、运输、保管的责任应在招标文件中明确，特别是甲方供应材料和设备，应该列明材料和设备的名称、品种或型号、数量以及提供的日期和交货地点等，还应该明确甲供材料和设备的计价和结算退款方法。

3）工程量清单

有的项目采用工程量清单报价方法，即发包方依据工程设计图纸、工程量计算规则、一定的计量单位和技术标准等，计算得到构成工程实体各分部分项的实物工程量汇总清单，投标人只需要根据发包人提供的工程量清单对各项单价进行投标报价。这种方法有利于缩短投标时间，降低承包人计算工程量的风险，在FIDIC土木工程施工合同条件和有关工程施工中得到广泛采用。

国家建设部和国家质量监督检验检疫总局根据《中华人民共和国招标投标法》和《建筑工程施工发包与承包计价管理办法》（建设部令第107号）及其他有关法律、法规，联合发布了国家标准《建设工程工程量清单计价规范》（GB 50500—2003），推行工程量清单招标方式。招标单位应按照上述规范，根据图纸计算工程量，提供给投标单位作为报价的基础。表12-5是某分部分项工程的工程量清单计价表。

某分部分项工程的工程量清单计价表　　　　　　　　　　表12-5

工程名称：某工程1号楼建筑工程　　　　　　　　　　　　共　页　第　页

序号	项目编码	项目名称	计量单位	工程数量	金额（元）	
					综合单价	合价
		土石方工程				
1	010101001001	平整场地，弃土运距150m	m²	1500.00		
2	010101003001	挖带形基槽，二类土，槽宽1.40m，深0.80m，弃土运距150m	m³	560.00		
	……	……				
		砌筑工程				
6	010301001001	砖基础	m³	120.00		
	……	……				
		混凝土及钢筋混凝土工程				
14	……	……				
		……				

投标人在投标时，依据工程量清单、拟定的施工组织设计、反映本企业技术水平和管理水平的企业定额、市场价格信息等计算和确定综合单价，填报分部分

项工程量清单计价表中所列项目的综合单价与合价。

12.4.3 物资采购招标文件

工程建设过程中的物资包括建筑材料和设备等。材料和设备的供应一般需要经过订货、生产（加工）、运输、储存、使用（安装）等各个环节，经历一个非常复杂的过程。

(1) 物资采购招标文件的主要内容

物资采购招标文件应清楚地说明拟购买的货物及其技术规格、交货地点、交货时间表、维修保修要求，技术服务和培训的要求及付款、运输、保险、仲裁条款以及可能的验收方法与标准，还应明确规定在评标时要考虑的除价格以外的其他能够量化的因素，以及评价这些因素的方法。

物资采购招标文件的主要内容有以下几个方面：

1) 招标书，包括招标单位的名称、建设项目名称及简介、招标标的物的主要参数、数量、要求交货期、投标截止日期和地点、开标日期和地点等；

2) 投标须知，包括对招标文件的说明及对投标者和投标文件的基本要求，评标、定标的基本原则和标准等；

3) 招标标的物的清单和技术要求、技术规范和图纸；

4) 合同格式及主要合同条款，包括价格及付款方式、交货条件、质量验收标准以及违约处理等内容；

5) 投标书格式、投标物资的数量以及价目表格式、投标保函格式等各种格式文本；

6) 其他需要说明的问题和事项。

(2) 物资采购招标文件的编制要点

1) 标的

招标文件应对拟采购的货物进行清晰地定义，包括购销物资的名称（注明牌号、商标）、品种、型号、规格、等级、花色、技术标准或质量要求等。表 12-6 是某项目组合式空调机组采购要求一览表（表中的具体参数要求略）。

组合式空调机组一览表　　　　　　　表 12-6

系统号	服务区域及温湿度要求	处理风量（万 m^3/h）	供冷能力（冷冻水）8～13℃（kW）	供热能力（蒸汽加热）0.4MPa（kW）	加湿能力（蒸汽加湿）0.4MPa（kg/h）	总风量（万 m^3/h）	总冷量（kW）	送风机功率及全压（功率：kW）（全压：Pa）	回风机功率及全压（功率：kW）（全压：Pa）
K-1									
K-2									
K-3									
K-4									
K-5									

2）技术规格和规范

招标文件应明确货物或设备的技术要求和参数。技术要求和参数应采用国家标准和规范，或者采用国际通用标准和规范，一般不能采用某一制造厂家的技术规格作为招标文件的技术要求。如果有兼容性要求的，技术规范应清楚地说明与已有的设施或设备兼容的要求。

例如，在 10kV 开关柜招标货物采购招标文件中提出的技术要求如下：

除本招标文件中提出的要求外，合同设备的设计、制造、试验、验收材料等方面应遵循下述最新版本规范和标准。各标准有差异时，以对设备要求最严格的为准。

国际电工委员会标准：

IEC—298　《高压金属封闭开关设备和控制设备》

IEC—56　《交流高压断路器》

IEC—129　交流隔离开关和接地开关

IEC—185　电流互感器

IEC—186　电压互感器

IEC—99　交流无间隙金属氧化物避雷器

国家标准：

GB 156　标准电压

GB 191　包装、贮运标志

GB 311.1　高压输变电设备的绝缘配合

GB 1207　电压互感器

GB 1208　电流互感器

GB 1984　交流高压断路器

GB 1985　交流高压隔离开关和接地开关

GB 3906　《3—35kV 交流金属封闭开关设备》

GB 4208　《外壳防护等级》

GB 11022　《高压开关设备通用技术条件》

GB 14285　《继电保护和安全自动装置技术规范》

GB 50227—95　《并联电容器装置设计技术规范》

GB 3983.2—89　高压并联电容器

行业标准：

DL 404　《户内交流高压开关柜订货技术条件》

DL 403　《3—35kV 户内高压断路器订货技术条件》

DLT 604—1996　《高压并联电容器装置订货技术条件》

SDJ 9　《电测量仪表装置设计技术规范》

当卖方执行高于上述规范和标准时，应提供这些标准给买方。在执行合同期间,若出现了与本合同设备有关的新的标准(IEC、GB、DL),也视为应遵循的标准。

开关柜的技术参数要求是:

额定电压　12kV
额定频率　50Hz
额定电流　进线柜　2000A
　　　　　出线柜　630A
额定短路开断电流　进线柜　31.5kA
　　　　　　　　　出线柜　25kA
额定短路关合电流(峰值)　63kA
额定短时耐受电流(4s,有效值)　25kA
额定工频耐受电压(1min)　42kV
额定雷电冲击耐受电压(峰值)　75kV
防护等级　外壳　IP4X

3) 投标报价

报价应包括单价、总价及运费、保险费、仓储费、装卸费、各种税、手续费等。设备、材料国际采购合同中常用的价格条件有离岸价格(FOB)、到岸价格(CIF)、成本加运费价格(CFR)等,这些都应在报价方法和要求中说明,否则,各家的报价就没有可比性。

4) 货物采购合同的主要内容

□ 标的

对设备的技术标准,应注明设备系统的主要技术性能,以及各部分设备的主要技术标准和技术性能。

关于设备供应方的现场服务,供方应派技术人员到现场服务,并明确服务内容,对现场技术人员在现场的工作条件、生活待遇及费用等做出明确规定。

□ 数量

数量的计量方法要按照国家或主管部门的规定执行,或者按照供需双方商定的方法执行。对于某些建筑材料,还应在合同中写明交货数量的正负尾数差、合理磅差和运输途中的自然损耗的规定及计算方法。

对设备的数量,应明确设备名称、套数、随主机的辅机、附件、易损耗备用品、配件和安装修理工具等,应于合同中列出详细清单。

□ 包装

包括包装的标准、包装物的供应和回收。包装标准是指产品包装的类型、规格、容量以及印刷标记等。

□ 交付及运输方式

交付方式可以是需方到约定地点提货或供方负责将货物送达指定地点两大

类。

□ 交货期限

应明确具体的交货时间。如果分批交货，要注明各个批次的交货时间。

□ 价格

对设备的价格，应该明确合同价格所包括的设备名称、套数，以及是否包括附件、配件、工具和损耗品的费用，是否包括调试、保修服务的费用等。

□ 验收和保修

成套设备安装后一般应进行试车调试，合同中应明确成套设备的验收办法以及是否保修、保修期限、费用负担等。

□ 结算的时间、方式和手续（略）

□ 违约责任（略）

12.4.4 工程监理服务采购招标文件

（1）招标文件的主要内容

工程监理服务的招标文件主要包括以下几个方面的内容：

1）投标人须知，包括答疑、投标和开标的时间、地点的规定、投标有效期、投标书编写及封装要求、招标文件、投标文件澄清与修改的时限以及无效投标的规定等；

2）工程项目简介，包括项目名称、地点和规模、工程等级、总投资、现场条件、计划开工和竣工时间等；

3）委托监理任务的范围和工作任务大纲；

4）合同条件；

5）评标原则、标准和评标方法；

6）招标人可以向监理人提供的条件，包括办公、住宿、生活、交通、通讯条件等；

7）监理投标报价方式及费用构成；

8）项目有关资料；

9）投标书格式和有关表格。

（2）招标文件的编制要点

1）委托监理任务大纲

监理任务大纲是监理投标单位制定监理规划、确定监理报价的依据，其主要内容有：监理工作纲要和目标，对总监理工程师及监理人员的要求，监理工作计划，投资、进度、质量控制的方法，合同管理和信息管理的方法，监理工作报告等。

2）监理任务

监理的内容，即监理过程中的具体工作，如协助业主进行设计管理、施工招标、确认分包商、审批设计变更、控制和协调工程进度、工程合同款支付签证、主持质量事故鉴定与处理等。

业主的授权，包括审批设计变更、停工令和复工令、采购及支付等的权利。

3）监理合同条件

一般采用国家颁布的标准合同文本。特殊项目或国际招标的项目可以采用国际咨询工程师联合会（FIDIC）颁布的雇主与咨询工程师项目管理协议书国际范本。

4）确定评标原则、标准和方法

监理招标的标的是"监理服务"，与工程和货物招标有所不同，因此，选择中标人的原则应该是基于能力、质量为主而不是以费用为主，应该在能力、质量和费用之间寻求平衡。

评标方法可以采用评议法、综合评分法和最低评标价法等。

12.5 评 标

评标的目的是在满足工程质量要求的前提下，保证采购工程、货物和服务所需要的费用最少，即采购的工程、货物和服务具有最佳经济性。

为达到上述目的，评标时，价格只是考虑的因素之一，其他因素还包括：
(1) 交货工程完工的时间；
(2) 关于费用支付的条件；
(3) 技术的优势、能力、生产率；
(4) 运行费用；
(5) 维护费用；
(6) 效率等。

因此，评标时需要综合考虑以上各个因素，对投标书做出综合评价。

12.5.1 评标的基本程序

货物和工程采购的评标都由以下步骤组成：
(1) 对投标书进行初步检查，确定响应性投标，并校正计算错误；
(2) 将投标书中的不同投标货币转换为常用的同一种货币并进行比较；
(3) 对投标书偏离和遗漏情况进行分析和量化；
(4) 运用评标标准进行评标；
(5) 准备评标报告。

12.5.2 投标书检查

(1) 投标书检查的主要内容

开标后和正式评标前,业主首先要确定每份投标文件是否完全符合招标文件的要求,因此需要对投标书进行检查,这个过程又称为初步评审。对投标书检查的主要内容包括:

1) 标书是否完整?是否有签名?
2) 是否包含了投标保证金和其他要求的文件?
3) 是否有计算错误?

要根据招标文件的有关条款,检查投标书在以下几个方面是否存在实质性偏差:

1) 技术;
2) 财务;
3) 管理;
4) 法律。

检查的目的是确定投标文件是否实质性响应了招标文件的要求,后期的详细评标只针对那些实质性响应的投标书。

(2) 不可接受的偏差

投标文件存在不可接受的偏差,将作为废标处理,按照世界银行采购政策要求,如果投标文件出现以下情况,可视为不可接受的偏差:

1) 迟到提交的投标文件;
2) 不合格的投标人;
3) 未签字的投标文件;
4) 没有或不可接受的投标保证金;
5) 投标人/联营体未通过资格预审
6) 要求报固定价格,而投标人要求价格调整;
7) 不可接受的替代设计;
8) 不符合时间进度要求;
9) 不可接受的分包;
10) 要求变更仲裁的条件、规则、地点等。

(3) 修正计算错误

修正计算错误是通常的商业惯例,一般在检查过程中和正式评标前完成。世界银行的采购政策要求,修正计算错误一般按照以下原则:

1) 当大小写数字不一致时,以大写为准;
2) 当小数点的位置明显有错误时应该更正;
3) 一般不修改单价和数量,只修改算术错误(加、减、乘、除),即修改小计和总数。

上述修改并不要求获得投标人的同意,也不需要其确认。如果修改合适,投标人会接受这些更正,如果投标人不接受,则有被没收投标保证金的风险。当然在必要时可以要求投标人澄清。

12.5.3 工程采购评标的方法

衡量投标文件是否最大限度地满足招标文件中规定的各项评价标准,可以采取打分的方法、折算货币的方法或者其他方法,评出中标人。需要量化的因素及其权重应当在招标文件中明确规定。评标委员会对各个评审因素进行量化时,应当将量化指标建立在同一基础或者同一标准上,使各投标文件具有可比性。

工程施工招标的评标主要考察投标人的标价、施工方案、工程质量、工期、企业的信誉和业绩等方面,评标的方法一般包括评议法、经评审的最低评标价法、综合评估法或者法律行政法规允许的其他评标方法。

(1) 经评审的最低评标价法

首先,通过对各投标书的审查,评标委员会要淘汰那些技术方案不满足基本要求的投标书。然后对基本合格的标书按预定的方法将某些评审要素按一定规则折算为评审价格,加到该标书的报价上形成评标价,以评标价最低的标书为最优。此时的最优并不一定是最低报价的投标书。

可以折算成价格的评审要素一般包括:

1) 投标书承诺的工期提前给项目可能带来的超前收益,可以以月为单位按预定计算规则折算为相应的货币值,从该投标人的报价内扣减此值;

2) 实施过程中必须发生而又属于招标文件中的明显漏项部分,给予相应的补偿,增加到报价上去;

3) 技术建议可能带来的实际经济效益,按预定的比例折算后,在投标价中减去该值;

4) 投标书内提出的优惠条件可能给招标人带来好处,以开标日为准,按照一定的方法折算后作为评审价格的考虑因素之一;

5) 对其他可以折算为价格的要素,按照对招标人有利或不利的原则,增加或减少到投标价上去。

经评审的最低评标价法一般适用于具有通用技术、性能标准或者投标人对其技术、性能没有特殊要求的招标项目。采用这一方法,评标委员会应当根据招标文件规定的评标价格调整方法,对所有投标人的投标报价作必要调整。

采用经评审的最低评标价法必须对报价进行严格审查。世界银行贷款项目的招标采购一般不设标底,而国内许多工程项目招标都编制标底。对投标价明显低于标底的,应该经过质疑、答辩的程序,或者要求投标人提出相关说明资料,以证明其具有实现低标价的有力措施。

(2) 综合评估法

综合评估法,是将最大限度地满足招标文件中规定的各项综合评价标准的投标人推荐为中标候选人的方法。采用这种方法,需要将评审各指标和评标标准在招标文件内规定，开标后按评标程序，根据评分标准，由评委对各投标单位的标书进行评分，最后以总分最高的投标单位为中标单位。具体步骤是：

1) 首先预先确定好评审内容，将要评审的内容划分为若干大类，并根据项目的特点和对承包商要求的重要程度分配分值比重，然后再将各类要素细化成评定小项并确定评分标准；

2) 对投标书评定记分，为了避免打分的随意性，应规定出测量等级，并按统一折算办法来打分；

3) 以累计得分评定投标书的优劣，各项评定内容的得分之和，综合反映了该投标单位的整体素质。

(3) 评议法

评议法不量化评价指标，通过对投标单位的能力、业绩、财务状况、信誉、投标价格、工期、质量、施工方案（或施工组织设计）等内容进行定性分析和比较，进行评议后选择在各指标都比较优良的投标单位为中标单位，也可以用表决的方式确定中标单位。这是一种定性的评价方法，由于没有对各投标书的量化比较，评标的科学性较差。其优点是简便易行，在较短时间内即可完成，一般适用于小型工程或规模较小的项目招标。

12.5.4 货物采购评标的方法

工程建设物资的采购应以最合理价格为原则，即评标时不仅要考察其报价的高低，还要考虑货物运抵现场过程中可能支付的所有费用，如果是设备招标则还要评审设备在预定的寿命期内可能投入的运营、维修和管理的费用等。

在采购大宗建筑材料或定型批量生产的设备时，由于标的物的规格、性能、主要技术参数均为通用指标，因此评标一般仅限于对投标人的商业信誉、报价和交货期限等方面的比较。而订购非批量生产的大型复杂机组设备、特殊用途的大型非标准部件，招标评选时要对投标人的商业信誉、加工制造能力、报价、交货期限和方式、安装（或者安装指导）、调试、保修及操作人员培训等各方面条件进行全面比较。

工程建设物资采购的评标方法一般包括综合评估法、经评审的最低评标价法、全寿命评标价法或者法律行政法规允许的其他评标方法。

(1) 经评审的最低评标价法

经评审的最低评标价法是以设备投标价为基础，将评定的各要素按预定的方法转换成相应的价格，在原投标价上增加或扣减该值而形成评标价价格。评标价格最低的投标书为最优。比如采购机组、车辆等大型设备时，较多采用这种方法。在评标时，除投标价格以外，还需要考察的因素和折算方法如下：

1) 运输费用

这部分可能是需要招标单位额外支付的费用，包括运费、保险费和其他费用，如运输超大件设备需要对道路加宽、桥梁加固等所需要的支出等。换算为评标价格时可以按照运输部门（铁路、公路、水运）、保险公司及其他有关部门公布的取费标准，计算货物运抵最终目的地将要发生的费用。

2）交货期

以招标文件规定的具体交货时间作为标准，当投标书中提出的交货期早于或者晚于规定时间时，要考察这种提前或延误是否给招标单位带来收益或者损失。提前交货，有时会对招标人有好处，比如带来一定的收益，但是，有时也会带来麻烦，比如要增加现场的仓储管理费和设备保养费。如果迟于规定时间交货，但推迟的时间是在可以接受的范围内，则交货日期每延迟一定时间，就按照投标价的某一百分比计算折减价，将其加到投标价上去。

3）付款条件

投标人应该按照招标文件规定的付款条件来报价，对不服从付款条件的投标，可视为非响应性投标而予以拒绝。但在定购大型设备的招标中，如果投标人在投标书中提出，若采用不同的付款条件（如增加预付款或前期阶段支付款）就可以降低报价，以此作为选择方案供业主参考，则这一付款要求也可以给予考虑。当支付要求的偏离条件在可接受的条件下，应将偏离要求而给业主增加的费用（如资金利息等），按招标文件中规定的贴现率换算成评标时的净现值，加到投标书中提出的报价中。

4）设备性能、生产能力

设备应具有招标文件技术规范中所规定的生产效率。如果所提供设备的性能、生产能力等某些技术指标没有达到技术规范要求的基准参数，则每种参数比基准参数低百分之几，应以投标设备实际生产效率单位成本为基础计算，在投标价格上增加若干金额。

5）零配件和售后服务

零配件以设备运行若干年内各种易损备件的获取途径和价格作为评审要素。售后服务内容一般包括安装监督、设备调试、提供备件、负责维修、人员培训等工作，评价这些服务的可能性和价格。如果招标文件规定报价应该包括这两部分费用，则评标时就不必考虑，如果要求投标人单独报价，则应将其加到投标价上。

对于技术规格简单的初级商品、原材料、半成品以及其他技术规格简单的货物，由于其性能质量相同或比较容易比较其质量级别，可把价格作为惟一尺度，将合同授予报价最低的投标者。

(2) 全寿命评标价法

许多生产线、成套设备、车辆等运行期间的各种后续费用（备件、油料及燃料、维修等）较高的货物，可以采用设备全寿命期的费用为基础进行评估。评标时应首先确定一个统一的设备评审寿命期，然后再根据各投标书的实际情况，在投标价上加上该年限运行期内所发生的各项费用，再减去寿命期末的残值。计算各项费用和残值时，都应按照招标文件中所规定的贴现率折算成净现值。

这种方法是在经评审的最低评标价的基础上进一步增加运行期期间的费用作为评审价格。这些应以贴现值计算的费用包括：

1) 燃料、零件费用；
2) 维护费用；
3) 使用期内的所有权费用；
4) 转售价值/残值。

例如，某货物采购招标，A 为国内投标人，B 为外国投标人，考虑设备的生命周期费用，评标价的计算如表 12-7 所示。

货物采购考虑生命周期费用时的评标价计算示例　　　　表 12-7

	A 国内标	B 国外标
初始费用评价总值（无优惠）	46,400	44,350(CIF)
8 年的燃料费（折现值）	52,000	46,000
8 年的维护费用	34,000	28,000
减去残值/转售价值	2,000	5,000
生命周期费用	130,400	113,350
国内优惠*		6,337(15% of CIF)
包括国内优惠的评标价	130,400	119,687
排名	2	1

* 国内优惠：根据世界银行采购要求，对货物和工程采购可以考虑国内优惠，而对货物采购幅度为 15%。

(3) 综合评估法

按照预先确定的评分标准，分别对各投标书的报价和各种服务进行评审计分。

1) 评审计分的评审要素

主要内容应该包括：投标价格，运输费、保险费和其他费用的合理性，投标书中所包的交货期限，偏离招标文件规定的付款条件影响，备件价格和售后服务，设备的性能、质量、生产能力、技术服务和培训等等。

2) 评审要素的分值分配

评审要素确定后，应根据采购对象的性质、特点及各要素对总投资的影响程度划分权重和计分标准。

3) 采用综合评分法的有关要求

仅当评审因素无法通过货币方法量化时才采用综合评分法。其优点是比较简单、直观，缺点是对分数的分配带有主观性，因此，一般不鼓励采用，只有在例外的情况才使用这种方法。

采用综合评分法评标时,对不同的技术特征分别打分,并且要对不同的技术特征给予不同的权重,例如,在设备采购中,典型的分数安排是:

设备价格	65~70
备用零件	10
技术特性	10
售后服务	5
标准化	5
总分	100

在招标文件中应该明确打分权重,并且要明确选择的方法:最高得分的标书中标,或单位分数价格最低的标书中标。

综合评估法的好处是简便易行,评标时考虑要素较为全面,可以将难以用金额表示的某些要素量化后加以比较。缺点是各个评标委员独立打分,对评标人的水平和知识要求比较高,否则主观随意性大。有时由于各投标人提供的设备型号差异,难以合理确定不同技术性能的相关分值。

例如,某货物采购项目采用综合评估法评标,如表12-8所示。

某货物采购项目采用综合评估法评标示例　　　　　表12-8

		总分	A	B	C
1	船体	30	20	15	25
2	动力设备:功率、性能及可靠性	30	25	20	26
3	冷藏:设备、性能及可靠性	30	28	20	23
4	服务设备及备用零件的供应	10	10	10	10
5	综合分数	100	83	65	80
6	评估价格(美元)		450,000	365,000	435,000
7	单位分数价格		5,421	5,615	5,437
拒绝综合打分在75分以下的方案B,在A和C中作选择,最终授标给A			83		80

(4) 国内优惠

世界银行贷款项目的货物采购,也允许给予国内企业一定的优惠,按照世界银行采购政策的要求,货物采购的国内优惠:

只针对本地制造的货物,且该货物的人力、原材料以及部件至少为出厂价的30%;

在递交标书前,该生产设施已在用于生产该类货物;

按照CIF价的15%计算(加到国外投标人的报价上);

仅对采用国际竞争性招标（ICB）时适用，对采用国内竞争性招标（NCB）或其他招标方法时不适用。

例如，某货物采购招标，A 为国内投标人，B 为外国投标人，考虑交货、担保等各种因素，并折算成费用，评标价的计算如表 12-9 所示。

某货物采购招标考虑国内优惠时的评标计算示例　　　　表 12-9

	A 国内标	B 国际标
出厂/离岸价		
海运及保险		
出厂/到岸价		
出厂/到岸价换算为美元	45,000	42,250
国内运输	200	1,500
运到现场价	45,200	43,750
支付条件偏差（罚金）	…	50
交货/完工 评价	1,200	…
质量保证	…	100
总评标价	46,400	44,350
国内优惠（CIF 的 15%）	…	6,337
考虑国内优惠的评标价	46,400	50,687
排名	1	2

（5）对货物采购评标的其他方法——考虑生产率费用方法

确定在生命周期内每单位产出的费用，进行比较，计算方法，用生命周期内的费用净现值除以总的产出。

例如，某棕榈油厂项目采用生命周期费用法评标，如表 12-10 所示。

某棕榈油厂项目采用生命周期费用法评标示例　　　　表 12-10

	A 投标人	B 投标人
初始费用	9,500	10,300
年度运行费	(1,200)	(1,000)
考虑运行 6 年 12% 折现率计算 NPV 费用	4,933	4,111
生命周期总费用	14,433	14,411
每年产量	3,600	4,000
单位产出费用评价	4.01	3.60
排名	2	1

注：所有价格以千美元计。

12.5.5 咨询服务采购的评标

（1）咨询服务采购的特点

与工程、货物招标采购相比，咨询服务单位的选择具有以下特点：

1) 通常涉及到无形商品的提供,其质量和内容难以像货物和工程那样定量描述,有时难以精确描述其技术规格。

2) 重视投标人的能力和质量(这主要有咨询公司的技术和专门知识决定),而不是价格。而且,越是智力投入高、对专业技术水平有特别要求的招标项目,价格因素在评审中占的比例就越低。

3) 有的咨询服务项目(如设计、专题咨询)涉及某些特定技术或艺术,往往与知识产权的保护息息相关,能够满足要求的咨询公司的范围受到一定的限制。因此,只能在一定范围内通过征求建议书,参加竞争性谈判方式进行。

根据以上特点,结合有关国际惯例和国内法规以及实践,咨询服务采购的方法除了公开招标、邀请招标以外,还有征求建议书、两阶段招标、竞争性谈判、设计竞赛以及聘用专家等形式。

(2) 评标方法

对咨询服务单位的评选可以采用如下几种方式:

1) 基于质量和费用(QCBS, Quality & Cost Based System)的选择方法

在咨询单位段名单中使用竞争程序,根据其建议书的质量和服务的价格来选择中标单位,对于质量和价格的权衡应取决于具体咨询服务的性质和内容。

2) 基于质量的评标方法

基于质量的评标方法适用于如下类型的任务:

□ 复杂的或专业性很强的任务,很难确定精确的任务要求和所需要的投入,招标人希望投标人在建议书中提出创新(国家经济或行业研究、跨行业可行性研究、设计一个处理有危险废弃物的工厂、制定城市总体规划或金融部门改革方案等);

□ 对后续工作具有很大影响希望请最好的专家来完成的任务;

□ 可用不同方法完成的任务,以至于不同的服务建议书之间不具有可比性。

在基于质量的评标方法中,招标文件可要求之提交技术建议书,不提交财务建议书,或者要求同时提交技术建议书和财务建议书,但分装在不同的信封内(双信封制)。

如果只提交技术建议书,在完成技术建议书的评审后,招标人应要求获得最高技术评分的咨询单位提供一份详细的财务建议书。然后,招标人应与咨询服务投标人就财务建议书进行谈判。

如果要求同时提交技术建议书和财务建议书,则应像基于质量和费用的评标方法一样进行评估,设定保护措施,以保证只拆封选中公司的财务建议书,其余的应在谈判顺利结束后原封退还。

3) 最低费用的选择方法

这一方法适用于具有标准或常规性质的任务(如审计、非复杂工程的设计等),这类任务一般有公认的惯例和标准,合同金额也不大。

4）基于咨询单位资历的选择方法

这一方法适用于很小的任务，不必为此准备和评审有竞争的建议书。

以上四种方法中，基于质量和费用的评标方法在咨询服务招标采购实践中最为常用。

(3) 世界银行基于质量和费用（QCBS）的选择方法

1）对技术建议书的质量评审

对技术建议书的质量评审内容，主要包括以下几个方面：

- 投标人与该工作任务的相关经验；
- 准备采用的工作方法的质量；
- 建议的关键人员的资历；
- 知识的转让；
- 在执行任务所需要关键人员中本国人员的参与程度，世界银行鼓励本国人员更多地参与项目的建设。

应该对每个内容在 0~100 分范围内进行打分，然后将分值加权计算得到总分数。

投标人的专门经验	5~10
工作方法	20~50
关键人员	30~60
知识转让	0~10
本国人员的参与	0~10
总分	100

2）评审内容的权重

对每项评审内容的权重建议：

3）评审内容的再细化：

应该对各项评审内容再进一步细化，并确定各个子项的评分标准。

4）评估方法

建议只对关键人员加以评估。鉴于关键人员最终决定工作完成的质量，如果提出的任务较复杂，就应给予这一标准更多的权重。评标委员会应通过履历表审查建议的关键人员资历和经验。

如果完成任务主要取决于关键人员的表现，如一大组特定人员中的主要负责人，则可以考虑进行面试，考察其对咨询项目的理解和认识、控制目标的设定和保障目标实现的措施等。根据与任务的相关程度，对人员按以下三个子标准评级：

- 一般资历：一般的教育和培训程度、工作经历及年限、现任职务、作为咨询公司职员的年限、在发展中国家的工作经验等；
- 承担任务的充足条件：与特定任务相关的教育程度、培训及针对该行业、领域、学科的经验等；
- 在该地区的经验：对当地语言、文化、管理体制、政府机构的了解程度等。

5）技术标的合格条件

评标委员会应该以对任务大纲的响应性为基础对各建议书进行评审。如果某份建议书没有对任务大纲中的重要方面做出响应，或未能达到邀请函中规定的最低技术分,则应被认为是不合适的,并在这一阶段被拒绝,同时他们的财务建议书将原封不动地被退回。在这一阶段结束时,评标委员会应准备一份对建议书"质量"的评审报告,说明得出评审结果的依据和每份建议书相应的长处和不足。

6) 费用评审

对商务标的审查,如存在算术错误,首先应予以校正;其次要将投标货币换算成评标货币;然后,将报价折算成评标分。报价的"费用"应不含税,但包括其他可报销费用,如旅费、翻译费、报告打印费或文秘费等。可给予报价最低的建议书财务 100 分,其他建议书的财务得分按其报价成反比递减。作为选择,也可以在对费用分配分值时使用正比或其他方法。所使用的方法应在招标文件中说明。

7) 质量和费用综合评审

将质量和费用得分加权后相加得到总分。应该根据任务的复杂性和质量的相对重要性的情况下选定"费用"的权重。费用评分的权重不应过大,一般应控制在占总分的 10%~20% 之间,无论在任何情况下均不应超过 30%。

(4) 我国基于费用和质量的评价方法

以上主要是世界银行等国际组织对服务采购的一般评价方法,而我国的做法基本与此类似,说明如下:

1) 对技术标书的评审

一般来讲,对于设计招标,主要从设计方案、投入产出、经济效益以及设计进度等方面评审。对于监理招标,主要从质量控制、进度控制、投资控制、信息管理和合同管理等的人员、措施和方法等进行评审。

2) 对咨询单位的业绩和资质的评审

企业业绩,主要评审咨询单位有无类似咨询服务的经验,以往所作的咨询服务的项目情况、服务内容、获奖情况等。

资质,目前咨询服务方面的自治主要有工程咨询、勘察、设计、工程监理、招标代理、造价咨询等,资质等级一般分为甲、乙、丙等等级。

3) 费用评审

关于费用评审,我国一般有两种方式,一是以国家物价管理部门和有关行业主管部门、行业管理协会等制订的咨询服务价格为基准来评价咨询服务费用,二是以各个咨询投标单位的报价为基准来评价咨询服务费用。

【案例 12-3】

某招标项目采用基于监理质量和费用的方法选择工程监理单位。技术标的权重为 90%,商务标的权重为 10%。技术标的评审分为三个主要部分,各以百分制计分,分项权重分别为:公司经验 10%,实施方案 40%,人员配备 50%。有 A、B、C、D、E 五家单位参加投标竞争。

(1) 技术标的评审

评审方法见表12-11（仅以A、B两家公司为例）。

技术标评审　　　　　　　　　　表12-11

评价要素	权重(%)	A公司 评委打分	A公司 平均得分	A公司 加权得分	B公司 评委打分	B公司 平均得分	B公司 加权得分
1. 公司经验	10						
一般经验	4	90，80，90，80	85.00	3.40	80，75，75，75	76.25	3.05
特殊技术经验	6	80，70，75，85	77.50	4.65	90，90，85，85	87.50	5.25
2. 实施方案	40						
组织机构	6	95，90，85，90	90.00	5.40	80，80，75，85	80.00	4.80
工作计划	6	70，75，80，75	75.00	4.50	90，90，85，85	87.50	5.25
三控手段	14	80，85，75，75	78.75	11.03	90，90，85，85	87.50	12.25
计算机软件水平	6	80，85，90，90	86.25	5.18	80，75，75，70	76.25	4.58
方案的创造性	8	60，50，50，55	53.75	4.30	80，85，85，75	81.25	6.50
3. 人员配备	50						
总监人选	16	85，80，80，75	80.00	12.80	70，75，75，70	72.50	11.60
其他人员资质	10	80，85，75，75	78.75	7.88	80，80，85，80	81.25	8.13
专业满足程度	8	100，95，100，95	97.50	7.80	95，90，95，90	95.50	7.40
人员数量	8	95，90，90，90	91.25	7.30	90，85，90，85	87.50	7.00
人员计划	8	80，85，80，80	81.25	6.50	90，85，80，85	85.00	6.80
合计	100			80.75			82.61

对五份标书的技术评标评分汇总如表12-12所示。

　　　　　　　　　　　　　　　　　　　　　表12-12

投标人	A	B	C	D	E
技术评分	80.75	82.61	78.25	76.34	63.64

（2）商务标评分

最低价为C单位的报价10.5万元。以最低的投标价为基数，计算其他投标书的折算分，如表12-13所示。

商务标评审　　　　　　　　　　表12-13

投标人	A	B	C	D	E
报价（万元）	15.00	12.00	10.50	11.00	16.50
报价折算分	70.00	87.50	100.00	95.45	63.65

注：表中，报价折算分=（投标人C报价/各投标人报价）×100。

(3) 综合得分

如表 12-14 所示。

投标人综合得分　　　　　　　　　　　　　表 12-14

投标人	权重	A	B	C	D	E
技术得分	90	72.67	74.35	70.43	68.71	57.28
报价得分	10	7.00	8.75	10.00	9.55	6.36
总分		79.67	83.10	80.43	78.26	63.64

得分最高的为 B 公司，但其报价居于第三位。

值得说明的是，如果将报价得分权重定为 30%，则评分结果如表 12-15 所示，此时的中标人应该为 C 公司，如表 12-15 所示。

报价得分权重为 30% 时，各投标人得分　　　　　表 12-15

投标人	权重	A	B	C	D	E
技术得分	70	56.53	57.83	54.78	53.44	44.55
报价得分	30	21.00	26.25	30.00	28.64	19.09
总分		77.53	84.08	84.78	82.08	63.64

复习思考题

1. 工程发包与采购阶段项目管理的任务是什么？
2. 采购规划的作用和编制程序是什么？
3. 工程施工招标的程序是什么？
4. 工程施工采购评标的方法有哪些？
5. 货物采购评标的方法有哪些？
6. 工程监理评标的方法有哪些？
7. 某业主在招标时收到若干份投标文件，发现其中有两份投标文件存在错误，分别如表 12-16 所示。

表 12-16

	数量（m³）	单价（美元/m³）	总价（美元）
土方挖掘			
标书 A	100,000	5.00	50,000
标书 B	100,000	500.00	500,000

说明：招标人估算每 1m³ $4.5。

针对以上问题，请回答：

(1) 如何按照世界银行指南的规定更正错误？

(2) 你会要求投标商确认接受更正吗？请解释。
(3) 如果投标商拒绝接受更正，你该怎么做？
(4) 与此类更正相关联的风险是什么？投标商是否会在中标或此后的合同执行中利用此事作其他的"文章"吗？
(5) 假设固定总量和分项数量不变，而修改单价的方法是否适宜？你会这样做吗？为什么？

8. 某招标人发布招标文件，拟采购 120 辆皮卡货车，招标文件提出的要求如下：4 轮驱动皮卡货车、功率 78 马力、每分钟转速 2400r/min、有效荷载 1t、转弯直径 21m、底盘高度 30cm、油箱 70L。共收到 6 份标书，其中 4 家标书被拒绝，理由分别表述在表 12-17 中。其中，第 5 家标书被要求将价格降至第 1 家标书的水平，遭到拒绝；然后 第 6 家标书被要求将价格降至第 4 家标书的水平，最终被授予合同。

表 12-17

标书号	CIF 价（美元）	拒绝/接受理由
1	10,000	动力不足（48 马力）
2	11,000	转径大（22m）；悬架负重差
3	11,500	底盘高（32cm）
4	12,500	油箱小（65L）
5	13,000	符合技术规范
6	13,500	符合技术规范

以上的评标程序和方法是否符合世界银行采购政策的规则？请分组讨论并说明理由。

13 施工阶段的项目管理

项目施工阶段投资量大、工期紧、协调关系复杂，施工质量体现了项目总体质量要求。施工阶段项目管理是整个工程建设项目管理过程中一个重要环节，是实现建设项目价值和参与各方自身利益的关键。本章在阐述施工阶段项目管理目标和任务的基础上，分析了施工阶段工程价款结算、施工平面图设计、工程竣工验收等主要项目管理工作的内容、方法和步骤。

13.1 建设项目施工阶段项目管理目标和任务

由于施工阶段项目参与各单位工作性质不同，工作任务和利益不同，因此业主方（包括监理、造价、招投标代理等单位）、施工方、勘察设计方项目管理的目标、任务和要求也不相同。

13.1.1 施工阶段业主方项目管理目标和任务

业主是建设项目施工生产各项资源的总集成者和总组织者，监理、造价、招投标代理等单位代表业主利益，为建设项目提供全方位、全过程的各种咨询服务。其项目管理目标包括项目施工阶段费用、施工进度、施工质量、施工安全等，项目管理任务主要如下：

(1) 投资控制

1) 在工程招标、设备采购的基础上对项目施工阶段投资目标进行详细的分析、论证；

2) 编制施工阶段各年、季、月度资金使用计划，并控制其执行；

3) 审核各类工程付款和材料设备采购款的支付申请；

4) 组织重大项目施工方案的科研、技术经济比较和论证；

5) 定期进行投资计划值与实际值的比较，完成各种投资控制报表和报告；

6) 工程投资目标风险分析，并应制定防范对策；

7) 审核和处理各项施工费用索赔事宜。

(2) 进度控制

1) 落实项目施工阶段的总体部署，进行施工总进度目标论证；

2) 编制或审核项目各子系统及各专业施工进度计划，并在项目施工过程中控制其执行；

3) 编制年、季、月工程综合计划，落实资源供应和外部协作条件；

4）审核设计方、施工方、材料设备方提交的施工进度计划和供应计划，并检查、督促和控制其执行；

5）定期进行施工进度计划值与实际值比较，分析进度偏差及其原因；

6）掌握施工动态，核实已完工程量，编制各年、季、月、旬进度控制报告；

7）根据施工条件的变化，及时调整施工进度计划。

(3) 质量控制

1）组织并完成施工现场的"三通一平"工作，包括提供工程地质和地下管线资料，提供水准点和坐标控制点等；

2）办理施工申报手续，组织开工前的监督检查；

3）组织图纸会审和技术交底，审核批准施工组织设计文件，对施工中难点、重点项目的施工方案组织专题研究；

4）审核承包单位技术管理体系和质量保证体系，审查分包单位资质条件；

5）审查进场原材料、构配件和设备等的出厂证明、技术合格证、质量保证书，以及按规定要求送验的检验报告，并签字确认；

6）检查和监督工序施工质量、各项隐蔽工程质量，以及分项工程、分部工程、单位工程质量，检查施工记录和测试报告等资料的收集整理情况，签署验评记录；

7）建立独立平行的监测体系，对工程质量的全过程进行独立平行监测；

8）处理设计变更和技术核定工作；

9）参与工程质量事故检查分析，审核批准工程质量事故处理方案，检查事故处理结果。

(4) 安全控制

1）审查安全生产文件，督促施工单位落实安全生产的组织保证体系和安全人员配备，建立健全安全生产责任制；

2）督促施工单位对工人进行安全生产教育及部分工程项目的安全技术交流；

3）审核进入施工现场承包单位和各分包单位的安全资质和证明文件，检查施工过程中的各类持证上岗人员资格，验证施工过程所需的安全设施、设备及防护用品，检查和验收临时用电设施；

4）审核并签署现场有关安全技术签证文件，按照建筑施工安全技术标准和规范要求，审查施工方案及安全技术措施；

5）检查并督促施工单位落实各分项工程或工序及关键部位的安全防护措施，审核施工单位提交的关于工序交接检查，分部、分项工程安全检查报告，定期组织现场安全综合检查评分；

6）参与意外伤害事故的调查和处理。

(5) 合同管理

1）合同结构的分解、合同类型确定、合同界面划分和合同形式的选择；

2) 合同文件起草、谈判与签约,包括设计、勘察、施工、监理、设备材料采购等各类项目合同;

3) 通过合同跟踪、定期和不定期的合同清理,及时掌握和分析合同履行情况,提供各种合同管理报告;

4) 针对工程实际情况与合同有关规定不符的情况,采取有效措施,加以控制和纠正;

5) 合同变更处理;

6) 工程索赔事宜和合同纠纷的处理。

(6) 组织与协调

1) 主持协调项目参与各方之间的关系;

2) 组织协调与政府各有关部门、社会各方的关系;

3) 办理建设项目报建、施工许可证等证照及各项审批手续。

(7) 竣工验收

1) 在施工单位自评合格,勘察、设计单位认可的基础上,对竣工工程质量进行检查,确认完成工程设计和合同约定的各项内容,达到竣工标准;

2) 制订竣工验收计划,组成专家验收组,确定验收方案,书面通知建设参与各方和工程质量监督机构;

3) 组织规划、人防、消防、电梯、卫生、环境保护、交通等专项验收,完成专业单位的检测和测量报告,取得专业管理部门的验收认可文件或准许使用文件;

4) 组织竣工档案资料检查,取得档案验收合格证,按规定向有关主管部门移交工程档案资料;

5) 组织有关单位现场验收检查,形成竣工验收意见,共同签署竣工验收报告;办理竣工决算,支付质量保证金;

6) 按照规定向工程质量监督机构办理竣工验收手续,提交《建设项目竣工验收报告》,办理竣工验收备案手续;

7) 组织办理工程移交手续。

13.1.2 施工阶段承包方项目管理目标和任务

施工阶段承包方是施工阶段项目管理的实施主体,其项目管理目标包括项目施工成本、施工进度、施工质量、施工安全等,项目管理任务主要如下:

(1) 成本控制

1) 编制施工成本计划,设定目标成本,并按工程部位进行项目成本分解,确定施工项目人工费、材料费、机械台班费、措施费和间接费的构成;

2) 建立项目成本核算制,明确项目成本核算的原则、范围、程序、方法、内容、责任及要求,并设置核算台账,记录原始数据;

3）落实施工成本控制责任者，制定成本要素的控制要求、措施和方法；

4）合理安排施工采购计划，通过生产要素的优化配置，有效控制实际成本；

5）加强施工调度、施工定额管理和施工任务单管理，控制活劳动和物化劳动；

6）采取会计核算，统计核算和业务核算相结合的方法，进行实际成本与责任目标成本的比较分析、实际成本与计划目标成本的比较分析，分析偏差原因，并制定控制的措施；

7）编制月度项目成本报告，预测后期成本的变化趋势和状况。

(2) 进度控制

1）根据施工合同确定的开工日期和总工期，确定施工进度总目标，并分解为交工分目标、按承包的专业或施工阶段的分目标；

2）建立以项目经理为责任主体，子项目负责人、计划人员、调度人员、作业队长及班组长参加的项目进度控制体系；

3）编制施工总进度计划和单位工程施工进度计划及相应的劳动力、主要材料、预制件、半成品和机械设备需要量计划、资金收支预测计划，并向业主报告；

4）编制年、月、旬、周施工计划，逐级落实施工任务，最终通过施工任务书由班组进行实施；

5）跟踪和记录施工进度计划的实施，对工程量、总产值、耗用的人工、材料和机械台班等数量进行统计与分析，发现进度偏差（不必要的提前或延误）和影响进度的原因；

6）采取调度措施及时调整施工进度计划，并不断预测未来进度状况。

(3) 质量控制

1）编制项目质量计划及施工组织设计文件，建立和完善质量保证体系；

2）编制测量方案，复测和验收现场定位轴线及高程标桩；

3）工程开工前及施工过程中，进行书面技术交底，办理签字手续并归档；

4）组织原材料、构配件、半成品和工程设备的现场检查、验收和测试，并报经监理工程师批准；

5）组织工序交接检查、隐蔽工程验收和技术复核工作；

6）严格执行工程变更程序，工程变更事项经有关方批准后才能实施；

7）按国家建设项目质量管理有关规定处理施工过程中发生的质量事故；

8）落实建筑产品或半成品保护措施。

(4) 安全控制

1）建立安全管理体系和安全生产责任制，编制施工安全保证计划，制订现场安全、劳动保护、文明施工和环保措施；

2）按不同等级、层次和工作性质有针对性地分别进行职工安全教育和培训，并做好培训教育记录；

  3）检查各类施工持证上岗人员的资格，落实劳动保护技术措施和防护用品；

  4）按规范要求检查和验收施工机械、施工机具、临时用电设施、脚手架工程，对施工过程中的洞口、临边、高空作业采取安全防护措施；

  5）施工作业人员操作前，组织安全技术交底，双方签字认可；

  6）按有关资料对施工区域周围道路管线采取相应的保护措施；

  7）组织有关专业人员，定期对现场的安全生产状况进行检查和复查，并做好记录；

  8）依法办理从事危险作业职工的意外伤害保险。

（5）合同管理

1）建立施工合同管理组织体系和各项管理制度，明确合同管理工作职责；

2）审查合同文本，研究合同条款，分析合同风险，提出防范对策；

3）参与施工合同的谈判，办理合同签约手续；

4）跟踪施工合同执行情况，分析进度、成本、质量合同目标的偏差程度，并提出调整方法和措施；

5）落实工程合同变更；

6）运用施工合同条件和有关法规，按约定程序处理施工索赔和合同纠纷。

（6）组织与协调

1）参与协调施工阶段项目各参与方之间的关系；

2）组织协调与政府各有关部门、社会各方的关系；

3）办理各类施工证照及审批手续。

（7）竣工验收

1）组织竣工初验，确认工程质量符合法律、法规和工程建设强制性标准规定，符合设计文件及合同要求，提出工程竣工申请；

2）按规定要求收集整理质量记录，编制竣工文件；

3）参与竣工验收检查，陈述工作报告，签署竣工验收报告；

4）及时整改处理查出的施工质量缺陷；

5）签署工程质量保修书；

6）完成工程移交准备。

13.1.3　施工阶段勘察设计方项目管理目标和任务

  勘察设计单位是建设项目的主要参与方。尽管勘察设计单位的项目管理任务主要集中在设计阶段，但在工程实践中设计阶段和施工阶段往往是交叉进行的。施工阶段勘察设计单位项目管理效果好坏，直接影响施工阶段管理目标和任务实现。施工阶段勘察设计方项目管理目标包括项目设计成本、设计进度、设计质量、设计安全等，其项目管理主要任务如下：

(1) 勘察方项目管理任务

1) 按工程建设强制性标准实施地质勘察，保证勘察质量；
2) 向业主提供评价准确、数据可靠的勘察报告；
3) 对地基处理、桩基的设计方案提出建议；
4) 检查勘察文件及施工过程中勘察单位参加签署的更改文件材料，确认勘察符合国家规范、标准要求，施工单位的工程质量达到设计要求；
5) 参与竣工验收检查，陈述工作报告，签署竣工验收报告。

(2) 设计方项目管理任务

1) 严格执行强制性标准和有关设计规范，按时保质提供施工图及有关设计资料；
2) 经施工图审查合格后，参与设计交底、图纸会审，并签署会审记录；
3) 配合业主招标工作，编制招标技术规格及施工技术要求；
4) 审核认可设备供应商及专业分包商的深化设计；
5) 派遣具有相应资质、水平和能力的人员担任现场设计代表，及时解决施工中有关设计问题，并出具设计变更或补充说明；
6) 参与隐蔽工程验收和单位工程竣工验收；
7) 参与工程质量事故分析，并对因设计造成的质量事故，提出相应的技术处理方案。
8) 检查设计文件及施工过程中设计单位参加签署的更改设计的文件材料，确认设计符合国家规范、标准要求，施工单位的工程质量达到设计要求；
9) 参与竣工验收检查，陈述工作报告，签署竣工验收报告。

13.2 建设项目工程价款结算

建设项目工程结算，是指对建设项目的承发包合同价款依据合同约定进行工程预付款、工程进度款、工程竣工价款结算的活动。承发包各方从事工程价款结算活动，应当遵循合法、平等、诚信的原则，并符合国家有关法律、法规和政策。

13.2.1 工程合同价款的约定与变更

(1) 工程合同价款的约定

招标工程的合同价款应当在规定时间内，依据招标文件、中标人的投标文件，由发包人与承包人订立书面合同约定。发、承包人在签订合同时对于工程价款的约定，可选用总价、单价和成本加酬金等方式。其中调整因素包括：法律、行政法规和国家有关政策变化影响合同价款；工程造价管理机构的价格调整；经批准的设计变更；发包人更改经审定批准的施工组织设计（修正错误除外）造成费用增加；双方约定的其他因素。合同价款在合同中约定后，任何一方不得擅自改变。

通常情况下，发包人、承包人在合同条款中对涉及工程价款结算的约定事项如下：

1）预付工程款的数额、支付时限及抵扣方式；
2）工程进度款的支付方式、数额及时限；
3）工程施工中发生变更时，工程价款的调整方法、索赔方式、时限要求及金额支付方式；
4）发生工程价款纠纷的解决方法；
5）约定承担风险的范围及幅度以及超出约定范围和幅度的调整办法；
6）工程竣工价款的结算与支付方式、数额及时限；
7）工程质量保修金的数额、预扣方式及时限；
8）安全措施和意外伤害保险费用；
9）工期及工期提前或延后的奖惩办法；
10）与履行合同、支付价款相关的担保事项。

(2) 工程价款的变更

工程变更是指设计文件或技术规范调整而引起的合同变更。它具有一定的强制性特点，且以监理工程师签发的工程变更为必要条件。在表现形式上工程变更有以下类型：

1）因设计变更或工程规模变化而引起的工程量增减；
2）因设计变更而使得某些工程内容被取消；
3）因设计变更或技术规范改变而导致的工程质量、性质或类型的改变；
4）因设计变更而导致的工程任何部分的标高、位置、尺寸的改变；
5）为使工程竣工而实施的任何种类的附加工作；
6）因规范变更而使得工程任何部分规定的施工顺序或时间安排的改变。

因工程量变更需调整合同中综合单价时，除合同另有约定外，可按照下列办法确定：

1）工程量清单漏项或设计变更引起的新的工程量清单项目，其相应综合单价由承包人提出，经发包人确认后作为结算的依据；
2）由于工程量清单的工程数量有误或设计变更引起工程量增减，属合同约定幅度以内的，应执行原有的综合单价；属合同约定幅度以外的，其增加部分的工程量或减少后剩余部分的工程量的综合单价由承包人提出，经发包人确认后作为结算的依据。

施工过程中发生工程变更，承包人按照经发包人认可的变更设计文件，进行变更施工，同时应当在合同规定的调整情况发生后 14 天内，将调整原因、金额以书面形式通知发包人，发包人应在收到变更工程价款报告之日起 14 天内予以确认或提出协商意见，未确认也未提出协商意见时，视为变更工程价款报告已被确认。

如果工程设计变更确定后14天内，承包人未提出变更工程价款报告，则发包人可根据所掌握的资料决定是否调整合同价款和调整的具体金额，并书面通知承包人。

变更合同价款按下列方法进行：
1) 合同中已有适用于变更工程的价格，按合同已有的价格变更合同价款；
2) 合同中只有类似于变更工程的价格，可以参照类似价格变更合同价款；
3) 合同中没有适用或类似于变更工程的价格，由承包人或发包人提出适当的变更价格，经对方确认后执行。如双方不能达成一致的，双方可提请工程所在地工程造价管理机构进行咨询或按合同约定的争议或纠纷解决程序办理。

当采用合同中工程量清单的单价和价格时，由于单价和价格是由承包人投标时提供的，容易被发包人、承包人及监理工程师所共同接受，从合同意义上讲也是比较公平的。

在FIDIC合同条件下，当出现下列情况，宜对有关工作内容采用新的费率或价格：

第一种情况：如果此项工作实际测量的工程量比工程量表或其他报表中规定的工程量的变动大于10%；工程量的变化与该项工作规定的费率的乘积超过了中标的合同金额的0.01%；由此工程量的变化直接造成该项工作单位成本的变动超过1%；这项工作不是合同中规定的固定费率项目。

第二种情况：此工作是根据变更与调整的指示进行的；合同没有规定此项工作的费率或价格；由于该项工作与合同中的任何工作没有类似的性质或不在类似的条件下进行，故没有一个规定的费率或价格适用。

发包人和承包人要加强施工现场的造价控制，及时对工程合同外的事项如实记录并履行书面手续。凡由承发包双方授权的现场代表签字的现场签证以及承发包双方协商确定的索赔等费用，应在工程竣工结算中如实办理，不得因承发包双方现场代表的中途变更改变其有效性。

13.2.2 工程价款结算

工程价款结算是指承包人在工程实施过程中，依据合同中关于付款条款的规定和已完成的工程量，按照规定的程序向业主收取工程价款的一项经济活动。工程价款结算应按国家有关法律、法规和规章制度、国家有关部门发布的工程造价计价标准、计价办法等有关规定、建设项目承包合同、补充协议、变更签证和现场签证以及经认可的其他有效文件的约定办理。

(1) 工程预付款的拨付和扣回

工程预付款是工程施工合同订立后由发包人按照合同约定，在正式开工前预先支付给承包人的工程款。它是施工准备和所需要材料、结构件等流动资金的主要来源,习惯上也称预付备料款。

在《建设工程施工合同(示范文本)》中,对有关工程预付款作了如下约定,"实行工程预付款的,双方应当在专用条款内约定发包人向承包人预付工程款的时间和数额,开工后按约定的时间和比例逐次扣回。预付时间应不迟于约定的开工日期前7天。发包人不按约定预付,承包人在约定预付时间7天后向发包人发出要求预付的通知,发包人收到通知后仍不能按要求预付,承包人可在发出通知后7天停止施工,发包人应从约定应付之日起向承包人支付应付款的贷款利息,并承担违约责任"。

工程预付款额度各地区、各部门的规定不完全相同,主要是保证施工所需材料和构件的正常储备。一般是根据施工工期、建安工作量、主要材料和构件费用占承包总额的比例以及材料储备周期等因素经测算来确定。预付备料款额度的计算公式为:

$$预付备料款额度 = \frac{年度承包总额 \times 主要材料及构配件所占比重(\%)}{年度施工天数} \times 材料储备天数$$

根据上述计算结果,发包人可结合工程的特点,工期长短、市场行情、供求规律等因素,在招标文件的合同条件中约定工程预付款的百分比。包工包料工程的预付款按合同约定拨付,原则上预付比例不低于合同金额的10%,不高于合同金额的30%。对重大工程项目,按年度工程计划逐年预付。计价执行《建设工程工程量清单计价规范》的工程,实体性消耗和非实体性消耗部分应在合同中分别约定预付款比例。

发包人支付给承包人的工程预付款性质是预支。随着工程的进展,拨付的工程进度款数额不断增加,工程所需主要材料、构件的用量逐渐减少,原已支付的预付款应在工程进度款中以抵扣的方式予以陆续扣回。扣款的方法由发包人和承包人通过合同的形式予以确定,可采用等比率或等额扣款的方式,也可以计算工程预付款起扣点。

工程预付款起扣点表示未施工工程尚需的主要材料及构配件价值相当于工程预付款时累计支付的进度款数额。从工程预付款起扣点开始,每月以未施工工程尚需的主要材料及构配件价值抵充工程款的方式陆续扣回。其计算公式为:

$$工程预付款起扣点 = 工程承包总额 - (预付备料款 / 主要材料及构配件所占比重)$$

在操作过程中,工程预付款扣回需要针对工程实际情况具体处理,如有些工程工期较短、造价较低,就无需分期扣还;有些工期较长,如跨年度工程,其备料款占用时间很长,根据需要可以少扣或不扣。

(2) 工程进度款结算与支付

1) 工程进度款结算方式

承包工程进度款结算可以根据不同情况采取多种方式：

- 按月结算：即实行按月支付进度款，竣工后清算的办法。合同工期在两个年度以上的工程，在年终进行工程盘点，办理年度结算。
- 一次性结算：项目施工工期在 12 个月以内，或者工程承包合同价值在 100 万元以下的，可以实行工程价款每月月中预支，竣工后一次结算。
- 分段结算：即当年开工、当年不能竣工的工程按照工程形象进度，划分不同阶段支付工程进度款。例如某工程建设单位按工程合同造价分段拨付工程款：工程开工后，按工程合同造价拨付 20%；工程基础完成后，拨付 20%；工程主体完成后，拨付 25%；工程竣工验收后拨付 30%，5% 作为保留金。

2) 已完工程计量

工程计量不仅是控制项目费用支出的关键环节，同时也是约束承包人履行合同义务，强化承包人的合同意识的手段。采用单价合同承包的工程，工程量表中开列的是估算工程量，工程师必须对已完的工程进行计量，经过工程师计量所确定的数量是向承包人支付进度款的凭证；工程师通过按时计量，可以及时掌握承包人工作的进展情况和工程的进度。对于不合格的工作和工程，工程师可以拒绝计量。

承包人应当按照合同约定的方法和时间，向发包人提交已完工程量的报告。发包人接到报告后 14 天内核实已完工程量，并在核实前 1 天通知承包人，承包人应提供条件并派人参加核实，承包人收到通知后不参加核实，以发包人核实的工程量作为工程价款支付的依据。发包人不按约定时间通知承包人，致使承包人未能参加核实，核实结果无效。

发包人收到承包人报告后 14 天内未核实完工程量，从第 15 天起，承包人报告的工程量即视为被确认，作为工程价款支付的依据。对承包人超出设计图纸（含设计变更）范围和因承包人原因造成返工的工程量，发包人不予计量。

3) 工程进度款计价方法

工程进度款单价的计算方法，主要根据由发包人和承包人事先约定的工程价格的计价方法决定。目前我国工程价格的计价方法可以分为工料单价和综合单价两种方法。

当采用可调工料单价法时，在确定已完工程量后，可按以下步骤计算工程进度款：

- 根据已完工程量的项目名称、分项编号、单价得出合价；
- 将当月所完全部项目合价相加，得出直接工程费小计；
- 按规定计算措施费、间接费、利润；
- 按规定计算主材差价或差价系数；

□ 按规定计算税金；
□ 累计当月应支付的工程进度款。

当采用固定综合单价法时，计算工程进度款比较方便、省事，工程量得到确认后，只要将工程量与综合单价相乘得出合价，再累加即可完成当月工程进度款的计算。

4) 工程进度款支付

根据确定的工程计量结果，承包人向发包人提出支付工程进度款申请，发包人应在14天内向承包人支付工程进度款，并按约定时间扣回工程预付款，工程预付款与工程进度款同期结算抵扣。

【案例 13-1】 某工程承包合同总额为600万元，计划2005年4月底完工。主要材料及结构件金额占工程造价的62.5%，预付备料款额度为25%，工程保修金为25%，2005年1~4月该工程实际完成施工产值如表13-1所示。采用按月结算方式，试计算预付备料款、预付备料款的起扣点、1~4月份工程进度款。

2005年1~4月份实际完成施工产值 表13-1

月 份	1月	2月	3月	4月
实际完成施工产值（万元）	100	140	180	180

【解】

(1) 预付备料款 = 600 × 25% = 150 万元

(2) 预付备料款的起扣点 = 600 − 150/62.5% = 600 − 240 = 360 万元 即累计结算工程款达到360万元后，开始扣预付备料款。

(3) 1月完成产值100万元，结算100万。

(4) 2月完成产值140万元，结算140万，累计结算工程款240万元。

(5) 3月完成产值180万元，到4月份为止累计完成产值420万元 > 360万元，超过了预付备料款的起扣点。

3月份应扣回的预付备料款 = (420 − 360) × 62.5% = 37.5 万元

3月份结算工程款 = 180 − 37.5 = 142.5 万元，累计结算工程款382.5万元。

(6) 4月份完成产值180万元，应扣回预付备料款 = 180 × 62.5% = 112.5 万元，应扣5%的保留金 = 600 × 5% = 30 万元。

4月份结算工程款 = 180 − 112.5 − 30 = 37.5 万元。1~4月份累计结算工程款420万元，加上预付备料款150万元，共结算570万元，预留合同总额的5%作为保修金。

发包人超过约定的支付时间不支付工程进度款，承包人应及时向发包人发出要求付款的通知，发包人收到承包人通知后仍不能按要求付款，可与承包人协商签订延期付款协议，经承包人同意后可延期支付，协议应明确延期支付的时间和从工程计量结果确认后第15天起计算应付款的利息。

发包人不按合同约定支付工程进度款，双方又未达成延期付款协议，导致施工无法进行，承包人可停止施工，由发包人承担违约责任。

13.2.3 工程竣工结算

工程竣工结算指承包人按照合同规定的内容全部完成所承包的工程，经验收质量合格，并符合合同要求之后，向发包人进行的最终工程价款结算。经审查的工程竣工结算是核定建设工程造价的依据，也是建设项目竣工验收后编制竣工决算和核定新增固定资产价值的依据。工程完工后，双方应按照约定的合同价款、合同价款调整内容以及索赔事项，进行工程竣工结算。工程竣工结算分为单位工程竣工结算、单项工程竣工结算和建设项目竣工总结算。

(1) 工程竣工结算报告编审

建设项目竣工结算可以单项工程为对象，也可以单位工程为对象。在建设工程完工后，工程验收前，施工单位负责编制并向建设单位提供竣工结算报告。

1) 单位工程竣工结算报告由承包人编制，发包人审查；实行总承包的工程，由具体承包人编制，在总包人审查的基础上，发包人组织审查。

2) 单项工程竣工结算报告或建设项目竣工总结算报告由总包人编制，发包人可直接进行审查，也可以委托具有相应资质的工程造价咨询机构进行审查。政府投资项目，由同级财政部门审查。单项工程竣工结算报告或建设项目竣工总结算报告经承发包人签字盖章后有效。

工程竣工结算报告编审的依据有：

1) 工程竣工图、项目竣工验收签证；
2) 中标通知书；
3) 工程承发包合同及补充合同、协议书；
4) 隐蔽工程验收资料、工程变更签证资料；
5) 设计单位发出的设计修改及补充通知书（文字及图纸）；
6) 现场有关签证资料；
7) 工程量计算书；
8) 工程施工记录和监理报告。

承包人应在合同约定期限内完成项目竣工结算编制工作，未在规定期限内完成并且提不出正当理由延期的，责任自负。

当前竣工结算存在的问题主要有：利用合同开口多算；隐蔽工程没有验收；设计变更事后签证；工程计量不按规定；结算单价随意高套；取费计算多加少扣等。针对上述问题，工程竣工结算审核工作尤为重要，应从以下几方面考虑：

1) 结算资料是否具有完整性、合法性和充分性；
2) 计价方式是否符合合同约定，工程量清单计算是否符合规则；
3) 清单项目人、材、机换算及计算结果是否准确；

4) 工程量调整、清单项目综合单价调整是否有依据,是否符合招标文件要求、投标承诺和合同约定,计算结果是否准确;

5) 主要材料消耗量计算是否准确,材料价格是否与报价相符,价格调整是否有依据;

6) 甲供材料的品种、数量和结算是否正确;

7) 甲方单独分包项目工程量的划分和结算是否正确;

8) 措施费用调整是否有依据,计费基数、取费标准、计算程序和计算结果是否正确;

9) 各种税金和规费计取是否符合税务和相关管理部门的规定;

10) 实际施工工期与合同工期比较,差异原因和责任;

11) 索赔和违约金支付的理由是否符合合同的约定或法规的规定,证据是否确凿、完整,费用计算是否正确;

(2) 工程竣工结算审查期限

单位工程或单项工程竣工后,承包人应在提交竣工验收报告的同时,向发包人递交竣工结算报告及完整的结算资料。发包人应按规定的期限进行核实,给予确认或者提出修改意见;在规定或合同约定期限内,对结算报告及资料没有提出意见,则视同认可。工程竣工结算审查期限规定如表13-2所示。

工程竣工结算审查期限规定　　　　　　　　　　表13-2

序号	工程竣工结算报告金额	审查时间(从接到竣工结算报告和完整的竣工结算资料之日起)
1	500万元以下	20天
2	500~2000万元	30天
3	2000~5000万元	45天
4	5000万元以上	60天

承包人如未在规定时间内提供完整的工程竣工结算资料,经发包人催促后14天内仍未提供或没有明确答复,发包人有权根据已有资料进行审查,责任由承包人自负。

建设项目竣工总结算在最后一个单项工程竣工结算审查确认后15天内汇总,送发包人后30天内审查完成。

(3) 工程竣工价款结算

发包人根据确认的竣工结算报告向承包人支付工程竣工结算价款,保留5%左右的质量保修金,待工程交付使用质保期到期后清算;质保期内如有返修,发生费用应在质量保修金内扣除。

工程竣工价款计算的一般公式为:

竣工结算工程价款 = 合同价款额 + 施工过程中合同价款调整额

预付及已经结算工程价款

此外,还需要考虑工期奖惩、索赔价款、合同以外零星项目工程价款等内容,具体要求如下:

1) 工程竣工结算以合同工期为准,实际施工工期比合同工期提前或延后,承发包双方应按合同约定的奖惩办法执行;

2) 承发包人未能按合同约定履行自己的各项义务或发生错误,给另一方造成经济损失的,由受损方按合同约定提出索赔,索赔金额按合同约定支付;

3) 发包人要求承包人完成合同以外零星项目,承包人应在接受发包人要求的7天内就用工数量和单价、机械台班数量和单价、使用材料和金额等向发包人提出施工签证,发包人签证后施工,如发包人未签证,承包人施工后发生争议的,责任由承包人自负。

按有关规定,发包人应在收到申请后15天内支付结算款,到期没有支付的应承担违约责任。承包人可以催告发包人支付结算价款,如达成延期支付协议,承包人应按同期银行贷款利率支付拖欠工程价款的利息。如未达成延期支付协议,承包人可以与发包人协商将该工程折价,或申请人民法院将该工程依法拍卖,承包人就该工程折价或者拍卖的价款优先受偿。

13.3 工程施工平面图设计

施工平面图是工程项目施工组织设计的一项重要内容,实践证明,科学合理的施工平面图设计,对于提高施工生产效率,降低工程建设成本,保证工程质量和施工安全等方面起着十分关键的作用。因此,施工平面图设计的重要性和必要性早已受到工程施工管理人员的普遍关注。

13.3.1 施工平面图概述

(1) 施工平面图的分类

根据项目施工对象和生产规模的不同,施工平面图可分为施工总平面图和单位工程施工平面图。

施工总平面图是指整个工程建设项目(如拟建的成片工业厂房或民用建筑小区项目)的施工场地总平面布置图,是全工地施工部署在空间上的反映和时间上的安排。如果工程建设项目由多个单位工程或单项工程组成,则业主或总承包商需要根据初步设计文件以及其他有关资料和现成条件编制施工组织总设计,其中包括施工总平面图,施工总平面图反映了全工地施工期间所需各项设施和永久建筑、拟建工程之间的空间关系,指导现场各单位工程有组织有计划的文明施工。

单位工程施工平面图是针对单位工程施工而进行的施工场地平面布置,单位工程施工平面图是单位工程施工组织设计的重要组成部分,是施工准备工作的一项重要内容。单位工程施工平面图一般在施工图设计完成后,在施工项目招投标阶段或拟建工程开工前,由承包商的项目管理部门主持编制。

施工总平面图用以建设项目全工地性施工场地的规划和布置,是单位工程施工平面图设计的主要依据;而单位工程施工平面图则属于施工总平面图的一部分,它的布局受到施工总平面图的约束和限制。

建筑施工过程是一个变化的过程,工地上的实际情况是随着工程进展在改变着。为此,施工平面图应按照基础、主体结构、安装、装修等施工阶段分别进行设计。

(2) 施工平面图设计依据

施工平面图设计的依据主要有:

1) 招标文件、投标文件及合同文件;

2) 各种勘察设计资料,包括建筑总平面图、地形地貌图、区域规划图、建筑项目范围内有关的一切已建和拟建的各种设施位置;

3) 项目的建设概况、施工部署和拟建主要工程施工方案、施工总进度计划;

4) 各种建筑材料、构件、加工品、施工机械和运输工具需要量一览表;

5) 各构件加工厂规模、仓库及其他临时设施的数量及有关参数;

6) 建设地区的自然条件和技术经济条件。

(3) 施工平面图设计原则

施工平面图设计的主要原则有:

1) 减少施工用地面积,平面布置紧凑合理,提高单位面积土地利用率;

2) 降低运输费用,保证运输方便,减少二次搬运;

3) 降低临时设施的修建费用,充分利用各种永久建筑、管线、道路,利用暂缓拆除的原有建筑物;

4) 合理布置生产、生活方面的临时设施,有利于生产,方便生活;

5) 满足劳动保护、技术安全及消防、环保、卫生、市容、环境保护等国家有关规定和法规要求;

6) 在改、扩建工程施工时,应考虑企业生产、居民生活和工程施工互不妨碍。

(4) 施工平面图基本内容

施工总平面图以整个建设项目为对象,范围较广,内容比较宏观;单位工程施工平面图内容则比较具体和详细。两者设计的内容既有相同之处,又有各自特点。它们的基本内容可概括为:

1) 地上和地下已有的和拟建的建筑物,构筑物及其他设施(道路、各种管线等)的位置和尺寸;

2) 工程临时生产和生活设施,包括各类加工厂,仓库和堆场,行政管理和文化生活利用房;

3) 工程临时配套设施，包括施工用道路、铁路、码头，给排水管线和供电线路，蒸汽和压缩空气管道；
4) 起重机开行路线及轨道铺设，垂直运输设施的位置，起重机回转半径；
5) 防洪设施、安全防火设施、环境保护设施等；
6) 永久性和半永久性测量用的水准点、坐标点、高程点、沉降观测点等。

13.3.2 施工总平面图设计

施工总平面图设计需要考虑下列内容：

(1) 确定运输线路

设计施工总平面图时，首先应确定主要材料、构件和设备等进入施工现场的运输方式：

1) 施工用大量的物质材料由铁路运入，则应先解决铁路的引入位置和铁路线路布置方案；
2) 施工用物资材料由公路运入工地，则施工场地的布置比较灵活；
3) 施工用物资材料由水路运入工地，则可充分利用原码头，并在码头附近布置主要加工厂和仓库。

(2) 布置仓库和堆场

在布置仓库和堆场时，应尽量利用永久性仓库。仓库和材料堆场应接近使用地点，保持交通方便，遵守安全技术和防火规定。例如，砂石、石灰、水泥等仓库或堆场宜布置在搅拌站和预制场附近；砖、石等材料和构件应直接布置在施工对象附近，以免二次搬运。

确定某一种建筑材料的仓库面积，与该种材料需储备的天数、材料的需要量以及单位面积的储存定额等因素有关。而储备天数又与材料的供应情况、运输能力以及气候等条件有关。因此，应结合具体情况确定经济仓库面积。

对经常或连续使用的材料，如砖、瓦、砂、石、水泥、钢材等可按储备期计算仓库面积，计算公式为：

$$F = T_c \frac{Q \cdot K_1}{T \cdot q \cdot K_2} \tag{13-1}$$

式中　F ——仓库或堆场面积（m²）；

　　　T ——项目的施工总工作日；

　　　T_c ——材料、半成品等储备期定额（天）（见表13-3）；

　　　Q ——材料、半成品等总的需要量；

　　　q ——仓库面积定额，即每平方米仓库面积存放的材料、半成品数量（见表13-3）；

　　　K_1 ——材料使用不均匀系数（见表13-3）；

　　　K_2 ——仓库面积利用系数（考虑人行道和车道所占面积）（见表13-3）。

计算仓库面积的有关系数　　　　　表 13-3

序号	材料及半成品	单位	储备天数	不均衡系数 (K_1)	每平方米储存定额	有效利用系数 (K_2)	仓库类别	备注
1	水泥	t	30~60	1.3~1.5	1.5~1.9	0.65	封闭式	堆高10~12袋
2	生石灰	t	30	1.4	1.7	0.7	棚	堆高2m
3	砂子（人工堆放）	m³	15~30	1.4	1.5	0.7	露天	堆高1~1.5m
4	砂子（机械堆放）	m³	15~30	1.4	2.5~3	0.8	露天	堆高2.5~3m
5	石子（人工堆放）	m³	15~30	1.5	1.5	0.7	露天	堆高1~1.5m
6	石子（机械堆放）	m³	15~30	1.5	2.5~3	0.8	露天	堆高2.5~3m
7	块石	m³	15~30	1.5	10	0.7	露天	堆高1.0m
8	预制钢筋混凝土槽	m³	30~60	1.3	0.20~0.30	0.6	露天	堆高4块
9	型板梁	m³	30~60	1.3	0.8	0.6	露天	堆高1.0~1.5m
10	柱	m³	30~60	1.3	1.2	0.6	露天	堆高1.2~1.5m
11	钢筋（直筋）	t	30~60	1.4	2.5	0.6	露天	占全部钢筋的80%，堆高0.5m
12	钢筋（盘筋）	t	30~60	1.4	0.9	0.6	封闭库或棚	占全部钢筋的20%，堆高1m
13	钢筋成品	t	10~20	1.5	0.07~0.1	0.6	露天	
14	型钢	t	45	1.4	1.5	0.6	露天	堆高0.5m
15	金属结构	t	30	1.4	0.2~0.3	0.6	露天	
16	原木	m³	30~60	1.4	1.3~1.5	0.6	露天	堆高2m
17	成材	m³	30~45	1.4	0.7~0.8	0.6	露天	堆高1m
18	废木料	m³	15~20	1.2	0.3~0.4	0.5	露天	废木料约占锯木量的10%~15%
19	门窗扇	扇	30	1.2	45	0.6	露天	堆高2m
20	门窗框	樘	30	1.2	20	0.6	露天	堆高2m
21	木屋架	樘	30	1.2	0.6	0.6	露天	
22	木模板	m³	10~15	1.4	4~6	0.7	露天	
23	模板整理	m³	10~15	1.5	1.5	0.65	露天	
24	砖	千块	15~30	1.	0.7~0.8	0.6	露天	堆高1.5~1.6m
25	泡沫混凝土制件	m³	30	1.2	1	0.7	露天	堆高1m

施工总平面图中的各类材料构配件的堆放场地必须结合现场地形、永久性设施、运输道路以及施工进度等进行综合安排，同时考虑各专业工种的特点及施工

工艺的需要,力求既方便施工,又节约用地。例如:土建工程用的钢筋、模板、脚手架、砖和墙板等围护结构,在工业厂房的施工中,可沿厂房纵向布置在柱列外侧;在民用建筑施工中,则尽可能布置在塔式起重机等起重设备的工作半径之内。

(3) 布置场内临时道路

根据各加工厂、仓库及各施工对象的位置布置道路,并研究货物周转运行图,以明确各段道路上的运输负担;道路规划要区别主要道路和次要道路,注意满足车辆的安全行驶,不致形成交通断绝或阻塞。

布置场内临时道路时应尽量利用永久道路,提前修建或先修建永久路基和简单路面,作为施工所需的临时道路;临时道路应有足够的宽度和转弯半径,现场内道路干线应采用环形布置;主要道路宜用双车道,次要道路可为单车道,道路末端要设置回车场。

(4) 布置行政和生活临时设施

在工程建设期间,需要为现场施工人员修建一定数量行政管理与生活居住临时建筑。这类临时建筑包括:

1) 行政管理和辅助生产用房。其中包括办公室、传达室、汽车库等;
2) 居住用房,其中包括职工宿舍、招待所等;
3) 生活用房,其中包括浴室、食堂、商店等。

对于各种行政和生活用房应尽量利用建设单位的生活基地或现场附近的永久建筑。临时建筑物的设计,应遵循经济、适用、装拆方便的原则,并根据当地的气候条件、工期长短确定其建筑与结构形式。行政、生活福利临时建筑面积参考指标见表 13-4 所示。

行政、生活福利临时建筑面积参考指标(m^2/人) 表 13-4

序号		临时房屋名称	指标使用方法	参考指标
一		办公室	按使用人数	3~4
二		宿舍		
	1	单层通铺	按高峰年(率)平均人数	2.5~3.0
	2	双层床	(扣除不在工地住人数)	2.0~2.5
	3	单层床	(扣除不在工地住人数)	3.5~4.0
三		家属宿舍	按高峰年(率)平均人数	16~25m^2/户
四		食堂	按高峰年(率)平均人数	0.5~0.8
		食堂兼礼堂	按高峰年(率)平均人数	0.6~0.9
五		其他合计	按高峰年(率)平均人数	0.5~0.6
	1	医务所	按高峰年(率)平均人数	0.06~0.07
	2	浴室	按高峰年(率)平均人数	0.07~0.1

续表

序号	临时房屋名称	指标使用方法	参考指标
3	理发室	按高峰年（率）平均人数	0.01~0.03
4	俱乐部	按高峰年（率）平均人数	0.1
5	小卖部	按高峰年（率）平均人数	0.03
6	招待所	按高峰年（率）平均人数	0.06
7	托儿所	按高峰年（率）平均人数	0.03~0.06
8	子弟校	按高峰年（率）平均人数	0.06~0.08
9	其他公用	按高峰年（率）平均人数	0.05~0.10
六	小型	按高峰年（率）平均人数	
1	开水房		10~40m²
2	厕所	按工地平均人数	0.02~0.07
3	工人休息室	按工地平均人数	0.15

(5) 布置临时水、电管网和其他动力设施

建筑工地临时供水，包括生产用水（一般生产用水和施工机械用水）、生活用水（施工现场生活用水和生活区生活用水）和消防用水三部分。为充分利用永久性供水设施为施工服务，可首先建设永久性供水系统，然后在工地铺设局部的补充管网，满足工地供水需要。

总用水量（Q）计算：

1）当 $(q_1 + q_2 + q_3 + q_4) < q_5$ 时，则
$$Q = (q_1 + q_2 + q_3 + q_4) + q_5 \tag{13-2}$$

2）当 $(q_1 + q_2 + q_3 + q_4) > q_5$ 时，则
$$Q = (q_1 + q_2 + q_3 + q_4) \tag{13-3}$$

3）当工地面积小于5ha，且 $(q_1 + q_2 + q_3 + q_4) < q_5$ 时，则
$$Q = q_5 \tag{13-4}$$

式中 $q_1、q_2、q_3、q_4、q_5$——分别为施工现场一般生产用水、施工机械用水、施工现场生活用水、生活区生活用水和消防用水。根据上述公式求得的总用水量，还应增加10%的漏水损失。

建筑工地供水组织一般包括计算用水量，选择供水水源，选择临时供水系统的配置方案，设计临时供水管网，设计供水构筑物和机械设备。给水管一般沿主干道路布置，主要供水管线采用环状，孤立点可用支状。消防站一般布置在工地的出入口附近，并沿道路设消防水栓。消防水栓间距不应大于100m，距路边缘不大于2m，距拟建房屋不大于25m，并不小于5m。

建筑工地临时用电包括施工用电和照明用电两个方面，其用电量计算公式分别为：

$$P_c = (1.05 \sim 1.10)(k_1 \Sigma P_1 + k_2 \Sigma P_2) \qquad (13-5)$$

$$P_0 = 1.10(k_3 \Sigma P_3 + k_4 \Sigma P_4) \qquad (13-6)$$

式中　P_c、P_0——分别为施工用电量（kW）、照明用电量（kW）；

k_1、k_2、k_3、k_4——分别为设备同时使用时的系数；

P_1、P_2、P_3、P_4——分别为各种机械设备的用电量（kW）、电焊机的用电量（kW）、室内及室外照明用电量（kW）；

临时供电组织工作主要包括：用电量计算；电源选择；变压器确定；供电线路布置；导线截面计算。如果现有电源能满足需要，则仅需在工地上设立变电所或变压器。临时总变电器应设在高压线进入工地处，避免高压线穿过工地。由于变电所受供电半径的限制，在大型工地上，一般应设若干个变电所，避免当一处发生故障时，影响其他地区。临时输电干线沿主要干道布置成环形线路。

13.3.3 单位工程施工平面图设计

单位工程施工平面图是各项生产、生活设施在现场平面上的规划和布置图。单位工程施工平面图设计需进行多方案比较，根据不同施工阶段编制基础、结构、安装和装修施工平面图，并进行动态的调整。单位工程施工平面图设计的主要步骤如下：

（1）确定起重机械的布置

起重机械处于单位工程施工现场的中心位置，直接影响着仓库、材料、构件、道路、搅拌站及水电线路的布置。因此，在单位工程施工平面图中首先应予以考虑。

1）塔吊布置拟考虑的因素

□ 塔吊的平面位置：主要取决于建筑物的平面形状和四周场地条件。有轨式塔吊一般应在场地较宽的一侧沿建筑物的长度方向布置，布置方法有：沿建筑物单侧布置、双侧布置和跨内布置三种。固定式塔吊一般布置在建筑物中心，或建筑物长边的中间；多个固定式塔吊布置时应保证塔吊范围能覆盖整个施工区域。

□ 塔吊的服务范围：有轨式塔吊服务范围，如图 13-1 所示。塔吊服务范围包括以轨道两端有效行驶端点的轨距中点为圆心，最大

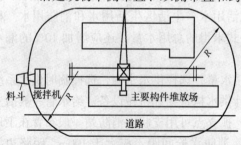

图 13-1　有轨式塔吊服务范围

回转半径划出的两个半圆形，以及沿轨道长度和最大回转半径组成的面积。最佳的塔吊布置是不出现"死角"，使塔吊的起重臂在活动范围内能将材料和构件运至任何施工地点。否则，需采用其他辅助措施（如布置井架，楼面水平运输工具等）运输"死角"范围内的构件，保证施工顺利进行，如图 13-2 所示。

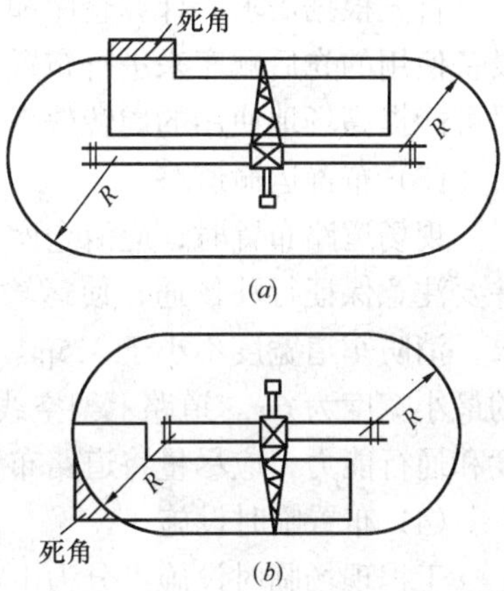

- 塔吊的起吊高度：塔吊的起吊高度除了满足建筑物总高度的要求外，还要加上工程施工面的高度和吊装绳索、钓钩的长度；

图 13-2 塔吊布置的"死角"
（a）南面布置方案；
（b）北面布置方案

- 塔吊的起重量：当塔吊的位置初步确定以后，必须对其起重能力进行复核，计算塔吊在起吊的最重的构件和最远距离的构件时的力矩是否可行。

2）井架布置拟考虑的因素

井架具有搭拆简单、稳定性好、运输量大、高度较高等优点。井架的平面位置取决于建筑物的平面形状和大小、建筑物的高低分界、施工段的划分及四周场地大小等因素。

当建筑物呈长方形、层数、高度相同时，一般布置在施工段的分界处靠施工现场较宽的一侧，以便于在井架附近堆放材料和构件，达到缩短运距的目的。井架离建筑物外墙的距离，视檐口挑出尺寸或外脚手架塔设的要求而定。布置井架时还应考虑缆风绳对交通、吊装等的影响。

(2) 确定搅拌站、加工棚和材料构件堆场的位置

搅拌站、加工棚和材料构件堆场的位置应尽量靠近使用地点或在起重机能力范围内，并考虑到运输和装卸的方便。基础施工用的材料可堆放在基坑（槽）四周，但不宜离基坑（槽）边缘太近，以防土壁坍塌。

1）搅拌站的布置

搅拌站应尽可能布置在垂直运输机械附近，以减少混凝土及砂浆的水平运距。当采用塔吊方案时，混凝土搅拌机的位置应使吊斗能从其出料口直接卸料并挂钩起吊。搅拌站要与砂石堆场、水泥库一起考虑布置，便于大体积原材料的运输和装卸。

2）加工棚的布置

木材、钢筋、水电等加工棚应设在建筑物四周，并要有相应的原材料和成品堆场。

3）仓库和堆场的布置

首先根据需求，计算仓库和堆场的面积，然后根据各施工阶段的需要和材料设备使用的先后顺序来进行布置。同一场地在不同时间堆放不同的材料和构件，尽可能提高场地使用的周转效率。

(3) 布置运输道路

现场道路布置时，应沿仓库和堆场进行布置，使道路通到各个仓库和堆场，并要注意保证行驶畅通，使运输工具有回转的可能性。现场道路应满足消防要求，消防车道宽度不小于3.5m。汽车单行道的现场道路最小宽度为3m，双行道的最小宽度为6m。道路上架空线的净空高度应大于4.5m。为提高车辆的行驶速度和通行能力，应尽量将道路布置成环行。

(4) 布置临时设施

工程现场临时设施可分为生产性和生活性两类。单位工程的现场临时设施一般包括现场办公室、休息室、会议室、门卫室、加工棚、工具库等。这些临时设施布置时，应考虑使用方便，不妨碍施工，并符合防火保安要求。

(5) 布置临时水电管网

临时供水管网布置时，应力求管网总长度最短。根据经验，一般施工现场面积在 5000~10000m^2 时，施工用水的总管直径选用100mm，支管直径选用38mm或者25mm，再配直径100mm消火栓水管。为防止供水意外中断，可在建筑物附近设置简单蓄水池。如果水压不足时，则应设置高压水泵。

临时供电布置时，应先进行用电量和导线等计算，然后进行布置。单位工程的临时供电一般采用三级配电两级保护。变电器应布置在现场边缘高压线接入处，并设有明显的标志。总配电箱设在靠近电源的地方，分配电箱则设在用电设备或负荷相对集中的地区。

【案例13-2】 某商住楼工程总面积12047.91m^2，占地面积1349m^2，地上13层，建筑总高42.30m，采用钢筋混凝土阀板基础，钢筋混凝土框架剪力墙。试设计该商住楼单位工程施工平面图。

【解】

(1) 塔吊选择

1) 塔吊服务范围：为经济合理地利用塔吊，拟将塔吊布置在建筑物最大长度（约60m）的中心线上，距建筑物外边线6.5m（如图13-3所示），保证塔吊能够覆盖整个建筑物所需的最小臂长为：

$$r = \sqrt{(60 \div 2)^2 + (22.7 + 6.5)^2} = 41.86m，按42m计$$

2) 塔吊最大起重量：塔吊垂直运输的主要物资为钢筋和模板，最大起重量不超过8t。

3) 塔吊起吊高度：完成模板安装所需塔吊的最小高度：

$$H = 建筑物总高 + 最小工作面高度 + 吊装绳索及钓钩最小高度$$
$$= 42.3(含屋面水箱高度) + 4.8 + 4 = 51.1m$$

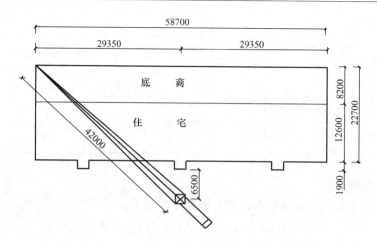

图 13-3 塔吊最小臂长计算示意图

经以上分析,确定选用 QTZ125 自升塔式起重机,该塔吊完全能够满足本工程的需要,如表 13-5 所示。

QTZ125 自升塔式起重机的主要工作参数 　　表 13-5

主要参数	QTZ125 塔式起重机	实际需要值	备 注
最大起重高度	55m	51.1m	
最大起重重量	8t	4t	
最大回转半径	50m	42m	
远端最大允许起重重量	2t	1.1t	

(2) 施工现场大门及道路的设置

该工程东北、西北方均有固定院墙。现场道路因无法循环,故在建筑物北侧及南侧各设一条单项进出道路,在南北出入口处各设一个现场大门。道路均做硬化处理;临时道路两侧设置排水沟。

(3) 生产、生活临时设施

由于施工场地较狭窄,建筑物北侧距院墙仅 11m,南侧场地距院墙为 32 m,西侧距墙为 3.5m,东侧相临小区道路。其生产区、办公区及材料存放地均在南侧设置;北侧只设置部分职工宿舍(每房间最多按 15 人考虑),其余人员就近租赁居住。施工现场生产、生活临时设施一览表,如表 13-6 所示。

施工现场生产、生活临时设施一览表 　　表 13-6

序号	临时设施	占地尺度、面积		备 注
1	办公室	2×6×18	216m²	
2	工人宿舍	2×(68×6)	916m²	宿舍按 15 人/间计
3	库房	8×9	72m²	
4	卫生间		9m²	现场临时应急病房
5	水泥棚	6×6	36m²	按 200t 计
6	厕所(男/女)	4×9	36m²	
7	门卫室	3×6	18m²	

续表

序号	临时设施	占地尺度、面积		备 注
8	标养室	3×3	9m²	
9	搅拌站	4×5	20m²	
10	木工加工棚	4.5×20	90m²	
11	钢筋加工棚	4.5×20	90m²	
12	食堂	4×9	36m²	
13	浴室	3×3	9m²	

(4) 现场临电

依据主要机械设备用量表，其用电量计算如下：

$$P = 1.10[(K_1\Sigma P_1/\cos\psi + K_2\Sigma P_2)(r+1)] \tag{13-7}$$

式中 P——供电设备总需要容量（kVA）；

P_1——电动机额定功率，为311.2kW；

P_2——电焊机额定容量（kVA），为78kVA；

r——照明用电量占总用电量的比率，取值为0.1；

$\cos\psi$——电动机的平均功率因数，取值为0.75；

K_1、K_2——电需要系数，取值为0.6。

由上可得：

$$P = 1.10[(0.6\times(311.2/0.75) + 0.6\times 78)\times(0.1+1)]$$
$$= 1.1\times(248.96 + 46.8)\times 1.1$$
$$= 396.3\text{kVA}$$

经计算，选择截面120mm²的铜芯电缆配电导线，可满足施工要求。

(5) 临时供水

本工程施工、生活、消防用水均来自小区临时市政上水管线，连接管径为$DN100$。其计算过程如下：

- 施工现场用水量 q_1：本工程采用商品混凝土，现场搅拌混凝土量很小，现场用水量仅限于混凝土养护、泵车清洗等，可忽略不计；
- 现场生活用水量 q_2：经计算为0.58（L/s）；
- 消防用水量 q_3：因施工现场面积 $S=0.46$ha，小于5ha，所以消防用水量取 $q_3 = 10$L/s；
- 总用水量 Q：$q_1 + q_2 = 0.58$L/s < 10L/s，并且占地面积小于5ha，所以取 $Q = q_3$；
- 将计算出的总用水量增加10%，以补偿不可避免的水管漏水损失，即 $10(1+10\%) = 11$L/s。所以，干管选 $DN100$，支管选用 $DN20$、$DN25$ 镀锌钢管，即能满足要求。

13.4 工程竣工验收

工程竣工验收是建设项目建设周期的最后一道程序，是项目管理的重要内容和终结阶段的重要工作，也是我国建设项目的一项基本法律制度。实行竣工验收制度，是全面检查建设项目是否符合设计文件要求和工程质量是否符合验收标准，能否交付使用、投产，发挥投资效益的重要环节。

由于竣工验收阶段的交工主体和验收主体不同，竣工验收具体又分为施工项目竣工验收和建设项目竣工验收两个不同的验收主体和验收阶段。本节所指的工程竣工验收是指施工项目竣工验收，它是建设项目竣工验收的第一阶段。没有经过施工项目竣工验收，建设项目竣工验收就不具备最基本的条件。

13.4.1 施工项目竣工验收的条件和要求

建设项目按设计要求全部建设完成，符合规定的建设项目竣工验收标准，可由发包人组织设计、施工、监理等单位进行施工项目竣工验收，单独签订施工合同的单位工程，竣工后可单独进行竣工验收。在一个单位工程中满足规定交工要求的专业工程，可征得发包人同意，分阶段进行竣工验收。中间竣工并已办理移交手续的单项工程，不再重复进行竣工验收。

单位工程竣工验收应符合设计文件和施工图纸要求，满足生产需要或具备使用条件，并符合其他竣工验收条件要求。

(1) 竣工验收的依据
1) 批准的设计文件、施工图纸及说明书；
2) 双方签订的施工合同；
3) 设备技术说明书；
4) 设计变更通知书；
5) 施工验收规范及质量验收标准；
6) 外资工程应依据我国有关规定提交竣工验收文件。

(2) 竣工验收的条件
1) 设计文件和合同约定的各项施工内容已经施工完毕；
2) 有完整并经核定的工程竣工资料，符合验收规定；
3) 有勘察、设计、施工、监理等单位签署确认的工程质量合格文件；
4) 有工程使用的主要建筑材料、构配件和设备进场的证明及试验报告；
5) 建设单位已按合同约定支付工程款；
6) 有施工单位签署的工程质量保修书；
7) 有规划主管部门出具的认可文件；
8) 有公安消防、环保等部门出具的认可文件或者准许使用文件。

(3) 竣工验收的要求
1) 合同约定的工程质量标准；
2) 单位工程质量竣工验收的合格、优良标准；
3) 单项工程达到使用条件或满足生产要求；
4) 建设项目能满足建成投入使用或生产的各项要求。

在施工项目竣工验收阶段，工程项目各参与主体的任务不同：对建设单位来讲，施工项目经过验收，交付使用，标志着投入的建设资金转化为使用价值，项目具备了投入运营的条件；对施工单位来讲，其所承担的项目即将结束，不仅要及时做好各项收尾和移交工作，还要全面总结整个建设项目施工过程经验和教训，为新项目提供借鉴。

13.4.2 竣工验收的程序

为了有计划有步骤地做好各项工作，保证竣工验收的顺利进行，业主和承包方均应制订详细的竣工验收工作计划，按照建设项目的特点和竣工验收工作的规律，执行竣工验收的正常工作程序，其主要环节包括：

(1) 围绕着工程实物的硬件方面和工程竣工验收资料的软件方面，业主编制竣工验收工作计划，承包单位项目经理部落实竣工验收准备工作；

(2) 承包单位内部组织自验收或初步验收，确认工程竣工、具备竣工验收各项条件；

(3) 承包单位向监理工程师或业主方代表提出工程竣工验收申请；

(4) 监理工程师（或业主代表）经过预验和核查，签署认可意见后，向业主提交工程验收报告；

(5) 业主收到工程验收申请后，在约定的时间和地点，组织勘察、设计、施工、监理等有关单位及质量监督部门进行竣工验收；

(6) 通过各单位分别汇报工程合同履约情况和在工程建设各个环节执行法律、法规和工程建设强制性标准的情况；审阅建设、勘察、设计、施工、监理单位的工程档案资料；实地查验工程质量；对工程勘察、设计、施工、设备安装质量和各管理环节等方面作出全面评价，并形成工程竣工验收报告，参与竣工验收的各方负责人应在竣工验收报告上签字并盖单位公章；

(7) 通过竣工验收程序，办完竣工结算后，承包人应在规定期限内向业主办理工程移交手续。

参与工程竣工验收的建设、勘察、设计、施工、监理等各方不能形成一致意见时，应当协商提出解决的方法，待意见一致后，重新组织工程竣工验收。工程竣工验收的程序，如图 13-4 所示。

鉴于竣工验收阶段大量的基础性工作，从竣工验收准备开始到办理交工手续终结，是一个渐进、有序的过程。竣工验收阶段的管理工作，每一步都非常重

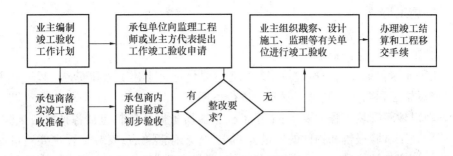

图 13-4 工程竣工验收的程序

要，承包人应做好竣工验收管理程序中各项基础工作，为交付竣工验收创造条件；监理机构应组织对竣工资料及各专业工程质量的全面检查，进行工程竣工预验收，对组织正式竣工验收提出明确的意见；发包人应根据施工合同的约定，组织进行工程竣工验收和竣工结算的审查。

13.4.3 工程竣工资料和验收报告

竣工资料真实记录了从建设项目的提出、立项、审批、勘察设计、施工、生产准备到竣工投产的全过程中形成的应归档保存的文件资料，是建设项目的重要技术资料，是工程验收、维护、改建、扩建的依据，是养护、管理部门必须长期保存的重要技术档案，也是国家科技档案的重要组成部分。

(1) 竣工资料的内容和要求

承包商应按竣工验收条件的规定，认真整理工程竣工资料。施工企业应建立健全竣工资料管理制度，实行科学收集，定向移交，统一归口，便于存取和检索。

整理工程竣工资料的依据：一是国家有关法律、法规、规范对工程档案和竣工资料的规定；二是现行建设工程施工及验收规范和质量标准对资料内容的要求；三是国家和地方档案管理部门和工程竣工备案部门对竣工资料移交的规定。工程竣工资料应包括下列内容：

1) 工程施工技术资料

- 工程准备阶段资料（招投标文件及合同、项目经理部及负责人名单等）；
- 施工技术准备资料（工程开工报告、施工组织设计、图纸会审纪要、技术交底记录、工程施工图预算、施工日志等）；
- 施工现场准备资料（控制网设置资料、工程定位测量资料及复核记录、基槽开挖测量资料、施工安全措施、施工环保措施等）；
- 地基处理记录（地基钎探记录和钎探平面布置图、验槽记录和地基处理记录、桩基施工记录、试桩记录和补桩记录等）；
- 工程图纸变更记录（设计会议会审记录、设计变更记录、技术核定和工程洽商记录、工程质量事故处理记录等）；

- 施工记录；
- 工程竣工文件。

2) 工程质量保证资料

工程质量保证资料应按建筑安装工程（具体分为土建工程和安装工程）和市政基础设施工程两大类别的工程属性进行整理。

- 对建筑安装工程的要求：土建工程主要质量保证资料包括各种材料试验、施工试验报告和构件的质量证明文件，并有汇总表；安装工程主要质量保证资料按给排水与采暖、建筑电气、通风与空调、电梯、建筑智能化等分部或专业分类组卷。
- 对市政基础设施工程的要求：市政基础设施工程涵盖的范围比较宽，对工程质量保证资料的要求，应根据各类工程的规律和特点，按照相关技术规范、标准、规程的规定进行系统整理。

3) 工程检验评定资料

建筑安装工程检验评定资料（单位工程质量竣工验收记录、质量控制资料核查记录及安全和功能资料核查记录、单位工程观感质量检查记录等）；

市政基础设施工程检验评定资料（工序工程质量评定记录、部位工程质量评定记录、分部工程质量评定记录、单位工程质量评定表等）。

4) 竣工图

竣工图是工程的实际反映，是工程的重要档案，工程承发包合同或施工协议要根据国家对编制竣工图的要求，对竣工图的编制、整理、审核、交接、验收做出规定。

竣工资料的整理应符合下列要求：

- 工程施工技术资料的整理应始于工程开工、终于工程竣工，真实记录施工全过程，可按形成规律收集，采用表格方式分类组卷；
- 工程质量保证资料的整理应按专业特点，根据工程的内在要求，进行分类组卷；
- 工程检验评定资料的整理应按单位工程、分部工程、分项工程划分的顺序，进行分类组卷；
- 竣工图的整理应区别情况按竣工验收的要求组卷；
- 交付竣工验收的施工项目必须有与竣工资料目录相符的分类组卷档案；
- 承包人向发包人移交由分包人提供的竣工资料时，检查验证手续必须完备。

(2) 竣工图编制

竣工图是记载工程建筑、结构以及工艺管线、设备、电气、仪表、给排水、暖通、环保设施等建设安装工程真实情况的技术文件。各项新建、扩建、改建的建设项目都要编制竣工图。

编制竣工图的主要依据包括设计施工图、设计更改通知单及更改图、施工过程中的具体措施及其他相关资料。编制各种竣工图，必须在施工过程中（不能在竣工后），及时做好隐蔽工程检验记录，整理好建设变更文件，确保竣工图质量。编制竣工图的形式和深度，应根据不同情况，区别对待：

1) 凡按图施工没有变动的，则由施工单位在原施工图上加盖"竣工图"标志后，即作为竣工图；

2) 凡在施工中，虽有一般性设计变更，但能将原施工图加以修改补充作为竣工图的，可不重新绘制，由施工单位负责在原施工图上注明修改的部分，并附以设计变更通知单和施工说明，加盖"竣工图"标志后，即作为竣工图；

3) 凡结构形式改变、工艺改变、平面布置改变、项目改变以及有其他重大改变，不宜再在原施工图上修改、补充者，应重新绘制改变后的竣工图。由于设计原因造成的，由设计单位负责重新绘图；由于其他原因造成的，由建设单位自行绘图或委托设计单位绘图。施工单位负责在新图上加盖"竣工图"标志并附以有关记录说明，作为竣工图。

竣工图要经承担施工的技术负责人审核签认，还要提交监理人审查签认，作为竣工资料备案方为有效。工程竣工验收前，建设单位应组织、督促和协助各设计、施工、监理单位检验各自负责的竣工图编制工作，发现有不准确或短缺时，要及时采取措施修改和补齐。竣工图要作为工程交工验收的条件之一，凡不准确、不完整、不符合归档要求的，不能交工验收。

但是，传统的施工单位手工编制的竣工图未经过数字化处理，不易形成多套备用，不利于施工图档案的长久保存和利用，并且编制的周期过长。随着计算机技术和 CAD 技术的普及应用，由建设单位组织设计、施工、监理单位共同参与，采用计算机重新出图作为竣工图，不仅图纸清晰美观，质量可靠，而且利于长久保存和复制利用。

(3) 工程竣工验收报告编制

工程竣工验收合格后，建设单位应当及时提出工程竣工验收报告。工程竣工验收报告主要包括：

1) 工程概况：工程名称、地址、建设或投资单位名称，参与单位名称及专业资质等级、资质证书编号和备案合同编号。

房屋建筑工程的用途、功能、外观、结构类型、抗震等级、建筑耐火等级、主要使用功能区分、设计使用年限、建筑面积、占地面积、地上及地下层数、外装修特点、投资额等。

市政基础设施工程的类别、用途、功能、外观、结构形式、抗震设防、管道敷设形式、系统形式、主要设备、工程的主要工程量、投资额等。

2) 工程建设基本情况

建设单位执行基本建设程序，设计、监理、施工单位基本情况和评价、主要建筑材料使用、工程资料管理、工程验收、施工中发生的质量问题，质量、安全事故处理等。

3）对工程质量的综合评价

工程建设的国家有关的法律、法规、基本建设程序、合同约定的各项内容、工程设计、工程质量、验收规范及参建各方对工程竣工验收并进行竣工验收备案的意见。

此外，工程竣工验收报告还应附有下列文件：

1）施工许可证；
2）施工图设计文件审查意见；
3）验收组人员签署的工程竣工验收意见；
4）市政基础设施工程应附有质量检测和功能性试验资料；
5）施工单位签署的工程质量保修书；
6）法规、规章规定的其他有关文件。

13.4.4 工程竣工验收备案

自工程竣工验收合格之日起15日内，建设单位应当依照规定向工程所在地的建设行政主管部门备案，某城市竣工验收具体工作流程如图13-5所示。

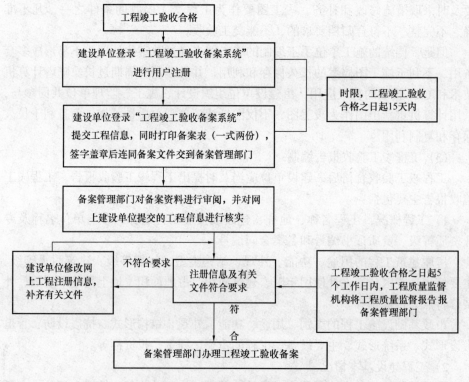

图13-5 工程竣工验收备案工作流程

建设单位办理工程竣工验收备案应当提交下列文件：

（1）工程竣工验收备案表（见表13-7）；

工程竣工验收备案表　　　　　　　　　　表 13-7

工程名称：			工程地址：	
建筑面积（m^2）：			工程造价（万元）：	
规划许可证号：			工程类别：	
施工许可证号：			结构类型：	
开工时间：			竣工验收时间：	
参与单位	单位名称		法定代表人	联系电话
建设单位				
勘查单位				
设计单位				
施工单位				
监理单位				
工程质量监督机构				
本工程已按《建设工程质量管理条例》第十六条规定进行了竣工验收，并且验收合格。依据《建设工程质量管理条例》第四十九条规定，所需文件已齐备，现报送备案			建设单位（公章）	
法定代表人（签字）			报送时间	

（2）工程竣工验收报告；

（3）法律、行政法规规定应当由规划、公安消防、环保等部门出具的认可文件或者准许使用文件；

（4）施工单位签署的工程质量保修书；

（5）法规、规章规定必须提供的其他文件。

（6）商品住宅还应当提交住宅质量保证书和住宅使用说明书。

复 习 思 考 题

1. 施工阶段业主方项目管理目标和任务主要有哪些？
2. 施工阶段承包方项目管理目标和任务主要有哪些？
3. 勘察设计方项目管理目标和任务主要有哪些？

4. 什么叫工程变更？工程变更表现形式主要有哪些？
5. 确定工程预付款一般需要考虑哪些因素？
6. 什么叫工程预付款起扣点？工程预付款起扣点如何计算？
7. 工程竣工结算审核工作有哪些重点环节和主要内容？
8. 工程安全事故分为哪些类型？事故处理程序如何？
9. 施工总平面图包括哪些主要内容？试述单位工程施工总平面图设计步骤。
10. 工程竣工验收应具备什么条件？工程竣工验收程序如何？

14 计算机辅助建设项目管理

计算机辅助建设项目管理是现代项目管理理论和现代信息技术在工程建设领域的运用,是现代化建设项目管理的体现。本章介绍了建设项目管理信息系统的内涵及其应用的必要的组织件、硬件、软件和教育件,分析了建设项目进度管理信息系统、合同和投资管理信息系统,并给出实际项目的应用案例。

14.1 计算机辅助建设项目管理概述

14.1.1 计算机辅助建设项目管理的含义

计算机辅助建设项目管理是投资者、开发商、承包商和工程咨询方等进行建设项目管理的手段。计算机辅助建设项目管理在国外已运用得很普遍,诸如 MS Project、Primavera Project Planer 等软件,这些软件都是关于项目的进度与计划管理、成本管理、合同管理等方面的软件,也有专门针对建设项目管理的信息系统(Project Management Information System,简称 PMIS)。运用项目管理信息系统是为了及时、准确、完整地收集、存储、处理项目的投资、进度、质量的规划和实际的信息,以迅速采取措施,尽可能好地实现项目的目标。

项目管理信息系统与管理信息系统是两个完全不同的信息系统。项目管理信息系统是计算机辅助项目目标规划和控制的信息系统,它的功能是针对项目的投资、进度、质量目标的规划和控制而设立的。管理信息系统是计算机辅助企业管理的信息系统,它的功能是针对企业的人、财、物、产、供、销的管理而设立的。

针对项目建设参与各方的工程项目管理,即建设单位(业主方)、设计方、施工方、供货方的工程项目管理,形成了不同类型的项目管理信息系统。

14.1.2 建设项目管理信息系统的结构和功能

(1) 项目管理信息系统结构

项目管理信息系统结构如图 14-1 所示,即由投资控制和管理、进度控制和管理、质量控制和管理、合同管理四个子系统组成,四个子系统共享数据库,并相互之间有联系。

(2) 进度控制和管理子系统的功能

进度控制和管理子系统的基本设想是通过项目的计划进度和实际进度的不断

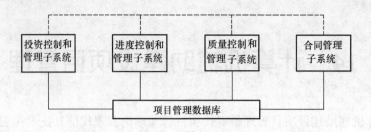

图 14-1 项目管理信息系统结构

比较，进度管理者可及时获得反馈信息，以控制项目实施进度。

进度控制和管理子系统的基本方法是网络计划编制方法、计划进度与实际进度的比较方法。计划进度和实际进度的比较可通过工作开始时间、工作完成时间、完成率、形象进度的比较实现。

进度控制和管理子系统基本功能是编制双代号网络计划、单代号搭接网络计划和多平面群体网络计划，工程实际进度的统计分析，实际进度与计划进度的动态比较，工程进度变化趋势预测，计划进度的定期调整，工程进度各类数据的查询，提供针对不同管理平面的工程进度报表，绘制网络图和横道图。

(3) 投资控制和管理子系统的功能

投资控制和管理子系统的基本设想是通过项目的投资计划和投资实际值的不断比较，投资管理者可及时获得信息，以控制项目计划投资的实现。在项目建设过程中，与项目投资有关的费用有匡算、概算、预算、标底、投标价、合同价、结算、决算等。投资计划值与实际值的比较是一个动态的过程，即是将与投资有关这些费用进行比较，从中发现投资偏差。如果将项目概算作为计划投资目标值，在进行概算和预算时，概算是计划值，预算是实际值；在进行合同价与结算比较时，合同价为计划值，结算为实际值。

投资控制和管理子系统的基本方法是将项目总投资按照投资控制项进行切块，求出项目投资计划值与实际值的差及其该差值在投资计划值中所占的比例，尤其应注重占了80%项目总投资额的20%的投资控制项。

投资控制和管理子系统基本功能是投资切块分析，编制项目概算和预算，投资切块与项目概算的对比分析，项目概算与预算的对比分析，合同价与投资切块、概算、预算的对比分析，实际投资与概算、预算、合同价的对比分析，项目投资变化趋势预测，项目结算与预算，合同价的对比分析，项目投资的各类数据查询，提供针对不同管理平面的项目投资控制和管理报表。

(4) 质量控制和管理子系统的功能

质量控制和管理子系统的基本设想是辅助制定项目质量标准和要求，通过项目实际质量与质量标准、要求的对比，质量管理者可及时获得信息，以控制项目质量。质量控制和管理子系统的基本方法是质量数据的存储、统计和比较。

质量控制和管理子系统基本功能是项目建设的质量要求和质量标准的制定，分项工程、分部工程和单位工程的验收记录和统计分析，工程材料验收记录，机电设备检验记录（包括机电设备的设计质量、监造质量、开箱检验情况、资料质量、安装调试质量、试运行质量、验收及索赔情况），工程设计质量鉴定记录，安全事故的处理记录，提供工程质量报表。

(5) 合同管理子系统的功能

合同管理子系统的基本设想是涉及项目勘察设计、施工、工程监理、咨询和科研等全部项目实施合同的起草、签订、执行、归档、索赔等全部环节的辅助管理。

合同管理子系统的基本方法是用于合同文本起草和修改的公文处理和合同信息的统计，通过合同信息的统计可以获得月度、季度、年度的应付款额、合同总数等信息。

合同管理子系统基本功能是提供和选择标准的合同文本，合同文件、资料的管理，合同执行情况的跟踪和处理过程的管理，涉外合同的外汇折算，经济法规库（国内外经济法规）的查询，提供合同管理报表。

14.1.3 建设项目管理信息系统应用的必备条件

应用项目管理信息系统必须具备以下条件：

(1) 组织件

组织件即要有明确的项目管理组织结构、项目管理工作流程和项目信息管理制度。项目信息管理制度是计算机辅助项目信息管理系统的基础，这是软件系统能正常运行的组织保证，没有它，则软件系统难以正常运行。

项目信息管理制度包含三部分内容。

1) 项目管理信息结构图，是对项目管理组织结构图中各部门对外主导信息流程的规定。

2) 项目管理信息编码，包含项目编码、项目建设参与单位和部门的组织编码、投资控制和管理信息编码、进度控制和管理信息编码、质量控制和管理信息编码、合同管理信息编码。

3) 信息卡和信息处理表，即对每一条信息明确信息分类编号、信息名称、信息内容、提供者、提供时间、处理者、处理时间、处理结果、接受和归档者。

(2) 硬件

硬件即要有计算机设备，一般地，可采用小型机、微机网络和微机。

(3) 软件

软件即要有项目管理信息系统正常运行的操作系统、系统软件等软件环境。

(4) 教育件

教育件即要对计算机操作人员、项目管理人员和领导进行培训。

计算机辅助项目管理是现代化项目管理的必备手段，许多工程项目的建设单位均有运用项目管理信息系统的迫切要求。要成功地运用项目管理信息系统必须在组织件、教育件上花工夫。

14.2 建设项目进度管理信息系统

14.2.1 进度管理信息系统概述

建设项目进度管理信息系统是建设项目管理信息系统（PMIS）的核心。进度管理信息系统也就是时间协调与项目进展分析控制系统，是项目管理的基础。从项目管理的理论看，项目实施过程就是由一系列相关的"工作"构成，而工作需要投入相应的资源才能在一定的时间内完成。因此，进度管理信息系统不仅是简单的时间管理，时间管理仅是其表象，进度管理牵涉到资源的均衡、进度的协调与控制。项目实施过程中任何工作都是进度管理的对象。建设项目进度信息系统通常采用网络计划技术。

鉴于建设项目进度管理的复杂性，很难将项目实施过程中所有工作纳入到进度管理信息系统进行管理，一般进度信息管理系统的管理对象为项目主要进度计划的工作，而其他一些辅助性工作通过其他系统与进度管理信息系统集成加以解决。

随着项目管理技术与信息技术的发展，以网络计划技术为基础的项目管理软件日益成熟，基本上能满足建设项目进度管理的需求，因而计算机辅助建设项目进度管理信息系统可根据建设项目的实际情况与管理要求选用不同层次的商品化项目管理软件。

目前，国内外工程建设领域使用的较为广泛的具有代表性的商品化项目管理软件有美国 Primavera 公司的 P3E/C 软件以及美国微软公司的 Project 软件。Primavera 公司的 P3E/C 软件在工程建设领域以其专业性而著称，P3E/C 软件可满足多层次多用户对复杂的工程建设项目计划进度管理的需求。而 Project 软件以其易用性受到计划人员的欢迎。提供商品化项目管理软件的还有 Artemis、Peoplesoft、SAP 等公司。

14.2.2 进度管理信息

建设项目进度信息管理的对象为工作，因而建设项目进度控制的基本信息为工作所包含的信息以及为了管理需要的相关分类信息。按照项目管理理论，任何项目通过项目工作分解（WBS）划分为若干项目管理基本单元，这些基本管理单元由一项或多项工作构成。项目进度信息管理就是合理安排与协调工作时间。

影响工作时间安排的因素很多，例如资源、费用、限制条件等。这些因素也是项目进度控制所要考虑信息。这些信息与工作或项目工作分解有关。以下是工作的有关信息，这些信息在项目进度控制中起作重要作用：

(1) 工作基本信息

1) 工作代码，在一个项目内工作的惟一识别码；

2) 工作名称，工作说明与描述；

3) 工作持续时间，工作所需要的工作时间，常用工期的单位为小时和天；

4) 工作间逻辑关系，工作间的工艺或组织关系，对于单代号搭接网络计划采用四种逻辑关系，即FTS（完成—开始关系）、STS（开始—开始关系）、FTF（完成—完成关系）、STF（开始—完成关系）；

5) 工作时间限制；

6) 工作完成所需资源；

7) 日历。

(2) 工作的有关管理属性

1) 项目分解结构（PS）；

2) 工作分解结构（WBS）；

3) 组织分解结构（OBS）；

4) 成本科目与分类（CA）；

5) 工作分类码；

6) 资源角色；

7) 资源分类；

8) 项目分类；

9) 赢得值设置等。

14.2.3 进度管理信息编码

对信息进行编码是计算机辅助建设项目进度管理的重要步骤。随着建设项目进度管理信息系统越来越多采用商品化项目管理软件，信息编码实际上是商品化软件客户化应用过程。通过编码规则的策划与制订，可规范计算机存储的相关数据与信息。根据建设项目进度管理的需要，常用的工程项目进度控制信息编码如下：

(1) 工作代码；

(2) 项目分解结构；

(3) 工作分解结构；

(4) 组织分解结构；

(5) 资源编码；

(6) 计划层次编码；

(7) 项目分类码；

(8) 工作分类码。

某大型桥梁工程项目分解结构示意，如图14-2所示。

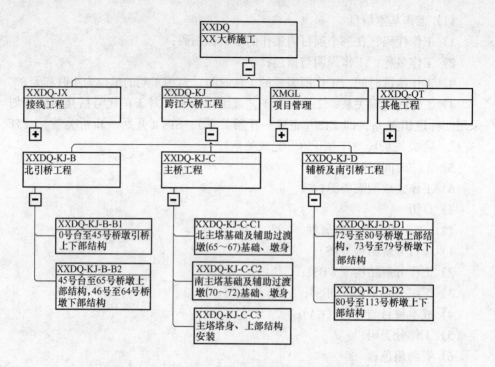

图 14-2 某大型桥梁工程项目分解结构（PBS）示意图

某大型桥梁工程的某标段工作分解结构示意，如图 14-3 所示。

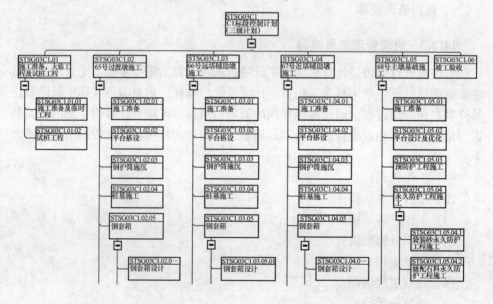

图 14-3 某大型桥梁工程的某标段工作分解结构（WBS）示意图

14.2.4 进度管理信息系统功能定义

根据建设项目进度管理的实际需求，结合项目管理理论，可从以下几方面归纳建设项目进度管理信息系统的功能需求。每一方面包含若干个子功能，分别简述如下：

(1) 项目实施过程模拟功能

项目实施过程模拟功能是建设项目进度管理信息系统必须具备的基本功能。项目实施过程模拟一般通过广义网络计划技术实现。对于大型建设项目，由于存在不同层面管理协调的要求，因而需要系统具备处理多平面网络计划的功能。为了实现过程模拟，以下一些子功能是必不可少的：

1) 结构化管理模型定义功能；
2) 以工作为核心的计划编制功能；
3) 通过工作的各种属性设置贴切模拟真实活动；
4) 采用网络计划技术编制工作计划；
5) 多项目（标段、子项目、不同层次项目）管理功能；
6) 多项目协调计算功能。

(2) 统计分析功能

建设项目进度管理信息系统需要有很强的统计分析功能，统计分析功能特点主要体现在动态控制上。建设项目进度管理信息系统需要有以下一些功能：

1) 不同层次（WBS、标段、子项目、项目等）进度汇总功能；
2) 资源平衡功能；
3) 赢得值（Earned Value）分析功能；
4) 资源、费用统计汇总及按时间分布分析功能；
5) 多项目组合（Portfolio）分析功能；
6) 多目标对比分析功能；
7) 进展模拟分析功能（what if）。

项目进度管理是对项目时间、资源、成本的综合管理，因此，建设项目进度管理需要对项目的时间、资源、成本目标进行综合监控。建设项目进度控制系统还需要具备以下扩展功能：

8) 项目健康状态（时间、资源、成本）直观展示功能；
9) 不同层次（项目、WBS、工作）多指标（时间、资源、成本）监视临界值设置功能；
10) 各种临界值指标手动或自动监控功能；
11) 监控结果跟踪处理功能。

(3) 多用户多角色应用功能

在建设项目管理过程中，业主、工程监理单位、承包商等相关单位的人员将参与不同层次计划编制、进展反馈、分析协调、跟踪控制过程。由于不同角色在进度管理过程中对进度管理系统的需求不同，因而需要考虑系统的多用户多角色应用功能。多用户多角色应用功能主要体现在软件模块（组件）的组合、系统数据权限与功能权限以及不同数据库间数据交换核查方面。建设项目进度管理信息系统要具备的满足多用户多角色应用的功能，具体如下：

1) 按宏观掌控、计划编制、分析控制、执行反馈、经验积累划分的软件模块；

2) 灵活严谨的数据范围权限与功能权限设置，用户的部分功能权限要与其相应的数据范围匹配；

3) 对大型建设项目需要有多用户同时对一个项目数据进行存储访问功能；

4) 项目数据导入导出以及对比分析功能。

（4）动态报表与信息发布功能

项目建设过程中，项目建设参与者间的有序的信息发布与共享将促进项目的沟通。建设项目进度管理系统需要有性能良好的可定制的动态报表与信息发布功能，编制的报表以及发布的信息能够依据范围权限的设定供项目决策层以及非项目进度管理专业人员使用。动态报表与信息发布功能主要体现在以下几个方面：

1) 自定义报表编辑功能；

2) 批量报表执行功能；

3) 视图打印发布、支持"所见即所得"的功能；

4) 支持结构化自定义项目信息发布功能。

14.2.5 进度管理信息系统应用

（1）Primevera Project Planner Enterprise for Construction 概述

P3 软件在国内大型项目实施过程中，越来越受到项目管理人员的推崇，在应用过程中也积累了较丰富的应用经验，目前已升级换代为 P3E/C 软件（Primavera Project Planner Enterprise for Construction）。P3E/C 系列软件是美国 Primavera 公司在 P3 的基础上发展起来的新一代企业级项目管理软件，它集中了 P3 软件 20 多年的项目管理精髓和经验，采用最新的 IT 技术，在大型关系数据库上构架企业级的、包涵现代项目管理知识体系的、具有高度灵活的、以计划—协同—跟踪—管理—控制—积累为主线的企业级项目管理软件，是现代项目管理理论演变为实用技术的作品。P3E/C 窗口如图 14-4 所示。

P3E/C 允许多个用户在同一时间使用统一配置的安全权限来访问所有的项目信息。P3E/C 是一个包括了基于 Web 的客户端、服务器端以及桌面的多个软件整体集成解决方案，为团队中的每个成员提供了符合各自角色身份的、满足各自职责和技能需求的功能。同时还可以提供所有进行中项目全面详尽的信息，从高级管理层需要的汇总信息到每个团队成员的详细工作分配信息，应有尽有。并

14.2 建设项目进度管理信息系统

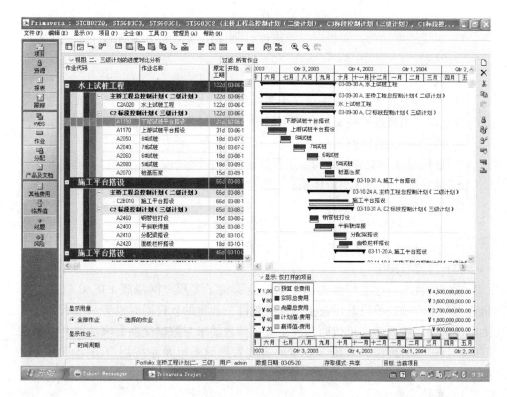

图 14-4　P3E/C 窗口

且不断提供可视化的、及时的和准确的信息，为整个项目团队建立了清晰的职责划分。由于可以通过 Web 和掌上电脑来访问项目信息，每个团队成员都可以接受定制的、精细到每分钟的（如果需要的话）工作分配并且进行进度反馈。正因为如此，客户或业主在任何时间、任何地点均可以了解到他们的项目状态。

在下面的篇幅中，将简要介绍该软件在某火力发电工程建设中的应用情况。该项目位于珠江三角洲，为在原发电厂基础上新增两台 600MW 超临界燃煤机组，建设工期为 3 号机组 29 个月，4 号机组 34 个月。P3E/C 软件，为项目的顺利建设提供了可靠的专业的项目管理工具。

(2) 进度管理策划

1) 计划管理层次划分

整个项目进度计划层次分为四级。各级计划并存于一个数据库中，用户根据范围及功能权限可对项目数据进行编辑、分析与监控。各级计划定义如下：

- 一级进度计划，即里程碑计划，反映项目主要里程碑及其进度要求；
- 二级进度计划，即业主编制的指导性项目总进度计划或通过由各承包商标段总进度计划汇总合并协调后形成的项目总控制性计划；
- 三级进度计划，即各承包商根据合同要求编制的标段总进度计划以及设计供图计划、主要设备制造供应计划；
- 四级进度计划，即根据三级进度计划逐步细化滚动编制的详细工作实施计划。

2) 进度计划管理重点

建设项目进度计划管理重点在于多标段多层次的计划统筹协调、项目进展测评与分析以及项目进展控制。在该项目中，进度计划管理重点在于：
- 协调各层次计划；
- 监控设计、制造与采购、工程施工进度；
- 建立统一的进展测量体系；
- 模拟分析项目进展；
- 动态工程费用控制；
- 结合进展测量体系进行进度付款管理。

(3) 进度管理编码

在该项目上，业主与主要施工承包商购置了多用户网络版 P3E/C 软件，项目业主与工程监理单位共用业主购置的软件，业主的软件同时也为一些承包商提供应用端口。主要施工承包商在满足业主管理要求与数据交换要求基础上构建自己的项目进度管理编码系统。业主的进度管理编码以及系统用户访问控制简述如下。

1) 系统主要编码

① 项目分解结构

项目分解结构采用 P3E/C 软件的 EPS（Enterprise Project Structure），EPS 是层次化企业项目分解结构，在一个企业内可以根据项目业务的类别或区域化数据汇总分析要求建立。在该项目上根据项目管理业务划分以及工程主要标段划分建立项目分解结构。项目分解结构及编码节录如图 14-5 所示。

② 组织分解结构

系统设立组织分解结构 OBS（Organization Breakdown Structure）的目的在于建立项目管理的责任体系。在 P3E/C 中 OBS 与 EPS、项目、WBS 和问题等结合构成严谨的企业项目范围控制体系。OBS 可以参照组织结构设置，但为了责任明确，该项目的 OBS 设置到具体专业工程师以及相应的工程监理单位与承包商。组织分解结构与编码节录如图 14-6 所示。

③ 资源与资源角色

在 P3E/C 中，资源是企业级数据。资源分为人力资源、非人力资源和材料三大类。资源角色是资源管理的另一重要属性，一个资源可以有多个资源角色。项目工作所需资源可先分派资源角色然后指定具体资源。

对于建设项目来说，可利用软件的资源管理功能，管理项目中关键"活"的资源、完成的主要实物工程量、资金以及绩效衡量指数等。在该项目中根据以往

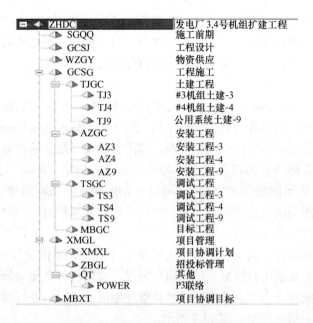

图 14-5　项目分解结构及编码节录

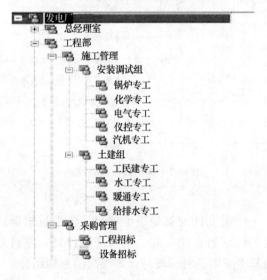

图 14-6　组织分解结构与编码节录

经验建立了包含承包商关键工种与设备、业主和监理单位的管理人员、主要实物工程量、绩效衡量指数 WLU（Work load unit）等资源的资源库，并建立了相应的资源角色划分。

绩效衡量指数 WLU 通常称为"当量点"或简称为"点"，在国际大型项目管理中常用来综合衡量项目进展。对于复杂项目系统来说，没有一个统一绩效计量方法，是很难综合评判项目进展的。当量点的设立提供了统一的进展测量指数，并为项目分析、进度支付等工作提供了便利。当量点是用来反映项目工作的综合指标，是将一个项目的工程量及其费用进行分解后的综合反映。

④ 费用科目

费用科目（Cost account）是 P3E/C 中管理项目成本费用的基础编码，它是一套树状结构编码，也可称为费用分解结构 CBS（Cost Breakdown Structure）。费用科目编码为项目费用汇总分析提供了便利，费用科目编码是全局性编码，适用于所有项目。项目工作中资源以及支出等与费用相关的项条（item）均可与其关联。这样就可方便从不同的角度（EPS—项目—WBS 角度、OBS 角度、费用科目角度）对项目费用与成本进行汇总与分析。这样也方便地解决了国内项目划分口径不同带来的汇总与交流上的问题。

为了更好地结合概算及合同来分析和衡量计划完成工作量与成本之间关系，以及如实反映企业或项目计划费用的执行情况，费用科目主要划分标准和规则参照国家电力系统《电力工业基本建设预算管理制度及规定》进行编制。

费用科目编制的规则如图 14-7 所示。

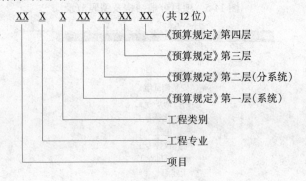

图 14-7 费用科目编制规则

⑤ 项目

在 P3E/C 中，一个进度计划就是一个项目。该项目根据进度管理策划，通过 EPS 将不同层次的计划组合到一起，这些进度计划（项目）的代码也作了相应的规定。编码的基本原则是将标段与计划层次信息相结合。

⑥ 工作分解结构

工作分解结构 WBS（Work Breakdown Structure）是针对具体项目（或进度计划）的，是树状逐层分解层次化结构。通过 WBS 将项目工作内容逐级分解成较小的、较易控制的管理单元或工作包，以便于项目计划的细化与编制、责任的落实与监控。

在该项目上，为了体现整个项目 WBS 的完整性以及兼顾原 P3 软件应用习惯，制定了统一的 WBS 编码约定。WBS 编码综合考虑了《电力工业基本建设预算管理制度及规定》以及电力工程质量验评项目划分。其工作分解结构基本层次如图14-8所示。

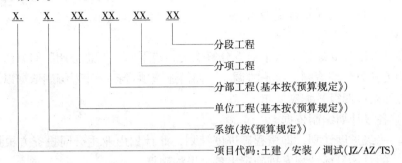

图 14-8 工作分解结构基本层次

⑦ 工作代码

工作代码是工作在项目内的惟一标识,它是一项工作在项目内区别于其他工作的基本标志。有规律的工作代码便于记忆与沟通,通过工作代码即可对工作的一些属性有直观判断。该项目的工作代码有一系列规则,如一级计划(里程碑)工作代码如图14-9所示。

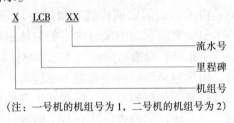

(注:一号机的机组号为1,二号机的机组号为2)

图 14-9 一级计划(里程碑)工作代码

⑧ 工作分类码

工作分类码分为全局与项目分类码,全局分类码适用于所有项目,而项目分类码只能在相应项目内应用。分类码为工作数据的分组、汇总、检索带来了方便。在该项目中业主为多标段以及自身项目数据对比分析的方便规定了部分全局工作分类码。部分分类码设置如图14-10所示。限于篇幅分类码码值不予列出。

2) 责任矩阵与用户访问控制

在 P3E/C 中任何一个 EPS 节点、项目、WBS 只与一个 OBS 节点对应,一个 OBS 节点可对应一个或多个用

图 14-10 部分工作分类码

户，用户在 OBS 中可以指定一个特定的功能权限组与其对应。通过这套机制使得软件用户可灵活地建立相应的项目责任体系与用户访问控制机制，使得项目管理更加有条理、责任矩阵更明晰。

(4) 进度计划编制

项目进度计划通过"自上而下分解落实、自下而上汇总协调"的方法，由项目的相关各方分别编制，统一协调。下面简述该项目各级计划编制依据以及承包商实施计划（四级）编制要求。

1) 各级计划编制依据
- 一级进度计划，即里程碑进度计划，此计划由业主会同投资方根据项目的总体目标计划安排确定出各个里程碑点。
- 二级进度计划，分为指导性计划与控制性计划。

指导性计划由电厂工程部或计划部牵头编制。此计划根据里程碑计划以及项目投资与单位（体）工程的轻重缓急编制，经电厂或投资方批准后实施。

控制性计划在三级进度计划基础上汇总形成的控制性计划。此计划作为项目总体（设计、制造、供货、承包商间）协调控制依据，由总监理工程师、业主最终审定。此计划一经批准将成为整个项目的控制性目标计划。

- 三级进度计划，由承包商编制的详细四级进度计划基础上汇总形成的。此计划反映各承包商对所承担的项目内容的总体进度安排。此计划由监理单位审核、业主批准，批准后的计划为三级总体目标进度计划。
- 四级进度计划，由承包商编制的详细施工总进度工作实施计划，此计划由承包商在二级指导性计划的基础上根据开工时间的先后要求，全面细化而来，是对二、三级计划的进一步分解。四级计划的编制以满足总体进度要求、劳动力资源相对均衡为原则进行工作的进度安排。

2) 四级计划编制要求

对于承包商四级计划，应包括但不仅限于以下要求：
- 计划应包含各自承担的 WBS 所指定涵盖的工作内容；
- 里程碑和竣工日期、合同中间日期、合同限制条件、合同规定工艺过程都应正确考虑和反映；
- 工作性质、逻辑顺序应正确考虑和反映；
- 主要设备和图纸需求计划要与相应的工作以不同的逻辑关系相联系；
- 计划中各工作所对应的主要实物工程量应以资源的形式加以反映，应在工作上加载"当量点"资源，便于统一的进展评判与汇总；
- 图纸、设备、场地移交等需要业主或建设单位协调的辅助事项要作为工作列入其中；
- 有关安全方面的事项或措施以记事本的形式与相应工作联系起来；
- 所有启动、调试、培训等合同要求的工作内容应作为工作放入详细的施工计划；
- 部分移交或总移交工序应编入详细施工计划；
- 最后的退场清理工序应编入详细施工计划；
- 四级计划的工作中应正确反映各种业主规定的编码（工作分类码、文档等）。

(5) 进度分析和建立控制目标

进度分析是项目控制过程中的重要环节，P3E/C 软件提供了进度目标对比分析、赢得值分析、多项目组合分析和模拟分析等功能。各种分析结果对合理确定项目控制目标有很大的帮助。在该项目上业主工程部以及监理单位的计划管理人员做了大量细致的工作，并制定相关分析办法与步骤。下面仅对项目实施性计划作为目标过程的可行性分析作一介绍。

监理单位通过对承包商四级实施性计划的导入、审核、分析，从而确认其计划本身的合理性。通常从工期与费用两个方面进行分析。

1) 四级实施性计划工期分析

对于四级实施性计划工期分析，其审核、分析内容主要包括以下几个方面：

- 审核合同重大里程碑的一致性，虽然四级实施性计划对该里程碑进行了分解，但总的目标应与合同规定日期一致。
- 审核关键工作。对比分析汇总所形成的新二级控制计划工作横道与原二级指导性计划"第一目标横道"关键线路上的工作是否存在偏差。通常情况下，关键线路上工作持续时间有偏差是不可以接受的，特别是负偏差应拒绝接受。除非承包商有足够证据来加以说明目前的目标工程中关键线路上工作工期存在的那些偏差，在今后的施工过程中完全可以采取一些特殊赶工措施来消除原始目标对比所存在的偏差。
- 审核开工里程碑日期的一致性。二级指导性计划的开工里程碑已经综合考虑了制约各项活动开工日期的土建交付、图纸交付、材料交付及其工作量，四级实施性计划的开工日期应与其基本保持一致。当然，在先决条件如供货、图纸提前满足或滞后的情况下，开工里程碑开始日期的局部调整应在四级实施性计划执行过程中进行，并征得各方同意。
- 审核完工里程碑的一致性。主要表现在最终文件的提交日期上，承包商安装完工状态报告的最晚提交日期，将直接影响相关调试活动的开展，因而也是判断安装进度是否按计划完成的重要指标，各主要活动在计划调整时必须满足该项要求。如果由于某种因素影响而不能完成，就应提前与业主进行讨论，并提出合适的提交日期，在新版执行计划中反映出来；若有必要，须编制专项赶工计划。
- 对比分析汇总二级控制计划工作横道与原二级指导性计划"第一目标横道"的一般工作工期是否存在较大偏差。这种偏差有的是可以接受，有的同样是不可以接受的。通过分析对比将这些偏差整理、打印出来，由监理工程师负责主持，业主及承包商共同参与的总体计划编制协调审查会，通过相互沟通，最终达成计划的一致性。

☐ 除此之外，监理还应审查计划接口的一致性，如土建的交付、图纸的交付、设备的交付以及现场场地对施工交叉活动可能带来的影响。一致性的核对由负责各工作的专业工程师完成，对于核对中出现的意见和问题均以书面形式及时提交计划主要责任人解决；对与业主有关的问题须以书面信函提交给业主有关部门予以澄清解决，业主具有计划的最终修改权。

2) 四级实施性计划费用分析

业主、监理公司相关专业人员依据承包商所提供的四级实施性计划，该实施性计划的每一项工作活动中承包商已加载了相关的预算费用，据此可以通过以下几个方面的内容分析来对其实施性计划的预算费用分摊是否合理进行审核：

☐ 核查承包商所编制的四级实施性计划工程预算费用分摊总计是否超过了其所签订的工程合同费用（该费用系指须随工程进度进行支付的部分），若有偏差出现是不允许的（无论正负偏差）。要核查该费用可以通过在P3E/C软件中打开四级实施性计划工程按费用科目方式进行组织的报表，将其科目费用与承包商所签订工程合同费用科目进行一一对比。

☐ 核查四级实施性计划中的预算费用与二级目标计划预算费用计划的分布曲线，主要比较二者在总体计划费用的偏差与总体计划费用曲线分布趋势上的一致性，其可能出现的情况及分析判断方法如下。

四级实施性计划中预算费用的分布与二级目标计划中的预算费用计划分布曲线在总体或部分时间段存在较大偏差。当每月计划直方图中出现正偏差的月份多于负偏差的月份且靠工程计划日期的前端时，说明四级实施性计划中预算费用的分布比二级计划中的预算费用计划分布超前，这种情况可能带来承包商当前实际得到的月度支付要大于他所实际完成的工程量，不利于业主工程费用的控制，同时也易出现承包商在费用开支上"寅吃卯粮"的现象发生，可能会造成承包商没有足够的费用来保证其实施后期的收尾工程；当预算费用计划分布滞后时，可能带来承包商当前实际得到的月度支付要小于他所实际完成的工程量，不利于准确反映工程的实际进展，同时对承包商也不公平。

四级实施性计划中预算费用的分布与二级目标计划中的预算费用计划分布曲线按月在不同时间段上的偏差总是存在的，这种偏差一般保持在5%以下是可以接受的，否则需要核查其引起的原因。

当四级实施性计划与二级目标计划中的预算费用计划分布曲线在某一时间段上出现较大偏差时，可以通过在P3E/C中建立相关工作的过滤器，将其中的相关工作过滤出来单独进行分析比较，从中找出引起较大偏差的原因以及解决办法。

□ 核查承包商四级实施性计划中每一费用科目下的预算费用,与EXP软件中加载于费用支付各费用科目中的工程合同计划费用数据是否存在较大偏差,并分析有较大偏差的费用科目是否会对工程费用的月度支付与总体控制带来不利影响。如果这种偏差较大,也会对甲乙双方预算费用、月度支付与进展的判断造成误导,不利于如实反映工程进展。

3) 建立进度控制目标

经多方分析核查协调后的各级进度计划,即可作为相应的目标项目计划(或称基线计划)用于进展监控与绩效考量。软件允许为项目建立多个控制目标,可以选择多个目标项目进行对比分析,现行项目与不同期的目标对比可进一步直观分析项目状况。

在计划更新阶段,需要对每一期更新之后的四级实施性计划建立一个目标,以利于下一期计划执行情况的对比分析。高层计划目标调整只有在下层关键计划目标无法实现后才考虑,越高层计划其目标调整的频度越低。

(6) 进展监控与绩效考量

1) 实施计划定期更新

在该项目上实施性计划规定每周进行进度更新。主要承包商每周及每月末向监理报送相应标段数据文件,由监理将其纳入业主的数据库中并进行审核。在进度例会上直接使用软件通过相关视图与报表显示项目进度分析结果,进行进度协调。

承包商四级计划工作的相关进度数据定期(每周或每月)盘点与跟踪的内容举例如下:

□ 重新确认计划周期(三个月滚动计划)范围内工作的尚需时间;
□ 输入已实际开始(或完成)工作的实际日期(每周更新);
□ 输入工作实际形象进度完成百分比(每周更新);
□ 输入承包商实际消耗资源数量,该数据不必每周更新,但每月(或每季度)需盘点更新一次,以反映承包商为完成本月计划而赢得业主的支付所实际花费的成本支出。

2) 项目进展分析

有了实施性计划的实际进展,项目进展分析可通过软件在不同层面上展开。项目决策层可直接使用软件的PV组件对项目的健康情况进行查看,并可深入挖掘分析相关原因。资深的计划管理人员可通过PA组件对项目数据进行组合与模拟分析。监理可对相应承包商结合目标项目进行进展分析,也可结合高层计划进行进展分析。

对承包商结合目标项目进行进展分析主要关注以下内容:

□ 里程碑控制点影响分析;
□ 关键线路变动分析;
□ 进展横道对比,分析偏差较大的工作;

- 赢得值分析；
- 多目标进展趋势分析；
- 工程变更分析。

3) 临界值监控与问题跟踪

P3E/C 软件提供了通过设置相应参数的临界值进行系统监控的功能。用户可以对进度指数、费用指数、时差、日期差值、费用差值等进行监控，监控可以在 WBS 或工作层次上进行。监控出来的问题可与相应的分析视图结合、可指定问题处理的责任者、可通过邮件告知有关人员。问题的处理过程可以得到跟踪控制。在该项目上有关管理人员就是利用这些功能进行项目及时监控的。

4) 逐步纠偏与目标调整

计划与实际是不可能完全一致的，项目实际进展与计划目标的偏差可通过逐步纠偏的方式加以修正。但是，一些客观原因造成的偏差积累往往会使原来的目标无法达到，因而，在建设项目实施过程中需要不时地调整目标。当然，如果项目控制做得好，一般项目的高层计划目标不需要调整或仅对一些非关键控制点做适度调整。对实施计划对应的计划目标是需要及时调整的，否则目标监控就会失去基准。但实施计划的目标也不是随便调整的，一般每期进度更新后的计划仅作为新的临时目标加以利用，实施计划正式目标调整是在进度偏差超出范围，且计划修订后经重新审批后确立。

在该项目上对如何进行计划纠偏以及目标调整的依据均作了详细规定。对项目总体计划目标调整（即计划改版）的规定是当出现下列任一情况时，才考虑项目总体计划改版：

- 某一专业工作包的进度拖延达到 10%；
- 某一专业工作包的进度提前达到 20%；
- 工作关键里程碑发生较大改变时；
- 图纸文件提交、供货及土建等施工条件发生较大改变，且对相应工程进度的影响达到 10% 时；
- 不可抗力发生后造成的停工。

5) 绩效考量

在该项目上绩效考量主要使用"当量点"资源的赢得值分析，根据"点"资源的赢得值作为进度付款的依据。监理与业主工程部人员在系统和相应报表中核查本期工作活动进展百分比，即可对相应承包商的绩效进行考量。根据进展的汇总即可确定该承包商的月度进度支付额。

在软件中可以根据管理的要求制定相应的报表图表，定期打印报表视图即可形成绩效考量书面记录，该项目编制了系列不同用途的报表。这些报表视图根据需要均可发布成网页，供更多的管理人员从项目网站获取项目进展信息。部分报表如图 14-11 所示。

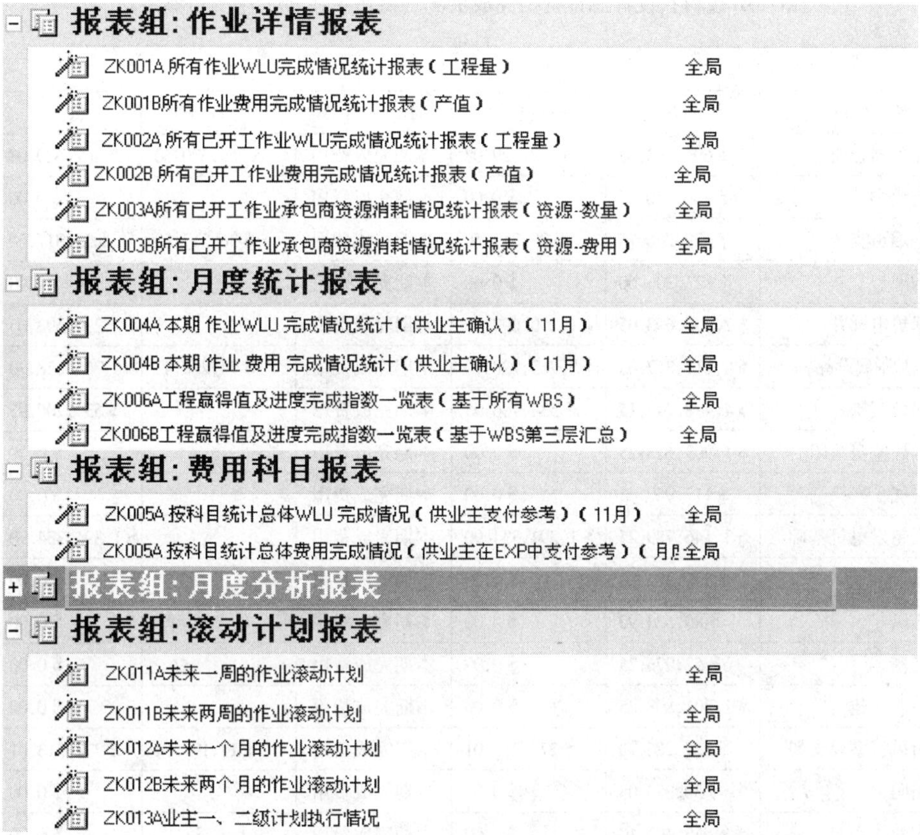

图 14-11 部分报表

报表图表示例，如赢得值图表如图 14-12 所示。

本月进度完成报表（按费用科目）如图 14-13 所示。

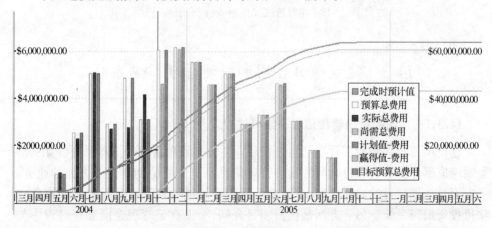

图 14-12 赢得值图表

ZK005B 按科目统计总体费用完成情况（供业主在 EXP 中支付参考）
月度

费用科目名称	计划费用	完成费用	09-十一月-04	十一月2004	总计
除尘器建筑	$601,103.85	$452,629.08	本期完成费用	$269,370.50	$462,629.08
电缆沟	$468,310.05	$0.00	本期完成费用		$0.00
钢烟道支架	$639,246.75	$35,317.50	本期完成费用	$36,317.50	$35,317.50
构架	$223,206,60	$0.00	本期完成费用		$0.00
锅炉电梯井	$2,290,693.05	$2,290,693.05	本期完成费用		$2,290,693.05
锅炉附属设备基础	$8,817,367.05	$5,765,228.70	本期完成费用	$74,250.43	$6,765,228.70
锅炉基础	$4,498,743.15	$534,706.95	本期完成费用		$534,706.95
锅炉紧身封闭	$1,903,613.25	$0.00	本期完成费用		$0.00
暖气	$117,960.45	$0.00	本期完成费用		$0.00
汽轮发电机基础	$3,146,789.25	$1,394,334.90	本期完成费用		$1,394,334.90
上下水道	$220,381.20	$0.00	本期完成费用		$0.00
通风	$80,523.90	$0.00	本期完成费用		$0.00
围栅	$52,976.25	$0.00	本期完成费用		$0.00
一般土建	$1,801,898.85	$0.00	本期完成费用		$0.00
引风机室及支架	$877,286.70	$277,313.01	本期完成费用	$14,197.64	$277,313.01
照明	$30,373.05	$0.00	本期完成费用		$0.00
支架	$555,191.10	$0.00	本期完成费用		$0.00
主厂房本体	$37,690,129.65	$10,036,421.20	本期完成费用	$1,377,276.55	$10,036,421.20
主厂房本体	$94,650.90	$104,250.90	本期完成费用		$104,250.90
总计	$64,110,445.05	$20,890,895.29	完成费用	$1,770,412.61	20,890,895.29

图 14-13 本月进度完成报表(按费用科目)

14.3 建设项目合同和投资管理信息系统

14.3.1 合同和投资管理信息系统概述

建设项目合同和投资管理信息系统是业主方建设项目管理信息系统(PMIS)的重要组成部分。建设项目合同和投资管理信息系统主要协助解决两方面的业务。一方面是依据项目的总体进度安排、项目管理组织结构以及项目投资概预算建立项目投资编码系统。另一方面是根据项目合同,全面登记管理合同履行过程中与费用相关的各种信息,跟踪分析各种事件对项目投资以及合同费用的影响。

建设项目合同和投资管理信息系统只有与进度管理信息系统有机整合才能真正实现"动态控制"的要求。一般来说，建设项目合同和投资管理信息系统是项目建设过程中"静态"的有关费用及相关事项的记录与管理系统。有关项目动态费用分析、赢得值分析等往往在进度管理系统中实现，而在建设项目合同和投资管理信息系统中通过接口或集成调用进度管理系统中的相关数据加以展现。

由于建设管理体制以及管理习惯等诸多因素，国内不少建设项目自行或委托开发合同与投资管理信息系统。这些系统往往由于需求分析的深度不够以及时间的限制，只解决辅助管理的一些表象，能够真正起到合同与投资控制的并不多见。但也有一些项目使用国外的专业软件进行合同与投资控制管理，如 Quikpen 的 Job Center、Emerging Solutions 的 Advantage、Frontrunner 的 Project Axis。在国内使用较多的软件为美国 Primavera 公司的 Expedition 软件。Expedition 软件以合同控制为中心，该软件在工程合同与采购订单的静态记录管理以及概预算静态控制中起到了良好的作用。

14.3.2 合同和投资管理信息

建设项目合同和投资管理信息主要由两部分组成，一部分为与项目投资控制编码相关信息，另一部分则是合同以及合同履行过程中的与费用有关的各种信息。

(1) 与项目投资控制编码相关的投资管理信息主要有：
1) 项目分解结构（PS）及其费用控制信息；
2) 项目（标段、子项目）及其费用控制信息；
3) 工作分解结构（WBS）与工作包（WP）及其费用控制信息；
4) 组织分解结构（OBS）；
5) 成本科目（CA）与类别；
6) 工程量清单（BOQ）。

其中，费用控制信息包括如下内容：
- 费用估算（概算）值；
- 费用预算值；
- 计划完成值；
- 赢得值；
- 实际值；
- 完成时值与完成时预计；
- 项目与工作包费用在成本科目（CA）与类别上的分摊；
- 绩效考核方式、项目与工作包的赢得值设置等。

(2) 合同以及合同履行过程中相关信息主要有：
1) 合同与订单；

2）合同工程量以及支付项（payment item）；
3）采购订单与采购物项；
4）变更；
5）变更过程相关记录（RFI-RFP-PCO 等）；
6）支付申请；
7）支付记录（发票与付款）；
8）采购到货；
9）索赔信息；
10）正式沟通记录等。

14.3.3 合同和投资管理信息编码

建设项目合同和投资管理信息系统编码除了与进度管理信息系统一致或相适应的项目分解结构、项目编码、工作分解结构、组织与责任分解结构、资源编码、成本科目与类别等外，主要有合同编码、工程量清单编码、物资编码及各种记录编码。

随着计算机技术的发展，现在对信息管理系统编码的限制越来越少，很多编码可以设置成树状自定义编码，树的层次与编码的长度均可满足系统对信息编码的要求。编码及编码规则为信息的直观展现和统一数据录入格式提供了保障。在系统实施过程中编码规则的制订以及基础数据的录入是信息系统实施的重要工作，而对于信息系统本身需要考虑的是编码定义的灵活性以及如何实现辅助自定义编码（根据设定自动产生编码）。

一般工程量清单编码、物资编码等为树状编码，合同以及记录编码采用普通编码格式。工程量清单编码示例如表 14-1 所示。

某火电项目工程量清单编码节录　　　　表 14-1

编码	名称	单位	单价	分类编码	工程量分类
S	输煤系统				
S.02	翻车机室				
S.02.01	翻车机室机械开挖	m^3		SK	土方
S.02.02	翻车机室砂石回填	m^3		ST	回填土
S.02.03	翻车机室混凝土垫层	m^3		SH	混凝土
S.02.04	翻车机室钢筋混凝土吊车梁	m^3		SH	混凝土
S.02.05	翻车机室行车轨道	m			
S.02.06	翻车机室钢筋混凝土现浇结构地上部分	m^3		SH	混凝土
S.02.07	翻车机室钢筋混凝土地下结构（抗渗）	m^3		SH	混凝土
S.02.08	翻车机室砖墙	m^3		SB	砖墙

续表

编码	名称	单位	单价	分类编码	工程量分类
S.02.09	翻车机室金属结构	t		SG	金属构件
S.02.10	翻车机室压型钢板	m²			
S.02.11	翻车机室水磨石地面	m²		SL	楼地面
S.02.12	翻车机室木门	m²		SM	门窗
S.02.13	翻车机室钢窗	m²		SM	门窗
S.02.14	翻车机室瓷板墙面	m²		SZ	装饰
S.02.15	翻车机室受煤斗塑料王	m²		SZ	装饰
S.02.16	翻车机室值班室彩色夹心板	m²			
S.02.17	翻车机室内墙106涂料	m²		SZ	装饰
S.02.18	翻车机室乳胶漆	m²		SZ	装饰
S.02.19	翻车机室预制板地坪	m²		SL	楼地面
S.02.20	翻车机室轨道	m			
S.02.21	翻车机室网架	t		SG	金属构件
S.02.22	翻车机室预埋件	t		SG	金属构件
S.04	输煤栈桥				
S.04.02	2号输煤栈桥				
S.04.02.01	2号输煤栈桥挖基础土方	m³		SK	土方
S.04.02.02	2号输煤栈桥回填土	m³		ST	回填土

某烟厂扩建项目合同编码规则如图14-14所示，其合同常用代编码取值及定义如表14-2所示。

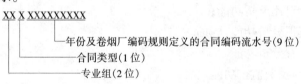

图14-14 某烟厂扩建项目合同编码规则

合同常用代编码取值及定义 表14-2

层次	代码取值	内容定义
第一层	TJ	建筑组
	DK	电控组
	YJ	烟机专业组
	WL	物流组
	DN	动能组
	ZH	综合组
	QT	其他（或由几个组联合共同签署）
第二层	1	建筑、安装工程
	2	设备
	3	材料
	0	其他合同
第三层	9位	（略）

14.3.4 合同和投资管理信息系统功能定义

根据建设项目合同和投资管理的实际需求，也可从五大方面归纳总结对建设工程项目合同和投资管理信息系统的功能需求。

(1) 投资控制模拟功能

结合进度管理信息系统的项目实施过程编码系统，建立项目投资控制管理信息模型，实际上就是建立动态的项目投资分析环境。投资控制模拟功能具体体现在：

1) 能在项目结构分解、项目、工作分解结构（工作包）上加载费用信息；
2) 能建立控制目标；
3) 费用信息能在成本科目与类别上分摊；
4) 能结合进度动态模拟项目成本；
5) 能进行绩效考核、根据进度完成情况确定合同工作量完成比例。

(2) 统计分析功能

建设项目合同和投资管理信息系统主要需要有以下一些统计分析功能：

1) 不同层次、不同角度汇总统计功能；
2) 赢得值（Earned Value）分析功能；
3) 多项目组合（Portfolio）分析功能；
4) 多目标对比分析功能；
5) 进展模拟分析功能（what if）；
6) 价值工程分析功能。

(3) 合同与投资监控功能

投资监控功能主要体现在项目实施过程中项目的实际费用以及预测费用与项目概预算之间的差异。合同监控主要监控合同的状态、变更、合同支付。建设项目合同与投资管理系统需要具备以下功能：

1) 项目概预算与实际成本通过图表直观对比展示功能；
2) 不同层次（项目、WBS）、不同记录类型时间与费用监视临界值设置功能；
3) 各种临界值指标手动或自动监控功能；
4) 监控结果跟踪处理功能；
5) 记录关联与追溯功能；
6) 问题检索与关联功能。

(4) 多用户多角色应用功能

建设项目合同和投资管理业务牵涉面广，并非局限于项目的计划经营管理人员以及项目的决策层，还牵涉到工程部门、监理单位、承包商及相关单位等。因此，工程项目合同和投资管理信息系统需要具备多用户多角色应用功能。只有这样才能提高信息处理速度，及时监控合同与投资情况。这些功能主要体现在以下几个方面：

1) 灵活严谨的权限体系；

2) 合理的依据角色的应用模块（如为承包商、供应商提供与其相关的信息查询、处理、沟通环境）；

3) 通过权限或模块设置为相应人员提供应用环境；

4) 记录级权限功能（对具体某一类型的记录，可根据记录的某些属性进行访问与存储控制）。

(5) 动态报表与信息发布功能

动态自定义报表功能有利于项目管理人员按照行业或企业的习惯格式随时对系统记录的数据进行汇总分析。信息发布功能有利于促进项目沟通。动态报表与信息发布功能主要体现在以下几个方面：

1) 自定义报表编辑功能；

2) 批量报表执行功能；

3) 视图打印发布、支持"所见即所得"的功能；

4) 支持结构化自定义项目信息发布功能。

14.3.5 合同和投资管理信息系统应用

(1) Primavera Expedition 概述

Primavera Expedition 是 P3 软件的姊妹产品，该软件是建设项目在 FIDIC 环境下的合同控制软件。通过该软件可以全面系统地记录建设项目实施过程中合同相关各方的业务往来以及合同费用演变过程，根据不同类型合同以及相关记录的费用在项目费用（成本）科目上的分摊即可对工程建设项目的投资进行静态控制。该软件以合同履行过程事务全面关联记录为切入点，合同费用控制是其管理核心。该软件在国内简称为 EXP 软件，该软件的应用有助于 FIDIC 环境下的合同条件落实，对了解国际通行的合同控制做法有较大帮助，对从事国际工程的承包商来说使用该软件是十分有益的。

在国内，由于项目管理环境等诸多因素的限制，不少项目仅用该软件的费用控制功能来进行项目的投资控制。下面以前面 P3E/C 应用的项目为例，简述 EXP 软件在该项目上的实际应用。

EXP 软件的主要记录模块界面如图 14-15 所示。

图中左面目录树反映了 EXP 软件的主要记录模块，其中费用工作表为费用综合模块，该模块的费用数据不能直接录入。右面为工程中心（Project Center）界面，通过工程中心用户可直接处理与其相关的业务，查阅报表。工程中心桌面有以下一些功能：

1) 用户可自定义工程中心工作桌面的界面，且界面友好、易操作；

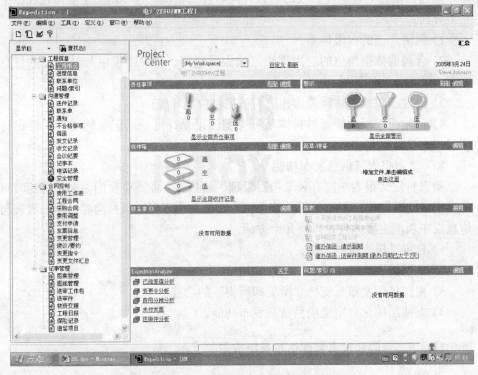

图 14-15　EXP 软件的主要记录模块界面

2) 通过桌面直接查看或处理责任事项；
3) 通过桌面直接起草有关文件；
4) 通过桌面直接预览或打印报表；
5) 通过桌面直接查看警示事项；
6) 通过桌面直接查看或处理收件箱中事项等。

(2) 工程投资管理策划

在该项目上，工程的动态投资分析使用 P3E/C 软件，而工程的静态投资控制采用 EXP 软件。为了结合软件在多用户环境下的应用，在软件正式应用之前，根据项目组织机构、业务管理职责的划分以及管理目标，对软件的应用进行了规划与模拟测试。根据应用模拟情况修订了相应的业务流程并编制相关制度与业务操作手册。

结合软件进行工程投资管理策划的主要内容包括编码体系、工程概（预）算管理、工程施工类合同管理、工程物资采购类合同管理、工程投资分析报表体系、警示提醒设置、管理业务流程修订、业务操作手册编纂等事项。下面简要介绍系统应用的主要编码。

系统编码主要由合同编码、费用科目编码、变更编码、物资编码以及各种记录状态、专业划分等编码组成。费用科目编码与该项目 P3E/C 中的费用科目编码一致，物资编码根据电力系统常用的 KKS 编码缩略而成。

该项目的合同及变更编码可作如下描述。其合同编码长 12 位，分为五段，编码格式如图 14-16 所示。

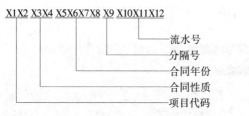

图 14-16　项目合同编码

X3X4 表示合同性质，其定义如下：QQ——前期类合同；SJ——设计类合同；QP——青苗赔偿类合同；QT——其他类合同；SG——工程类合同；JL——监理类合同；DL——招标代理类合同；CG——设备、材料采购类合同；等等。

变更编码长 8 位，分为 4 段，编码格式如图 14-17 所示。

图 14-17　项目合同变更编码

(3) 工程施工合同管理

1) 施工合同登记与费用分摊

在该项目上由于施工合同费用已经通过"点"资源费用的方式与进度计划结合在一起，因而在 EXP 中按照总价合同方式进行登记管理。合同总价按照 P3E/C 中按费用科目分组汇总的数据通过"费用分摊"摊到相应费用科目的合同委托块 (Commitment)。合同费用分摊情况与 P3E/C 中按费用科目汇总情况保持一致是工程支付与进度有机结合（或 P3E/C 与 EXP 联合应用）的基础。

2) 工程进度支付管理

在该项目上每月工程进度支付按照 P3E/C 中关于"点"资源费用的赢得值进行支付。合同控制管理人员根据 P3E/C 制作的经审批确认的每月进度完成情况在 EXP 中进行工程进度支付管理。

在 EXP 中有进度款模块，工程合同的首次进度款由合同通过记录生成向导生成，选择按费用科目分摊作为进度支付的项目。以后的进度款由前一期进度款申请复制生成。这样可方便进度款记录的费用分摊，每期进度款费用会自动分摊到相应费用科目中。进度款的费用分摊到费用工作表相应费用科目实际块（actual）的实际支出（应付）中。

在进度支付申请记录中，还可进行工程预付款的回扣管理，可以采集当前截止日期已核准但未包含进前几期进度申请记录中的工程变更记录，将变更费用加入到本期支付申请中。支付申请示例如图 14-18 所示。

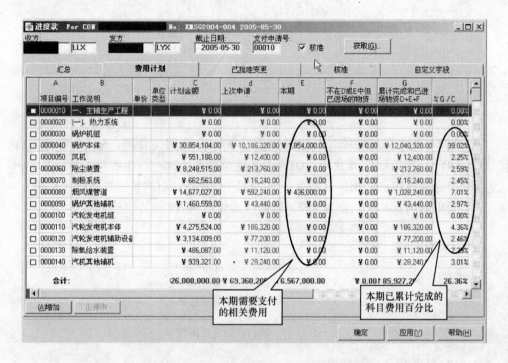

图 14-18 支付申请示例

3）工程预付与回扣管理

为了便于工程预付与预付回扣管理，在该项目上专门增加了一个预付费用科目进行预付与回扣的控制。通过在具体合同支付时，增添两个费用项目来进行预付与回扣的记录。

不管采用单价项目支付或根据费用科目来进行支付的合同，在生成第 1 次支付款申请时，在费用计划表中手动增加两个支付项（一个为预付款支付，一个为预付款扣减，项目编号以 Y 开头 + 流水号），其中预付款支付的计划金额为正而预付扣减的计划金额为负（正负加起来为 0，而且其费用均分摊到费用科目中的预付款科目中）。当进行预付款支付时，则在预付款支付项中填入正的支付金额；当进行预付款扣减时，则在预付款支付项中填入负的支付金额。

4）工程变更管理

该项目上，由于变更过程（工程联系单）管理在其他系统中实现，变更的审核结合P3E/C进行，因而在EXP中只对最终的变更令进行管理。利用EXP的变更指令模块进行合同变更的登记与管理。

(4) 工程物资合同管理

1) 物资合同登记与费用分摊

物资采购合同按照单价合同进行管理，并在EXP软件的采购订单模块进行管理。物资采购合同的明细项与物资编码关联，便于根据物资编码进行到货记录与统计。物资采购合同的费用分摊到相应费用科目的合同委托块（Commitment）中。

2) 物资到货管理

根据采购订单生成物资到货记录，根据设备物资运单在物资到货记录模块中记录相应的物资到货情况。物资到货情况记录时间、地点、数量、说明（出厂编码）、备注（物资检查情况）、运单号等信息。

3) 采购付款管理

采购付款采用EXP的发票（Invoice）模块，一个采购订单对应一份发票记录，在该发票记录中可多次登记实际付款以及进行费用分摊。利用发票的自定义数据项，还可通过发票进行计划支付管理。通过报表制作采购资金需求以及采购计划与实际对比。

采购资金需求报表示例如图14-19所示。

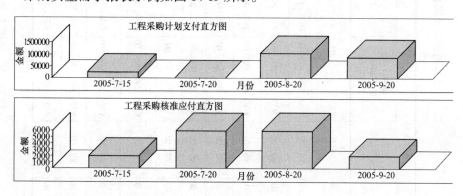

图14-19 采购资金需求报表

(5) 工程投资控制

1) 工程概（预）算记录

在该项目上将工程概（预）算数据通过虚拟合同的形式进行管理，根据项目的批复概算建立一总价虚拟合同。将合同费用分摊到费用科目的预算（Budget）块中建立项目投资控制费用基础。资金到位、概算调整使用该合同对应发票、变更进行管理。

2) 通过费用工作表监控项目投资

由于项目的工程、采购、概预算费用通过费用科目联系在一起，因而在费用

工程概算与合同费用对比分析表

日期：2005-10-08
页码： 1 of 28

费用科目	费用说明	概算简况			合同情况			差值情况	
		原始 预算金额 A	已批 预算变更 B	调整后 预算金额 C	原始 合同金额 D	已批 合同变更 E	调整后 合同金额 F	原始 A－D	已批＋ 原始 C－F
1.1	热力系统	¥1,963,692,354.00	¥0.00	¥4,963,662,354.00	¥1,900,042,673.00	¥0.00	¥1,900,042,673.00	¥63,619,691.00	¥63,619,681.00
1-01-01-01	锅炉本体	¥652,906,879.00	¥0.00	¥652,906,879.00	¥629,197,920.00	¥0.00	¥629,197,920.00	¥23,708,959.00	¥23,708,959.00
1-01-01-02	风机	¥27,59,753.00	¥0.00	¥27,59,753.00	¥24,007,489.00	¥0.00	¥24,007,489.00	¥3,252,264.00	¥3,252,264.00
1-01-01-03	除尘装置	¥68,843,595.00	¥0.00	¥68,843,595.00	¥69,088,076.00	¥0.00	¥69,088,076.00	¥－244,481.00	¥244,481.00
1-01-01-04	制粉系统	¥61,610,508.00	¥0.00	¥61,610,508.00	¥2,147,305.00	¥0.00	¥2,147,305.00	¥59,463,203.00	¥59,463,203.00
1-01-01-05	烟风煤管道	¥38,759,901.00	¥0.00	¥38,759,901.00	¥32,200,166.00	¥0.00	¥32,200,166.00	¥6,559,735.00	¥6,559,735.00
1-01-01-06	锅炉其他辅机	¥8,017,777.00	¥0.00	¥8,017,777.00	¥2,736,031.00	¥0.00	¥2,736,031.00	¥5,281,746.00	¥5,281,746.00
1-01-02-01	汽轮发电机本体	¥460,296,893.00	0.00	¥460,296,893.00	¥480,923,513.00	¥0.00	¥480,923,513.00	¥－20,626,620.00	¥－20,626,620.00
1-01-02-02	汽轮发电机辅设备	¥144,849,029.00	¥0.00	¥144,849,029.00	¥151,510,894.00	¥0.00	¥151,510,894.00	¥－6,661,865.00	¥－6,661,865.00
1-01-02-03	旁路系统	¥12,544,580.00	¥0.00	¥12,544,580.00	¥6,721,214.00	¥0.00	¥6,721,214.00	¥5,823,366.00	¥5,823,366.00
1-01-02-04	除氧给水装置	¥75,453,536.00	¥0.00	¥75,453,536.00	¥77,538,322.00	¥0.00	¥77,538,322.00	¥－2,084,786.00	¥－2,084,786.00

图 14-20 工程概算与合同费用比对分析表

工作表中就可以直观地进行基于费用科目的对比分析。在 EXP 的费用工作表中对于具体费用科目的费用数据可以追溯到相关记录表单。费用工作表有预算、合同、实际、差值等栏位，因而可以很方便地对项目的整体以及具体费用项目进行监控。

3) 合同与变更等监控

在 EXP 中可以通过警示提醒设置，让系统自动监控相关费用以及时间等参数，并通知相关警示提醒"订阅者"。一旦设置了警示提醒，相关警示提醒"订阅者"进入系统即可在工程中心的"警示"栏目中发现警示，并可通过该栏目直接查阅相关记录。

4) 投资控制报表与记录台账

在该项目上根据国家电力系统投资控制管理的习惯，制订了一系列投资控制报表与记录台账。这些报表与台账可在软件中直接调用与打印，也可以根据需要分别做成可执行的报表，让有关项目领导直接通过动态报表查询工程投资控制情况以及各种记录台账。

在该项目上制订了以下几类报表与台账。

□ 费用控制总台账（基于费用科目的概算费用、合同委托费用、合同变更、费用支付、概算与合同委托差价等）

□ 合同总台账（包含合同编号、名称、原始金额、承发包单位、签署日期、

某火力发电厂 2×600MW 工程概算动态管理总台账　　　日期：2005-10-08　页码：1 of 6

项目编号	项目名称	概算金额	合同金额	完成投资	预计金预	结算金额	备注
一	主辅生产工程						
（一）	1-1 热力系统	¥1,963,662,354.00	¥1,900,042,673.00	¥0.00	¥1,900,042,673.00	¥1,900,042,673.00	
1	建筑工程费	¥189,523,844.00	¥174,644,738.00	¥0.00	¥174,644,738.00	¥174,644,738.00	
2	设备购置费	¥1,400,699,807.00	¥1,489,762,597.00	¥0.00	¥1,489,762,597.00	¥1,489,762,597.00	
3	安装工程费	¥373,438,703.00	¥235,635,338.00	¥0.00	¥235,635,338.00	¥235,635,338.00	
4	其他费用	¥0.00	¥0.00	¥0.00	¥0.00	¥0.00	
（二）	1-2 燃料供应系统	¥212,691,046.00	¥150,362,907.00	¥0.00	¥150,362,907.00	¥150,362,907.00	
1	建筑工程费	¥113,769,841.00	¥0.00	¥0.00	¥0.00	¥0.00	
2	设备购置费	¥91,001,246.00	¥150,362,907.00	¥0.00	¥150,362,907.00	¥150,362,907.00	
3	安装工程费	¥7,919,959.00	¥0.00	¥0.00	¥0.00	¥0.00	
4	其他费用	¥0.00	¥0.00	¥0.00	¥0.00	¥0.00	
（三）	1-3 除灰系统	¥94,503,115.00	¥28,224,886.00	¥0.00	¥28,224,886.00	¥28,224,886.00	
1	建筑工程费	¥18,633,541.00	¥497,469.00	¥0.00	¥497,469.00	¥497,469.00	
2	设备购置费	¥70,377,029.00	¥26,027,220.00	¥0.00	¥26,027,220.00	¥26,027,220.00	
3	安装工程装	¥5,492,645.00	¥1,700,197.00	¥0.00	¥1,700,197.00	¥1,700,197.00	

图 14-21　概算动态管理总台账

变更金额、结算金额等)
  □ 工程合同台账(内容与总台账相同)
  □ 采购合同台账(内容与总台账相同)
  □ 合同支付总台账(合同基本信息、合同支付金额、合同支付核准金额等)
  □ 合同支付明细台账(合同基本信息、合同每期支付情况、支付汇总信息等)
  □ 合同变更台账(合同基本信息、变更日期、变更编号、变更金额、变更原因、变更款支付等)
  □ 物资到货台账(合同基本信息、交货数量、交货日期、未交货数量等)
报表示例如图14-20和图14-21所示。

复习思考题

1. 阐述进度计划管理的基本要素、进度计划管理的目的与重要性。
2. 计算机辅助进度管理对工程项目的统筹协调与目标控制的促进作用?
3. 进度管理系统在整个计算机辅助建设项目管理中的作用与重要性?
4. 大型工程建设项目进度管理系统需要什么样的基本编码体系?
5. 简述大型工程项目进度管理系统基本功能需求。
6. 进度管理系统应用的难点是什么?对大型工程项目采用什么样的方式进行进度跟踪控制?基于进展反馈应编制哪些基本进度分析报告供决策参考?
7. 可通过建设项目合同和投资管理信息系统辅助解决的主要业务有哪些?
8. 如何实现工程投资的动静态管理有机结合?
9. 合同和投资管理系统应考虑的基本编码有哪些?
10. 请论述记录关联在合同和投资管理系统中的作用。
11. 大型工程建设项目合同和投资管理系统应具备哪些功能?
12. 合同和投资管理系统应用的难点是什么?

15 建设项目管理信息化

信息化是当今国际社会发展的趋势之一。近年来,许多发达国家和发展中国家纷纷把信息视为重要战略资源,把信息化作为社会持续发展的重要途径之一。我国也提出了信息化发展战略和发展规划,并将国家信息化建设作为 21 世纪初期我国经济和社会发展的重要组成部分。本章主要介绍信息化的背景和含义、建设项目管理信息化的含义和意义以及建设项目管理信息化的实施等内容。本章是对第 9 章信息管理在内容上的延续和拓展。

15.1 信息化的内涵

信息化是人类社会发展过程中一种特定现象,它的产生和发展表明人类对信息资源的依赖程度越来越高。信息化是人类社会继农业革命、城镇化和工业化后进入新的发展时期的重要标志。本节主要介绍信息化产生的背景——数字鸿沟、信息化的含义以及建设项目管理信息化的发展趋势等内容。

15.1.1 信息化产生的背景——数字鸿沟

信息化的出现给人类带来新的资源、新的财富和新的社会生产力,形成了以创造型信息劳动者为主体,以电子计算机等新型工具体系为基本劳动手段,以再生性信息为主要劳动对象,以高技术型企业为骨干,以信息产业为主导产业的新一代信息生产力。在传统经济中,人们对资源的争夺主要对象为土地、矿产和石油等,而今天,信息资源日益成为争夺的重点,带来了国际社会新的竞争方式、竞争手段和竞争内容。由于信息化发展水平不同,产生了存在于国与国、地区与地区、产业与产业、社会阶层与社会阶层之间的"数字鸿沟"(Digital Divide)。

(1)"数字鸿沟"的含义

关于数字鸿沟,有许多不同的看法和观点。

美国商务部把数字鸿沟概括为:"在所有的国家,总有一些人拥有社会提供的最好的信息技术。他们有最强大的计算机、最好的电话服务、最快的网络服务,也受到了这方面最好的教育。另外有一部分人,他们出于各种原因不能接入最新的或最好的计算机、最可靠的电话服务或最快最方便的网络服务。这两部分人之间的差别,就是所谓的'数字鸿沟'。处于这一鸿沟的不幸一边,就意味着他们很少有机会参与到以信息为基础的新经济当中,也很少有机遇参与到在线教育、培训、购物、娱乐和交往当中。"

美国国家远程通信和信息管理局把数字鸿沟定义为："一个在那些拥有信息时代的工具的人以及那些未曾拥有者之间存在的鸿沟。"

经济合作和发展组织对数字鸿沟的定义为："数字鸿沟是指不同社会经济水平的个体、团体和地区在获得信息与通讯技术（Information & Communication Technology）和使用网络等方面机会的差距。"

数字鸿沟体现了当代信息技术领域中存在的差距现象，并由此造成了"信息落差"、"知识分割"和"贫富分化"现象。这种差距，既存在于信息技术的开发领域，也存在于信息技术的应用领域，特别是由网络技术产生的差距。

数字鸿沟现象已经渗透到经济、政治和社会生活当中，成为在信息时代突现出来的社会问题。数字鸿沟牵扯到整个社会的贫富差距、信息资源多寡和资金、文化、就业、生活质量等问题，牵扯到国家或地区科技参与能力的强弱、经济的增长方式等许多更深层次方面的社会问题。因此，各国正在制定相关措施，努力消除或减少数字鸿沟。2000年2月，美国政府颁布了"从数字鸿沟走向数字化机遇"的报告，并提出了具有可操作性的行动方案和具体措施。

在我国，数字鸿沟造成的差别正在成为继城乡差别、工农差别、脑体差别"三大差别"之后中国社会的第四大差别，因此，"数字鸿沟"问题在我国也受到了高度重视。在数字经济与数字生态2000中国高层年会上提出"认知数字经济、改善数字生态、弥合数字鸿沟、消除数字冲突、把握数字机遇"是当前推动信息化的重要战略任务。同时，中国政府把发展信息产业提升到战略地位加以考虑，提出将大力发展信息产业，提高信息能力，消除数字鸿沟。

信息化造成数字鸿沟，而信息化建设又是消除或减少国与国之间、地区与地区之间、产业与产业之间数字鸿沟的最佳途径。我国已把大力推进国民经济和社会信息化，作为覆盖现代化建设全局的战略举措，制定出了在完成工业化的过程中注重运用信息技术、提高工业化的水准，在推进信息化的过程中注重运用信息技术改造传统产业，以信息化带动工业化，发挥后发优势，努力实现技术跨越式发展的战略决策，其目的就是为了在经济发展和社会进步的基础上缩小数字鸿沟。

(2) 我国建筑业的"数字鸿沟"

我国建筑业的"数字鸿沟"现象可从以下两方面进行剖析。

其一，我国与发达国家之间数字鸿沟主要反映在信息技术在建设项目管理应用领域观念上的落后，也反映在相关领域技术开发和应用的深度和广度上。据统计，国外90%以上的建设项目在实施过程中都采用专业软件辅助进行管理，而我国还不到10%。

其二，由于建筑业的特性，目前建筑业信息技术的开发和应用及信息资源的开发和利用效率较差，使建筑业相对其他产业也存在较大的数字鸿沟。根据《中国电子商务白皮书（2003年）之一：中国电子商务发展报告》资料显示，在不同行业之间，已建立、正在建立和计划建立电子商务比例较高的两个行业分别为电子行业（59.5%）和交通运输邮政业（58.5%），而较低的两个行业分别是建筑业（28.2%）和社会服务业（37.2%）。建筑业信息化已成为目前我国建筑业发展的一个重点。

建筑领域的信息化问题已经得到国家政府部门以及企业的高度重视，建设部在 2003 年发布了《2003~2008 年我国建筑业信息化发展规划纲要》，提出了建筑业信息化发展的总体目标，主要包括以下内容：

1) 运用信息技术全面提升建筑业管理水平和核心竞争能力，实现建筑业跨越式发展；

2) 提高建设行政主管部门的管理、决策和服务水平；

3) 促进建筑业软件产业化；

4) 跟踪国际先进水平，加快与国际先进技术接轨的步伐，形成一批具有国际水平的现代建筑企业。

15.1.2 信息化的含义

信息化在英文中尚没有明确的词与之对应，它是用一个非常简洁的新词汇表述了一个非常宏观的概念。对信息化的内涵有不同的理解。广义地说，信息化是指信息资源的开发和利用以及信息技术的开发和应用，也即信息产业和信息应用两大方面。

信息资源的开发和利用是信息化建设的重要内容，因为信息化建设的初衷和归属都是通过对信息资源的充分开发利用来发挥信息化在各行各业中的作用。信息技术的开发和应用是信息化建设的加速器，因为信息技术为人们提供了新的、更有效的信息获取、传输、处理和控制的手段和工具，极大地提高了人类信息活动的能力，扩展了人类信息活动的范围，加速了社会的信息化进程。

(1) 信息资源的开发和利用

人类在两千年以前就开始了信息资源的搜集和整理工作，信息资源的存在形式在计算机出现以前一直以图书为主，到了 20 世纪 60 年代，人类开始应用计算机从事信息资源的开发和利用工作。

信息同能源、材料并列为当今世界三大资源。对信息资源概念的理解，国内外有两种代表性的观点。一种观点是狭义的理解，认为信息资源是指人类社会经济活动中经过加工处理的有序化并大量积累起来的有用信息的集合，如科技信息、政策法规信息、市场信息等，都是信息资源的重要构成要素。另一种观点是广义的理解，认为信息资源是人类社会信息活动中积累起来的信息、信息生产者、信息技术等信息活动要素的集合。后一观点把信息活动的各种要素都纳入信息资源的范畴，以系统论的观点，把信息活动要素按照一定的原则加以配置并组成一个信息系统，使得信息要素的价值得以真正实现，最终使信息资源得到真正的开发和利用。

信息资源开发同样可以从广义和狭义理解。从广义上讲，信息资源开发包括信息本体开发、信息技术研究、信息系统建设、信息设备制造、信息机构建立、信息规则设定、信息环境维护和信息人员培养等活动。从狭义上讲，信息资源开发仅仅是指对信息本体的开发、主要包括信息的创造、识别、表示、搜集、整理、组织、存储、重组、转化、加工、传播、评价和应用等。

信息资源开发是我国实施"以信息化带动工业化，实现后发优势"的国家信息化发展战略的核心内容。目前，信息资源开发的主流是指数字信息资源开发，包括网络信息资源开发、数据库信息资源开发和信息系统开发。其主要技术包括数据仓库、数据挖掘（Data Mining）和数字图书馆（Digital Library）等。

信息资源利用行为就是有目的性和有选择性地利用信息资源，以满足个人需要的行为。从历史角度和人的行为过程来看，信息资源的利用模式都是一个"双螺旋"模式（类似于DNA链），也就是说利用和积累是一个相互缠绕、螺旋上升的过程，在利用信息资源的过程中产生了新的信息，在积累信息的同时也在利用着已有的信息。由于信息资源的应用层次可分为满足社会需求、满足组织需求、满足个人需求三个层次，相应的信息资源的利用也可分为社会利用、组织利用和个体利用。

信息资源的利用虽然给人类带来了巨大的财富，但同时也带来了许多以前未曾遭遇的麻烦，如信息污染与信息紊乱问题、信息产权保护和信息资源共享问题、信息编码与信息标准问题、信息保密与信息安全问题等。

(2) 信息技术的开发和应用

广义的信息技术是用于管理和处理信息所采用的各种技术的总称，是指有关信息的收集、识别、提取、变换、存贮、传递、处理、检索、检测、分析和利用等技术。信息技术的开发和应用涉及自然科学、技术、工程以及管理学等学科，以上学科在信息管理和处理中的应用，相关的软件和设备等。信息技术的应用包括计算机硬件和软件、网络和通讯技术、应用软件开发工具等。

15.2 建设项目管理信息化的内涵

15.2.1 建设项目管理信息化的含义

建设项目管理信息化属于领域信息化的范畴，它和企业信息化也有联系。我国建筑业和基本建设领域应用信息技术与工业发达国家相比，尚存在较大的数字鸿沟，它反映在信息技术在建设项目管理中应用的观念上，也反映在有关的知识管理上，还反映在有关技术应用方面。

建设项目管理信息化指的是建设项目管理信息资源的开发和利用，以及信息技术在建设项目管理中的开发和应用。在投资建设一个新的工程项目时，应重视开发和充分利用国内和国外同类或类似建设工程项目的有关信息资源。

信息技术在建设项目管理中的开发和应用，包括在建设项目决策阶段的开发管理、实施阶段的项目管理和使用阶段的设施管理中开发和应用信息技术。目前总的发展趋势是基于网络的建设项目管理平台的开发和应用。

15.2.2 建设项目管理信息化的意义

建设项目管理信息资源的开发和信息资源的充分利用，可吸取类似建设项目的正反两方面的经验和教训，许多有价值的组织类信息、管理类信息、经济类信息、技术类信息和法规类信息将有助于项目决策期多种可能方案的选择，有利于建设项目实施期的项目目标控制，也有利于项目建成后的运行。因此，在建设项目管理信息资源的开发和利用过程中，要充分注重知识管理。

随着信息及通讯技术在各个行业中的应用，各个行业的生产效率发生了大幅度的提高，但建筑业依然固守着传统的生产方式和管理方式，由于建设项目管理工作方式和工作手段的落后给建筑业带来了很多浪费，降低了建筑业生产效率，因此很多国家、政府或相关组织开始反思这一问题。

根据美国《经济学家》杂志2000年刊登的有关资料表明："一个典型的1亿美元的建设项目在实施过程中会产生15万份左右独立的文档或资料（包括设计文件、合同文件、采购文件、资金申请单、进度计划等），联邦快递在美国国内运输工程蓝图每年获取约5亿美元的运输费；项目建设成本的1%~2%仅仅是与打印、复印和传真等有关的办公费用。"

由于很多建设项目地域跨度越来越大，项目参与单位分布越来越广，项目信息成指数级增长，信息交流问题成为影响建设项目实施的主要问题。目前，信息交流手段还较为落后，使用纸质文档、电话、传真、邮政快递、项目协调会等方式作为信息交换的手段，不仅容易造成信息沟通的延迟（Delay），而且大大增加了信息沟通的费用。据国际有关文献资料介绍，建设工程项目实施过程中存在的诸多问题，其中三分之二与信息交流（信息沟通）的问题有关；建设工程项目10%~33%的费用增加与信息交流存在的问题有关；在大型建设工程项目中，信息交流的问题导致工程变更和工程实施的错误约占工程总成本的3%~5%。

通过信息技术在建设项目管理中的开发和应用能实现：
- 信息存储数字化和存储相对集中；
- 信息处理和变换的程序化；
- 信息传输的数字化和电子化；
- 信息获取便捷；
- 信息透明度提高；
- 信息流扁平化。

信息技术在建设项目管理中的开发和应用的意义在于：
- "信息存储数字化和存储相对集中"有利于项目信息的检索和查询，有利于数据和文件版本的统一，并有利于建设项目的文档管理；
- "信息处理和变换的程序化"有利于提高数据处理的准确性，并可提高数据处理的效率；
- "信息传输的数字化和电子化"可提高数据传输的抗干扰能力、使数据传输不受距离限制并可提高数据传输的保真度和保密性；
- "信息获取更便捷"，"信息透明度提高"以及"信息流扁平化"有利于建设项目参与方之间的信息交流和协同工作。

15.2.3 建设项目管理信息化的发展趋势

(1) 建筑业"信息孤岛"的产生和解决途径

建筑业是信息技术较早涉足的领域之一。早在20世纪60年代，结构工程师就开始利用有限元分析软件进行结构计算。20世纪80年代以来，随着个人计算机 (PC) 的迅速普及和各种软、硬件的飞速发展，信息技术在工程建设领域应用的广度与深度都有了质的飞跃。计算机已广泛应用于建筑业领域，涉及计算机辅助设计 (CAD)、投资控制、进度控制、合同管理、信息管理以及办公自动化等各个方面；同时涉及建设项目全寿命周期的各个阶段，包括决策阶段、实施阶段和运营阶段，如开发管理信息系统 (Development Management Information System, 简称 DMIS)、项目管理信息系统 (Project Management Information System, 简称 PMIS) 和设施管理信息系统 (Facility Management Information System, 简称 FMIS) 等。但必须指出，所有这些专业软件的开发仅仅面向于工程建设中特定领域中的特定问题，没有从整个建筑业的角度考虑跨领域的信息传递与共享的需求。这些专业软件通常是片面和孤立的，彼此之间很难进行有效的信息沟通，从而导致了"自动化孤岛"(Islands of Automation) 或"信息孤岛"(Islands of Information) 现象。

"信息孤岛"产生的根源大致可归纳为以下三个方面：

1) 项目实施的纵向沟通方式

传统的组织理论强调分工和集权，结果导致了层层繁复、等级森严的金字塔结构，其纵向沟通方式决定了信息往往通过自上而下层层传达方式发送给相应的接收方，结果往往会导致信息的延误、失真等。

2) 建筑业"分裂"(Fragmentation) 的特性

随着项目和组织规模的不断增长、技术复杂性的不断增加，工程建设领域的分工越来越细，一个大型建设项目可能会牵涉到成百上千个参与单位。而这些不同的参与单位之间呈分裂状态，对项目实施有着不同的理解和经验、对相同的信息内容也往往会有不同的表达形式。

3) 缺乏先进的信息技术与通讯技术的支持

建筑业对信息技术的应用能力与制造业等行业相比明显滞后。信息技术尽管在20世纪60年代就引入建筑业,但在相当长的时间内主要用于产生信息,比如有限元分析、CAD以及各种办公自动化软件,而普遍忽略了对所产生信息的传递与共享。20世纪90年代以来,以Internet技术为代表的通讯革命,为改善传统建筑业中落后的信息沟通状况提供了前所未有的机遇。

目前,"信息孤岛"现象已经严重制约了信息技术在工程建设中的充分应用和进一步发展,越来越多的专家开始关注不同应用领域的信息交换与系统集成问题。消除"信息孤岛"成了建筑业信息化的重要课题之一。目前已经有两大国际标准来试图解决这一问题,即国际互用联盟（International Alliance for Interoperability,简称IAI）提出了行业基准分类（Industry Foundation Classes,简称IFC）；国际标准化组织（International Standard Organization,简称ISO）提出了产品模型数据交换标准（Standard for The Exchange of Product Model Data,简称STEP）。这两个标准正得到越来越多国家的认可和越来越广泛地采用,很多应用于建筑业的专业软件也已以上两个标准作为基础展开研究与开发。

随着建筑业中信息和通讯技术的应用以及相关标准的研究和应用,信息和通讯技术的应用体现出标准化、集成化、网络化和虚拟化等特点。应用的趋势主要包括以下几个方面：

- 基于建设产品和建设过程（而非文件）的信息模型和信息管理,如建筑信息模型（Building Information Model,简称BIM）；
- 建设项目全寿命周期各阶段之间信息的无遗漏、无重复传递和处理,即建筑全寿命周期管理（Building Lifecycle Management,简称BLM）；
- 模拟技术、虚拟技术（仿真技术）在建筑业中的应用,如虚拟建筑（Virtual Construction）等；
- 基于网络的项目管理、信息交流以及协同工作等,如基于网络的项目采购、项目信息门户（Project Information Portal,简称PIP）、可视化技术的应用等。

集成化和网络化是两个重要发展方向。集成化主要是由独立系统向集成系统发展,其主要目的是加强数据的共享性（与所采用的标准有关）以适应全寿命周期管理的要求。网络化则是改变建筑业生产方式和管理方式的重要手段。网络技术的应用对建筑业管理信息化发展方向起着决定性的影响,包括信息管理、信息共享以及在线协同作业等。从目前的发展趋势来看,建设项目管理信息化的主要发展趋势之一就是基于网络的工程项目管理。

(2) 建设项目管理信息化的发展过程

建设项目管理信息化一直伴随着信息技术的发展而发展,自20世纪70年代开始,信息技术经历了一个迅速发展的过程,信息技术在建设项目管理中的应用也经历了如下的发展过程：
- 20 世纪 70 年代，单项程序的应用，如工程网络计划时间参数的计算程序，施工图预算程序等；
- 20 世纪 80 年代，程序系统的应用，如项目管理信息系统、设施管理信息系统等；
- 20 世纪 90 年代，程序系统的集成，它是随着建设项目管理的集成而发展的；
- 20 世纪 90 年代末期至今，基于网络平台的建设项目管理，其中项目信息门户（PIP）、建设项目全寿命周期管理是重要内容。

(3) 建设项目全寿命周期管理（Building Lifecycle Management，简称 BLM）

建设项目全寿命周期管理的产生主要源自建筑业所面临的挑战。据统计，自 1964 年到 1998 年期间，包括机械制造、建筑、服务等所有非农业行业的平均劳动生产率指标提高了约 80%，而建筑行业其劳动生产率指标却有所下降。有研究人员甚至指出，整个建筑行业需要用创新的手段以达到突破性的目标。在以上背景情况下，以美国 Autodesk 公司为代表建筑业信息化倡导者提出了建设项目全寿命周期管理的概念。

Autodesk 公司的研究成果认为，建设项目信息全寿命周期的行为本质就是创建（Create）、管理（Manage）和共享（Share），如图 15-1 所示。

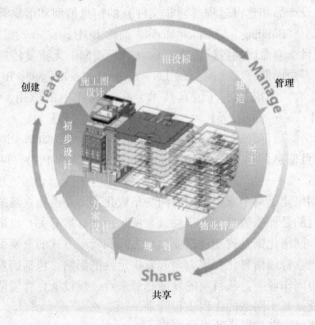

图 15-1　信息的创建、管理和共享过程

Autodesk 公司提出了建筑业信息化解决方案的两个轮子。

1) 第一个轮子：改变信息创建过程——采用建筑信息模型（BIM）技术

由二维（2D）到三维（3D）、由图形（Drawing）到建筑信息模型（Building Information Model，简称 BIM）的转换，从而改变信息的创建过程，该方案是解决建筑业面临挑战的一个轮子。在产品支持上，Autodesk 提出从 AutoCAD 到 Civil 3D 和 Revit 的思路，如图 15-2 所示。

Civil 3D 是 Autodesk 公司开发的一款土木工程设计软件，应用于土木工程和基础设施领域。Revit 是 Autodesk 推出的建筑信息模型平台，它支持新的 AutoCAD 平台，并提供了参数更改技术，因此建筑设计人员可以提高设计工作效率，并能更好地控制设计质量。Revit 系统能够自动协调所有设计信息。

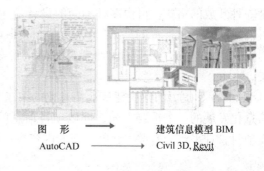

图 15-2　信息创建过程的改变

2) 第二个轮子：改变信息的管理和共享过程——采用建筑全寿命周期管理（BLM）技术

改变信息的管理和共享过程，采用建筑全寿命周期管理（BLM）技术是解决建筑业面临挑战的另外一个轮子，在技术上要实现从杂乱无序的沟通方式到在线协同作业，如图 15-3 所示。在产品支持上，Autodesk 提出从 Email 和 DWG 到 Buzzsaw 和 DWF 的思路。

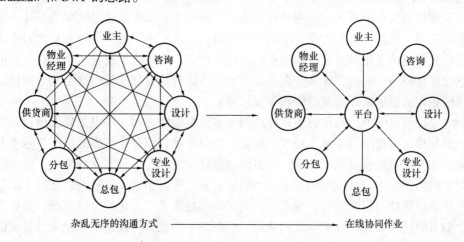

图 15-3　改变信息管理和共享过程

Buzzsaw 是一个基于 Internet 的在线协同作业平台，概括来说，其主要功能包括四个方面，即项目资料完整信息的存储中心、项目成员协同作业的沟通平台、项目进展动态跟踪的检查手段和版本控制浏览批注的实施工具。

DWG 和 DWF 都是一种文件格式。DWG 是 AutoCAD 产生的图形文件格式，而 DWF 文件格式是 Autodesk 公司推出的文件 WEB 发布格式，它为共享设计数据提供了一种简单安全的方法。DWF 可以为所有设计信息的有效管理提供很好的保障，确保发布的信息能被项目参与成员在授权范围内在线阅读或修改。DWF 是一种开放的格式，可由多种不同的设计应用程序发布；同时又是一种紧凑的、可以快速共享和查看的格式。DWF 与 Autodesk 查看工具一起构成了建筑全寿命周期管理的基础，架起了设计者与其他项目参与单位和成员之间沟通的技术桥梁。

Autodesk 提出的解决建筑业信息化的第二个轮子从本质上属于建设项目管理信息化发展的一个重要方向，即以项目信息门户（PIP）为代表的基于网络的建设项目管理平台，有关 PIP 更详细的内容将在第 16 章展开。

15.3 建设项目管理信息化的实施

建设项目管理信息化是解决目前建筑业存在问题的重要方法，因此国内外都在研究和探索建设项目管理信息化实现的途径。建设项目管理信息化的实施涉及到宏观和微观两个方面。

建设项目管理信息化属于建筑业行业信息化范畴，其和企业信息化也有一定关系，因此建设项目管理信息化的实施受这两方面信息化水平的影响。要解决建设项目管理信息化问题，单从单个项目的信息化来实现是不够的。当前，建设项目管理信息化水平不高，从客观背景来看，其和建筑业整体信息化水平不高是直接相关的。因此，要实施建设项目管理信息化，从宏观层面来讲，必须大力推动建筑业行业信息化以及建筑业企业信息化。目前，我国已经制定出建筑业行业信息化发展战略；同时，建筑业企业也开始逐步进行信息化建设。这给建设项目管理信息化提供了良好的发展机遇和发展基础。

建设项目管理信息化的实施涉及到更多的是微观方面，这也是建设项目管理信息化推进过程中需要解决的实际问题，如单个项目信息化实施的组织与管理方案、相关人员思想意识的转变、项目管理软件的选择、项目文化的建立、信息管理手册的制定等。微观问题并不是小问题，只是相对于宏观问题而言在整个信息化体系中所处的层次较低，但却是影响建设项目管理信息化的关键问题，甚至某个细节问题（如文件分类标准的确定）的处理不当也会导致整个建设项目管理信息化的失败。比如，由于网络速度的限制，可能促使整个建设项目管理信息平台运行效率降低，甚至崩溃，并最终导致平台应用的失败。

15.3.1 建设项目管理信息化实施的组织

建设项目管理信息化的实施，首先要明确在整个建设项目组织结构中实施建设项目管理信息化的单位或部门，确定各个单位、部门以及个人在建设项目管理信息化中的任务和管理职能分工，选择符合建设项目管理信息化岗位要求的专人负责信息化工作，制定并绘制建设项目信息分解图、与信息化相关的工作流程图和信息流程图等。建设项目管理信息化实施的组织方面应主要关注以下几点：

(1) 强调业主在建设项目管理信息化实施过程中的主导地位

Greenway Group 所属的 Counsel House Research 相关调查资料显示，许多调查对象认为建设项目业主将是"建筑业数字化变革的主驱动力"。1997年在英国牛津大学举办的英国里丁大学（The University of Reading）里丁建设论坛（The Reading Construction Forum）上，与会者一致认为业主方是建筑业发展和变革的引擎（Motor）。

业主方是建设项目生产过程的总集成者，也是建设项目生产过程的总组织者，所以业主方是推动建设项目管理信息化的"发动机"，是实施建设项目管理信息化的关键一方。业主方不仅参与了大部分信息交流的全过程，也是实施建设项目管理信息化的最大受益者，他们可以要求设计团队和施工团队采用新的建设项目管理信息化手段或者新的工作模式来适应自己，因此激发业主的积极性是成功实施建设项目管理信息化的主要因素。但在建设项目管理环境变化日趋复杂的情况下，业主方的集成能力和组织能力受到了挑战，业主方对信息化认知程度和掌握程度直接影响了建设项目管理信息化的开展。越来越多的业主聘请专业顾问机构进行建设项目管理咨询或者建设项目管理信息化咨询，以达到为项目增值的目的。

(2) 确定建设项目管理信息化实施的组织机构

建设项目管理信息化涉及到不同项目参与方，必须建立强有力的组织机构。根据我国建设项目管理的实际情况，一般设置领导层和实施层两个层面，在一些较为复杂的大型建设项目中实施建设项目管理信息化，可设置更多层次的组织结构。如某大桥建设项目管理信息化实施的组织机构由实施领导小组、项目管理顾问组、项目实施核心工作组、内部实施与支持团队和系统实施总包（可能包括多个分包）组成，项目经理由项目实施核心工作组组长担任，如图15-4所示。

各实施单位或部门人员组成如表15-1所示。

如果项目较小，建设项目管理信息化较为简单，如进度控制软件的应用、文档管理软件的应用等，则不需要设置太多的组织机构，一般只设置领导层和实施层。领导层负责组织协调、重要管理制度的制定或批准；而实施层则负责信息化实施过程中的具体工作，如软件的选定、系统的架构、实施模式的确定、软件操作培训、日常维护等。

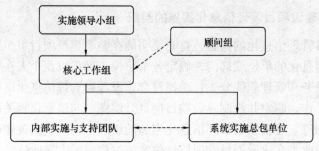

图 15-4　某项目建设项目管理信息化实施组织结构示意

某大桥项目建设项目管理信息化实施单位或部门人员组成　　　　表 15-1

序号	实施单位或部门	人　员　组　成
1	实施领导小组	由大桥指挥部主要领导与核心部门领导组成
2	项目管理顾问组	由大桥指挥部聘请的项目管理专家组成
3	核心工作组	由大桥指挥部抽调的人员与系统实施总包单位人员组成，由大桥指挥部指定核心工作组组长，也即本项目的项目经理。组员包括项目管理专家、软件应用专家、信息技术专家等
4	内部实施与支持团队	大桥指挥部与项目实施各方专门人员组成的项目管理软件应用与信息化建设的支持团队
5	系统实施总包单位	根据项目的软件应用环境建设、硬件环境建设和集成开发等需要，配备相关专业技术人员或管理人员

(3) 确定建设项目管理信息化实施的组织分工

在建设项目管理信息化的实施过程中，确定相关单位、部门和参与人员的工作任务分工至关重要。如在某化工项目上，为了使所选定的项目信息门户在整个项目中得到有效推广和应用，专门组建了协调小组，协调小组人员由业主方、施工总承包方和工程监理方的有关人员构成，同时聘请专业咨询公司协助协调小组的工作。协调小组的组织分工如下：

□ 在软件试运行阶段，组织项目参与各方尽快启动软件的试运行，协商建立项目信息管理制度；

□ 在软件正式运行过程中，协调项目各参与方，以保证软件的正常运行，监督项目信息管理制度的执行，协调小组中设项目系统管理员（不同于集团总部的系统管理员）一名，由业主方人员担任，负责软件应用中与本项目有关的重要的设置工作及日常运行维护。

在利用项目管理软件辅助建设项目管理的过程中，信息化相关工作的组织分工往往和工程项目管理组织分工结合在一起。在国际上，许多建设项目都专门设立信息管理部门（或称为信息中心），以确保信息管理工作的顺利进行；也有一些大型建设项目专门委托专业咨询公司从事项目信息动态跟踪和分析，以信息流指导物质流,从宏观上对项目的实施进行控制。

(4) 确定建设项目管理信息化实施的工作流程

在建设项目管理信息化实施过程中,相关的工作流程主要包括:
- 信息管理手册编制和修订的工作流程;
- 为形成各类报表和报告,收集信息、录入信息、审核信息、加工信息、信息传播和发布的工作流程;
- 工程档案管理的流程,如设计图纸、文件的提交和分发流程(图15-5为某工业企业"十五"技术改造项目设计图纸、文件的提交和分发流程示例);
- 信息技术的二次开发工作流程等。

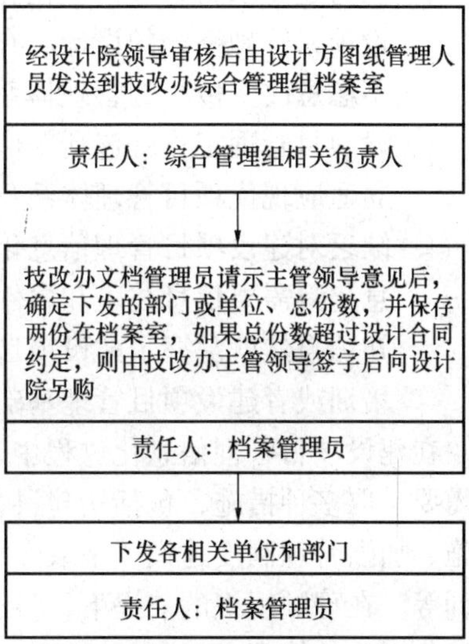

图 15-5 设计图纸、文件的提交和分发流程示例

在确定各项工作流程时需强调每个环节的责任单位或部门的责任人,相应的时间要求以及每一个环节所产生的工作成果。确定的工作流程用于指导建设项目管理信息化的实施过程,但工作流程并不是一成不变的,它可以根据实际情况进行调整,以适应变化着的工程实施环境。

15.3.2 建设项目管理信息化实施的管理

建设项目管理信息化涉及到各项目参与方,甚至涉及到不直接参与项目的相关利益群体,如政府有关部门、普通民众等。这些相关项目参与方或相关群体对信息化的理解和掌握的程度不同,给建设项目管理信息化的实施带来了一定的困难。此外,建设项目管理信息化不仅涉及到信息技术问题,也涉及到建设项目管理的规范化和标准化以及对工程项目管理内涵的理解和掌握等各个方面。

目前,由于建设项目管理信息化整体水平比较低,因此还存在一些错误认识,在实施过程中也存在一些不正确的做法,主要包括:
- 缺乏对项目管理信息系统、信息处理平台和专业项目管理软件等的正确认识,认为建设项目管理信息化就是购买或开发这些系统、平台或软件;
- 缺乏对建设项目管理信息化参与主体的正确认识,认为建设项目管理信息化是信息技术和文档管理人员的事,和专业技术人员和管理人员无关;
- 缺乏对建设项目管理系统与建设项目管理信息化之间关系的正确认识,

认为建设项目管理信息化和建设项目管理系统的建立无关，不愿意在建设项目管理系统的设计、有效运作以及项目管理的规范化等方面下功夫；不愿意改变传统的管理体系和管理方法；不愿意标准化、规范化相关建设项目管理工作（包括工作流程、组织责任、信息的整合等）；不愿意建立适应现代项目管理体系及建设项目管理信息化的组织文化；

- 缺乏对建设项目管理信息化所需技能的正确认识，认为建设项目管理信息化只需要信息技术和软件操作知识，或者认为掌握建设项目管理理论知识自然就掌握了建设项目管理信息化相关知识，因此只进行软件操作培训或者建设项目管理基础理论知识的培训，不进行综合培训。

在建设项目管理信息化过程中，会遇到各种困难和阻力，要解决这些问题，就需要采取多种措施，包括构建科学的项目管理体系、强调全员参与、采取合同措施、加强管理制度建设、采取经济措施、培育良好的项目文化以及加强教育和培训等。在理顺组织的前提下，科学和严谨的管理显得十分重要。建设项目管理信息化实施的管理主要包括以下几项内容。

(1) 构建科学的工程项目管理体系和制定规范的管理程序

由于建设项目管理信息化是在一定的行业和企业中运作的，特别是在为企业开发基于网络平台的多项目管理系统或大型、特大型项目的管理系统过程中，必须解决企业管理系统对项目的影响，或将项目管理系统的设计纳入企业管理系统中通盘考虑。必须建设项目实施过程中推行现代项目管理方法和制度，改革企业传统的业务流程，制定合理的建设项目管理流程，优化企业的管理职能分工，使其符合项目管理的要求。

许多人企图在企业内推广项目管理方法，同时又不想对企业的管理系统做任何改变，不想改变企业管理组织、管理模式、企业的业务流程和企业管理组织的责权利划分，这就不可能实现真正意义上的建设项目管理信息化。构建科学的工程项目管理体系是建设项目管理信息化的基础保证。

拥有管理程序是工程项目管理得以规范化实施的关键部分。遵循那些成熟的项目管理方法的指导方针会增加成功实现目标的机会。如果每次都为新项目重新设计管理过程，只会增加犯错误的机会。管理程序手册是一个组织规范其标准管理过程的方法，也是建设项目管理信息化实施的基础保障。

(2) 强调全员参与

建设项目管理信息化成果能很好地帮助项目参与各方成员进行高效的信息交流和协同工作。由于信息交流是一个双向或多向的过程，若一方发送的信息没有得到及时的反馈，将使信息交流流于形式，无法得到有效实施。因此，建设项目管理信息化的实施需强调全员（包括全部相关参与单位与参与人员）参与，尤其是关键项目参与方和人员的参与，才能使信息交流顺畅，产生信息化应有的效益。根据 E-Builder 在对工程项目实践的统计资料表明，要取得基于互联网的系统应用的成功依赖于项目团队关键成员的参与,一旦其中某个关键成员拒绝参与的话,整个基于互联网的系统应用将迅速失去作用。在实施建设项目管理信息化时,应考虑激发关键成员的积极性,才能保证实施的成功。

(3) 采取合同措施

由于建设项目管理信息化的实施涉及项目参与各方的利益,因此在相关合同中应对相关问题作出明确规定,以免发生争议。合同措施在信息化实施过程中经常被采用。在北京奥运建设规划中明确了参与方实施项目信息门户(PIP)的规章条文。在某工业项目应用 P3E/C (Primavera Project planner for Construction) 软件中,业主与施工总承包单位签订合同时通过协商将应用 P3E/C 的有关要求以合同条文形式予以确定。通过合同可以明确各方的责权利关系,保障了建设项目管理信息化的顺利实施。

(4) 加强管理制度建设

制度不同于规划和项目管理程序,后者是规定"如何做"以及按"什么样的规则做",而制度则是"如果做得好如何,没有按规则做的结果如何"。制度和实施程序的区别在于制度列出各种行为准则,而实施程序则是说明实施这些行为准则的过程。因此,只有项目管理方法与程序并不能保证建设项目管理信息化的正常实施和运行,尤其在我国目前管理观念的转型期,还不能缺少相关制度的制约。

目前,建设项目管理信息化的意义、作用和价值并没有得到深刻认识和理解,因此在实施过程中遭遇到很多阻力和困难,主要表现在建筑业内"根深蒂固的思维和行为模式"。尤其是一些领导或者高级管理人员,对建设项目管理信息化存在偏见,认为"建设项目管理信息化就是先进的计算机和网络系统及其购买先进的项目管理应用软件",而在企业项目管理系统的设计、有效运作、项目管理的规范化等方面不愿意花时间和费用。人们缺乏对项目管理的知识、能力和素质真正的了解和掌握,没有养成建设项目管理信息化运行所必须的,按程序及规定工作的习惯。因此,在目前阶段,制定相关制度来规范和约束参与者的行为就显得相当重要了。通过制定相关管理制度,明确实施建设项目管理信息化的各种要求,对各参与单位形成一定的约束。

(5) 采取经济措施

建设项目管理信息化的经济措施涉及资金需求计划、资金供应条件以及经济激励措施等。

为保证信息化的顺利实施,应制定必要的资金需求计划以及确定资金供应条件,包括资金需求计划、资金需求总量、资金来源等。由于业主方是建设项目管理信息化实施的最终受益者,因此,整个建设项目管理信息化的实施费用主要由业主方来承担,避免其他参与单位产生抵触情绪。如果采用建设项目总承包模式或者针对某一个方面(如进度计划)实施信息化时,项目总承包单位或者施工总承包单位等也可能是建设项目管理信息化实施的组织者,其实施费用由实施方承担。

在建设项目管理信息化实施的过程中,经济措施往往是最容易被人接受的措施。因此,项目可采取必要的经济激励措施,推动相关单位积极参与信息化实施过程。如,某电厂为了推进 P3(Primavera Project Planner)软件的实施制定了奖励机制,其中的一个条款为"从进度计划专项考核基金中提取 33.3% 作为 P3 软件使用的专项考核基金,该基金按月考核,按季发放。发放范围为使用 P3 软件的技术人员及主要责任人"。

(6) 培育良好的项目文化

建设项目参与各方代表了不同利益主体,在很多项目实践中,由于参与各方片面追求自身经济利益,忽视项目利益,而使其目标与项目目标不一致,导致相互之间利益冲突增多,互相扯皮和推卸责任,从而发生各种争议、索赔甚至是诉讼。这不但损害了业主利益,而且也损害了其他参与各方的利益,并最终导致项目目标失控和项目利益受损。

因此,在建设项目管理信息化实施和成果应用过程中,最重要的是在所有参与到建设项目管理信息化建设中的各方之间形成一种共享、平等、信任和协作的关系,形成组织间、成员之间合作的气氛,提倡"项目利益高于一切"的项目文化。项目文化不同于企业文化,企业文化是在单个企业或企业集团内部形成的一种特定的组织气氛,而项目文化强调在同一项目上各参与方为项目的共同利益而形成的一种信任合作的组织气氛。

在建设项目管理信息化的过程中,必须要抛弃与现代项目管理不相容的传统观念,形成共享、平等、信任和协作的关系,以项目利益高于一切为准则,通过项目利益的实现来实现参与各方利益的实现。

(7) 加强教育和培训

由于对于建设项目管理和建设项目管理信息化的理解还存在一些误区,尤其是一些领导和高层管理人员对此还认识不足,因此需要对相关人员进行教育和培训,消除一些误解和错误认识。培训的对象应是全员培训,但可根据培训对象的不同侧重于不同的内容,包括:

1) 项目领导者的培训

按照信息化的"一把手"原则,项目领导者对待信息化的态度是建设项目管理信息化实施成败的关键因素,对项目领导者的培训主要侧重于现代工程项目管理和建设项目管理信息化的基本理论。

2) 开发人员的学习与培训

开发团队中由于人员知识结构的差异,进行跨学科的学习和培训是十分重要的,包括工程项目管理人员对信息处理技术和信息系统开发方法的学习、软件开发人员对工程项目管理知识的系统学习等。

3) 使用人员的培训

对系统使用人员的培训直接关系到系统实际运行的效率，培训的内容包括信息管理制度的学习、计算机软硬件基础知识的学习和系统操作的学习。

15.3.3 建设项目管理信息化实施的方法

建设项目管理信息化实施的重要方法就是编制信息管理规划、程序与管理制度。信息管理规划、程序与制度是整个建设项目管理信息化得以正常实施与运行的基础，其内容包括信息分类、编码设计、信息分析、信息流程与信息制度等，具体包括以下主要内容：

- 建立统一的建设项目信息编码体系，包括建设项目编码、建设项目各参与单位组织编码、投资控制编码、进度控制编码、质量控制编码和合同管理编码等；
- 对信息系统的输入输出报表进行规范和统一，并以信息目录表的形式固定下来；
- 建立完善的建设项目信息流程，使建设项目各参与单位之间的信息关系得以明确化，同时结合项目的实施情况，对信息流程进行不断的优化和调整，剔除一些不合理或冗余的流程，以适应信息系统运行的需要；
- 注重基础数据的收集和传递，建立基础数据管理的制度，保证基础数据全面、及时和准确地按统一格式输入信息系统；
- 对信息系统中有关人员的任务、职能进行分工，明确有关人员在数据收集和处理过程中的任务分工；
- 建立数据保护制度，保证数据的安全性、完整性和一致性。

信息管理规划、程序与制度（简称信息管理规划）和项目管理规划、程序与制度（简称项目管理规划）是相互联系的，在内容上也是相互支持的，因此在实践中往往把信息管理规划纳入到项目管理规划中。

(1) 进行建设项目信息分类和编码

1) 建设项目信息分类和编码的含义

一个建设项目有不同类型和不同用途的信息，为了有组织地存储信息、方便信息的检索和信息的加工整理，必须对建设项目的信息进行编码。

所谓信息分类就是把具有相同属性（特征）的信息归并在一起，把不具有这种共同属性（特征）的信息区别开来的过程。信息分类的产物是各式各样的分类或分类表，并建立起一定的分类系统和排列顺序，以便管理和使用信息。对信息分类体系的研究一直是信息管理科学的一项重要课题，信息分类的理论与方法广泛应用于信息管理的各个分支，如图书管理、情报档案管理等。这些理论与方法是进行信息分类体系研究的主要依据。在建筑业内，针对不同的应用需求，各国的研究者也开发设计了大量的信息分类标准。

编码由一系列符号（如文字）和数字组成，编码是信息处理的一项重要的基础工作。建设项目信息的分类（Classification）、编码（Coding）和控制的术语（Controlled Terminology）是进行计算机辅助建设项目信息管理的基础和前提；也是不同项目参与方之间、不同组织之间消除界面障碍，保持信息交流和传递流畅、准确和有效的保证。

建设项目信息分类和编码体系的统一体现在两个方面：第一，不同项目参与方（如业主、设计单位、施工单位和项目管理单位）的信息分类和编码体系统一，即横向统一；第二，项目在整个实施周期（包括设计、招投标、施工、动用准备）等各阶段的划分体系一，即纵向统一。横向统一有利于不同项目参与者之间的信息传递和信息共享，纵向统一有利于项目实施周期信息管理工作的一致性和项目实施情况的跟踪与比较。

2) 建设项目信息的分类

建设项目业主方和项目参与各方可根据各自项目管理的需求确定其信息管理的分类，但为了信息交流的方便和实现部分信息共享，应尽可能作一些统一分类的规定，如项目的分解结构应统一。在进行项目信息分类时，可以从不同的角度对建设项目的信息进行分类，如：

- 按项目管理工作的对象，即按项目的分解结构，如按子项目1、子项目2等进行信息分类；
- 按项目实施的工作过程，如按设计准备、设计、招投标和施工过程等进行信息分类；
- 按项目管理工作的任务，如按投资控制、进度控制、质量控制等进行信息分类；
- 按信息的内容属性，如按组织类信息、管理类信息、经济类信息、技术类信息和法规类信息等进行信息分类。

为满足项目管理工作的要求，往往需要对建设项目信息进行综合分类，即按多维进行分类，如：

- 第一维：按项目的分解结构；
- 第二维：按项目实施的工作过程；
- 第三维：按项目管理工作的任务。

3) 建设项目信息分类和编码的内容和方法

建设项目信息的分类和编码可以有很多种，如：

- 建设项目的结构编码；
- 建设项目管理组织结构编码；
- 建设项目的各参与单位编码（组织编码）；
- 建设项目实施的工作项编码（建设项目实施的工作过程的编码）；
- 建设项目的投资项编码（业主方）或成本项编码（施工方）；

- 建设项目的进度项（进度计划的工作项）编码；
- 建设项目进展报告和各类报表编码；
- 合同编码；
- 函件编码；
- 工程档案编码等。

以上这些编码是因不同的用途而编制的，如投资项编码（业主方）或成本项编码（施工方）服务于投资控制工作或成本控制工作；进度项编码服务于进度控制工作。但是有些编码并不是针对某一项管理工作而编制的，如投资控制或成本控制、进度控制、质量控制、合同管理、编制建设项目进展报告等都要使用项目分解结构编码，因此需要进行编码的组合。建设项目信息分类和编码的主要方法如下。

- 建设工程项目的结构编码依据项目结构图，对项目结构的每一层的每一个组成部分进行编码。
- 项目管理组织结构编码依据项目管理的组织结构图，对每一个工作部门进行编码。
- 建设项目的各参与单位包括政府主管部门、业主方的上级单位或部门、金融机构、工程咨询单位、设计单位、施工单位、物资供应单位和物业管理单位等，需要对以上单位进行编码。
- 在进行建设项目信息分类和编码时，建设项目实施的工作项编码应覆盖项目实施全过程的工作任务目录的全部内容，它包括设计准备阶段的工作项、设计阶段的工作项、招投标工作项、施工和设备安装工作项和项目动用前准备工作项等。
- 建设项目的投资项编码并不是概预算定额确定的分部分项工程的编码，它应综合考虑概算、预算、标底、合同价和工程款的支付等因素，建立统一的编码，以服务于项目投资目标的动态控制。建设项目成本项编码也不是预算定额确定的分部分项工程的编码，它应综合投标价估算、合同价、施工成本分析和工程款的支付等因素，建立统一的编码，以服务于项目成本目标的动态控制。
- 建设项目的进度项编码应综合考虑不同层次、不同深度和不同用途的进度计划工作项的需要，建立统一的编码，服务于建设项目进度目标的动态控制。
- 建设项目进展报告和各类报表编码应包括建设项目管理过程中形成的各种报告和报表的编码。
- 合同编码应参考项目合同结构和合同分类，应反映合同的类型、相应的项目结构和合同签订的时间等特征。
- 函件编码应反映发函者、收函者、函件内容所涉及的分类和时间等，以便函件的查询和整理。

□ 工程档案的编码应根据有关工程档案的规定、建设项目的特点和建设项目实施单位的需求而建立。

【案例15-1】 某建设项目信息分类和编码

以下是对某体育场馆项目的信息分类和与编码的介绍。

该文档类别编码分为四个层次，每一个层次由1位字母或数字构成。

(1) 文档类别编码第一层次的划分主要是按项目的阶段进行划分，编码比较确定，如表15-2所示。

文档类别编码（按阶段划分） 表15-2

阶段名称	编码	阶段名称	编码
项目总体	G	施工	C
项目前期	I	动用准备	O
勘察设计	D	保修期	B

(2) 信息类别编码的2～4层次均由一位数构成，元素组成可以是1～9、英文26个字母的大小写，共61个编码值，可以满足信息分类扩充的需要，详见表15-3。表15-3是文档类别编码列表，其中出现有不需要涉及到所有预设四个层次的情况时，相应的层次编码用0表示。

某文档类别编码列表 表15-3

第一层次	第二层次	第三层次	第四层次
项目总体 G	政府主管部门批文 G1	项目建议书审批 G11	
		可行性研究报告审批 G12	
		征地、拆迁审批资料 G13	
		土地规划许可证审批 G14	
		建设工程规划许可证审批 G15	
		初步设计审批 G16	
		施工许可证审批 G17	
		工程建设报建表备案 G18	
		工程质量监督注册备案 G19	
		建设工程施工招标方式备案 G1a	
		招标文件备案 G1b	
		建设工程竣工验收备案 G1c	
		其他 G1d	
	项目基本信息 G2	项目实施大事记 G21	
		组委会有关信息 G22	
		政府部门有关信息 G23	
		业主方有关信息 G24	
		设计（咨询）单位有关信息 G25	
		施工监理单位有关信息 G26	
		承包商有关信息 G27	

15.3 建设项目管理信息化的实施

续表

第一层次	第二层次	第三层次	第四层次
		供货商有关信息 G28	
		专家信息 G29	
	往来函件 G3	组委会工程部函 G31	
		政府部门函 G32	
		业主函 G33	
		项目管理咨询单位函 G34	
		设计单位函 G35	
		监理工程师函 G36	
		设备供货商函 G37	
		材料供应商函 G38	
		其他 G39	
项目前期 I	可行性研究报告 I4		
	项目策划报告 I5		
	环境调查报告 I6		
勘察设计 D	地基地质勘察资料 D7	初勘资料 D71	
		详勘资料 D72	
	方案设计 D8	设计竞赛文件 D81	
		设计竞赛的组织文件 D82	
		设计竞赛方案 D83	
		设计竞赛的评审 D84	
		方案设计图纸 XD85	
	初步设计与施工图设计 D9	设计招标文件 D91	
		设计招标的组织文件 D92	
		设计招标的评审 D93	
		初步设计图纸 D94	
		初步设计评审资料 D95	
		施工图设计图纸 D96	建筑、结构施工图 D961
			暖通空调施工图 D962
			给排水施工图 D963
			强电施工图 D964
			弱电施工图 D965
		图纸变更 D97	建筑、结构施工图 D971
			暖通空调施工图 D972

续表

第一层次	第二层次	第三层次	第四层次
			给排水施工图 XD973
			强电施工图 D974
			弱电施工图 D975
施工 C	项目管理咨询资料 Ca	项目管理建议书 Ca1	
		项目管理大纲 Ca2	
		项目管理规划报告 Ca3	
		项目管理月报 Ca4	
	招标投标 Cb	总承包招标投标 Cb1	
		专业招标投标 Cb2	
		施工监理招标 Cb3	
		设备采购招标投标 Cb4	
	合同管理 Cc	合同文本 Cc1	
		合同变更 Cc2	
		合同款支付 Cc3	
		索赔 Cc4	
	进度管理 Cd	业主确认的项目计划报告 Cd1	
		设计方进度报告 Cd2	
		施工监理单位进度报告 Cd3	
		施工总承包单位进度报告 Cd4	
		土建分包单位进度报告 Cd5	
		设备安装单位进度报告 Cd6	
		装修单位进度报告 Cd7	
	投资管理 Ce	估算资料与审批报告 Ce1	
		概算资料与审批报告 Ce2	
		预算资料与审批报告 Ce3	
		资金到位情况报告 Ce4	
		投资使用计划报告 Ce5	
		工程实际投资报告 Ce6	
		投资计划与实际投资比较分析报告 Ce7	
		付款申请与审批 Ce8	
	质量管理 Cf	质量保证体系资料 Cf1	
		施工技术与质量验收标准 Cf2	
		材料合格证明及检测资料 Cf3	

续表

第一层次	第二层次	第三层次	第四层次
		半成品检测资料 Cf4	
		隐蔽工程验收资料 Cf5	
		工序验收资料 Cf6	
		分部分项工程质量评定及验收资料 Cf7	
		关键节点及竣工验收报告 Cf8	
		质量事故处理报告 Cf9	
		质量管理月报 Cfa	
	施工技术 Cg	施工组织设计 Cg1	
		关键施工节点的施工方案 Cg2	
		其他 Cg3	
	设备采购 Ch	电梯设备资料 Ch1	
		给排水设备资料 Ch2	
		暖通空调设备资料 Ch3	
		强电设备资料 Ch4	
		智能化设备资料 Ch5	
		比赛设备资料 Ch6	
		其他 Ch7	
	施工监理报告 Ci	施工监理大纲 Ci1	
		施工监理规划 Ci2	
		施工监理实施细则 Ci3	
		施工监理周报、月报 Ci4	
		其他 Ci5	
	安全管理 Cj	安全保证体系资料 Cj1	
		安全操作规程 Cj2	
		安全管理周报、月报 Cj3	
		安全事故处理报告 Cj4	
		其他 Cj5	
动用准备 O			
保修期 B			

(2) 信息分析

在对建设项目进行信息分类和编码的基础上,信息管理规划的重要成果是信息分析表。信息分析重点是分析在建设项目实施各个阶段列出所有需要共享的文档信息(用信息编码表示),并分析每一个文档信息的发送方和接收方,这样有助于建设项目管理信息平台中对信息访问权限的设定。

以下列举了施工阶段信息分析示意表。其中相关参与方主要分为业主方(简称 O)、工程监理方(简称 P)、设计方(简称 D)、施工方(简称 C)和供货方

（简称 S）以及第三方（T）六大类，如表 15-4 所示。

施工阶段信息分析示意表 表 15-4

信息类别	信 息 名 称	信息编码	格式	发送方	接收方
编码信息	施工阶段统一的信息编码体系和管理制度	4110112	文本	P	O、P、D、C、S、T
单位组织信息	业主方单位组织变动信息	4120111	文本	O	O、P、D、C、S、T
	业主方项目管理班子变动信息	4120211	文本	O	O、P、D、C、S、T
	业主方项目管理班子增减人员的照片	4120321	图像	O	O、P、D、C、S、T
	项目管理方的组织手册	4120412	文本	P	O、D、C、S
	项目管理方的资质文件	4120512	文本	P	O、D、C、S
	各专业设计人员的个人简介、资格证书等	4120913	文本	D	O、P、D、C、S、T
	…	…	…	…	…
项目组织信息	业主方对项目组织结构的变更信息	4130111	文本	O	O、P、D、C、S、T
	项目规划许可证	4130211	文本	O	O、T
	项目开工许可证	4130311	文本	O	O、T
	设计质量监督合格证或施工图设计质量审核文件	4130411	文本	O	O、D、P
	施工阶段的项目组织结构图	4130512	文本	P	O、P、D、C、S、T
	政府下发的有关工程建设管理的文件	4140111	文本	O	O、P、D、C、S、T
	…	…	…	…	…
进度控制信息	业主方对项目动用目标的变更文件	4210111	文本	O	O、P、D、C、S
	业主方在施工阶段的工作计划	4210211	文本	O	O、P
	业主方在施工阶段的进度工作总结报告	4210311	文本	O	O、P
	施工阶段进度控制规划	4210412	文本	P	O、P、D、C、S
	施工阶段总进度计划	4210512	文本	P	O、P、D、C、S
	…				
进度控制信息	施工方的施工总进度计划	4211914	文本	C	O、P、C、S
	施工方的各分项进度计划	4212014	文本	C	O、P、C、S
	施工方的各专业工程施工进度计划	4212114	文本	C	O、P、C、S
	施工方的年、季、月、旬、周施工进度计划	4212214	文本	C	O、P、C、S
	施工方的实际进度统计报表	4212314	文本	C	O、P、C
	施工方的进度预测报告	4212414	文本	C	O、P、C、S
	…				
合同管理信息	业主方在施工阶段提出的关于设计的合同变更文件、工程合同补充协议以及合同索赔资料等	4220111	文本	O	O、P、D
	业主方在施工阶段提出的关于施工的合同变更文件、工程合同补充协议以及合同索赔资料等	4220211	文本	O	O、P、C
	业主方在施工阶段提出的关于供货的合同变更文件、工程合同补充协议以及合同索赔资料等	4220311	文本	O	O、P、S
	业主方在施工阶段对各种已付工程合同款的统计报表	4220411	文本	O	O、P
…	…	…	…	…	…

(3) 信息组织与管理手册的编制

在建设项目决策和实施过程中，业主方和其他项目参与方都有各自信息化的组织与管理任务。为充分利用和发挥信息资源的价值、提高信息管理的效率以及实现有序的和科学的信息管理，各方都应编制各自的信息组织与管理手册，以规范信息管理工作。信息组织与管理手册描述和定义信息管理做什么、谁做、什么时候做和其工作成果是什么等，除了信息分类和信息编码外，主要内容还包括：

- 信息管理的任务（信息管理任务目录）；
- 信息管理的任务分工表和管理职能分工表；
- 信息输入输出模型；
- 各项信息管理工作的工作流程图；
- 信息流程图；
- 信息处理的工作平台及其使用规定；
- 各种报表和报告的格式以及报告周期；
- 项目进展的月度报告、季度报告、年度报告和工程总报告的内容及其编制；
- 工程档案管理制度；
- 信息管理的保密制度等。

15.3.4 建设项目管理信息化实施的手段

(1) 建立建设项目信息中心

在国际上，许多建设项目实施过程中都专门设立信息管理部门（或称为信息中心），以确保信息管理工作的顺利进行。

许多研究在分析未来建设项目信息管理发展趋势时，都把信息交流和沟通置于非常重要的位置。未来建设项目信息资源的组织和管理具有以下特征：

- 在工程建设各阶段，参建各方都能随时随地获得所需要的各种项目信息；
- 用基于虚拟现实（Virtual Reality）的、逼真的工程项目模型指导工程建设的设计与施工全过程；
- 在工程项目各组成部分之间、工程建设实施各阶段之间以及在各参与方之间不再有分离现象；
- 减少距离的影响，使项目团队成员相互进行信息交流和沟通时有同处一地的感觉；
- 对信息的产生、保存及分发进行有效管理。

信息资源的组织与管理就是交换和共享数据、信息和知识的过程，可理解为工程参建各方在项目建设全过程中，运用现代信息和通讯技术及其他合适的手段，相互传递、交流和共享项目信息和知识的行为及过程，主要包括以下几方面的内涵：

- 信息的交流与沟通包括建设项目参建各方；
- 时间贯穿工程建设全过程；
- 信息交流与沟通手段主要是基于计算机网络的现代信息技术和通信技术，但也不排除传统的信息交流与沟通方式；
- 信息交流与沟通内容包括与项目建设有关的所有知识和信息，特别是需要在参建各方之间共享的核心知识和信息。

信息交流与沟通的重要目的是在建设项目参建各方之间共享项目信息和知识，具体目标是努力做到在恰当的时间、恰当的地点、为恰当的人及时地提供恰当的项目信息和知识。随着现代信息和通讯技术的发展，如视频会议、远程在线讨论组等，传统的时空观在信息交流和沟通中的重要性越来越低。

(2) 建立建设项目信息处理平台

在当今时代，信息处理已逐步向电子化和数字化方向发展，但建设领域的信息化已明显落后于其他许多行业，建设项目信息处理基本上还沿用传统的方法和模式。应采取措施，使信息处理朝基于网络的信息处理平台方向发展，以充分发挥信息资源对项目目标控制的作用。

投资建设项目的业主方和项目参与各方往往分散在不同的地点，或不同的城市，或不同的国家，因此其信息处理应考虑充分利用远程数据通讯的方式，如：

- 通过电子邮件收集信息和发布信息；
- 通过基于互联网的项目专用网站（Project Specific Web Site，简称 PSWS.）实现业主方内部、业主方和项目参与各方以及项目参与各方之间的信息交流、协同工作和文档管理；
- 通过基于互联网的项目信息门户（Project Information Portal，简称 PIP）为众多项目服务的公用信息平台实现业主方内部、业主方和项目参与各方，以及项目参与各方之间的信息交流、协同工作和文档管理；
- 召开网络会议；
- 基于互联网的远程教育与培训等。

复 习 思 考 题

1. 简述"数字鸿沟"的含义及影响。
2. 简述信息化的内涵及"信息孤岛"产生的根源。
3. 简述建设项目管理信息化的发展过程。
4. 简述建设项目全寿命周期管理（BLM）解决方案。
5. 建设项目的信息如何进行分类？
6. 简述建设项目管理信息化的含义。
7. 信息组织与管理手册包括哪些主要内容。
8. 建设项目管理信息化实施的手段主要包括哪些？

16 网络平台上的建设项目管理

在网络平台上进行建设项目的管理，其技术基础是网络平台，是在局域网或互联网上构建的信息沟通平台；网络平台上的活动主体是用户，是构成了一个虚拟的项目管理组织的用户群体；而网络平台上项目管理活动的核心是建设项目的信息管理，包括了项目信息的创建、集中管理和共享等几个方面。

16.1 项目管理的网络平台

随着信息技术的发展和在工程领域的广泛应用，工程建设的信息化趋势越来越明显。这些趋势表现在多个不同的方面，如工程设计中数字化建筑模型的应用，造价估算中市场价格信息的自动收集，进度控制中工程进度信息的全面收集和自动反馈等。在这些趋势中一个比较突出的发展方向是在网络平台上进行的建设项目管理。

计算机网络在技术领域的应用已经有相当长的历史，尤其是在国外一些研究机构和大专院校。互联网的出现成为了计算机网络发展的一个突破，在上世纪90年代迅速进入了人们的生活，并很快在商业领域得到了经营者的青睐。网上交易、协同商务等经营活动应运而生，并且迅速发展壮大，成为了多种新的商业经营模式。互联网的应用也很快影响到了工程建设领域，在计算机网络尤其是互联网上进行的信息沟通、文档管理、协同工作等各种活动进入了工程技术和管理人员的工作范围。这些工作都属于建设项目管理活动中的一个部分，并与其他多种建设项目管理活动息息相关，故将其概括称为网络平台上的建设项目管理。

项目管理的网络平台一般搭建在局域网或互联网上，为项目管理提供服务，主要用于项目管理过程中的信息交流、文档管理和工作协调。影响一个项目管理网络平台成败的因素有多个方面，如平台的构成情况、平台搭建的过程细节、在网络平台上实施项目管理的客观条件等。只有全面考虑了这些因素，采取了相应的对策和充分的保障措施，才有可能保障项目管理网络平台在建设项目实施过程的成功应用。

16.1.1 项目管理网络平台的构成

项目管理网络平台在构成上主要包括了两个方面：硬件系统和软件系统（图16-1）。硬件系统包括整个网络平台运行所需要的服务器、个人电脑和相应的网络设施，如果是互联网，还会包括与互联网相连的硬件设备。不同的网络、不同

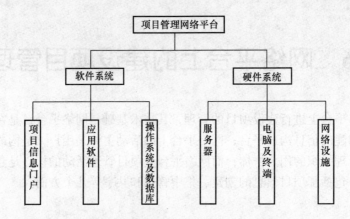

图 16-1 项目管理网络平台的构成

的系统、不同的软件对硬件都会有不同的要求，但都需要硬件具有安全、稳定和高速度的性能。软件系统包括网络平台运行过程中所需要的各种软件，如电脑的操作系统软件、办公应用软件、项目管理应用软件、网络通讯软件以及网络系统运行软件等。

软件系统中最为核心的是网络系统运行软件。不管项目管理网络平台是在局域网或者是在互联网上运行，都需要有一个系统软件对服务器进行管理，对服务器中所存储的数据进行管理，对网络所连接的电脑或终端进行管理并为整个网络的运行提供支持，对通过电脑或终端进入到网络中活动的用户群体进行管理和服务并约束和规范其网络行为。因而，项目管理网络平台的系统运行软件是整个软件系统的核心软件。

这一类的项目管理网络平台系统软件在实际使用中有各种各样的名称，不同的软件开发商可能会使用不同的名字并有各自的定义。本书采用一个得到广泛接受的名字：项目信息门户（Project Information Portal），并按照其定义来讨论这种网络平台系统软件。

按照定义，项目信息门户指的是在网络基础上对项目信息进行集中存储和管理的系统运行软件，它为项目用户提供个性化的项目信息入口，并提供相互之间信息交流和沟通的渠道，从而为建设项目参与各方营造一个高效、稳定、安全的网络项目管理工作环境。

项目信息门户的定义描述了这种系统软件几个方面的特征，也体现了网络平台上项目管理的几个比较明显的优势。

（1）项目信息的集中存储和管理

与传统建设项目信息的分散保存和管理不同，项目信息门户是以建设项目为中心对项目信息进行集中存储与管理，在分散的项目参与各方之间实现了信息共享，有利于提高信息交流的效率，降低信息交流的成本，提高信息交流的稳定性、准确性和及时性。它不是一个简单的文档系统,它通过信息的集中管理和门户设置为项目参与各方提供一个开放、协同、个性化的信息交流环境。

(2) 项目用户的个性化信息入口和相互之间信息沟通的渠道

根据项目实施需要和项目岗位责任设置情况,项目信息门户为每一项目成员设定了相应的信息处理和信息管理的职责和权限。在职责许可的条件下,项目成员可以从工程建设管理信息平台上最大限度地获取所需要的建设项目信息,在系统设定的范围和工作流程内有效地处理和利用工程信息,实现对工程信息管理全过程的有序和有效参与,从而提高对建设项目信息利用的效率,降低因信息缺损导致的工程决策失误。

(3) 建设项目参与各方共同的网络项目管理工作环境

项目信息门户使项目信息的传递和处理变得异常方便和灵活,项目参与各方都可以根据需要,在系统许可的情况下利用系统所提供的便利进行工作,不受时间和地点的限制,从而大大提高工作的效率,并形成一个共同的、高效率的工作环境。同时,由一个系统软件在网络环境下对建设项目的信息存储、管理和交流等工作活动进行管理和监控,避免了人为情况下的很多不稳定和不安全因素,从而为建设项目提供一个稳定和安全的工作环境。

项目管理网络平台的网络可以是局域网,也可以是互联网。由于互联网使用的普及,也由于互联网在空间范围和使用群体范围上所体现的极大优势,目前绝大多数的项目信息门户软件都是在互联网环境下开发的。因而,通常所讨论的项目信息门户也往往指的是互联网环境下的项目信息门户。

16.1.2 项目管理网络平台的搭建

项目管理网络平台的构成包括了硬件系统和软件系统两个主要部分,项目管理网络平台的搭建也主要从这两个方面进行考虑和实施。在软件方面要从项目管理工作需要的角度出发,考虑购置合适的项目信息门户软件产品,或租用相应的服务,考虑与该系统兼容的有关软件产品的选用,并进行相应的整合。在硬件方面要根据系统的特点和软件使用的需要,综合考虑不同硬件产品的性能价格比,选用适当的硬件产品,包括服务器(如果需要)、网络设施和终端等不同的硬件,构成可靠的电脑网络,并与软件系统相结合成为稳定的项目管理网络平台。

除了软、硬件系统的选择外,网络平台使用者的培训也是搭建项目管理网络平台过程中一个重要的环节。每一个用户对项目管理网络平台使用的熟练程度直接决定了网络平台功能所能发挥的程度。用户群体对系统功能的使用越熟练,项目管理网络平台的优势越可能得到充分的发挥。因而,对项目管理网络平台使用者的培训在平台搭建的过程中不可或缺。

概括起来,搭建一个项目管理的网络平台需要进行项目需求分析、项目信息门户产品选择、硬件系统购置、软件购置、系统安装、系统调试和人员培训以及系统内的权限和工作流程设定等多个环节的工作。这些工作从总体上可以分为以下四个阶段：

(1) 准备阶段

对项目基本情况进行调查，确定项目组织结构、项目管理组织结构、项目信息分类及处理工作流程等，同时根据项目基本情况确定对有关软件系统和硬件设备的基本要求，并由业主方决定并采购相关的软件系统和硬件设备。

(2) 安装阶段

安装硬件设备并进行有关软件和数据库的安装，对服务器及系统管理员进行培训，根据项目基本情况进行用户、权限、文档、工作流程等的设定，并对主要用户进行培训。

(3) 试运行阶段

经初步培训的用户根据各自的职责和权限在工程建设管理信息平台上进行相关的操作，提供反馈信息，对系统做逐步调整，并对项目参与各方的用户进行深入的培训。

(4) 运行开始

项目管理网络平台正式投入运行，各种工程信息开始输入平台的信息管理系统，信息处理及相应的项目管理工作也在网络平台上展开，建设项目建设开始以网络平台为基础的信息化管理阶段。

上述四个阶段的工作流程可以概括为如图 16-2 所示的工作实施流程图。

上述工作步骤所描述的是为一个特定的建设项目专门设定一个项目管理网络平台的平台搭建工作步骤。而在相当多的情况下，项目管理的网络平台经常是为多个建设项目提供服务，单个的建设项目不需要再重复其中的某些步骤。或者，项目管理网络平台是由专业的商业运营单位所提供的商业化服务，平台的搭建也可以直接跳过某些工作步骤，如网络硬件、服务器及系统软件的购买和安装、系统管理员的培训等。这种类型的项目管理网络平台搭建工作步骤与上述的工作步骤基本相同，但是个别的工作有所区别，不同之处如下：

(1) 准备阶段

根据项目基本情况确定对个别应用软件和硬件设备的基本要求，并由业主方决定并采购相关的软件和硬件。

(2) 安装阶段

安装所采购的硬件及软件，对项目管理员、主要用户等进行培训，无需系统管理员的培训。

项目管理网络平台开始正式运行后，仍然需要根据情况的变化经常地对各个用户的工作权限进行设定和调整，对信息处理的工作流程进行调整和完善，对项目参与各方的合作方式和方法进行协调，以完全适应网络平台上项目管理工作的要求和需要。所以，项目管理网络平台的搭建工作在某种程度上是动态的、持续

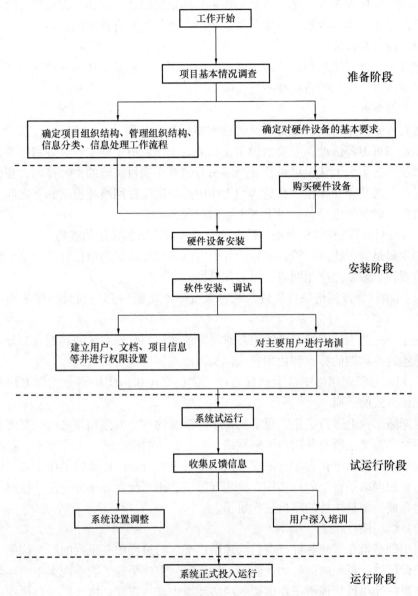

图 16-2　项目管理网络平台搭建工作流程

进行的工作，对平台的调整和维护将一直延续到项目管理工作的最终完成。

16.1.3　项目管理网络平台的实施条件

项目管理网络平台的实施条件除了搭建过程中所需要的硬件设备和软件产品外，对系统管理人员和员工所进行的工作培训、对项目管理岗位职能和工作流程所作的相对应的设置和安排等也是必不可少的重要因素。这四个方面被称之为项目管理网络平台实施的四个基本条件：硬件、软件、教育件和组织件。

(1) 硬件和软件

硬件和软件系统对项目管理网络平台的作用十分明显，作为网络平台实施的两个基本条件，它们的重要性不言而喻。

(2) 教育件

教育件是指在搭建和推行项目管理网络平台的过程中一系列的宣传、培训、操作演示和练习等活动，主要是为了让相关的工作人员了解项目管理网络平台的基本情况，在思想上认识项目管理网络平台的对于项目实施的重要作用，在使用上熟悉有关的功能和操作，在具体的工作中充分适应在网络环境下相互之间的配合和协作。教育件主要包括以下三个方面的内容：

1) 对项目管理网络平台基本情况的介绍和对其重要作用的宣传

这主要是为了让参与项目实施的各个方面能充分认识到项目管理网络平台实施的重要性，激发出应用网络平台的积极性。

2) 对项目管理网络平台硬件及软件系统基本功能的介绍和对操作使用的培训

这主要是为了让网络平台的用户对特定的硬件和软件系统的功能有充分的了解，熟悉这些功能的特点和使用方法，从而能熟练地进行个人操作。

3) 对项目管理网络平台上信息管理、信息交流和组织协调等工作方法的介绍和工作方式的适应

在网络平台上进行工作，更多的是参与项目的各个方面相互之间的交流和协作。因而，需要让所有的用户了解网络平台上整体的信息管理工作方法，熟悉相互之间信息交流的工作程序，适应在网络平台上进行组织协调的工作模式，从而使项目管理网络平台上的众多用户能相互适应、相互配合和充分合作，在网络空间中融合成一个整体性的项目工作班子。

(3) 组织件

组织件是指在搭建和推行项目管理网络平台的过程中一系列的组织调整、系统内的设置以及系统的运行和适应等工作步骤，主要是为了能将现实中的建设项目实施组织和项目管理班子在虚拟的网络环境中进行重建，将实际的建设项目工作过程在网络环境中得到真实反映并能顺利进行。组织件主要包括以下三个工作步骤：

1) 组织调整

项目管理网络平台环境下的组织调整，包括组织结构、岗位职能和工作流程等。新的项目管理网络平台的环境对传统的项目组织和项目管理岗位会有新的要求，在某些方面会有所改变，尤其是与项目信息处理、文档管理、沟通协调等职能有关的组织部门、岗位责任、工作程序等。在搭建网络平台时就应该按照相应

的要求对上述环节进行调整以适应新的工作环境和工作方式。例如，在传统的建设项目管理中，文档管理往往是由专职人员负责的，而在网络平台上，由于信息处理的便捷，文档管理的责任往往分散到了多个相关的工作岗位上，相应的岗位责任和职能都需要进行相应的调整。

2) 组织设定

项目管理网络平台上的组织设定，包括与组织结构和岗位职能相对应的用户权限设定、职能分组设定和工作流程设定等。在项目管理网络平台上，项目组织中的分工、项目管理的职能、项目实施的组织协调等需要通过一定的系统设定来实现。不同的系统软件对组织设定有不同的实现方式，但一般都是通过用户权限设定、职能分组设定和工作流程设定三个方面来进行实现的。其中用户权限设定是最基本的工作步骤，包括了用户对项目文档管理的权限（管理、编辑、阅读、浏览、禁止等）、用户对信息交流和组织协调的权限（信息收发、工作安排等）等。职能分组设定是根据各个用户的岗位职能对其进行分类安排，使工作内容相近的用户组成相应的紧密联系的组织协调群体，如项目采购组、项目财务组等。工作流程设定是根据不同环节的工作程序构成，在系统内设置相应的工作步骤，形成不同的信息处理和组织协调的工作流程。

3) 组织程序运行和适应

项目管理网络平台上组织程序的运行和适应，包括对用户个人权限设置情况的适应和对相关工作流程环节的适应。实际工作环境和网络平台工作环境的差异，实际的工作职能和网络平台环境下的工作职能的差异，实际的项目实施工作程序和网络平台环境下工作流程之间的差异等，这些都需要参与建设项目实施的各个方面通过一定的过程来进行适应和调整，从而使整个项目班子能完全融入到项目管理网络平台的工作环境中。

在项目管理网络平台实施的四个条件中，硬件和软件是两个基本的条件，教育件和组织件是两个无形的而又十分重要的条件。在项目管理网络平台的实际应用中，教育件和组织件往往成为了决定其成败的关键因素。

16.2 网络平台上的虚拟项目管理组织

在网络平台上进行建设项目管理工作，需要每个用户根据其权限和岗位责任在网络系统内履行其职责，相互之间按照分工进行协调配合，在网络平台的环境下形成一个虚拟的项目管理组织，功能健全，如一个真正的项目管理组织一样平稳顺利地运转。

16.2.1 项目管理组织的特点

和其他的组织机构一样，建设项目管理组织也牵涉到了组织结构、岗位职能、工作流程等方面的因素。然而，和一般的企业或团体组织不同，建设项目管理组织有其本身比较鲜明的特点，可以概括为以下三个方面：

1) 以建设项目为中心的组织结构

建设项目管理组织结构的设计和安排完全围绕建设项目的需要来进行，而其他相关的问题如企业经营等仅仅作为参考的因素。

2) 组织机构的演变

随着建设项目实施的进行，参与项目的各个方面会有所变化，工作人员也会有相应的调整，整个建设项目的组织机构和人员构成都在不断的调整变化之中。与其他组织机构的相对稳定和人员的相对固定不同，组织机构的不断的变化和调整是项目组织的一个基本特征。

3) 工作流程的调整和变化

随着组织机构的变化和调整，相应的工作程序也会有一定变化，其工作的对象也有所不同，整个工作流程都会随着建设项目实施进行作相应的改变。

项目管理组织的这些特点在项目管理中是一个比较关键的问题，也是工作的重点。在项目管理网络平台环境下的虚拟项目管理组织中，这些特点也有比较明显的反映。

16.2.2 网络平台上的虚拟项目管理组织

在项目管理网络平台的环境下，有关项目管理组织的工作包括虚拟组织的设定和调整两个方面。

不同的项目管理网络平台系统软件对组织设定有不同的处理方法，但种种不同的解决方法都有着内在的一致性。在根本上，组织的设定包括用户权限设定、职能分组设定和工作流程设定三种主要工作内容。

用户权限的设定是对项目管理组织结构的最基本的设置，它根据不同用户在项目管理组织中的职能性质和岗位责任对用户的权限进行设定，如管理、编辑、阅读、浏览、限制等由高至低不同层次的权限。这些权限所涉及到的对象多种多样，最基本的是建设项目文档，即文档管理权限。除此之外，有些系统软件还涉及到了信息发布和信息接收权限、工作安排和任务管理权限、会议安排和召集权限、项目成员工作监督权限等。所设定权限的种类和层次越多，最终的虚拟项目管理组织的状况越复杂，越有可能接近于真实的项目管理组织。

职能分组设定是在用户权限设定的基础上对用户工作内容的分类和组合，这往往需要将工作性质或工作内容相近的用户设定为相应的职能分组，对其权限进行集中管理，使这些用户在权限的层次和工作内容上比较接近，更容易进行工作上的协调和配合。同一职能分组中的用户彼此可能是同事，也可能是来自于不同项目参与方的工作人员。例如，在为建设项目的设备采购工作进行职能分组设定时，成员就可能包括业主方的技术人员、合同管理人员、财务人员、设计方的技术人员、总承包方的管理人员和安装工作人员等。

工作流程主要是在项目管理网络平台上对建设项目管理中一些比较固定的、程式化的信息处理程序进行实现，从而使系统对这些流程进行自动的管理、跟踪、监控等。经常需要进行设定的工作流程包括一些复核流程、审批流程、协同工作流程等。自动进行的工作流程虽然是项目管理网络平台功能中一个比较突出的特点，但它仅仅是对日常项目管理工作的一种辅助和补充，并不能作为网络平台上项目管理工作的主要内容。因为建设项目实施过程的复杂性使这些工作流程不能完全适应所有的工作状况，必须经常进行人工的干预和调整。

虚拟组织的调整同样也涉及到了用户权限、职能分组和工作流程三个方面。有关的调整工作是经常性的，尤其是在建设项目实施的过程有所变化时，如从设计阶段到施工阶段、从合同谈判到合同执行等。

网络平台上的虚拟组织是对现实中项目管理组织的模仿，然而又在现实的基础上有所调整，以适应项目管理网络平台工作环境的变化和要求。

16.2.3　网络平台上项目管理的主要内容

在网络平台上进行项目管理，工作的主要内容是围绕建设项目信息处理所进行的一些任务，概括起来可以分为三个方面：文档管理、信息沟通和组织协调。

文档管理是项目管理网络平台的基本功能，也是项目参与各方在网络平台上所进行的最主要的一项工作任务。文档管理包括文档结构的建立、资料的收集和归档等工作内容。

信息沟通是网络平台为项目管理工作提供的一项主要功能。建设项目参与各方通过网络平台所提供的个性化信息入口进行相互之间的交流，利用网络平台所提供的统一的交流渠道，将各自所掌握的数据资料按照需求或网络平台所设定的程序发送到相关的方面，例如设计方将设计资料发送到业主方、施工单位将设备材料的技术资料发送到供应方等，从而在网络环境下进行有序的信息交流，解决传统建设项目实施过程中信息交流混乱无序的问题。

组织协调是网络平台为项目管理工作所提供的一项综合性的功能，项目参与各方通过在网络平台上相互之间的信息交流和协调，达成协同工作的目的。传统的建设项目实施过程中，组织协调往往是通过谈话、会议等方式来实现的，而在网络平台环境下，则由统一的信息交流渠道来解决组织协调的问题。这既规范了组织协调的行为，又将各方面的组织协调工作统一地置于网络平台系统的控制之下，便于整体上的项目控制和管理。

网络平台上的文档管理、信息交流和组织协调是项目管理工作的三个主要方面，其核心内容是对建设项目信息的收集、管理和共享。简单地概括，网络平台上项目管理工作的实质是建设项目的信息管理。

16.3 网络平台上的项目信息管理

传统的建设项目实施过程中，信息管理是一项任务非常繁重的工作，琐碎而繁杂。项目管理网络平台的应用在很大程度上改变了项目信息管理的工作性质和工作方式，这种改变涉及到了项目信息管理的各个环节，如信息的收集、管理和交流共享等。

16.3.1 网络平台上项目信息管理的特点

(1) 项目信息管理的特征

在具体的实践中，建设项目的信息和信息管理工作表现出几个比较明显的特征：

1) 信息创建者和信息使用者的分离

这种情况在建设项目实施过程中非常普遍，如工程设计人员所完成的设计文件资料的使用者是承包商和设施管理方，施工和安装过程形成的文档资料最后将移交给设施管理方使用等。这两者的分离使信息在传输和交流过程中频繁出现问题。

2) 信息交流的复杂和多样

建设项目的实施过程有多方参与其中，相互之间的信息交流是日常工作的一个主要部分。信息交流有两方参与的，有三方参与的，也有多个方面参与的交流；有单向的指令或申请，也有双向的沟通和协作，更有面向众多方面的信息发布和共享等；信息交流的过程有简单的、一到两个环节的工作程序，也有复杂的、多个环节的处理流程。这使信息管理的工作任务非常繁重，在传统的工作方式下，信息管理的准确性很难得以保证。

3) 以业主方为主导、多方参与的信息沟通和共享

业主方自始至终参与建设项目实施，它在项目实施的过程中起主导的作用，对项目信息管理的主导作用也十分明显。在业主方的主导下，参与建设项目的设计、咨询、施工、安装、制造等多个方面的人员共同参与建设项目的信息交流和管理工作的一部分，每一方的参与都不可或缺，各个方面的配合和协调对信息管理工作的准确性和可靠性都非常重要。

(2) 项目信息管理工作的环节

针对上述建设项目实施过程中的几个特点，建设项目信息管理的工作任务主要集中在如何消除信息沟通中的障碍，保障信息交流畅通。信息管理的工作任务主要分为几个环节：

1) 信息的收集

将不同方面创建的信息集中起来，尤其是对项目实施至关重要的信息。通过

制定严格的规章制度和工作流程，确保与项目实施有关的信息能被有效地保存下来，并集中到信息管理工作人员的手中，形成一个完整的建设项目文档系统。

2) 信息的管理

整个项目实施过程中需要有一个较为完整的建设项目数据资料库，对主要的建设项目文件资料进行集中存放和管理，以备随时的查询和调阅。传统上，往往有一个专门的资料室或文档库来存放项目文件和资料，作为信息管理的场所。

3) 信息的共享

参与建设项目实施的各方之间的信息共享是消除所谓的"信息孤岛"，保障信息通畅的根本途径，也是信息管理工作的主要目的。信息的共享主要通过在参与项目实施的各方之间建立信息沟通机制、设定信息处理工作流程、制定信息的报告制度等方法来保证整个建设项目信息的透明性。传统的建设项目实施过程中，主要通过会议制度、报告系统等方式来实现信息的共享。

4) 信息的安全

信息共享的另外一个方面则是信息的安全问题。工程信息并不是对任何人或任何方面都透明的，对某一个方面比较敏感信息则不应该被其他方面获得，尤其是对业主方的敏感信息而言。信息的沟通机制既要保证信息的充分共享，也要确保信息的安全。对于信息管理工作而言，这两个方面不能有任何一个方面的偏颇。

从上述的信息管理的工作特点和工作任务可以了解到，在传统的建设项目实施方式下，信息管理工作通过人工方式进行，很难保持工作连续性和一致性，信息中的重复、失误、疏漏等问题在所难免。这也是造成建筑行业效率低下、浪费惊人的一个主要原因。

(3) 项目信息管理的新特征

在建设领域信息技术得到长足发展的今天，出现了解决信息管理问题的新的机遇。项目管理网络平台的出现也为信息管理工作提供了新的发展方向。建设项目的信息管理工作出现了几个新的特点。

1) 信息的自动收集

由相应软件创建的数字化信息可以自动地、或按照指令直接发送到相应的数据库中，不再需要经过人工的数据采集和汇总。例如国外的一些市场材料价格信息就是由有关的软件通过网络连接自动汇总并对相应的数据库进行自动更新，实现了部分信息的自动收集。

2) 信息的集中管理

所有重要信息全部集中到项目管理网络平台上的数据库中进行集中管理，提高工作效率。任何其他方面单独掌握的信息资料将不再作为有效的工作文件。

3) 信息的高度共享

项目信息通过网络平台与其他项目参与方相连，按照一定的权限和职能为各个参与方提供数据库入口，利用现代通讯工具的高效和便捷实现高度的信息共享，并提供有效的信息安全保证。

建设项目实践中信息管理工作的新的特点代表了信息技术在建设领域应用的最新发展方向，也是项目管理网络平台的应用所造成的结果。这些特点的实质是保证信息在项目实施全过程中的充分共享，消除传统方式下的信息孤岛，从而提高项目实施的效率。

16.3.2 项目信息的创建

在传统的建设项目实施过程中，不同类型的信息来源于项目实施的不同阶段，或由参与建设项目的不同方直接生成，或通过对其他来源的信息加工处理而成。信息种类繁多，来源庞杂，信息的创建过程也各不相同。项目管理网络平台的出现也使很多信息创建过程与网络平台的使用结合了起来，有了比较根本的改变，表现出了新的特征。

(1) 建设项目信息分类

按照建设项目信息不同的类型、内容、项目实施的主要工作环节以及参与项目的各个方面等，可以分为不同的情况进行分析（图16-3）。

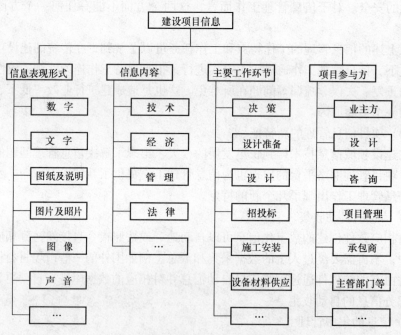

图16-3 建设项目信息分类方法

按照信息的存在方式或表现形式，建设项目信息可以分为几种基本的类型，如数字、文字、图纸及说明、图片及照片、图像、声音等。传统情况下，文字、图纸及说明占了建设项目信息的很大的一部分，人们主要通过纸张的交流和保存对项目的信息进行管理。随着信息存储形式的多样化和信息交流工具的发展，图片、照片、图像、声音等多媒体信息开始在建设项目信息中占有一席之地，并开始发挥一些重要作用。项目管理网络平台的出现对信息的存在方式和表现形式提出规范化的要求，以便于统一处理、集中管理和多方共享。

按照信息的内容，建设项目信息可以大致分为技术信息、经济信息、管理信息、法律以及其他方面信息等。对于一个建设项目，技术信息是最基本的组成部分，如工程的设计、技术要求、规范、施工要求、操作和使用说明等等，这一部分信息也往往是建设项目信息的主要组成部分。经济信息是建设项目信息的一个重要组成部分，也经常是受到各方面关注的一个部分，如材料价格、人工成本、项目的财务资料、现金流情况等。管理信息有时在建设项目信息中并不很引人注目，如项目的组织结构、具体的职能分工、人员的岗位责任、有关的工作流程等，但它设定了一个项目运转的基本机制，是保证一个项目顺利实施的关键因素。法律信息指项目实施过程中的一些法规、强制性规范、合同条款等。还有其他的一些信息，或者不属于上面的分类范畴，或者介于上面的两个或三个信息类型之间，如强制性的技术规范、有关材料价格的合同条款等。建设项目信息按照内容的分类仅仅提供一个参照性的方法，并不是一种严格的信息管理的标准分类方法。

按照建设项目实施过程中的一些主要工作环节，建设项目信息则可以分为决策阶段的信息、设计准备阶段及设计阶段的信息、招投标阶段的信息、施工安装信息、设备和材料供应信息等。决策阶段的信息多为宏观层面的，不太涉及建设项目的有关技术细节，主要是分析报告、可行性研究、审批报告等综合性的文件。设计准备和设计阶段的信息则较多地涉及到了技术层面的问题和细节，也会有一部分经济和管理方面的信息，包括设计要求、设计说明、设计图纸、造价估算等等。招投标阶段的信息主要偏重于经济和一部分法律方面的问题，如造价、合同条件、法律约束等文件。施工安装阶段的信息非常复杂，大量地涉及到细节问题，工程技术、工作计划、材料价格、付款、合同索赔等等，这也是建设项目实施过程中信息管理任务最为繁重的一个环节。和施工安装相比，设备和材料供应工作中的信息比较单一，主要是一些技术要求、进度条件和合同条款等。建设项目几个主要工作环节的信息各有一定的特征，但并非与其他环节的信息截然不同，不同工作环节之间的资料、文件等还往往有一定的关联和延续性。

按照参与项目的各个方面，建设项目信息可以分为业主方的信息、设计方的信息、项目管理方的信息、承包商的信息、设备和材料供应方的信息等，包括某个参与方生成的信息以及围绕某个参与方可以系统性地组织起来的信息。如业主方的信息一般包括业主方内部的文件资料和发送给其他方面的文件信函等。在建设项目的信息管理工作中，有时采用这种方式作为一种信息分类方法，以便于将一些系统性不是很强的文件资料组织起来，如一般性的介绍、通知、信函等。

建设项目信息是一个庞大、复杂的系统，不同的建设项目、不同的实施方式，其信息的构成也往往有相当大的差异。因而，对建设项目信息的分类和处理必须具体考虑，考虑项目的具体情况，考虑项目实施的实际工作需要。

(2) 建设项目实施各阶段信息的创建

建设项目实施的各个阶段主要包括前期的决策阶段，后来的设计、施工和运营等几个阶段。各个阶段的信息在特征上有着明显的不同，对项目实施的影响也表现在不同的方面，其创建过程也有较大的差异。

决策阶段的信息主要以宏观的项目描述为主，如项目的整体定位、可行性研究报告、总进度要求等。除个别标志性的特征和要求外，这些信息一般不涉及到具体的技术和管理细节。决策阶段信息对项目实施的影响是在较广的范围内，是一种全面的影响，与工程的个别工作环节、个别岗位、个别工程部位等一般不会有直接关系。所以，决策阶段信息的创建基本上都是在一个综合性的层次上，涉及到多个领域、多个阶段和参与工程的多个方面。

在决策阶段所创建的信息虽然比较宏观、概括，但它会在稍后的设计阶段以及施工安装阶段中被逐步分解，成为详细的、系统性的技术、经济和其他信息。决策阶段的信息在网络平台上也是被作为宏观的信息进行处理，对其他阶段的信息起着方向性的作用。

设计阶段的信息大量地涉及到了建设项目的技术细节，如建设项目的技术设计和施工图设计文件等，同时也包括一些宏观的施工和安装阶段的技术、管理、经济问题，如工程的造价估算、工期安排、招投标计划和设备采购计划等。设计阶段创建信息的过程仍然是一个渐进的过程，从宏观的、综合性的概述到详细的、具体的技术细节，逐步分解、细化。

由于设计阶段信息对以后的建设项目实施的重要影响，这些信息构成了项目管理网络平台上工作的主要对象和基本组成部分。

施工安装阶段的信息以项目实施的技术数据为主，如施工方案、技术操作要求等，也包括大量的经济、管理及其他方面的资料数据，如合同资料、决算数据等。在这些信息的创建中，有些方面已经有比较成熟的应用软件，如价格信息管理、造价估算、进度计划等，有些方面则缺乏相应的软件工具，需要依靠人工来进行。在项目管理网络平台上，这一阶段的工作主要在设计阶段工作的基础上展开，在信息的管理、处理和共享等很多方面，都是前一阶段工作的延续和发展。

运营阶段的工作以建设项目的维护和使用为主，这一阶段的信息也主要以设施维护的技术和经济数据为主，如日常维护的材料消耗、资金投入等。运营阶段与项目的建设阶段有较大的差异，这一阶段信息的创建和管理工作也有比较明显的特点，有专用的软件工具进行有关的数据处理和管理。对于很多建设项目而言，在这一阶段将不再使用项目管理网络平台，有关信息的管理和共享会转移到另外的系统中进行。

16.3.3 项目信息的收集

建设项目信息的收集工作是信息管理工作中一项单调、繁琐而又持续时间很长的任务。因为建设项目的各种信息来自于所有的项目参与方，在项目实施的全过程中不断产生，信息的收集工作不能遗漏任何一个方面或任何一类的信息，不能忽视项目实施的任何一个阶段。

传统的信息管理工作中，主要通过严格的规章制度来保证信息收集的全面、完整和详细，由专职的信息管理人员以人工的方式逐日、逐月通过问询、函件、会议、报告等多种手段来进行信息的收集。近十多年来，随着信息技术的发展和各种软件工具的广泛使用，信息收集的手段有了新的变化：一方面，部分的信息已经可以通过软件之间直接的数据传输进行收集，不再需要繁琐的人工操作，例如材料的市场价格信息等；另一方面，项目管理网络平台的应用使多数的管理和工程技术人员可以直接面对并参与信息管理工作，直接把有关的数据资料传送到数据库中，既减少了信息收集的工作环节，又保证了信息的准确程度。

不论信息的收集采用何种方法、手段和工具，整个信息收集工作的主导都应该是建设项目的业主方。作为建设项目实际上或名义上的拥有者，业主方也拥有对所有建设项目信息的所有权，应该是信息管理工作包括信息收集的主要负责方。同时，信息的收集工作更需要参与项目各个方面的共同努力。建设项目的信息大量地产生于设计、施工、安装、材料供应、咨询和项目管理等方面，没有这些方面的配合和共同参与，很难保证收集到的信息的准确性和完整性。另外，在使用项目管理网络平台进行工作的今天，上述的各个方面直接地负责信息的收集工作，他们的积极参与更成为信息收集的不可缺少的组成部分。所以，从根本上，建设项目信息的收集需要以业主方为主导，其他方面积极参与、主动配合，共同保证信息收集工作的准确性和完整性。

16.3.4 项目信息的集中管理

和建设项目信息的收集工作类似，在项目管理网络平台上信息的集中管理仍然需要以业主方为主导，需要其他方面的参与。但不同的方面、不同的部门在信息的集中管理工作中的职责和权限将会有比较明显的差异。有的单位或部门仅可以接触到某一个方面或某一个阶段的信息，而有的单位或部门则可以接触到较为广泛的信息内容。有的单位或部门只被允许调阅和浏览，而有的单位和部门则可以进行文件的修改和文档的管理和调整等工作。信息集中管理工作的职责和权限是建设项目管理工作中的一个比较复杂和敏感的内容，也是项目管理网络平台功能中一个最为重要的核心部分。

在项目管理网络平台上进行信息集中管理的对象是建设项目的信息文档，而其第一个步骤则是在网络平台上建立信息文档。在项目管理工作中并不存在一个适合所有建设项目的标准文档。文档的结构和内容需要从几个方面来确定：

(1) 建设项目结构，子项目、分部工程、分项工程等，这是信息分类的基础；

(2) 建设项目经过的阶段，决策、设计、施工、运营等，这往往与信息的收集和使用有着密切的关系；

(3) 项目参与方，业主方、设计单位、承包商等，他们是信息的创建者、所有者和使用者，也是文档使用者的分类基础；

(4) 信息内容的类别，如投资信息、技术信息、合同信息等，这是对信息进行分类检索的一个参照标准。

文档结构的建立往往需要综合考虑上述几个方面的情况，根据项目实施工作的实际需要，有针对性地建立一套多层次的、严密的文档结构。同时，所建立的文档结构还需要尽可能地保持一定的灵活性，因为随着工作需要的变化，文档结构也往往需要进行相应地调整，文档结构的灵活性可以适应信息管理工作的变化。另外，还要考虑到项目管理网络平台上信息管理的特殊性，更多地针对各个参与方、针对各个工作岗位建立文档结构，以便于各个方面对信息处理工作的直接参与。

针对特定的文档结构，就应该有一个完整的文档编码系统。文档编码系统是文档管理的核心手段，往往可以显著地提高文档管理的效率和准确性，某些项目管理网络平台的系统软件更是在文档编码的基础上设立了强大的文档管理功能，如以文档编码为线索自动地变换文档结构以适应不同的工作需要等。随着信息技术的发展和不同文档管理系统软件的应用，编码系统的重要性变得越来越明显。

16.3.5 项目信息的共享

建设项目信息管理工作的信息收集和信息集中管理的一个主要目的是为了实现工程信息在各参与方之间的共享，在一定程度上消除项目实施过程中的"信息孤岛"。

在传统的建设项目实施过程中，主要通过会议、讨论、函件、公告等双方的、或多方的信息交流方式来实现部分的信息共享，但在交流的过程中很难保证信息的完整性和准确性。项目管理网络平台的出现为充分的信息共享提供了更多的机会和更大的可能性。传统方式下空间上和通讯手段上的限制都已不再成为问题，信息被以快捷、准确的方式进行管理和交流。信息管理工作的重心摆脱了事务性的信息交流安排的束缚，转移到了信息交流过程中的程序、权限、职能等功能性的任务上来，是信息交流的效率和信息安全得到了更加充分的保障。

在项目管理网络平台环境下的信息共享包括了信息在平台上的公开发布、信息的定时、定向自动发送和信息在多方之间的交流等方式。在网络平台所提供的便利条件下，这些信息共享方式都可以很方便地得到实现，也很容易进行控制。

　　类似于其他的信息管理工作，信息的共享也需要以业主方为主导，由业主方根据其需要确定信息交流的范围、方式、方法、程序以及参与信息交流各方的权限、职责等。信息的共享应该以项目的需要为出发点，以业主方的安排为中心，由各方共同参与、积极协作，尽可能地消除建设项目信息沟通中的障碍，达到所期望的在整个项目实施过程和实施范围内的充分的信息共享。

复 习 思 考 题

1. 工程建设领域内信息技术的发展和应用有哪几个方面的趋势？
2. 项目管理网络平台有哪些主要的部分构成？
3. 什么是项目信息门户？项目信息门户与项目管理网络平台之间是什么样的关系？
4. 搭建项目管理网络平台一般需要哪几个阶段的工作？
5. 实施项目管理网络平台的四个基本条件是什么？
6. 在网络平台上设定虚拟项目管理组织主要包括哪些工作内容？
7. 在网络平台上进行项目管理主要包括哪些工作内容？
8. 建设项目信息的分类方法有哪些？
9. 在网络平台上进行项目信息管理主要有哪几个工作步骤？

参 考 文 献

1. Brandenberger. jürg; Ruosch, Ernst, Ablaufplanung im Bauwesen, Baufachverlag, 1994
2. D. J. Ferry, P. S. Brandon & J. D. Ferry. Cost Planning of Building. Seventh Edition. Blackwell publishing, 1999
3. DIN 69900, Projektwirtschaft; Netzplantechnik; Darstellungstechnik, August 1987
4. DIN 69901, Projektwirtschaft; Projektmanagement; Begriffe, August 1987
5. DIN 69902, Projektwirtschaft; Einsatzmittel; Begriffe, August 1987
6. DIN 69903, Projektwirtschaft; Kosten und Leistung, Finanzmittel; Begriffe, August 1987
7. Roy Pilcher. Principles of Construction Management. Third Edition. McGraw Hill, 1992
8. 《运筹学》教材编写组. 运筹学. 北京: 清华大学出版社, 1996
9. 包晓春, 洪布坤. 建设项目合同控制管理软件 EXP 用户指南. 上海普华应用软件公司, 2001
10. 包晓春, 廖培林. 计划编制与进度控制方法论. 上海普华应用软件公司, 1999
11. 曹吉鸣、林知炎. 工程施工组织与管理. 上海: 同济大学出版社, 2002.4
12. 陈建国, 曹吉鸣, 高显义. 工程计量与造价管理. 上海: 同济大学出版社, 2001
13. 陈建国等. 工程计量与造价管理. 上海: 同济大学出版社, 2001
14. 丛培经等. 实用工程项目管理手册. 北京: 中国建筑工业出版社, 1999
15. 丁士昭. 工程项目信息门户的特征和发展趋势的探讨. 中国建筑学会工程管理分会 2004 年学术年会论文集. 北京: 中国建筑工业出版社, 2004
16. 丁士昭, "广州地铁工程首期工程风险管理与工程保险方案的研究"《营建管理(台湾)》, 1998 年 1 月
17. 丁士昭, 《关于建立工程项目全寿命管理系统的探讨》, 1999 年海峡两岸营建业合作交流研讨会论文集, 北京, 1999 年 6 月
18. 丁士昭, 《国际建筑业管理体制、法制和机制的研究》, 城市科学与管理——99 上海跨世纪发展战略国际研究会论文集, 上海同济大学, 1999 年 6 月
19. 丁士昭, 《国际建筑业发展战略和中国建筑业发展的关系的思考》, 99 浦东——同济城市建设与管理科技信息交流暨青年研讨会, 上海浦东, 1999 年 6 月
20. 丁士昭, "国际工程项目管理模式的探讨——暨对我国重大工程项目管理模式改革和发展的思考", 中国工程院工程科技论坛——重大工程项目管理模式研讨会论文集, 2001 年 12 月 7 日
21. 丁士昭, "国际工程项目管理模式的探讨——暨对我国重大工程项目管理模式改革和发展的思考", 《土木工程学报(建设工程与管理分册)》, 第 1 卷第 1 期, 2002 年
22. Shizhao Ding, Yoshito Itoh, "Towards the development of a integrated management procedure—Lifecycle management system for construction project", 《World Project Management Week》, HongKong, 11 to 16 March 2002
23. Shizhao Ding, "Digitization and informatization of professional management of construction projects",

《2nd Symposium—Project Management—Impresario of the Construction Industry》,HongKong, 22 to 23 March 2002

24 丁士昭编著. 建设监理与工程项目管理. 上海快必达软件出版发行公司,1990
25 丁士昭编著. 建设监理导论. 上海快必达软件出版发行公司,1990
26 丁士昭主编. 建设工程信息化导论. 北京:中国建筑工业出版社,2005
27 全国投资建设项目管理师考试专家委员会组织编写. 丁士昭任编写组长. 投资建设项目组织北京中国计划出版社,2006
28 全国一级建造师执业资格考试用书编写委员会编写. 丁士昭任编写委员会主编. 建设工程项目管理. 北京:中国建筑工业出版社,2004
29 全国二级建造师执业资格考试用书编写委员会编写. 丁士昭任编写委员会主编. 建设工程施工管理. 北京:中国建筑工业出版社,2004
30 方东平,黄新宇,Jimmie Hinze. 工程建设安全管理. 北京:中国水力水电出版社,2003
31 冯允成. 活动网络分析. 北京:北京航空航天大学出版社,1991
32 高欣. 群体网络计划系统模型和方法的研究[博士学位论文]. 上海:同济大学,2000
33 官振祥等. 工程项目质量管理与安全. 北京:中国建材出版社,2001
34 国际复兴开发银行和国际开发协会信贷采购指南,2004
35 何清华,大型工程项目集成化项目控制信息系统的研究,同济大学学报(自然科学版),2000
36 何清华. 基于 Internet 的大型工程项目信息系统. 同济大学学报(自然科学版),2002
37 黄梯云. 管理信息系统,北京:高等教育出版社,2000
38 江景波、葛震明、何治. 网络技术原理及应用. 上海:同济大学出版社,1990
39 乐云. 工程管理信息门户的开发与应用实践. 同济大学学报(自然科学版),2002
40 乐云. 国际新型建筑工程 CM 承发包模式. 上海:同济大学出版社,1998
41 乐云. 浅议设计阶段的项目管理. 建设监理.1997
42 乐云,崔政. 项目实施组织策划的理论与实践. 建设监理,2005
43 李启明,朱树英,黄文杰编著. 工程建设合同与索赔管理(第一版). 北京:科学出版社,2001
44 李永奎. 项目管理软件应用模式研究. 项目管理技术,2003
45 林知炎,曹吉鸣. 工程施工组织与管理. 上海:同济大学出版社,2002
46 刘运元. 大型工程建设项目管理方法. 上海普华科技发展有限公司,2005
47 卢开澄,卢化明.图论及其应用(第二版).北京:清华大学出版社,1995
48 卢勇. 基于互联网的工程建设远程协作的研究[博士学位论文]. 上海:同济大学,2004
49 罗德尼·特纳著,任伟等译. 项目管理手册——改进过程、实现战略目标(第二版). 北京:清华大学出版社,2002
50 美国 Autodesk 公司网站,http://www.autodesk.com
51 美国项目管理协会(PMI)网站,http://www.pmi.org
52 米兰主编. 世行贷款项目招标采购案例分析. 北京:中国建筑工业出版社,2003
53 全国监理工程师考试用书编写委员会. 建设工程信息管理. 北京:中国建筑工业出版社,2003

54 全国造价工程师执业资格考试培训教材编审委员会．工程造价管理基础理论与相关法规．北京：中国计划出版社，2005

55 全国造价工程师执业资格考试培训教材编审委员会．工程造价计价与控制．北京．中国计划出版社，2003

56 任建琳，施裕生．工程建设进度控制．北京：水利电力出版社，1993

57 上海市建筑施工行业协会工程质量和安全专业委员会．施工现场安全生产保证体系．北京：中国建筑工业出版社，2004

58 上海市建筑业联合会工程建设监督委员会编．项目经理安全知识读本．北京：中国建筑工业出版社，2002

59 世界银行借款人选择和聘请咨询顾问指南，2004

60 石礼文．建设工程质量知识读本．上海：上海科学技术出版社，2001

61 孙继德．高层建筑结构设计中的价值工程研究［博士学位论文］．上海：同济大学，2000

62 谭震寰．大型项目组织策划研究［博士学位论文］．上海：同济大学，2001

63 王家远．建设项目风险管理风险．北京：中国水利水电出版社，2004

64 徐一飞、周斯富．系统工程应用手册—原理·方法·模型·程序．北京：煤炭工业出版社，1991

65 袁义才，陈军．项目管理手册．中信出版社，2001

66 赵少奎、杨永太．工程系统工程导论，国防工业出版社，2000

67 郑尚武．建设工程概预算．上海基建审计业余进修学院，1992

68 中国建设监理协会．建设工程投资控制．北京：知识产权出版社，2003

69 中国建筑学会建筑统筹管理研究会．中国网络计划技术大全．北京：地震出版社，1993

70 中国建筑学会建筑统筹管理研究会．工程网络计划技术规程教程．北京：中国建筑工业出版社，2000

71 中华人民共和国财政部．政府采购管理暂行办法．1999.4

72 中华人民共和国发展计划委员会等7部委．工程建设项目施工招投标办法

73 中华人民共和国国家标准（GB/T 13400.1—92）．网络计划技术常用术语

74 中华人民共和国国家标准（GB/T 13400.2—92）．网络计划技术网络图画法的一般规定

75 中华人民共和国国家标准（GB/T 13400.3—92）．网络计划技术在项目计划管理中应用的一般程序

76 中华人民共和国行业标准（JGJ/T 121—99）．工程网络计划技术规程．北京：中国建筑工业出版社，1999

77 中华人民共和国建设部．关于培育发展工程总承包和工程项目管理企业的指导意见（建市［2003］30号）

78 中华人民共和国建设部政策法规司编．建设法律法规（2004年版）．北京：中国建筑工业出版社，2004

79 中华人民共和国招标投标法．1999

80 注册咨询工程师（投资）考试教材编写委员会．现代咨询方法与实务．北京：中国计划出版社，2003

81 庄惟敏．建筑策划导论．北京：中国水利水电出版社，2000